海外中国研究丛书

刘东 主编

[美] 马立博（Robert B. Marks）著
王玉茹
关永强 译

TIGERS, RICE, SILK, AND SILT

虎、米、丝、泥

帝制晚期华南的环境与经济

Environment and Economy in Late Imperial South China

江苏人民出版社

图书在版编目(CIP)数据

虎、米、丝、泥:帝制晚期华南的环境与经济/
(美)马立博著;王玉茹,关永强译.—南京:江苏人
民出版社,2012.5(2021.12重印)
(海外中国研究丛书/刘东主编)
书名原文:Tigers, Rice, Silk, and Silt: Environment and Economy
in Late Imperial South China
ISBN 978-7-214-08133-9

Ⅰ.①虎… Ⅱ.①马…②王…③关… Ⅲ.①中南地
区－地方史－研究－明代②中南地区－地方史－研究－清
前期 Ⅳ.①K296

中国版本图书馆 CIP 数据核字(2010)第 211897 号

This is a Simplified Chinese edition of the following title published by Cambridge University Press:
Tigers, Rice, Silk, and Silt: Environment and Economy in Late Imperial South China [1st]
by Robert B. Marks
ISBN: 978-0-521-02776-2
© Cambridge University 2011
This Simplified Chinese edition for the People's Republic of China (excluding Hong Kong, Macau and Taiwan) is published by arrangement with the Press Syndicate of the University of Cambridge, Cambridge, United Kingdom.
© Cambridge University Press and Jiangsu People's Publishing House 2020
This simplified Chinese edition is authorized for sale in the People's Republic of China (excluding Hong Kong, Macau and Taiwan) only. Unauthorised export of this simplified Chinese edition is a violation of the Copyright Act. No part of this publication may be reproduced or distributed by any means, or stored in a database or retrieval system, without the prior written permission of Cambridge University Press and Jiangsu People's Publishing House. Copies of this book sold without a Cambridge University Press sticker on the cover are unauthorized and illegal.

本书封面贴有 Cambridge University Press 防伪标签,无标签者不得销售。
江苏省版权局著作权合同登记号:图字 10-2010-476 号

书　　名	虎、米、丝、泥:帝制晚期华南的环境与经济
著　　者	[美]马立博
译　　者	王玉茹　关永强
责任编辑	王保顶　孟　璐
装帧设计	陈　婕
责任监制	王　娟
出版发行	江苏人民出版社
地　　址	南京市湖南路1号A楼,邮编:210009
照　　排	江苏凤凰制版有限公司
印　　刷	江苏凤凰扬州鑫华印刷有限公司
开　　本	652毫米×960毫米　1/16
印　　张	26.75　插页4
字　　数	350千字
版　　次	2012年5月第1版
印　　次	2021年12月第3次印刷
标准书号	ISBN 978-7-214-08133-9
定　　价	78.00元

(江苏人民出版社图书凡印装错误可向承印厂调换)

序"海外中国研究丛书"

中国曾经遗忘过世界,但世界却并未因此而遗忘中国。令人嗟讶的是,20世纪60年代以后,就在中国越来越闭锁的同时,世界各国的中国研究却得到了越来越富于成果的发展。而到了中国门户重开的今天,这种发展就把国内学界逼到了如此的窘境:我们不仅必须放眼海外去认识世界,还必须放眼海外来重新认识中国;不仅必须向国内读者迻译海外的西学,还必须向他们系统地介绍海外的中学。

这个系列不可避免地会加深我们150年以来一直怀有的危机感和失落感,因为单是它的学术水准也足以提醒我们,中国文明在现时代所面对的绝不再是某个粗蛮不文的、很快就将被自己同化的、马背上的战胜者,而是一个高度发展了的、必将对自己的根本价值取向大大触动的文明。可正因为这样,借别人的眼光去获得自知之明,又正是摆在我们面前的紧迫历史使命,因为只要不跳出自家的文化圈子去透过强烈的反差反观自身,中华文明就找不到进入其现代形态的入口。

当然,既是本着这样的目的,我们就不能只从各家学说中筛选那些我们可以或者乐于接受的东西,否则我们的"筛子"本身就可能使读者失去选择、挑剔和批判的广阔天地。我们的译介毕竟还只是初步的尝试,而我们所努力去做的,毕竟也只是和读者一起去反复思索这些奉献给大家的东西。

刘 东

目　录

译者的话　1

中文版序　1

致　谢　1

引　言　1
  问题与视角　10

第一章　"杉松百围":岭南的自然环境　17
  自然地形　18
  山脉和丘陵　22
  气候　27
  河流和淤泥　29
  森林和野生动植物　35
  生态变迁　45
  气候变化　47
  结论　51

第二章　"岭外毒瘴,不必深广之地":人类定居与岭南的生态变迁(2—1400)　53
  土著居民　54

岭南汉人的移民与定居　56

　　珠江三角洲的塑造　64

　　亲历创造:来自珠江的三角洲家族　76

　　结论　80

第三章　"农为国本":明代岭南的经济恢复与发展(1368—1644)　82

　　人口与土地(1400—1600)　83

　　人口及其增长(1400—1640)　85

　　土地利用与种植模式　98

　　农业　101

　　经济作物(1400—1550)　112

　　农业商业化(1550—1640)　117

　　周期性集市和市场体系　118

　　明代气候条件的变化　121

　　欧洲贸易与白银输入　123

　　从稻米盈余到稻米短缺　126

　　结论　128

第四章　"民多流亡":17世纪中期大危机中的战争与环境(1644—1683)　130

　　17世纪的气候变迁　133

　　白银输入与国际贸易的变迁　137

　　土匪和海盗　139

　　1644年的历史转折点　140

　　1648—1653年的人口危机　143

　　1661—1669年沿海人口的迁移　147

　　1670年代的"熟荒"　149

　　危机年代的结束　152

　　人口和耕地　152

　　大危机与环境　156

结论 157

第五章 "富家巨室，争造货船"：国际贸易与经济的恢复 159
  华人海外贸易 159
  欧洲商人贸易 172
  市场和市场体系 180
  结论 187

第六章 "地方向来无雪"：气候变迁与农业生产力 190
  气候与农业 197
  产量 201
  虫害 213
  灾害天气的影响程度 215
  结论 218

第七章 "生谷止有此数"：粮仓与政府在粮食供应系统中的作用 221
  粮仓系统 222
  私人的粮食储藏 235
  政府还是市场？ 241
  结论 243

第八章 "商贩流通，市谷充裕"：市场整合与环境 245
  市场整合与生态差异 246
  米价、产量和气候：经济和人口上的意义 263
  结论 271

第九章 "人民日益增盛而地亩不加垦辟"：18世纪的土地开垦 273
  人口增长 274
  耕地面积 276
  农业的集约化 278
  清初的土地开垦政策与结果 284
  人口压力和土地开垦 287

雍正皇帝与土地开垦　289

　　上山入谷　303

　　结论　305

第十章　"前人之说为诬不可无者"：土地开垦带来的生态后果　307

　　美洲作物　307

　　土地开垦的生态后果　309

　　水利控制与灌溉　310

　　采伐森林　316

　　环境变迁　325

　　代本章结论：物种的绝迹　328

结论　331

参考文献　345

索引　378

译者的话

随着人类社会的进步和科学技术的发展，人类在探索自然的奥秘、利用自然造福人类的同时，也在伤害甚至毁坏着自然环境。经济发展与环境的破坏犹如一把双刃剑在警示着人类社会发展的未来。

随着环境问题成为制约经济发展的瓶颈，环境史也作为经济史研究的新领域开始为经济史学者关注。人们开始反思环境问题是如何发生的，探索环境问题的历史起源。在刘翠溶、伊懋可主编的《积渐所至：中国环境史论文集》的扉页所引《汉书·贾谊传》所言："安者非一日而安也，危者非一日而危也，皆以积渐然。"道出了环境问题形成的真谛。作为承载世界四分之一人口的大国，中国正处于经济发展的关键阶段，环境问题也成为一个制约发展的尖锐问题，近年来频频曝光的地方经济发展造成的环境污染令人瞠目，改变经济增长方式，发展绿色、循环经济被提到日程上来。回顾、探寻中国经济发展的历史与环境改变的环境史的研究不仅具有十分重要的学术价值，更是现实经济发展的迫切需要。在西方国家环境史研究方兴未艾的同时，中国环境史的研究也逐渐被学界关注，其重要的标志就是两次中国环境史为主题国际学术会议的召开。1993年12月13—18日，由中国台湾"中央研究院"经济研究所与澳大利亚国立大学太平洋研究学院合作举办的"中国生态环境历史学术讨论会"在香港大屿山银矿湾酒店举行,二十余位中外学者从气候、疾病、人类的聚落、水文与水利、环境形象和观念、环境与近代经济发展的角度,从理论和实证的层面探讨了中国历史上的环境变迁。会后由刘翠溶、伊懋可主编的《积渐所至:中国环境史论文集》(上、下册)于2000年底出版,英文版:Sediments of Time:Environment and Society in Chinese History,由剑桥大学出版社出版。12年之后,2005年8月17—19日由南开大学中国社会史研究中心、中国思想与社会研究哲学社会科学创新基地、亚洲研究中心、历史学院和中国农业历史学会、中国社会科学院《历史研究》编辑部等单位联合举办的"中国历史上的环境与社会国际学术研讨会"在南开大学召开。前一届中国环境史讨论会的主办者,中国台湾"中央研究院"副院长刘翠溶院士出席大会,并作"中国环境史研究刍议"主题报告,来自美国、德国、荷兰、韩国、日本和来自北京、上海、山东、湖北、陕西、香港、台湾等省市地区的国内外学者一百余人聚集南开大学,就中国环境史的研究现状、环境变迁与经济发展、生态环境诸要素的历史变化、生态环境与社会构造和运行空间、生态环境与社会生活文化等多个方面展开热烈的讨论。本人有幸出席这次盛会并结识刘翠溶院士,会后很快就得到了她从台湾寄来的《积渐所至:中国环境史论文集》(上、下册),从中窥见中国环境史研究的概貌,并由此了解了马立博(Robert B. Marks)教授所从事的研究。

中国是一个发展中的大国,环境问题越来越被关注,环境科学工作者、环境经济学家们的研究成果在不断深入,与经济史其他的研究领域相比,中国学术界环境史的研究还是十分薄弱的,或者说是有待深入和扩展的一个重要的学科领域,应江苏人民出版社海外中国研究丛书主编刘东教授之约,我们将剑桥大学1998年出版的,马立博教授研究明朝到清中期约400年间中国岭南地区经济发展与环境变迁的专著 Tigers, Rice, Silk, & Silt: Environment and Economy in Late Imperial South China 一书翻译成为中文,是希望为正在兴起的中国环境史研究提供一种可借鉴的研究思路和框架。

正如作者在中文版序言中所讲:"本书中所涉及的很多人物和地理名称以及从秦朝到清朝的历史朝代可能是几乎所有中国读者都耳熟能详的,但是,大家对本书所要讲述的故事——环境史可能就不那么熟悉了。简而言之,环境史所关注的是在相当长的时间里,人类和自然环境之间的交互影响以及对彼此所造成的改变。"本书中,马立博教授运用黄册和鱼鳞图册等统计资料,重建了明代岭南各地区的人口密度和耕地开垦数据,并在此基础上详细探讨了岭南各地区经济增长与土地利用和作物种植模式变迁之间的关系。他考察了岭南的墟市体系,从气候变化、国际贸易(商业化)和人口增长这三个角度揭示了岭南农业生产模式变化的原因。指出岭南环境和经济史中的五个里程碑式的事件,即:宋元时期汉族移民对瘴气免疫能力的提高和通过水利设施建设而对环境的改变,使得他们能够从北部山区逐渐深入土地更为肥沃的河谷地带,同时也把他们的定居农业带到了这里,并逐渐取代了土著的少数民族;开垦土地导致的水土流失、防洪堤坝改变的泥沙淤积、尤其是蒙古入侵时南逃汉人拦截沉积物形成的沙坦,最终填充了珠江口海湾内岛屿之间的海面,造就了珠江三角洲;始于16世纪中期,并一直持续到了18世纪和19世纪(期间曾被17世纪中期的危机暂时打断)的商业化进程中,使得珠江三角洲的农民越来越倾向于将他们的耕地转而用于经济作物尤其是桑树和甘蔗的种植,进而在市场上进行销售;在17世纪中期危机之后,岭南人口持续增长并超过了历史上曾经的人口顶峰,人口的不断增加促使清政府采取了鼓励垦荒的政策,进一步加剧了森林的砍伐;人类的垦荒活动使得岭南地区的森林分布日趋零碎,生态系统的不断消耗,以华南虎为代表的物种不断消失。作者进而通过对气候变迁、人口变动和经济的商业化等三种驱动力量的考察,分析了经济发展与环境变迁的关系。

  马立博教授的研究运用经济学、历史学、社会学等多学科的分析方法,综合考察所研究时段经济发展与环境变迁的多种因素,并在此基础上得出结论。这正是我们翻译推介这部著作的原因之所在,我们希望这本译著的出版能够带动一批环境史研究的著述问世,推动中国环境史研究的深入和扩展。

2010 年夏于南开园

中文版序

作为一名中国史学者,我的绝大部分学术研究都是在中国完成的,也得到了来自中国学术同行和研究单位的大量帮助。对于本书能够被译介到中国学界,我深感荣幸。本书中所涉及的很多人物和地理名称以及从秦朝到清朝的历史朝代可能是几乎所有中国读者都耳熟能详的,但是,大家对本书所要讲述的故事——环境史可能就不那么熟悉了。简而言之,环境史所关注的是在相当长的时间里,人类和自然环境之间的交互影响以及对彼此所造成的改变。

环境史是历史学中一个新兴的研究领域,它产生于1970年代人们对环境问题尤其是工业造成的土地、空气和水污染问题日益关注的背景之中。历史学者们开始去探究我们的社会是为什么和怎样出现这些问题的,从而试图对这些环境问题寻求历史的解答。随着研究的深入和拓展,学者们又开始关注一些新的问题,尤其是欧洲殖民者是如何遭遇和改变了新大陆的自然和人文环境的。到了1980年代,对于全球气候变化的关注又向环境史学者提出了新的议题——气候是如何变化的?气候变化与人类历史的进程又是如何相互影响的?

人类与自然的关系问题或许是我们人类当前所面临的最大的困境了。要处理好我们当前正在和未来即将面对的环境问题和抉择,我们就需要更为深入地理解环境史。中国不仅在过去的三千年中保有着全世界三分之一到四分之一的人口,而且还拥有地球上所有其他文明都无法比拟的连贯的文字记录,从而可以重建起她的历史。因此,中国和中国史对于我们理解地球的环境变迁史有着异乎寻常的重要地位。

对于人类与环境关系的世界知识宝库而言,本书仅仅是一步很小的探索。众所周知,中国是一个幅员非常辽阔的大国,要考察从新石器时代直到今天全中国的环境变迁实在是一件令人生畏的工作。这一历史使命在将来终将被完成,但作为这一领域研究的开始,很多历史学者都会选择中国的某个地区而不是对全国进行研究。本书也选择了从明朝到清朝中期(约1400—1800)的这一时期,对中国的岭南地区(大体上相当于今天的广东和广西两省)来进行考察。

尽管本书的研究主要限于上述特定的时间和地区范围,我希望读者们仍然能够从中发现环境史学者们所关注的问题和所作出的解答,从而激发大家对中国环境史研究产生更多的兴趣并提出更多的问题。越来越多中国的历史学者正在开始深入环境问题的研究,而中国环境史的研究领域也正在迅速拓展。感谢南开经济研究所的王玉茹教授和关永强博士为翻译本书(以及从各图书馆和档案馆查找原始资料)所付出的努力,感谢江苏人民出版社出版本书。我非常高兴本书能够在中国出版并成为不断壮大的中国环境史研究成果中的一员,感谢中国的读者对他们自身历史的环境领域所作出的探索。

马立博(Robert B. Marks)
加州,惠特尔
2010年7月

致　谢

在本书的写作过程中，我得到了很多知识上、情感上和来自机构的帮助。感谢李中清、John Seidensticker 和另外两位匿名读者为本书提出的问题。Mark Elvin 和 Pierre-Etienne Will 的问题和评论则增添了我对本项研究的自信。Richard Archer, Patrick Caffrey, Alfred Crosby, Christopher Hill, J. Donald Hughes, Joyce P. Kaufman, John R. McNeill, Rhoads Murphey, J. Richard Penn 和 Kenneth Pomeranz 阅读和评论了本书的全部手稿，对此我深表感激。

我需要感谢在本书准备过程的各个阶段中向我提出意见的 Robert Antony, William Atwell, Thomas Buoye、曹树基、陈春声、Helen Dunstan, Joseph Esherick, Robert Gardella、黄宗智、李中清、李明珠、Katherine Lynch, John D. Post, Mary Rankin, Thomas Rawski, G. William Skinner, Kathy Walker、王业键和王国斌。1987 年在深圳召开的"国际清代区域社会经济史暨全国第四届清史学术讨论会"、1993 年 2 月"南加州讨论会"以及 1993 年的"中国环境史会议"中，我均获得了很多有益的评论，在此谨表谢忱。

我还需要特别感谢 Gordon Jacoby 和 Rosanne D'Arrigo 与我分享了他们重建的北半球气温变动趋势和他们研究成果的一章手稿。感谢介绍我去第一历史档案馆的首都师范大学图书馆馆长邱远猷。还有当时在第一历史档案馆从事研究的 Jack Wills，Tom Buoye，李明珠，Robert Antony 和 David Kelly 均与我分享了他们的思想和经验。Helen Dunstan 慷慨地允许我引用她正在研究写作的精彩的手稿，Tom Buoye 与我分享了他在北京搜集到的农业产量数据，王业键给予了我他整理的米价数据以帮助我确证自己搜集到的资料，Betty Wiens 曾慷慨地给了我一本她丈夫 Herold J Wiens 的著作。惠特尔学院的学生 Keith Black 和 Susan Ingersoll 帮我录入了数据，前者还帮我完成了初步的统计分析。

如果没有以下诸位的帮助，书中十分重要的数字地图和地理编码都是无法做到的。Robert Hartwell 无私地与我分享了他所学到的地理信息系统和中国县区编码系统，Larry Crissman 在基础地图和在 Griffith 大学的澳大利亚亚洲空间信息与分析网络中心将我的 ARC/INFO 文件转为 MAPINFO 文件方面提供了巨大的帮助，华盛顿大学中国时空项目的 Qin Tang 和澳大利亚亚洲空间信息与分析网络中心的 Noel Paul 和 Nadja Leibers 均向我提供了技术帮助，Eric Patrick 帮助我在惠特尔学院的 W. M. Keck 图像处理实验室学习了 ARC/INFO 的使用方法。

中山大学历史系主任陈春声教授为本研究提供了巨大的帮助和支持，就我对于本项研究的理解和概念化而言，他对我的影响超过任何人，我们的研究兴趣十分一致，过去十年中我们的合作是非常令人愉快的，通过他我了解到了关于米价、粮仓、广州、珠江三角洲和国际贸易与交流的很多信息。感谢叶显恩教授在 1985 年我路过广州时介绍我们相识并引领我们一同参加 1987 年的"国际清代区域社会经济史暨全国第四届清史学术讨论会"，在那里我们得以相互了解彼此的研究兴趣和热情，相互欣赏彼此的研究成果。感谢美中学术交流委员会的帮助和黄宗智教授的安排，1993 年初陈春声在 UCLA 的中国研究中心担任半年的访问学者。1994 年初陈春声邀请我在中山大学从事了为期两周的岭南地区田野调查，感谢他和他的妻子刘虹的热情款待。陈春声还介绍我认识了他的同事——精通珠江三角洲历史的刘志伟教授,感谢刘教授与我分享了他的很多思想,尤其是关于珠江三角洲与移入珠江三角洲的广东北部移民的部分。

没有图书馆的收藏和馆员们的帮助,本书是无法完成的。我需要感谢第一历史档案馆尤其是鞠德源先生和他的同事刘伟、王道瑞,感谢台北故宫博物院,感谢国会图书馆尤其是亚洲部的居蜜、Robert Dunn 和 David Hsü,地理与地图部的 Pam Vanee 和他的同事,感谢惠特尔学院 Bonnie Bell Wardman 图书馆的 Ann Topjon,感谢 Ramon Myers 和斯坦福大学胡佛研究所图书馆的工作人员,感谢威斯康星大学图书馆,感谢普林斯顿大学 Gest 图书馆和耶鲁大学图书馆。

剑桥大学出版社的 Frank Smith 帮助本书从手稿到最终付印,Camilla T. K. Palmer 关注了本书出版的全部过程,Robert Racine 校对和润色了本书的文字。

各类机构慷慨的资助赋予我以充足的时间以从事研究和写作。美国学术团体协会的 Graves 奖金支持了我 1985 年为期两个月和 1987 年为期一个月在北京第一历史档案馆的研究;斯坦福大学允许我使用胡佛研究所的图书馆;国家人文学科捐赠基金会(NEH)的旅行-搜集项目资助了我 1990 年在台北故宫博物院的研究,NEH1991 - 92 的大学教师项目(FB - 28715 - 91)也支持了本书的写作;蒋经国基金会资助了我 1993 年参加在香港举行的环境史研讨会;惠特尔学院两位宽容的校长减轻了我的行政负担同时还给予了我一个学期的学术假期,使我得以集中精力进行研究;惠特尔学院并且资助我购买了计算机的软硬件;在完成本书最后部分的时间里,Grant McNaughton 让我住在他靠近 John Muir 荒原的山居中度过了一段美好的时光。

最后,我要感谢以下单位允许我使用以前发表过的文献资料,它们是 E. J. Brill 出版公司的《通报》杂志第 81 卷(1995 年)第 1 期发表的我和陈春声的论文"Price Inflation and Its Social, Economic, and Climatic Context in Guangdong Province, 1707—1800"("广东省价格通胀和它

的社会、经济以及环境背景"),清史研究会《清史问题》杂志第 12 卷第 2 期(1991 年 12 月)发表的"Rice Prices, Food Supply, and Market Structure in Eighteenth-Century South China"("18 世纪中国南方的稻米价格、食品供给和市场结构")。

在此,我谨向所有这些朋友、同事、学生、机构、图书馆、学院、大学和资助机构致以谢忱。一切文责自负。

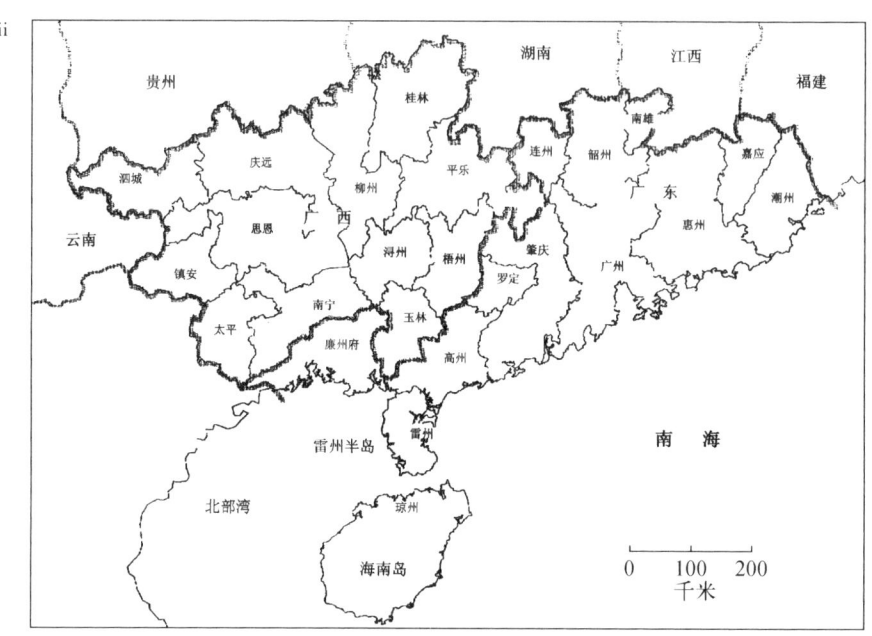

1820 年前后的岭南各府

1820 年前后的岭南各县

县名	数字代码	县名	数字代码	县名	数字代码	县名	数字代码	县名	数字代码	县名	数字代码
安定	64	丰顺	51	会同	181	雒容	44	上思	160	兴宁	34
安平	141	凭祥	165	江州	137	罗阳	145	上下冻	153	兴业	198
白山	84	奉议	83	嘉应	25	茂名	158	石城	168	新会	128
北流	200	佛冈	63	结安	123	马平	188	始兴	18	西宁	107
宾州	193	富川	27	结伦	115	明江	162	顺德	117	新宁	147

续　表

县名	数字代码	县名	数字代码	县名	数字代码	县名	数字代码	县名	数字代码	县名	数字代码
博白	202	感恩	185	揭阳	68	那地	31	思恩	15	新宁	152
博罗	82	高明	118	开建	76	那马	99	四会	88	新兴	133
百色	73	高要	100	开平	138	南澳岛	79	思陵	170	信宜	140
苍梧	69	恭城	22	来宾	191	南丹	14	遂溪	172	修仁	61
岑溪	114	广宁	75	乐昌	9	南海	104	太平	146	宣化	124
昌化	183	灌阳	6	乐会	182	南雄	8	藤县	77	徐闻	174
长乐	54	贵县	195	连平	40	宁明	161	天保	101	崖州	187
长宁	55	归德	120	连山	37	番禺	96	天河	35	阳春	139
潮阳	80	桂平	194	连州	24	平乐	39	田州	67	永淳	116
澄海	72	归善	92	临高	178	平南	78	万州	184	阳江	159
澄迈	177	归顺	102	灵川	7	平远	20	万承	129	养利	136
崇善	151	古零	93	灵山	201	普宁	81	文昌	175	阳山	30
崇左	142	果化	110	陵水	186	迁江	190	翁源	38	阳朔	32
从化	71	海丰	97	临桂	17	钦州	156	吴川	171	英德	50
儋州	179	海康	173	凌云	36	清远	59	武缘	105	义宁	12
大埔	26	海阳	57	荔浦	48	琼山	176	武宣	85	宜山	45
德庆	98	贺县	41	柳城	46	全州	2	下雷	131	永安	62
电白	167	河池	43	隆安	111	全茗	134	象州	66	永福	28
定安	180	横州	197	龙川	29	曲江	19	香山	130	永康	135
定罗	103	和平	33	龙门	70	饶平	47	向武	113	永宁	16
东安	112	合浦	169	龙胜	3	仁化	10	小镇安	106	永顺	58
东莞	108	鹤山	125	龙英	132	融县	11	下石西	166	永安	74
东兰	49	河源	53	龙州	155	容县	196	西林	52	玉林	199
都结	121	花县	90	陆川	149	乳源	23	西隆	42	增城	87
都康	127	化州	163	陆丰	86	三水	94	新安	122	昭平	60
都阳	65	怀集	56	罗白	164	上林	192	忻城	189	镇平	21
恩平	143	怀远	5	罗城	13	上林	109	兴安	4	镇远	119
封川	89	惠来	95	罗定	126	上龙	144	兴隆	91	忠州	157

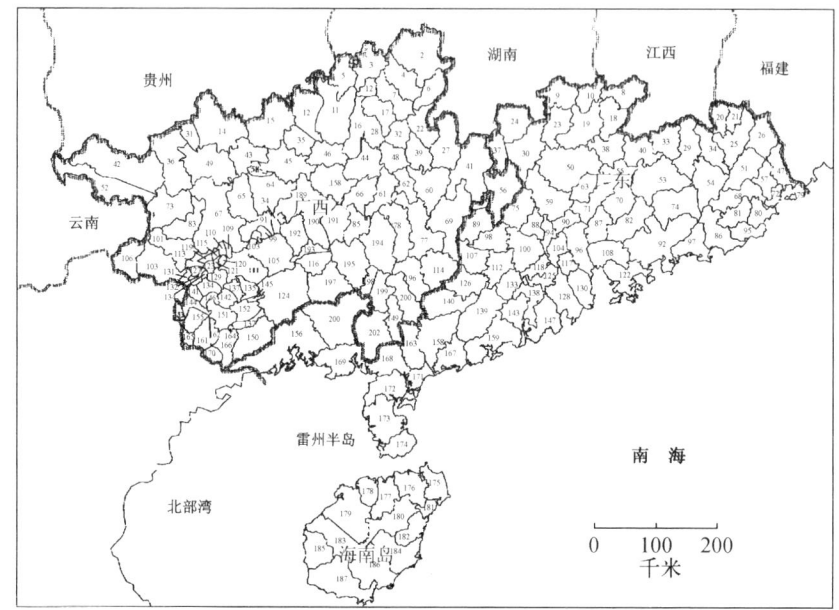

1820年前后的岭南各县

引 言

尽管西方著名的环境史学家们将中国农业的发展模式看作是一种可持续的发展模式,然而这种观点是值得怀疑的。事实上,从华南地区的历史来看,到19世纪末,岭南地区的生物多样性已经出现了显著的下降,而且这一地区正在不断"漏出"大量的资源,因而必须进行大规模的粮食输入才能养活其不断膨胀的人口。简而言之,如果没有不断增加的投入,帝制晚期华南的农业发展就难以为继,在本书所研究的几个世纪中,维持这种系统均衡的力量同时也正在大规模地重构华南地区的环境与经济。

为了界定作为本书核心内容和题目的"环境"和"经济"这两个概念,让我首先解释一下本书的缘起。我虽然希望自己可以说早在十多年前我就已经开始对本书有了规划并开始研究,然而这并不是事实。实际上这一课题起源于我原来对中国粮食供给问题的研究:帝制晚期的中国经济是如何长期保持粮食的充分供应以满足不断增长的人口数量的,及粮食生产过剩和产量不足又会导致怎样的社会和经济后果。

粮食供应问题赋予了我一个很好的视角去探讨人口增长、农业商品化和农村阶级关系等问题之间的相互联系,而这些问题本身又早已各自被历史学家们看作是驱动历史长期波动的根源。我十分高兴的是,这一研究的提案也获得了国家人文学科捐赠基金会的两项资助。在我从事这些有关经济和社会史的很宽泛的议题研究的过程中——这些议题的研究成果大多已经被纳入了本书中——因为对研究框架的反复思考和概念化而产生的另外一些问题也闯入了我的思绪中。

我在中国北京和台北根据大量粮食问题相关档案重建18世纪粮价的过程中,开始注意和记录这些档案中同时存在的地方官员呈报关于天气和估计收获情况的"雨粮"资料。阅读过我关于中国官员对粮食产量的估计和米价关系章节手稿的一位读者提出了一个很简单的问题:天气因素在粮食产量的决定中扮演了怎样的角色?对此,我当时一无所知。

然而这个简单问题将我引向了气候变迁这个宽泛的议题,我发现中国的气候学家们留下了可能是最早和最丰富的气候史研究资料。根据手边的科学研究成果,我重新思考了关于粮食产量与米价的分析,感到我正在将本书的研究扩展到包括气候和气候变迁对帝制晚期华南经济影响在内的十分宽泛的领域,而这就是我当时为本书所设定的概念——直到几个月后我再次被问到了几个简单的问题。

在研究明清两广地区耕地总量的过程中,我从各种府志和县志中读到了很多编年的史料。所有熟悉中国地方志的人都知道,这些编年资料包括了这些年份中各种重大事件,包括抑制生产的水灾、旱灾和疾疫。地方志为我们提供了丰富的气候数据,构成了本研究的一个重要资料来源。然而在我重读明代广西省的编年资料——不是气候史料(这些我当时已经搜集到了)——寻找关于土地开垦范围的线索时,15世纪的大量地方土著起义使我意识到,土著居民对于汉族地主的抵抗行为可以作为考察何时何地汉人进行土地开垦的一个非常粗糙的指标。

在我思考15世纪的这些事件及其与土地开垦之间的关系时,我注意到了一些以前所忽视的关于老虎伤害村民的编年资料。在汉人编著者的眼中,老虎伤人和土著的暴动都有着相似的破坏性,都是对汉人土地占有的闯入和破坏。在这些地方志编纂者看来,土著和老虎都是他们建立农业文明的威胁。如果关于土著暴动的报告能够被当作是汉人渗透进入广西的一个粗糙的指标的话,那么我想,关于老虎伤人的报告是否可以作为一个更为敏感的指标呢?

由于我缺乏对老虎习性的了解,在读了一些初步的资料以后我迅速决定去找一位研究老虎的专家来谈谈。幸运的是,一位世界顶尖级的专家就在我身边。我在华盛顿特区撰写本书期间,给国家动物园的约翰·塞登施迪克(John Seidensticker)博士打了电话,在听我解释了我的研究项目和关于老虎的问题之后,他邀请我到动物园的虎屋与他访谈。

这次访谈为我的项目注入了另一个新的概念。我向塞登施迪克介绍了中国和我的研究项目之后,他向我提出了三个问题,从而将我引向了新的研究领域。因为老虎一般习惯于生活在森林里,所以他问道,那时的森林是怎样的?所有现在去华南旅行的人都知道,那里几乎已经没有森林了,四百年前的森林和气候会是怎样的呢?我不知道。然而塞登施迪克博士的问题并没有结束,接下来他说老虎需要猎食大型动物,如鹿和野猪,他问我华南的森林和沼泽中盛产哪种大型动物,我依然不知道。最后一个问题主要与人类而不是老虎有关,他在世界其他地区研究老虎的过程中发现,北美和欧洲地区的疟疾构成了对科学家们的重要威胁,他想知道在中国是否有疟疾传染的问题。对此我仍一无所知,后来我才知道他问的这些是任何生态学家都会问到的关于生物与生态系统关系的问题。

这些关于生态和生态变迁与历史上的农产量情况、老虎、森林,以及疟疾关系的问题将我引入了环境史的语境当中,在这一领域中我发现了大量关于环境变迁历程和环境史研究方法与范围的专题研究和深入反思,在阅读中理解了环境史的基本目的,用一位开创者的话说,就是将人类的制度——国家、经济、社会——置于自然生态系统的语境当中①,而这就是我在这本书中想要做的。

　　阅读或研究中国历史的人都知道,自然很少被纳入到历史当中。② 直到我被问到这些关于气候、森林、老虎和疟疾的问题并开始阅读这些研究时,我才充分地认识到在中国历史中自然环境扮演了多么小的角色。自然哪里去了? 这些自然环境是怎样被融入故事中的? 为什么它会被遗忘? 我成长于威斯康星北部的小城镇,我很喜爱那里围绕着城镇并向重工业和造纸厂提供原材料的北部森林。但当我离开小镇外出求学,后来又在到处都是城市气息的南加州展开我的学术生涯,我开始远离自然。或许我们生活的城市正是自然环境日益从我们的历史中消逝的原因之一。然而,带着这些关于环境的新问题重新阅读我的地方志、游记和官员们的奏折等中国史料时,在我的面前出现了一幅帝制晚期中国历史的新图景,一经审读,我发现这些史料其实正为约翰·塞登施迪克博士所提出的那些问题提供了一些解答。

　　这就是我怎样决定撰写一部关于华南环境与经济史著作的过程。相对于研究一开始所提出的那些关于粮食供给、收获量和农业生产等问题,我增加了气候变化和中国环境史的问题。这些本身就十分有趣的问题,一经与人类和环境的关系问题相联系之后,就显得格外重要:环境条件是怎样被人类所感知和适应以供应其生存所需的? 人类对华南环境又产生了怎样的影响?

　　直到最近,这些重大的问题尚未被历史学家所重视,而主要是人类

---

① William Cronon, "Changes in the Land: ludians", *Colonist, and the Ecology of New England*, New York: Hill & Wang, 1983, Ⅶ.
② Edward H. Schafer 的研究是一个显著的例外,他关于唐宋时期华南的著作就试图传达一些中国知识分子在华南遭遇外来世界时的敏感问题。尤其可以参阅 *The Vermilion Bird : T'ang Images of the South* (Berkeley and Los Angeles, University of California Press, 1967) 和 *Shore of Pearls* (Berkeley and Los Angeles, University of California Press, 1970)。

学家、地理学家和生态学家的研究领域。① 然而本书所研究的是历史,作为历史学者的我希望能将这些中国环境史的问题置于我自己设定的三个维度中进行考察:(1) 费尔南·布罗代尔对于三重时间的分解;(2) 唐纳德·沃斯特对环境史研究所界定的三个层次;(3) 对三组不同但又有关的概念的探讨:"生态与技术"、"自然与文化"和"环境与经济"。

费尔南·布罗代尔 在《菲利普二世时代的地中海和地中海世界》一书的序言中,布罗代尔将该书划分为三个部分,分别代表着相互交叠、同时发展着的历史的一个层面,"第一个……是……人们几乎觉察不到的人与环境的关系的历史,这种历史中的所有变化都是缓慢的,呈现周期性的重复"。第二个层面,布罗代尔称之为"社会史",指的是人类群体和分组的历史,包括"经济系统、国家、社会、文明社会和……战争"。布罗代尔时间最后一个层面才是传统史学中的个人,"就是事件的历史:历史大潮涌动时表面的骚动和浪花"。②

布罗代尔毋庸置疑地对历史学者们产生了巨大的影响,他或许可以称得上是20世纪最卓越的历史学家。很多人学习和借鉴他著作中的洞察力,尤其是将他们自己的历史学研究纳入到他的长时段社会史框架当中,然而布罗代尔将环境纳入研究范畴的这种思路却鲜有追随者。我并非想将本书与布罗代尔的《地中海》相提并论,但我认为本书的研究与布罗代尔关于历史的前两个层面是相对应的。在书中的一些地方,我还将深入探讨社会史与事件史的关联,尤其是在考察17世纪中期的危机时,不过这一领域并不是本书的重点。现在,我们再看一下环境与经济的

---

① 尤其可以参考 B. L. Turner Ⅱ 等编著的 *The Earth as Transformed by Human Action*: *Global and Regional Changes in the Biosphere of the Past 300 Years* (Cambridge University Press, 1990)。
② Fernand Braudel, *The Mediterranean and Mediterranean World in the Age of Philip Ⅱ*, Siân Reynolds trans(New York: Harper and Row, 1972), 20—21. 正如很多关于全球变化的研究所表明的,无论是过去还是现在,环境变化的节奏都不是像布罗代尔所认为的那样缓慢或不被察觉的。

关系。

唐纳德·沃斯特 布罗代尔并没有将《地中海》一书称为环境的历史或者环境史,部分的是因为他有着更大的研究议题,部分的则是由于在他写作的时期,环境史作为一个领域还没有形成。然而,到1972年《地中海》被翻译成英文出版时,一些历史学家已经开始写作他们认为是"环境史"的著作了。其中就包括美国历史学家唐纳德·沃斯特和他那本备受推崇的先锋之作《沙旋:1930年代的南方平原》①。为了反映和界定他在这本书中所创立的环境史这一新的研究领域,沃斯特近来又强调指出了新的历史研究应当遵循三条准则:"首先要揭示过去自然环境的结构与分布",由于研究资料很少和这项工作的困难性,这个任务是写作环境史的先决条件。"为了完成这一重建工作",沃斯特建议,"环境史学者必须寻求自然科学学者的帮助并依靠他们的方法、资料和证据"。② 如前所述,我已经真切地体会到了这一建议的益处,作为环境史学者,我们必须依靠科学家们的工作并综合与我们研究相关的大量科学研究的成果。在写作本书的过程中,我从气候学家、地质学家、自然地理学家、植物学家、土壤学专家和动物学家那里学习气候变迁、森林、大象、老虎、疟疾和水稻生长速度等的相关知识,我希望我已经能够将这些科学知识进行了正确而精确的整合,同时将这些内容通俗易懂地传达给了那些对中国史感兴趣的读者们。

沃斯特三准则的第二条是"集中考察与环境相联系的生产性技术"。沃斯特认为历史学家的任务在于理解"技术是怎样重塑人类生态关系的",分析"人类将自然改造成为为自身消费提供资源的各种工具,在这一改造世界的过程中人类也同时重塑了自身以及他们的社会关系"。③

---

① Donald Worster, *Dust Bowl: The Southern Plains in the 1930s* (New York: Oxford University Press, 1979).
② Donald Worster, *The Wealth of Nature: Environmental History and the Ecological Imagination* (New York: Oxford University Press, 1993), 48.
③ 同上书,第49页。

在本书中我主要关注的是农业技术包括焚烧森林和控制水力、建造种植水稻所必需的灌溉工程。本故事的一个重要部分就在于,一方面描述人们如何付出各种努力去生产充足的粮食以养活规模已经很大而且还在不断增长着的人口,另一方面也展现出同样是这些努力也在改造着华南的自然地理。

从自然地理和作用于它的技术出发,沃斯特又转入了他的第三条准则,"人与自然之间的某种微妙的、思想上的遭遇或对话,进而产生出了个体或人群的感知、道德、法律和神化"①。我没有足够的时间去考察汉族人和少数民族对于他们所身处的环境的理解——包括他们对于疾病,如疟疾的解释,对于森林的态度和对于土地开垦的道德和信仰——这些的确产生了很多重要的问题。相信农业是土地最好的用途是否赋予了汉人以正当性以剥夺那些居住在森林中的土著们的土地?或者他们根本不需要这种道德的正当性?人们关于旱灾原因的信仰是否会使得他们去杀死老虎呢?我不知道这类问题的答案。我所能做的只是提出这些问题并去推测可能的答案。我希望读者不会因此觉得上当了,或许其他某位学者会去研究这种中国人与他们所处环境的"思想遭遇(mental encounter)",因为这种研究是十分有必要的。

第三个维度在本书中体现为三组相互关系微妙而又彼此不同的概念——"生态与技术"、"自然与文化"和"环境与经济"——在下面我将会选择最后一组进行说明。首先,这几对概念表明我研究的兴趣在于探讨这些概念之间的关系而不是单独的某个概念,很常见的情形是写一本技术史而不考虑技术对生态系统的影响,或者写一本经济史而忽略经济现象所处的环境,就像国会图书馆分类法的"HC"或"HD"栏目所表明的那样。这三组概念之间用"与"来表明彼此间的关系也是很有问题的。到底什么是经济发展"与"环境之间的关系?是单向的影响抑或是更为复

---

① Donald Worster, *The Wealth of Nature*, 49.

杂和不确定的关系?无论就其所联结的概念是哪两个,"与"字所表达的这种微妙关系都是很有问题而且不易分析的。

  环境与经济 我选择"环境"这个概念而不是"生态"或"自然"概念,既是因为它包括了气候和气候的变迁,也是因为这个研究领域被称之为"环境史"。"生态"研究的是生物和它们环境的关系,因而人类也被包括在其中。但是,"环境史"则特指人类和环境的关系,因此"环境"比"生态"的涵义更为准确。我使用的"经济"概念并不是广义的包括所有生产、分配和消费的经济涵义,而只是就帝制晚期中国考察其农业经济情况。这样做一方面是因为农业是当时整个经济系统的基础,农业经济的周期决定着整个经济周期的波动;另一方面也因为农业是经济系统中与环境关系最为紧密的部分。当然,本书所研究的并不仅仅是"农业生态"、"农业"或"农业经济",还包括市场和粮食价格这些经济问题;而且,"农业经济"也常常包含了农户家庭从事种植和市场交易的决策行为。因此,"经济"这个概念就本书而言比其他的概念更为准确和"经济"。

  时间和地点 现在我将从我个人的角度解释一下本书所选择的时间和地点。18世纪的中国人口与乌拉尔以西欧洲区域的总人口相当,因此作为一个整体去研究是非常庞大和复杂的。中国虽然处于单一政权的管理之下而不是像欧洲那样分成无数个独立的政治体,然而这并不意味着我们可以把它当作一个内部无差异的整体去写作一本"中国史"。和欧洲一样,研究中国也应将它分成若干个地区来进行考察。问题的关键不在于是否应该从地区的角度分析中国,而是怎样对其进行区域化研究。目前为止最具有影响力的是施坚雅的区域划分理论,他将中国划分为八个地理大区并提供了大量这些大区内部的人口与经济发展周期的实证依据。

  本书所研究的是岭南地区。我将在第一章中详细讨论岭南地区的重要意义和位置,现在大家所需要知道的是这个地区距离香港不过200里之遥。我选择岭南历史作为研究对象主要出于两个原因,虽然研究中国经济史较好的区域划分方法是施坚雅的大区法,但中国历史上关于人口和经济数据的报告都是基于省、府、县等行政机构作出的。幸运的是,岭南地区是由两个地理上相连的省份——广东和广西所构成的,因此资料搜集的工作被大大简化了。作为地理区域的"岭南"和"两广"并不是完全一致的,因此我将不时地说明两者的区别,但就是这些名称也在检验着大区分析思路的一些假设。

我选择岭南还因为我已经掌握了关于这一地区和它的历史的一些资料①,同时别的学者也几乎没有关注过这一地区的历史。此外,这一地区目前正经历着最高速的发展和经济转型,因此这样一项关于岭南地区环境史的书也可以为理解当前中国的发展提供一个背景和参照。

本来我准备将本书的研究集中在资料最为丰富的 18 世纪,但是在对经济问题的研究中,我发现必须将时间段向上和向下延伸到大约从 1400 年开始到 1850 年的时间段中。如布罗代尔所指出的,环境史的叙述最好以世纪为单位进行,而经济也同样需要长时段来展示其变化的图景。基于此,四个半世纪的时间是较为合适的。当然,故事并不仅限于这 450 年,它开始于最早的相对完善人口数据的出现,结束于 19 世纪中期的鸦片战争、太平天国叛乱和世界气温的重要变化。

本书主要研究的时期属于中国史学者们一般认为的"帝制中国的晚期"。但是 1994 年去岭南的旅行使我认识到需要将研究的时段延伸到更早,我访问了岭南地区里我认为对界定这一地区十分重要的三个地方:广东北部的梅岭关,开凿于公元 716 年;广西北部的灵渠,连接着向北汇入长江水系的湘江和向南流入岭南水系的漓江,开通于公元前 215 年的秦朝;以及珠江三角洲沙田、中国最富庶的农田和粮食产区。因此,本书的前两章将考察岭南地区从秦朝直到元朝的环境史,

---

① Robert B. Marks, *Rural Revolution in South China: Peasants and the Making of History in Haifeng County, 1570—1930* (Madison: University of Wisconsin Press, 1984).

包括珠江三角洲是如何被"塑造"出来的故事。

问题与视角

本书的核心问题是：华南的自然和环境变迁究竟是怎样的？人们的活动是否影响了环境的变迁？这些变迁是怎样被记录下来的？气候的变化是否影响了环境和经济？如果是的话，这种影响又是怎样发生的？最后，环境及其变化(包括自然和人为引起的)是否又对人类、人类的行为和他们的历史产生了影响？本书中所讨论的人与环境间的关系是一种对话性的而非单向度的关系，人类的活动影响了他们所处的环境，而环境条件也在塑造着华南的经济与社会。本书将通过四个相互交织的主要议题来展示这种关系：气候变迁、人口变动、商业化和国家政府的角色。

气候 对这一议题最直接的表述是：气候怎样影响着历史的进程？从目前全球变暖及其可能带来的危险来看，这一问题不可小觑。其回答可能是"轻微的、或许可以忽略不计的"[1]，也可能是"一项被忽视的重要历史力量"[2]。这一议题一直以来都富于争议性，在数据和方法论层面的争论层出不穷。[3]

就书中所涉及有关气候的这些议题，本书并不能全部作出解答，但至少可以从两个角度对这些争论提供助益。首先，几乎所有关于气候与

---

[1] Emmanuel Le Roy Ladurie, *Times of Feast, Times of Famine: A History of Climate since the Year 1 000*, Barbara Bray trans. (Garden City: Doubleday, 1971), 119.

[2] 参见 Jan deVries 对 John Post 和 Christian Pfister 的评论 "Measuring the Impact of Climate on History: The Search for Appropriate Methodologies", in R. I. Rothberg 和 T. K. Rabb 主编的 *Climate and History: Studies in Interdisciplinary History* (Princeton: Princeton University Press,1981),23。

[3] 参见 Rothberg 和 Rabb 编写的 Climate and History, T. M. LWigley 编 *Climate and History: Studies in Past Climates and Their Impact on Man* (Cambridge University Press,1981)。当然，这种争论的历史至少可以上溯到 Ellsworth Huntington 的 *Climate and Civilization* (New Haven: Yale University Press, 第三版,1924)。

历史关系的研究都集中在欧洲地区,虽然欧洲和欧洲人对世界近代史有着十分重要的影响,简单地将其理论直接用于亚洲的做法仍然是过于轻率的,本书引入了中国的资料可以起到增强研究依据的作用。其次,华南的证据给我们提供了在这种论争中较为中立的观点,我当然不会提出"环境决定论者"的主张,但我认为气候的变迁的确改变了人类社会尤其是帝制晚期中国这样的以农业为基础的社会。这不仅仅意味着气候的变化影响了中国社会和经济的发展,而且也包括人类对气候变化的应对,建立和维持一些制度尤其是食品供应制度以保护人们应付一些恶劣气候的影响。人类对于气候的变迁并非是熟视无睹或被动反应的(或与之相反),我认为问题的关键是气候和人类之间是如何相互作用的。这并不是说气候波动和变迁对人类的影响并不显著,而是说气候并不是独自决定着华南的历史变迁。

人口 人口统计学家们认为人口波动和经济条件之间也是这样一种相互影响的复杂关系①,近期的一项研究已经涉及了粮价与人口存活率的关系②,该研究表明人口波动取决于更广泛的条件影响而不仅仅是由环境和经济外生决定的,生育和结婚率也是一样。读者们很快将发现,本书认为人口的规模和分布是理解华南环境变迁的一个重要因素,书中的很多章节都是从人口的规模和增长情况开始研究的。但我并不是一个人口统计学家,也缺乏足够的数据以探讨岭南地区经济条件与生

---

① 参见 Patrick Galloway 的三篇论文:"Annual Variation in Deaths by Age, Deaths by Cause, Prices, and Weather in London, 1670—1830", *Population Studies* 39 (1985): 487—505; "Long-Term Fluctuations in Climate and Population in Preindustrial Era", *Population and Development Review* 12, no.1 (Mar.1986): 1—24; 和"Basic Patterns in Annual Variations in Fertility, Nuptiality, Mortality, and Prices in Pre-industrial Europe", *Population Studies* 42 (1988): 275—303。

② James Lee, Cameron Campbell, and Guofu Tan, "Infanticide and Family Planning in Late Imperial China: The Price and Population History of Rural Liaoning, 1774—1873", 载 Thomas G. Rawski 和 Lillian M. Li 主编的 *Chinese History in Economic Perspective* (Berkeley and Los Angeles: University of California Press, 1992), 145—76。

育率的关系。由于我将本书关于人口的研究限制在对人口的规模和分布的考察,我可能会暂时背离刚才提到的人口相对于经济和环境变迁外生的理论,我并非相信如此,但我只能将这一问题留给其他专门研究经济与环境对人口存活率的学者去解答。

商业化（而非资本主义） 与华南中国的人口规模和分布一样,我认为商业化也是理解环境变迁进程的一项重要因素。岭南地区的商业化是毋庸置疑的,这既包括向东南亚和欧洲出口的蚕丝和向内地输入的蔗糖,也包括岭南地区内部从广西西江流域流向广东和珠江三角洲的稻米贸易。中国史学家都同意1500—1850年间帝制晚期的中国是高度商业化的,大家对很多关于商业化历史资料也有着广泛的共识,存在争议的主要是这种商业化到底意味着什么。大多数学者们认为这些与资本主义有关。

资本主义问题是一个问题成堆的领域,我非常了解有关这一概念的复杂性、论证和史料,也很清楚要为其提供一个简短定义是充满危险和困难的。但我必须这样做——尽管略显粗糙——以解释我这里所说的"商业化而非资本主义"的意思。最重要的是,我并不认为商业化、专业化、市场和寻求利润与资本主义是等同的。① 按照布罗代尔的观点——和马克思、沃勒斯坦等许多学者一样——认为从历史来看,资本主义是一些关于运动、变化和行为的特定方式(布罗代尔称之为"规则")的综合体,就我的理解,商业化是资本主义存在的必要而非充分的条件。如果我们和布罗代尔一样将世界经济体②的经济活动分为相互关联的三个层面——物质生活、商业与市场、大规模金融和生产——那么帝制晚期的

---

① 这种定义往往是亚当·斯密思想框架追随者惯常的思路。
② 参见布罗代尔和沃勒斯坦的研究：Fernand Braudel, *The Perspective of the World*, vol.3 of *Civilization and Capitalism, 15—18th Century*, Siân Reynolds, trans. (New York: Harper and Row, 1984), 21—70; Immanuel Wallerstein, The Modern World System, vol.1, *Capitalist Agriculture and the Origins of the European World-Economy in the Sixteen Century* (New York: Academic, 1977). 布罗代尔和沃勒斯坦关于欧洲世界经济体系的起源看法并不一致,沃勒斯坦认为是16世纪哈布斯堡家族争夺帝位的失败,而布罗代尔则认为是13世纪的意大利。

中国和现代化早期的欧洲在前两个领域有很多共同点,包括由小规模的家庭生产单位组成的良性运行的竞争性市场,葛希枝(Hill Gates)将其称之为"小资本主义生产模式(Petty Capitalist Model of Production)"①。但在第三个领域中,中国与欧洲有着根本性的不同,中华帝国限制了大规模金融、生产和通过葛希枝"朝贡生产模式(Tributary Model of Production)"②进行的国际贸易,而连绵的战争则驱使欧洲各国允许并促进③这些由私人掌控的经济活动,由此产生了资本主义。对我而言,中国历史上的长期统一是这些区别的原因所在,一个非常具有竞争性的充分的市场系统可以得以发展(也就是商业化的进程)。同时帝国政府而不是资本家控制着"经济的制高点(Commanding Heights of the Economy)"(列宁语)。因此,我认为"商业化而非资本主义"可以概括帝制晚期中国经济的特点。

这种区别之所以重要,是因为西方主要的环境史学家将环境的变迁主要归因于"资本主义生产模式"④。我将在这里给大家讲述的故事当然也包括了岭南地区大规模的环境变迁、土地使用方式如导致物种减少的砍伐森林和人为形成的珠江三角洲,然而华南的这些变化却不能归因于资本主义生产模式。因此我们更加需要通过思考华南的经济与环境是如何相互影响的这个问题,来理解这种历史的和环境的变迁的性质。这样,岭南环境史又一次警告我们不能简单采用欧洲和北美的经验,而需要从更大的视野来考察人类是如何改变环境的这个故事。

国家政府 资本主义的兴起和民族国家的形成固然是现代世界史

---

① Hill Gates, *China's Motor: A Thousand Years of Petty Capitalism* (Ithaca: Cornell University Press, 1996), 13—41.
② 同上。
③ 参见 Charles Tilly, *Coercion, Capital and European States, AD 990—1990* (Cambridge, MA: Basil Blackwell, 1990)。
④ 这种观点的一个代表性表述可以参见 Worster, *The Wealth of Nature*, 45—63。

的中心议题,且这些问题在 19 世纪中期以后的中国史中显得格外重要——如彭慕兰①所作的极为精当的阐释那样——而在 1850 年以前的时期里,皇权和儒家的治国方略仍然在有效地管理着国家。然而,在 18 世纪初,新的问题——尤其是不断膨胀的人口和经济的商业化,在华南尤其明显——开始对儒家方略形成了挑战。从皇帝到县令的各级政府官员必须对这些新的形势做出应对,修改旧的政策,处理新的问题——尤其是那些与土地开垦有关的——这些都影响着环境变迁的进程。

帝制晚期的国家政府在建设经济和环境的领域中都扮演了积极的角色。政府虽然独一无二,但其政策却并不是完全一致和单一形式的。例如,雍正和乾隆皇帝(分别于 1723—1735 年和 1736—1795 年在位)之间关于土地开垦政策的差异就对环境产生了显著不同的影响。尽管如此,帝制晚期政府能力之所及还是给我留下了深刻的印象,政府建立了一整套的数据搜集系统以监控帝国的经济波动和对经济进行管理。在当时的中国,政府的作用是至关重要的。然而需要再一次强调的是,与欧洲史相比,中国政府的活动更多地牵涉到帝国形成与瓦解的模式,而不是现代世界的形成。

主题 虽然本书的主题与欧洲和美洲同类历史的研究相接近,但是读者必须记住,同样的这些主题在中国有着不同的涵义,那里的历史背景是帝国和儒教,而不是资本主义和民族国家。事实上,世界体系理论对于我们是很有帮助的,一方面它提醒我们并不是世界的所有地区都是资本主义经济,另一方面它也提示我们在本书所研究的 1400—1850 年间,还存在着一个以中国为中心的世界体系。

因此,本书所讨论的庞大主题包括气候变迁、人口、商业化和国家政

---

① Kenneth Pomeranz, *The Making of a Hinterland: State, Society, and Economy in Inland North China, 1853—1937* (Berkeley and Los Angeles: University of California Press, 1993).

府行为的相互交织所引起的华南的经济和环境变迁,而剧烈的环境退化和生物多样性的丧失也表明,一个农业经济系统也并不是可持续的。造成这种结果的并不是上述的某一种因素,因为这个故事中最有趣而重要之处就在于这些力量的相互交织,以及人类对这种变迁所做出的反应,这种反应进而影响着环境(包括气候条件)、人口波动、经济和政府政策。这些相互交织的关系无法在本书的每一章中单独进行阐释,而将通过全书一层层地建立起来。

本书的结构 第一章介绍岭南的自然环境,主要包括该地区的自然特点,尤其是山川和河流系统,同时也将重新考量岭南的森林面积和野生动植物数量情况。第二章将概要性地介绍公元2—1400年的人口规模和分布,考察汉人在岭南定居时的环境条件,包括珠江三角洲的产生。第三章会集中讨论明代(1368—1644)岭南的人口和经济史,考察经济增长与土地利用和作物种植模式变迁之间的关系,以及经济层面日益发展的商业化。

第四章我将把明清的朝代更替及其带来的一系列战争置于17世纪中期世界普遍危机的背景下,探讨其环境方面的原因和在这数十年战争中大量人口损失所带来的后果。第五章则考察从17世纪后期开始的经济恢复,对此我认为主要是海外贸易的迅速扩大、由于丝和蔗糖贸易而导致的作物种植模式变化,以及将岭南联结成一个经济整体的市场系统形成的结果。第六章重建了气候变化影响岭南的过程,同时探讨18世纪气候波动与农业产量之间的联系。第七和第八章从政府的粮仓系统和私人的稻米市场这两个视角,考察岭南的人们对气候变动导致的产量波动的反应。第八章也探讨了稻米的商品化和18世纪米价的不断上涨问题。

第九章讨论的是,面对粮价上涨和人口增长的压力,政府官员意识到必须设计和实施多种土地开垦计划以解决日益迫近的危机。在第十章中,我考察了土地开垦的生态后果,包括森林的砍伐、洪水和干旱的日益频发,以及生物物种的灭绝。在结论中,我总结了前面各章中所描述的环境变迁的进程,进而回到引言中所提出的那些更为宽泛的议题。

最后介绍本书中的一些习惯用法。首先,本书通篇使用的都是汉语拼音,唯一的例外是香港,在 1997 年 7 月 1 日以后改为"Xiang Gang",以前仍使用"Hong Kong"。其次,关于地名,我尽可能使用了它们帝制晚期(明清两代)的名称,各府的名称则使用其约在 1820 年的名字,这可能会使我面临因时期不同而产生的错误,但我认为这样做可以减少非专业读者可能面临的迷惑,而且这也的确简化了(通常极为复杂的)地图制作和地理信息系统(GIS)分析的工作;同时,作为帝国晚期最低级的行政单位,有着很多不同的名字(县、亭等),我一律将其翻译为县(County)。最后,对于"公元前"和"公元",我没有使用 BC 和 AD,而是采用了 BCE 和 CE 来表示。

第一章 "杉松百围":岭南的自然环境

本章以"自然环境"为题,在生态学家看来,其所暗含的是一种错误的自然和人类两分法,而生态学家们则是坚持认为人类只是从属于更广阔的生态系统中的一个部分。人们不仅生活在环境中,而且还是环境的观察者。我们对华南自然环境的描述需要穿过两种透镜来进行,一个现代生态学的透镜,另一个则是中国历史资料的透镜。从现代生态学的透镜来看,直到20世纪六七十年代科学家们敲响生态退化的警钟之后,历史学家们才开始涉足环境史领域。因此,我们不应该去责备历史学家们的研究仅仅局限于现代人所关注的土地和大气污染、能源的消耗、热带雨林的采伐和全球变暖问题,环境史学家正是出于对当前问题的关注而研究这一类问题的。本书也同样关注全球变暖、森林和湿地的破坏以及大型猫科动物的命运,这些指引着我们对一些问题的深入研究,当然同时也造成了对另一些问题的忽视。

现代生态的透镜成为了我们理解环境的一种过滤器,而那些历史资料的记录者们也是一样,无论这些观察和记录者是生活在10世纪还是18世纪,他们绝大多数都是汉人。他们拥有书写和组织的技能,然而也有着对其他人群和自然环境的信仰和偏见。因此,即使我们想去了解当时的森林和少数民族土著情况,我们也只能通过这些推崇农耕者的眼睛去观察,有时候我们可以获得我们想知道的,而另一些时候这些观察者则会由于自己的价值取向而对很多我们感兴趣的有关现象视而不见。

对于这些历史记录者们所产生的局限性,我们可以通过环境中的重要问题、现代观察者和现代科学研究来予以发现。要观察山地和三角洲、了解降雨的总量和时间、查看稻米的成长、倾听村庄围墙外面老虎的咆哮,我们并不一定只能依赖于所研究时段的资料,也可以适当地参考其他时间和地点的资料情况。

本章并不打算,也不可能是关于华南环境史的完备描述,这一任务实在过于庞大了。我是一个历史学者而不是生态学者,而本研究更多采用的也是人类学的方法,我对于环境所最感兴趣的部分是与人们如何务农谋生有关的部分。完成了上述这些说明,下面让我们把注意力转向华南地区。

自然地形

布罗代尔将《菲利普二世时代的地中海》的第一节命名为"首先是山"①。这对我们也同样适用,这不仅是出于地理和历史的原因,同时也因为它促使我们改变对华南的视角。因为,如果我们一开始就拿出一张中国的标准地图,我们会发现所研究的这片地区——广东和广西是跨越北回归线的两个沿海省份,大部分美国和欧洲人看中国地图的时候会像乘坐向西飞往中国的飞机一样,从中国东部或东南部向西部或西北部进行阅读,这种读图方式所依从的是美国人阅读和写作自己历史的方

---

① 费尔南·布罗代尔,《菲利普二世时代的地中海和地中海世界》英文版,Siân Reynolds 译(New York: Harper and Row, 1972)第一卷,第25—52页。

式——从东部看西部①——和欧洲人初次遭遇中国的方向。从这种视角来看,我们首先看到的是沿海和沿海城市,此后我们的目光才会向内移到中国巨大的水系和连绵的山脉。

然而,如果我们不采用这种由东向西的阅读方式,而是用中国人自己解读自身地理的方式,我们会从北向南阅读中国。中华文明起源于北方的秦岭地带,此后逐渐向南传播到长江流域,形成了以苏州和杭州为中心的江南地区;到了唐代,江南的物质和文化日益增长和繁荣,其南方的边界称之为"南岭",而南岭以南的地区就被称为"岭南",这是比江南更为落后和缺乏教化的地区。虽然岭南早在秦始皇的时代就已经被征服并开始有人口居住,但直到宋代,这里仍然被看作是远离中原文明的蛮荒之地,是政治犯们合适的流放之所。

其中最有名的——可能不是最早的②——一位被流放岭南的政治家当属宋代的诗人苏东坡了。1094年,因为对皇帝的不当评论,苏东坡被贬到惠州任司马,他离开都城开封一路南行,先在南京暂作停留,又经长江入江西的鄱阳湖,从鄱阳湖继续向南,经赣江抵南岭。从南安县赣江上游的南岭山脉可以看到南岭高山之间的一段鞍形地带,这就是穿越大庾岭的梅岭关。根据他的传记作者林语堂的记载,苏东坡在经过梅岭关时停下休息,"行人到此,不由怅然兴叹,多在岩石上题诗寄慨。立在此处山峰上,头上云天,不过咫尺,苏东坡觉得自己犹如梦游,不复知自己肉体之躯在何处所了"③。

几个世纪以后,1793年乔治·斯当东爵士和马戛尔尼使团的其他人员成为了第一批顺着这条路线自北京南下的西方人,他们和苏东坡当年

---

① Dee Brown 在他的 *Bury My Heart at Wounded Knee* (New York: Holt, Rinehart, & Winston,1970)第XVI页对此进行了详尽的描写。
② 关于唐代政治犯流放岭南的记载,可以参见 Schafer, *The Vermilion Bird*,第三章。
③ Lin Yutang, *The Gay Genius: The Life and Times of Su Dongpo* (New York: John Day, 1947),346.

一样经过南京再经赣江到达梅岭关。① 在他的关于马戛尔尼使团的书中,斯当东描述了从梅岭关南望岭南的情景:

> 从山脚到山顶满山都布满了各种树木,往四外一看,有一非常广阔的鸟瞰。山下周围几哩之内一片碧绿,许多村镇和田舍位于其上……"好像近在眺望人的脚下"。由山上再往四处遥望,一片广大无际的平原,由地平线上群山环绕。北边顶端似乎是一块不毛的荒地。从这个高山顶下看,平原上的一些零星小山同这个高山比起来好像只是一些干草堆。② 刚刚路过的南安县好像是一堆瓦块,航行的河道好像一条发亮的线。这个山同附近事物比起来显得这样高,同海拔面相比一定更高得多了,它比使节船只刚刚航过的鄱阳湖附近的赣江发源处至少高一千呎以上……③

苏东坡和斯当东都从梅岭关南望岭南,并感叹其自然环境——险峻的高峰、青翠的小山和河流——和环境中的人文因素:村庄、田舍、通往关隘的小路。他们对岭南的看法为我们提出了很多问题,这些既包括他们所看到的环境:那时的森林如何?森林中生活着哪些动物?那时的气候又怎样?也包括那时的环境与在这里生活着的人们之间的关系,两位观察者都感觉到环境并不仅是没有人类的"自然",同时也包括人类。事实上,他们观察岭南的出发点就是一个人类的成就——梅岭关。

---

① 马戛尔尼使团并不是第一批经赣江到梅岭关的西方人,在1549年几个葡萄牙人在福建被俘获并押送到桂林,很可能也经过了梅岭关。参见 Charles R. Boxer, *South China in the Sixteenth Century*(London: Hakluyt Society, 1953)中关于 Galeote Pereira 的编年资料,第30—32页。
② 在中文中,这一段的南岭叫作大庾岭,意指堆积很多谷物的山岭。
③ Sir George L. Staunon, *An Authentic Account of an Embassy from the King of Great Britain to the Emperor of China*(Philadelphia, 1799), vol.2:213—14。译文参见叶笃义译本《英使谒见乾隆纪实》(上海书店出版社,2005),第469—470页。

梅岭关是在唐代丞相和工程专家张九龄的主持下人工开凿的。张九龄是岭南北部的韶州(在梅岭关西南约90里)人,他考中进士后累官至宰相之职,公元716年他向唐玄宗谏言开凿连接长江流域和岭南的梅岭关。可以想见,梅岭关原本只是一条崎岖险峻的山间小径,如张九龄所描述的那样,梅岭曾经是:"初岭东废路,人苦峻极,行径寞缘,数里重林之表;飞梁岿截,千丈层崖之半。"①

从7世纪唐统一中国以来,岭南和北方地区的贸易得以恢复,输入岭南的丝绸和瓷器数量不断增加,而岭南输出的皮毛、熏香和草药也逐渐扩大。贸易的扩大带来了对改善梅岭关运输条件的需求,公元716年,宰相张九龄主持开凿梅岭关不太陡峭而倾斜度较宽的一段,挖去了约20码的岩石以建造一个约3码宽的关隘(见图1.1),在用岩石建造梅岭关后,张九龄还在关隘的两边用小石头铺设了道路,从而有效地连接了江西的赣江和岭南的北江。根据叶显恩等的研究,唐代梅岭关的开辟,重塑了岭南的商路:北江开始日渐繁忙,而以前通过广西的商路则逐渐废弃。② 张九龄在建成梅岭关之后,是这样评价这一成就的:"而海外诸国,日以通商,齿革羽毛之殷,鱼盐蜃蛤之利,上足以备府库之用,下足以赡江淮之求。"③ 于是,对于中国和最早的西方旅行者而言,在他们从长江流域南下时,首先看到的就是南岭山脉,就像布罗代尔所说的那样。在这至少一千年当中,所有中国南岭山脉以南的地区都被称为岭南,这一地区从广西省的最西部直到东部的福建省,一直延伸入南海。然而由南岭山脉所界定的岭南一词在汉语中并没有如上文那样的涵义,而主要是就其自然地理情况而言的。

---

① 转引自 Schafer, *The Vermilion Bird*,第22页。(原文见张九龄《开大庾岭路记》。——译者注)
② 叶显恩、谭棣华、罗一星,《广东航运史》,北京:人民交通出版社,1989,第51—53页。
③ 转引自 Schafer, *The Vermilion Bird*,第22页。(原文见张九龄《开大庾岭路记》。——译者注)

图 1.1　1994 年的梅岭关

山脉和丘陵

　　岭南地区由北面、西面和西南面的三条山脉围成,北面是南岭山脉,西面是云贵高原,南面和西南则是沿海的云开大山。

　　南岭是蜿蜒连绵的几个山脉的总称,中国人有时也因其由五个山脉组成而称之为"五岭",在今天所称的北纬 25 度到 26 度之间,大体沿东西方向将长江流域和岭南地区隔开,南岭平均海拔 3 000 英尺,有些山峰可高达6 000英尺。这些山岭都很古老,其内部构造和起源可与北美洲的阿巴拉契亚山脉相比。① 作为山岭,它们不算高大和崎岖,对于华中和华南的商业贸易而言,只能算是一种障碍,还谈不上是屏障。

从地质年代来看,大约两亿年以前,华南地区仍是一片海洋,而华北地区已经形成了大陆。在侏罗纪前中期华南地区开始抬升的过程中,上亿年的沉积物堆积形成了砂岩和石灰石,进而经过构造压力的不断皱褶形成了总体上东西走向的海拔较低的山脉。形成南岭的地质过程十分复杂(至今也尚未被完全理解),导致了南岭大体上可以分为三段:分割贵州高原和广西盆地的南岭西段基本呈东西走向,从广西东端到广东和江西交界的南岭中段向南后再向东曲折延伸,而南岭东段则呈不规则的东西方向与东南部的丘陵地带交汇。

在南岭的东端,东南丘陵形成了一种独特的地貌,沿西南-东北走向包括江西南部、整个福建和广东东部地区。东南丘陵地带与岭南其他地区的地形完全不同,其河流也有着独特的流向,顺着东南方向流入大海。广东东部的丘陵地带主要是潮州和嘉应这两个府,分割这两个府的是韩江和东江之间的分水岭,韩江和东南沿海的其他水系一样直接流入大海,而东江则流入珠江三角洲(见地图1.1)。对于汉人而言,岭南指的是广东东部和福建省的全境。从地质学和地形学来看,这一带的华南地区与岭南的其他部分迥异,而关于岭南的地理学的严格定义(不是中国观察者们所说的岭南),指的则是分布在广东和广西两省的南岭山脉和山脉南部的三个自然地理亚区,这样就把清代广东的潮州府和嘉应府排除在外了。②

---

① K. J. Hsu, "Origin of Sedimentary Basins of China",载 X. Zhu 主编的 *Chinese Sedimentary Basins*(Amsterdam: Elsevier, 1989),第211页图17.2。
② 这种关于岭南的定义所遵循的是施坚雅在两篇文章中所提出的理论,参见"十九世纪中国的地区城市化"和"城市与地方体系层级",载施坚雅主编《中华帝国晚期的城市》。

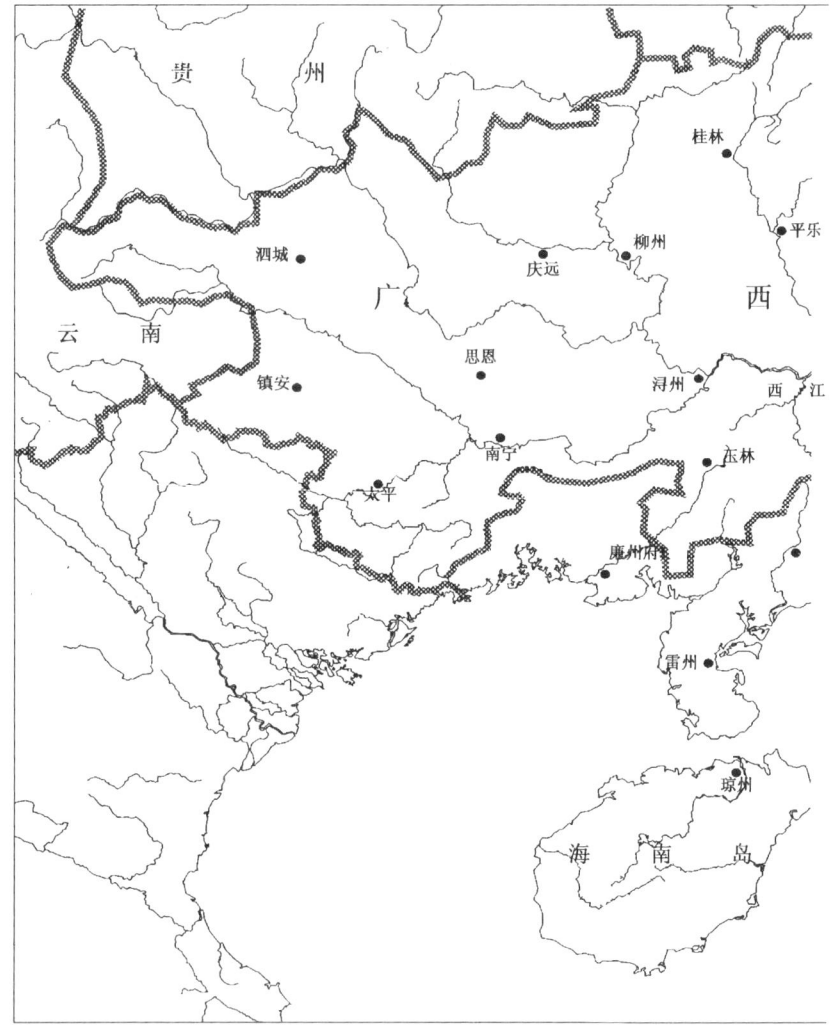

地图1.1　1820年

第一章 "杉松百围":岭南的自然环境

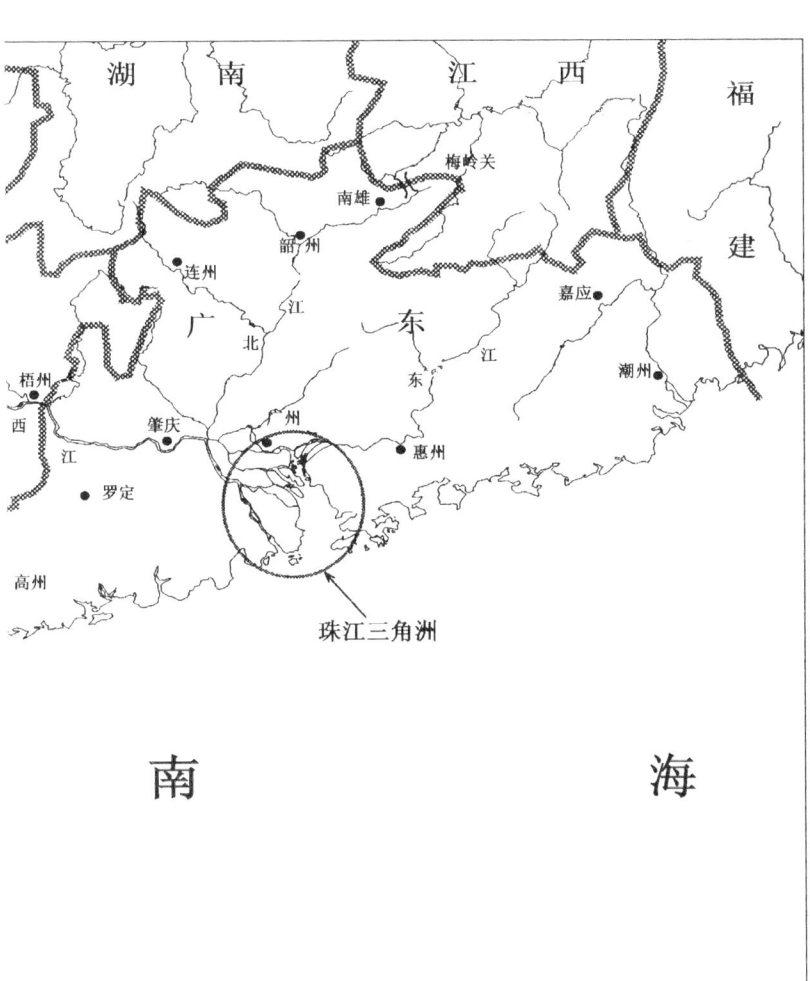

前后的华南

西面的云贵高原,和南面从越南到广东的一段海拔较低的沿海弧形山脉,闭合形成了广西盆地。广西盆地的大部分地区都分布有海拔1 000英尺左右的高地,盆地西部与云贵高原交界地带则迅速拔起成为瑶山,瑶山在南宁市和柳州市的西面,呈自北向东北走向。广西盆地是西江的主要灌溉盆地,其各条支流在梧州城附近汇合。作为一个典型的子地形区,西江盆地连接着广东和广西两省,西江在梧州汇合后即流出广西,进入广东。

岭南地区的南部边界是一段时宽时窄的沿海地带,沿东南方向从珠江三角洲直到越南边境,与岭南其他地区的砂岩皱褶形成的低矮山脉不同,这一带主要是由花岗岩或火成岩变质形成的。这一沿海地带——包括雷州半岛这样大的区域——主要是由流入南海和北部湾的一些小河排水形成的低地地区。海南岛距离海岸约15里,岛上山脉连绵,产生于和东南沿海地区相同的地质作用,中央山脉的最高峰可达5 500英尺。而狭窄的冲击低地地区则围绕着岛屿,主要分布在面向雷州半岛的北部。

岭南是由几个子地理区域有机组成的,之所以这样说是因为这一地区并不仅是像四川省那样的一片群山环绕的盆地或某条大河的流域。岭南自然地理的统一性得益于两个特征:广西盆地南缘的海拔较低的沿海山脉形成了一道分水岭,将西江水系围绕在广西境内同时把广东的西南部和岭南的其他部分分割开来。如果没有这些海拔较低的山脉,西江水系可能会直接流入北部湾,正是由于这些山脉阻挡了出口,西江才把广西和广东联系了起来。从地形学来看,广西盆地和珠江三角洲的这一联系看上去可能是很脆弱的,因为这完全依赖于境内的水流能够得以汇入西江水系。人们可能会认为西江盆地的这种仅仅通过梧州附近的一条河流与广东西部形成的联系是不稳定的,如果没有充足的水量,广西盆地可能会和岭南其他地区失去联系。其实这里能有着充足水量的原因则在于华南的气候特点。

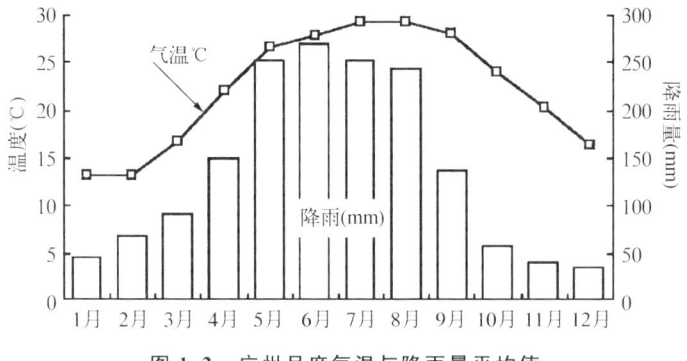

图 1.2　广州月度气温与降雨量平均值

[资料来源：International Rice Research Institute, *Rice Research and Production in China* (Los Banos, Philippines: IRRI, 1979), 25。]

气　候

现在的岭南地区被归于亚热带和热带气候,广东和广西两省正跨越在北回归线上,而更南的地区如雷州半岛和海南岛则属于热带气候。①这一地区现在的月度平均气温在 10—30 摄氏度之间波动,充沛的降雨量(每年大约 1 600 毫米)主要都发生在农作物的生长季节。岭南地区还不是完全没有霜冻,其作物生长期从 250—320 天不等(10 摄氏度是稻米生长所需的最低温度)。② 图 1.2 总结了广州一年的气候数据(气温和降雨量)。

由于南岭山脉把岭南和华中地区分割开来,我们应当注意到山脉作为气候分界线的影响。中国的气候主要受冬季和夏季季风的支配,南岭山脉的海拔并没有高到可以阻断气候南北影响的程度,气团还是可以在

---

① 关于中国气候区的划分,可以参见 Zhang Jiacheng and Lin Zhiguang, *Climate of China*, Ding Tan, trans. (New York: Wiley, 1992), 285。
② 在广东省北部,由于海拔较高和冬季的寒流,大约只有 225 天的无霜期,其作物生长期也就相应较短。参见 International Rice Research Institute, *Rice Research and Production in China* (Los Banos, Philippines: IRRI, 1979), 25。

山顶以上南北移动,季风可以通过南岭继续向北流动。每到冬季,西伯利亚的大陆气团会带来北方的干冷气流;而从初夏到秋季的南风和西南风则会带来产生于太平洋上的暖湿气流。①

夏季季风有着固定的年度周期,带来中国80%的降雨,而降雨也基本都发生在夏季;到了冬季,西北大陆方向吹来的强劲季风则会阻止暖湿气流到达中国。春天,随着寒流的退却和气温转暖,中国的雨季开始了;春末,海洋上高压地带顺时针方向的气流会将雨水带到华南;到初夏时节,降雨到达华中地区和长江流域;七八月间,副热带高压的北跳又将雨水带到了华北地区;随着秋季北半球气温的下降,西北的极锋再次迫使太平洋副热带高压南移,在九十月间台风降雨到达中国的南部和西南部。而随着冬季极锋的加强,几乎全国都很少再有降雨了(除了长江流域的一些细雨以外)。②

当北太平洋副热带高压进入这一固定的年度周期时,正常的、可预见的降雨就会出现。对于岭南地区而言,季风带来了大量的降雨,降雨量的波动范围从香港的80英寸到梧州的51英寸和广州的67英寸不等,降雨量不仅大,而且还集中在一年中4—10月间的这五六个月中,因而无论怎么看这都是很急促的。不管是蒸发作用还是泥土的渗透和保持,都无法容纳岭南这样大的降水量,这些水很快消失在地表而进入自然的水系之中。正如芬泽尔所简洁而恰当地总结的:"因此,江河的水系必须不断自我延伸以吸纳这些降水。"③

---

① 季风的定义是"随冬季和夏季交替切变、风向差异达到120度以上的气流"。Manfred Domrös and Peng Guoping, *The Climate of China* (Beilin: Springer, 1988), 41.
② 本段主要基于 Zhang Jiacheng and Thomas B. Crowley 的"Historical Climate Records in China and the Reconstruction of Past Climates", *Journal of Climate 2* (Aug. 1989):835。也可以参见竺可桢、张宝坤《中国之雨量》,北京:资源委员会,1936,第1—12页。
③ G. Fenzel, "On the Natural Conditions Affecting the Introduction Forestry as a Branch of Rural Economy in the Province of Kwangtung, Especial in North Kwangtung", *Lingnan Science Journal* 7(June 1929):72.

表 1.1 珠江水系与长江和黄河比较

水系	集水面积（平方公里）	流量（立方米/秒）	含沙量（公斤/立方米）	水蚀模数（公斤/秒）	水蚀模数（吨/平方公里/年）
长江	1 705 383	28 500	0.575	16 388	293
黄河	687 869	1 350	37.700	50 895	2 330
西江	329 705	6 294	0.321	2 020	201
北江	38 363	1 280	0.126	161	n.a.
东江	25 325	697	0.136	95	n.a.
珠江水系	393 393	8 271	<0.321	2 276	>201

（资料来源：中国科学院《中国自然地理》编辑委员会编，《中国自然地理》第四卷《地表水》，第71—75、108—111页。）

河流和淤泥

岭南"延伸出的河流"主要有三条：东江、北江和西江，这三条河流分布在珠江三角洲流域并最终汇入南海，从地图1.1中可以看出，西江水系盆地是其中最大和最重要的，其次是北江和东江。这些主要水系的集水盆地和结构都依照岭南的地形，共同组成了珠江水系。岭南西南部较小和较短的河流或者流入了南海，或者汇入北部湾；而西江则作为主流汇聚成了岭南最大的水系，就中国全国而言，珠江水系仅次于黄河和长江水系而位列第三。

除了河流的长度和流经的盆地区域以外，岭南水系与黄河和长江水系还有着三大不同点。首先，岭南河流的总水流量随季风而显著变化，在雨季迅速增加而在旱季显著减小。① 这种明显的变化可以从梧州的西江水平面看出来。如前所述，西江在广西境内的各条支流在梧

---

① 关于这一比较的数据，可以参见《中国自然地理》第四卷《地表水》，北京：科学出版社，1981，第73—77页。

州汇聚成西江的干流,之后流入广东;洪峰来临时,流经梧州的水量可达每秒 200 万立方英尺,水平面超过枯水期平均值约 60 英尺。在特别潮湿的年份里,西江水平面还会上涨得更高。例如 1915 年,水平面高出枯水期的水平面 82.3 英尺,当西江流入广东省时就造成了严重的洪灾①。

第二,岭南水系的河流在全国主要河流中携带的泥沙量最少(参见表 1.1)。虽然珠江(包括西江、东江和北江)是中国第三大水系,但是其携带的泥沙仅相当于比它流量更大的长江的 12%。② 在岭南地区森林未被砍伐(后面章节会专门介绍)之前,唐代的很多轶闻表明当时的珠江水系是十分清澈的。③ 即使到了 19 世纪和 20 世纪森林已经被砍伐殆尽时,这里的山上也还不是完全荒芜的,很多草皮仍然顽强地发挥着固土的作用。因此相对而言,珠江水系比黄河和长江携带进入大海的泥土要少,但这也足以冲击出珠江三角洲了。

夏季季风来临时,大量的泥土被冲刷进入了河流,尤其是西江,看上去显得比较泥泞,一位 20 世纪的观察者说:

> 因此,夏季的降雨加宽了河面,褐色浑浊的河流携带着大量的沉淀物,在低洼地区,河水以很低的速度横冲三角洲地带再分叉形成一个河道的网络,这些物质也就迅速沉淀了下来。这一沉淀的过程,以河流泥沙量增加和河湾的回水为代价,稳步地扩大了三角洲的面积,但也使得各地河流和土地之间缺乏严格的界限,导致在水位特别高的时候,一些一直以来被当作洪水暴发时安全地带的地区也会被淹没。④

---

① G. W. Olivercrona, "The Flood Problem of Kwangtung", *Lingnan Science Journal 3*, no.1 (1925): 1—2.
② 《中国自然地理》第四卷,第 3 页。
③ 曾昭璇,"从历史地貌学看广州城发展问题",载《历史地理》1986 年第 4 期,第 29 页。
④ Fenzel, *On the Natural Conditions Affecting the Introduction of Forestry*, 74.

珠江携带的泥沙虽然明显小于黄河，但也足以冲击形成三角洲地带了。而且，在不同历史时期，由于人们对土地开垦活动的差异，河流携带的泥沙量也有着很大的区别。实际上，下一章会详细地谈到，在珠江三角洲形成的地区，由于北江和西江上游土地开垦的加速，扩大了泥土向下游的流量。

珠江水系与黄河和长江的第三个不同点是其降雨量较大和集中。广西境内的西江水系①、北江上游和惠州东部的东江流域的大部分地区都有着一个共同的特点，就是河床大多位于山谷中，其两侧十分陡峭从而无法耕种。气候带来的密集降雨缓慢地冲蚀着岭南地区一些古老的山峰，使得山谷更加宽阔和平坦。而这种气候与岭南地形的特定结合一方面使得较小的山谷变得适合耕种，另一方面也产生了大量的淤泥并最终冲击形成了珠江三角洲。

珠江三角洲 虽然携带的泥沙量相对于中国的其他河流较少，西江、北江和东江还是冲击形成了广东东部的珠江三角洲。这三条河流曾经一度有着各自独立的出口，但是侏罗纪提升后的沿海地区沉陷为它们造就了一个共同的湾区。这次沉陷使得很多原本高出海平面的山峰现在最多不过1 000英尺的高度，而河流携带的泥土不断淤积，缓慢地填进这个湾区，形成了三角洲地带。这种英国海军情报部称之为的"奇怪的组合"包括淤积层、山峰、岛屿和湾区，珠江三角洲与其说是一个三角洲，不如说是一个独特的地理结构。② 实际上，就地质时期而言，珠江三角洲是一个最近时期的产物。直到三千年以前，这一三角洲还只有现在的一半那么大，甚至一千年以前也还没有显著的扩大。直到最近的一千年

---

① Zhao Songqiao, *Geography of China: Environment, Resources, Population, and Development* (New York: Wiley, 1994), 157.
② Great British Naval Intelligence Division, China Proper, vol.1, "Physical Geography, History, and People, Geographical Handbook Series" (London, 1941), 119—22. 由于这是一个被填充的湾区而不是一个"真的三角洲"，这些资料将珠江三角洲称之为"湾区(embayment)"。

中,三角洲面积扩大了一倍,这主要是人为的结果。那么,它是怎样发生的?下一章将会讲述这个有趣的故事,这里所需要说明的是珠江水系原本携带的泥沙量非常小,因此三角洲开始的时候形成得很缓慢,直到先民们开始在三角洲地区定居,西江、北江和东江也开始日益应人们的需求而发生改变以后,这一进程才随之加快了。

航海 珠江水系不仅携带泥沙形成沉积平原,而且还是重要的航道。岭南地区多山,交通不便,而广泛分布的江河航道则为交流、旅行和贸易提供了基本的手段。这里的每条河流均可航行,小船和木筏可以顺流而下,而大船则可在宽阔的河面行驶。例如,马戛尔尼使团乘小船从南雄到韶州,再转乘大船完成到广州的航程,其间经过了北江一些流速很快、河面较窄的河段。惠州的东江和广西境内西江的很多支流中也有流速很快而水位较浅的地段。

顺流而下当然比溯流容易得多,舢板可以在珠江河口和到梧州的西江河段上灵活行驶,然而过了梧州,就需要撑竿和纤夫了。北江也是一样,从梧州溯桂江而上桂林,借用当下的中国官场说法,并非不可能,而是"不便"。例如,1729年,云贵总督鄂尔泰到任之后随即从云南往广西桂林巡视,在云南和广西边界顺流而下经百色到南宁,然后改从陆路经柳州到桂林,在给雍正的奏折中他说道,"自百色抵南宁由浔、梧、平乐以至省城俱可行大船,但路稍迂绕"①。

季风也影响着航行。在春夏涨水时期流经梧州的水量可达每秒200万立方英尺,无论顺流还是逆流航行都是非常困难和危险的。枯水期也有它的问题,河流的水位有时候会下降到船只无法航行,如果船只运送稻米经水路前往市场,低水位就会对米价产生影响:1763年初的一位官员就奏报说:"韶、潮、肇、高、廉、琼、连七府县属(粮价)俱各较上月稍增,

---

① 台北故宫博物院编《宫中档雍正朝奏折》编号 YZ8.1.13,台北:台北故宫博物院,1977—1988,第15辑,第463—67页,后文引用时采用缩写 YZCZZ。

访查其故,缘冬晴日久,河水干浅,外来客贩少至,即本地米谷亦难载运出粜,以故城乡米价长落不齐……将来入春雨泽叠降,河流长发,城乡米谷自必一律平贱。"①

与长江水系的连接 岭南水系作为中华帝国运输系统中的一个重要组成部分,在很早的时候就建立了与长江水系的联系。公元前230年前后,秦始皇军队中的工程专家史禄受命修筑灵渠,沟通经桂林南流的漓江上游和经湖南北上进入长江水系的湘江。就其设计的精妙而言,灵渠至今仍是水利工程的杰作。甚至对灵渠本身的详细描述都不足以形容其沟通湘江和漓江水系之妙,李约瑟恰当地将其名称(灵)译为 magic,重点在于强调其创造性的精妙而不是规模的宏大。灵渠最早作为从华北向岭南运输秦朝军队和战船之用,后来成为了岭南经长江到华北货物往来运输的重要通道。②

岭南的自然环境为人们改造和利用这一地区的水系提供了便利的条件。河流系统为岭南内部地区间货物流动提供了运输网络,利于实现农业生产的专业化和粮食等大宗货物通过西江到广州城的运输,还为农业生产提供了水利灌溉和肥沃的土壤,这些都可以被视为人们在这一地区定居的有利条件。在过去的一千多年中,大量的水流汇入西江盆地再通过梧州附近山中的出口流出,不仅灌溉了盆地,而且建立了岭南两个地区的水上联系。然而对生活在岭南的人们而言,这些自然条件还不足以联系岭南和中国的其他地区,因此他们又开凿了另外两个交通的枢纽:灵渠和梅岭关。

到此为止,岭南的水系还不是完全理想的。除了自身没有连接长江水系和北方水系以外,河流的冲刷使得山岭与沟壑相连,而比较少

---

① 台北故宫博物院编《宫中档乾隆朝奏折》编号 QL28.12.18,台北:台北故宫博物院,1977—1988,第 20 辑,第 99—100 页,后文引用时采用缩号 QLCZZ。
② Joseph Needham, *Science and Civilization in China*, vol.4, part3, "Physics and Physical Technology: Civil Engineering and Nautics" (Cambridge University Press, 1971), 299—306.

有平坦的地区可供冲击河谷去铺展开来,这就限制了可供农业生产之用的土地数量,也给那些希望能在洪泛平原区生活的人们带来了挑战。夏季风带来的河水喷涌常常导致洪水淹没堤坝,同时堆积下淤积层肥沃的土壤。

土壤 土壤是各种不同比例的分解的石头、腐烂的有机物和生物混合和相互作用而形成的化学混合物。① 在岭南,各种岩石——主要是花岗岩、砂岩、石灰石构成了土壤的基质,降雨和潮湿也对土壤的形成起到了支配性的作用。由于大量的降雨,泥土表层的可溶解物质渗入下层,形成了表层呈红色或棕色的微酸性土壤。这些土壤暴露在空气中,或者在表层会形成植物无法附着生长的硬皮,或者会在表层以下形成具有腐蚀性的红土,这或许就是斯当东从梅岭关南望时看到的"一块不毛的荒地"。原始的植被可能被烧掉了,于是土壤就暴露在雨水中被不断地侵蚀。

覆盖在红土上面的基本是黄色或红色被灰壤化了的土壤,这在华南包括岭南地区十分常见。这种土壤并不肥沃,由于红土的原因也不适于耕种。热带的土壤大多都比较贫瘠,岭南地区也是一样,其不肥沃的原因在于热带生态系统中的大多数有机物主要依赖于热带雨林,而且腐烂物质产生的营养很快就被大雨从土壤中冲刷掉了。

---

① 这一简短的描述尚不足以解释土壤的复杂性,如 Edward O. Wilson 最近观察的,"世界上的土壤是由有机物创造的。被植物的根系破坏的岩石形成的大量粗砂和小石子构成了土壤的基质,但土壤还远不止是这些粉碎的岩石,它是一个复杂的生态系统,各种植物、小动物、真菌和微生物在其中形成了微妙的平衡,营养物质以溶液或微粒的形式存在和循环。健康的土壤应该会呼吸和移动,从微观上维持着自然生态系统和农田的平衡"。Edward O. Wilson, *The Diversity of Life* (Cambridge, MA: Harvard University Press, 1992), 308. 与此类似,Donald Worster 也写道"几乎没有人会否认表层土是一种根本上和山林、珊瑚礁或一个鱼群一样的生命的组合"。Donald Worster, "A Sense of the Soil", 载 Worster, *The Wealth of Nature*, 82. 关于在文明兴起和衰落中土壤保持问题的研究,可以参见 Edward Hyams, *Soil and Civilization* (New York: Harper Colophon, 1976). 关于岭南地区土壤的简短总结主要是基于 Great British Naval Intelligence Division, *China Proper*, vol. 1: ch. 7, 和 Fenzel, *On the Natural Conditions Affecting the Introduction of Forestry*, 50—63.

森林和野生动植物

根据当时中外植物学家的估计,1930年代耕地占岭南土地总面积的约10%—15%,其他的土地——主要是山区——绝大多数都是热带稀树干草原,而只有1%—5%的土地是森林。当然,1930年代的森林总量还是比较可观的,科学家们认为其中大多数是次生松树林,就是看上去比较矮小的马尾松(见图1.3),有时候也混杂着一些阔叶树木。① 就1930年代那些没有了树木的山岭而言,问题在于究竟这种热带干草原是岭南植被的自然形态,抑或这一地区原本还覆盖有森林呢。1930年代和1949年以后植物学家和护林人员的调查表明,这种稀树干草原是过去曾经存在的森林被烧掉以后的植被状态。②

图1.3 马尾松

---

① 凌大燮,"我国森林资源的变迁",《中国农史》1983年2月,第34—35页。
② 《中国自然地理》第10卷,第21—23页;广东省植物研究所编《广东植被》,北京:科学出版社,1976,第16—17页;张宏达著《雷州半岛的植被》(北京:科学出版社,1957),第83—84页。关于森林覆盖情况变化的研究可以参见凌大燮《我国森林资源的变迁》,可惜的是凌大燮没有介绍他对各时期森林覆盖状况的估算方法。关于中国森林定义的变迁探讨可以参见S. D. Richardson, *Forests and Forestry in China* (Washington, DC: Island Press, 1990), 89—93。

由于 20 世纪已经没有了天然的森林,要重建初始时期(即约 1000—3000 年以前或人类大规模改变环境之前)的岭南森林覆盖情况是很不容易的,这需要植物学家将岭南气候条件与世界其他地区进行比较,对现在仍然覆盖着森林的山岭进行调查,同时参考历史记录、进行田野试验。虽然还有很多不确定的因素,到目前为止,关于这一问题进行最为广泛调查的是王志武(音,Wang Chi-wu)①的研究和 1982 年出版的中国科学家的集体研究。② 根据这些研究,岭南的原始森林包括三种主要类型:(1) 以常绿栎林为主(以及伴生的樟树)的常绿阔叶林,主要生长在广东北部和广西各地的内陆山区;(2) 由各种乔木组成的热带雨林,主要生长在广西和广东南部低海拔地区(300 英尺以下)及海南岛;(3) 沿海地区的海岸林,包括咸水红树林沼泽。

尽管 1930 年代岭南地区的森林已经被砍伐殆尽,但佛教的寺院还保护着一些森林的残留,尤其是距离广州西北约 45 英里的鼎湖山更是为中国的植物学家们提供了一个自然实验室,可以重建由树木、灌木丛和草地共同构成的森林群落,类似的群落应该存在于岭南其他一些地方的原始森林中。这一地区已经被联合国教科文组织选定为"人和生物圈"保护区和观测站,科学家们正在研究包括森林群落结构在内的很多课题。虽然人们已经些微地改变了这些森林(一些果树被种植而另一些树则作为木材和燃料被砍伐了),但生态学者们认为这一森林地区仍然与岭南原始森林的状况十分接近。③ 如果如此,就有两点值得注意的地方。

---

① Wang Chi-wu, *The Forests of China* (Cambridge, MA: Harvard University Press, 1961). 亦可参见 Richardson 关于王的研究的摘要, *Forests and Forestry in China*, ch.2.
② 《中国自然地理》第 10 卷。
③ 关于这一保护区的简短介绍,可以参见 E. F. Bruenig 等, *Ecological-Socioeconomic System Analysis and Simulation : A Guide for Application of System Analysis to the Conservation , Utilization and Development of Tropical and Subtropical Land Resources in China* (Bonn: Deutsches Nationalkomitee für das UNESCO Programm Der Mensch und die Biosphäre, 1986).

首先,常绿阔叶林是由很多种植物构成的,用生态学家的话说是"种类丰富"(species rich)。① 根据王志武(音)的研究,"雨林的特点不仅在于植物种群非常丰富,而且在于在同一单位区域内植物种类的多样性远远超过其他类型的植物种群。这种森林包含有非常广泛的生物种类以适应着各种可能的小生境……事实上,它是生态群落的群落。"②其次,这种森林在岭南地区只是分布在内陆的山区。虽然这些山区占据了岭南很大的面积,但沿海和江河流域的低地地区还有着岭南地区的另外两种生态环境。沿海的低地属于更热带的气候,在过去很可能有着和现在海南岛类似的森林,目前也还存在着一些这种森林的残留。和常绿阔叶林一样,热带雨林也是物种丰富的,它由四种不同高度的树种构成,最高层高度可达 40—60 米。

最难以重新认识也是最不确定的是江河流域的森林。不同于内陆山区的有佛教寺庙保护山林和沿海低地的有着海南岛热带雨林可以参照,河流地区在上千年的过程中经历了太多人类活动影响,包括改变河流的走向和清理土地以用于农耕等,几乎已经没有线索来了解那时候的森林情况了,很少的现存证据表明江河流域尤其是西江、北江和东江的下游和珠江三角洲的上游,曾经覆盖着大量的水松(见图1.4)。写作于 4 世纪的《南方草木状》中曾提到水松"出南海",对 3 世纪一个造船厂的考古发现也表明当时就有大量的水松用于造船业。水松是一种淡水树种,主要生长在三个主要河流下游的淡水沼泽中,而在珠三角沿海的咸水区则不能存活,在后者那里红树林是典型的森林形态。③

---

① Fenzel, *On the Natural Conditions Affecting the Introduction of Forestry*, 37—97.
② Wang, *The Forests of China*, 159.
③ 《中国自然地理》第 10 卷,第 22 页。中国的生物学家主要是从文献得出这一结论,就我所知,并没有进行孢粉学的研究。

图 1.4 水松

当然,这些对岭南地区森林种类梗概性的描述还不足以形容森林的多样性和它们的详细级配情况,然而我们也只能从粗线条来了解岭南的森林情况了。让我们从 1976 年的广东省土地覆被地图①出发,推论一下岭南地区的原始植被情况(地图 1.2)。我将原图进行了简化以便于表现出 1970 年代三种类型的植被——森林、草地和农业用地。我们可以设

---

① 需要说明的是中国的植物学家是根据现代行政区划分的地区,因此地图绘制的只是广东省的植被情况,而没有从生态学的角度来绘制地图。

想现在的森林地带——基本都处于多山的地区——大概原来都是类似于鼎湖山的常绿阔叶林;而且我们也可以合理地推论出现在内地山区的草地很可能以前也是常绿阔叶林带(后文将详细讨论其理由);而沿海草地曾经是热带雨林地区;最后,现在位于江河流域的农业用地,可能曾经是低地常绿阔叶林和水松林。稍微设想一下,我们就可以将1976年的植被地图转换成为当北方的汉人首次越过梅岭关进入岭南时所见到的热带和亚热带丛林,现在地图上标示为"草地和灌木"的地带曾经是常绿阔叶林,而现在的"耕地"则曾经遍植着水松。

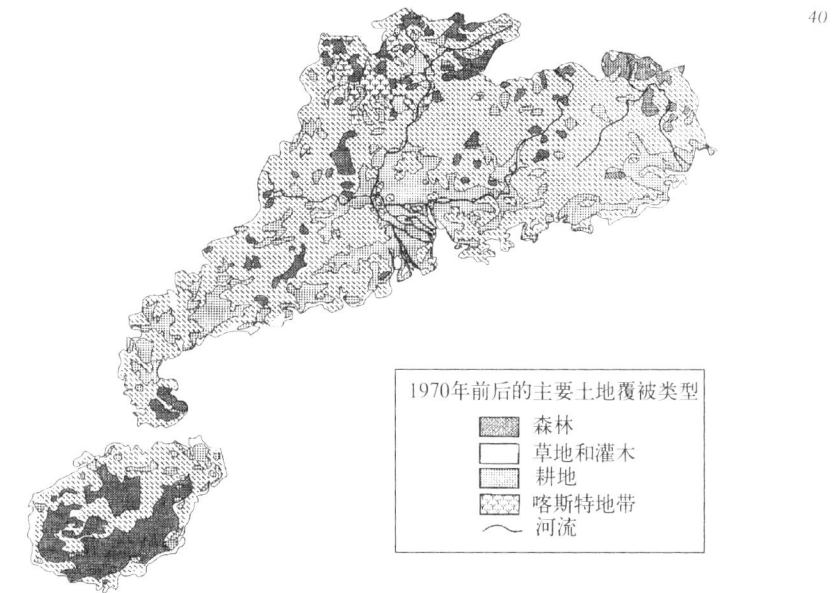

地图1.2　1970年前后广东的土地覆被

(资料来源:广东省植物研究所《广东植被》,北京:科学出版社,1976,折页插图。)

古代汉人初次看到并记录下的森林显著地不同于现代生态学者重建的森林种群。一方面,岭南茂密的热带森林是这些北方来的汉人所未曾见到或经历过的,爱德华·谢弗(Edward Schafer)在他关于华南的著作中以精致的笔法描述了北方的汉人遇到华南环境时的感触,这里我们只引用 8 世纪的诗人元结描述岭南的一段文字来体会一下：

> 时闻声如蝉蝇之类，听之亦无。往往见大谷长川，平田深渊，杉松百围，桧栝并茂，青莎白沙，沿穴丹崖，寒泉飞流，异竹杂华。①

另一方面，岭南的森林出产着丰富的具有经济价值和药用价值的树木和植物②，很多岭南植物的种群是从这种角度被古人加以介绍的，尤其是在方志中被称为"物产"或"土产"的部分。现存最早的岭南方志《南海志》印刷于元朝的 1304 年，其编撰者在"物产"部分的序言中曾评论道："天地间，东西南北风气不同，物产亦异，故南人不识驼，北人不识象、杜鹃。"③

两种明代广东省的方志(分别刊印于 1558 年和 1602 年)列出了超过 60 种的树木。其中有好几种在 1558 年版本中还注明了它们的用途和相对丰裕程度：松树最为丰富，樟树长得很高(50—60 英尺)以至于砍一棵树就可以供应建造半个房子的木材，柏树可以雕塑佛像，杉树可用于盖房子和造船、打家具的木材，槁树非常适合制作家具，刺桐树出产很好的木料。1178 年，周去非还特别提到了在钦州发现的乌婪木：

> 用以为大船之柂，极天下之妙也……他产之柂，长不过三丈，以之持万斛之舟，犹可胜其任，以之持数万斛之蕃舶，卒遇大风于深海，未有不中折者。唯钦产缜理坚密，长几五丈。虽有恶风怒涛，截然不动，如以一丝引千钧于山岳震颓之地，真凌波之至宝也……然得至其地者，亦十之一二，以材长，甚难海运故耳。④

因用途而异，并非所有的树木都需要被砍伐，很多树木能生产油和

---

① 转引自 Schafer, *The Vermilion Bird* 第 167 页。(原文见元结《九疑山图记》。——译者注)
② 关于热带树木的经济用途，可以参见 Wang, *The Forests of China*, 164。
③《大德南海志》(1304)，卷 7:1a，重刊于《宋元方志丛刊》，北京：中华书局，1990，卷八。
④ 引自 Shiba Yoshinohu, *Commerce and Society in Sung China*, Mark Elvin trans. (Ann Arbor: University of Michigan Press, 1970), 8。(原文见周去非《岭外代答·器用门·舟楫附》。——译者注)

清漆(例如漆树和油桐树),有些树的叶子和树皮可以制酒曲(板杏),有些树的种子和叶子可以供药用(如榄)或杀虫(如杭树),还有些树可以提供织布的原料(如木棉和桄榔、棕榈)而有趣的是,榕树被当作特产的原因竟然是其没有经济用途而产生的新功能:"树干拳曲,是不可以为器也。其本棱理而深,是不可以为材也。烧之无焰,是不可以为薪也。以其不材,故能久而无伤。其荫十亩,故人以为息焉。"①

作为栖息地的森林 由于现存的实物证据非常稀少,无论岭南的原生林还是次生林,要了解三种主要森林类型的组合情况和分界线已经不太可能了。然而,从更早的历史资料中我们可以知道这里的森林可能是两种位于食物链顶端的大型动物(不包括人)——大象和老虎的栖息地。大象们曾经在岭南的大部分地区徜徉,很有可能就是在雨林下的空地里。② 据一位10世纪早期的唐代官员刘恂的记载,"广之属郡潮、循州(清代属惠州,广东的东北部),多野象"③。两个世纪以后,周去非写到广西时也描述了岭南与越南交界山区居民诱捕大象以获取象牙和象鼻的过程。④ 在1171年,还有"潮州野象数百食稼"的记载。⑤《南宁府志》也记载有"明洪武十六年(1383),有象群出十万山,南通侯率兵二万驱捕之"⑥。还是在广西,一本15世纪早期的地方志也提到了广西南部和西部居民猎杀大象以获取象牙和象鼻。⑦

多种多样的大型鹿类曾在岭南许多江河流域的森林和沼泽中觅食,鹿的数量曾经如此之大,以至于17世纪时的广东还在生产很多鹿皮制品并

---

① 《广东通志》(1561)卷23:15a—20a。(其文原出《南方草木状》。——译者注)
② 一般性的证据可以参见曾昭璇《从历史地貌学看广州城发展问题》,第28—29页。
③ 刘恂(897—946),《岭表录异》卷上,重刊于《钦定四库全书》,台北:台湾商务印书馆,1975,第138卷上,10a。
④ 周去非,《岭外代答》(1178),重刊于《钦定四库全书》,台北:台湾商务印书馆,1975,第138—139卷9:1a—b。
⑤ 转引自广东省文史研究馆《广东省自然灾害史料》第153页。
⑥ 《南宁府志》(1742),卷39,条目洪武十六年。
⑦ 《南宁志》(1407),《永乐大典》版,卷4:208。

销往国内其他地区。① 在各类地方志中,鹿类都被统称之为"鹿",因此很难确定岭南地区鹿的具体种类,只在某些时候会出现具体的称谓"白鹿"和"山马",后者应该是一种看上去像鹿,但个体和马差不多的动物。②

大象没有食肉类的天敌,鹿就没有那么幸运了,因为占据岭南地区食物链顶端的是老虎。③ 由于自身适应能力很强,华南虎生活在岭南的很多地区(除了海南岛)④,以大型动物尤其是鹿类为食。12世纪,周去非提到"广中州县多有之"⑤,明代广东和广西的地方志也曾多次提到过老虎。

"明星物种" 由于岭南热带森林的植物物种十分丰富,也就养活了大量的动物种群,从老虎和大象顺着食物链向下,还有一些较小的食肉动物,如以小型动物为食的豹子和狐狸等等,各种物种组成了一层又一层的生物圈。然而本文不会去描述所有这些多样的动植物群落,而将主要介绍老虎和大象这两种岭南的"明星物种(star species)"⑥。

---

① 宋应星,《天工开物》,任以都和孙守全译,T'ien-kung k'ai-wu: Chinese Technology in the Seventeenth Century (University Park: Pennsylvania State University Press), 1966,67—69。
② "山马"可能属于宿氏鹿,一种已经灭绝的、和马差不多大的鹿。
③ 华南虎是虎类的一个亚种,目前有三种虎类已经灭绝,华南虎也极度濒危,一些被饲养在动物园中,但在广东北部、广西和湖南交界地区野生华南虎的数量大约仅有二三十只。参见 Xiang Peilon, Tan Bangjie, and Jia Xianggang, "South China Tiger Recovery Program"; Lu Houji, "Habitat Availability and Prospects for Tigers in China"; 以及 Tan Bangjie, "Status and Problems of Captive Tigers in China", 均载 Ronald L. Tilson 和 Ulysses S. Seal 主编 *Tigers of the World: The Biology, Biopolitics, Management and Conservation of an Endangered Species* (Park Ridge, NJ: Noyes, 1987),分别见第 323—28、71—74、134—48 页。
④ 《琼台志》(1521),重刊于《天一阁藏明代方志选刊》(上海:古籍书店,1982),第 60—62 卷 7:12b。
⑤ 周去非,《岭外代答》卷 9:3b。
⑥ "明星物种"是 Edward O. Wilson 提出的,用以将濒危动物的保护与更广泛的生态系统保护相联系:"由于受到不断增加的人口需求的刺激,砍伐原始森林和其他破坏生物多样性的灾难四处泛滥……当整个栖息地被毁后,那么几乎所有的物种全被灭绝了,不仅仅是鹰、大熊猫消失了,而且最小的仍然没有统计数据的无脊椎生物、藻类和肉眼看不见的生态系统的基础构成成分真菌类,都不复存在……它们之间是互利互惠的关系:当犀牛、鹰类等明星级动物受到保护时,其周围的所有生命都得到了保护"。译文引自《生命的多样性》中译本第 230 页,王芷等译,湖南科学技术出版社,2004。

集中探讨明星物种的理由是它们的生存状态可以作为反映人类闯入和破坏自然环境程度的一面镜子。大象和老虎都需要辽阔的栖息地以维持其生存。大象每天都要吃掉大量的植物,象群每天消耗掉的植被面积可能有好几英亩。一片森林需要有大量叶子很多的树木才能满足象群的需要,这也就解释了以往观察到的哪里有象群,哪里就有森林。雌性大象一般在一定的区域内活动,而雄性大象则外出四处觅食。老虎领地的大小取决于区域内大型动物的数量,例如,鹿越多,老虎也就越多。现代的研究表明在良好的条件下,大致需要 20 到 100 平方公里的区域才能供养一只老虎。① 随着生态环境逐渐无法适应老虎和大象的需要,动物的数量也就开始下降。爱德华·威尔逊通过生物学研究指出了雨林环境的下降与物种减少之间的严酷的联系,当雨林面积减少10%—20%,物种数量将减少 50%。② 历史学家们所熟知的古代历史文献可以帮助我们了解当时老虎和大象的生活区域,同时也提供了岭南环境发生变迁的时间和地点的依据。

华南虎在本书中扮演着重要的角色,主要是因为其一直努力生存了下来而且在史料中周期性地出现。只要有华南虎的出现,我们都可以认为当时当地还有足够支撑老虎生存的森林;而如果老虎开始从史料中消失了,我们就可以推断它们的生存环境也已经不再。和老虎不同,华南生态系统中另一种明星动物——大象在本书中所占的篇幅并不大,这并不是因为我对大象不感兴趣,而是因为它们在本书主要研究的帝制晚期(1400—1850)的岭南已经不幸地消失了。

大象的消失:人类的原因还是自然的结果? 虽然如前述资料所表明的,大象曾经在岭南的很多地方生活,但我们并不清楚 17 世纪末的广东

---

① 参见 John Seidensticker, "Large Carnivores and the Consequences of Habitat Insularization: Ecology and Conservation of Tigers in Indonesia and Bangladesh",载 S. D. Miller 和 D. D. Everett 主编 *Cats of the World*: *Biology, Conservation, and Management* (Washington, DC: National Wildlife Federation, 1986), 20—21。
② 参见 Wilson, *The Diversity of Life*, 275—78。

是否还有大象生存,因为笔者所掌握的唯一一项有关这一时期大象的资料是在广西。明初南宁的地方志提到过广西南部和西部的居民猎杀大象以获取象牙和象鼻。① 笔者所见到最后一次提到岭南的大象是1383年广西西部调动军队驱捕在当地为害的象群。或许还有别的证据存在,但于我而言,最有可能的情况是,到15世纪时,大象已经在岭南消失了。

关于岭南导致大象消失的原因,就现存史料所显示的时间和它们消失的方向来看,大致有三种解读方式。大象自北向南消失在约1400年前后,较早的史料所记载的象群主要生活在岭南的北部,而较后的记载只在南部地区。狩猎、栖居地的消失(人为原因或者气候变迁导致的)或者气候的变化(或者这三种原因的某种合力)可能是其主要原因,以下让我们一一进行分析。

狩猎行为当然杀死了相当数量的大象。自唐代以迄宋元,大象和象牙都被记录为岭南的"特产",烤象鼻也被当作是一种美味的佳肴。而且,有清楚的证据表明大象是通过非常专业的方法和技巧被诱捕和杀死的。例如,周去非在12世纪描述了广西南部的猎手如何将大象诱入死角和石围栏中杀死的。② 毫无疑问,这些猎人杀死了很多大象,但如果狩猎是大象消失的主要原因的话,它们又怎么会在各地同时消失呢?史料记载的大象可是生活在岭南各地的低地地区而不只是南部的。

栖居地的消失是不是大象消失的主要原因呢?我们在后面更详细的资料中会看到,人们虽然在很大程度上改造了岭南的环境——尤其是18世纪和19世纪——但象群在12世纪时广泛生活在广东东部的森林中,这与宋代的人口高峰同时存在,而且13世纪末期人口大量减少又留下了大量无人的森林区。事实上,到1400年,岭南的人口很可能没有恢复到三个世纪以前宋代的水平。换句话说,岭南人口的增长(以及由此

---

① 《南宁志》(1407),《永乐大典》版,卷4:208。
② 周去非,《岭外代答》,卷9:1a—b。

对环境的改变)和大象的消失之间没有直接的联系。

气候变迁是另一个可能导致大象消失的原因。1400 年,岭南地区有大象生存迹象的最后时间里,气候已经开始变冷。大象和它的食物可能都对气温的变化十分敏感,随着气温的下降,中国气候进入一个寒冷期,这与大象在岭南活动区域的变化是同步的。另一方面,近年来关于降雨模式的研究(后文将详细讨论)表明 1230 年以后气候明显转向干燥,这也或多或少地印证了大象消失的原因:干燥的气候会减少大象主要依赖食物的生长。

虽然气候变化、狩猎和栖居地的消失都是解释岭南大象消失的可能原因,但要最终回答这个问题还是很不容易的,而且在这一问题上把人类活动和自然变化对生态系统的影响分开来讨论也是很有问题的。我之所以要讨论大象消失这一问题,目的并不在于要为此提供一个答案,而是指出生态变迁决定因素的复杂性。这种变迁究竟是自然的还是人为的?关于环境变迁的人类学分析将占据本书后面的很大篇幅,在这里我只介绍一下生态变迁中非人为的原因。

生态变迁

早在秦朝和汉朝人们定居岭南之前——也许还包括此后的几百年——岭南是一片热带的荒野,生存着各种各样的生物。而到 20 世纪和稍早些的时候,大部分的森林和野生动植物都已经不见了。在它们以前生存过的地方呈现着一幅完全不同的情景,几乎所有的一切都经过了人类活动的影响。我们必须问自己的问题不是岭南是否经历过大规模的生态变迁,因为这已经是确定的事实,而是这些变迁为什么会发生,以及是什么时候发生的。人类在其中扮演了怎样的角色,这既包括环境方面,也包括经济和社会的各个方面。

虽然我们首先看到的是人类在环境中的分布和人类在迫使环境做

出改变时的角色,我们也还必须记得环境的变迁也有着自然的影响因素。绝大部分的自然变化都是缓慢而不易被察觉的,山岭的侵蚀和风化、河流的改道和泥土在三角洲的沉积都是以地质年代为单位来衡量的。但也有一些自然变化发生得很快,雷电的大火可以烧掉大片的森林,这也许需要几个世纪才能恢复;洪水和地震(有时候也包括气候的变化)突然地发生,猛烈地影响着环境;疾病也可能会大批地杀死动植物物种,永远地改变其生态系统。

整个岭南地区——不仅包括山川、森林和本文所述的大型动物,还包括所有的生物——组成了一系列连锁嵌套着的生态系统。如尤金·奥德姆(Eugene Odum)在他的经典著作中所定义的,一个生态系统是"包括特定地段中的全部生物(即生物群落)和物理环境交互作用的任何统一体,并且在系统内部,能量的流动导致形成一定的营养结构、生物多样性和物质循环(即生物与非生物之间的物质交换)"①。在奥德姆看来,生态系统是处在连续的动态演替过程中的,它以稳定成熟的生态系统为发展的顶点,而最后的稳定系统叫作顶点群落。② 可以设想,在人类大规模进入之前和森林广泛覆盖的时期,岭南的生态系统很可能就是这样的一个稳定的生态系统。

奥德姆关于世界生态观的一个重要观点是由于生态系统的演替本身是趋向有秩序、稳定和成熟的,那么导致其演替过程断裂的主要原因是人类的活动。近年来,这种"自然稳定"的观点已经遭到了研究野生动植物数量和混沌理论的学者们的挑战,根据这些研究,没有证据表明存在着这样的成熟稳定系统,但却有大量关于生态演替的证据表明野生动植物的数量变动是不可预知的。这些科学家认为在人类影响之前早就

---

① 尤金·奥德姆,《生态学基础》(The Fundamentals of Ecology),转引自 Worster,The Wealthy of Nature,159。(译文参考孙儒泳等译《生态学基础》,北京:人民教育出版社,1981,第8页。——译者注)
② 这两段的讨论主要基于 Donald Worster,"The Ecology of Order and Disorder",载 Worster 编 The Wealth of Nature 第13章。

已经存在了各种各样的随机扰动,它们不断侵入自然界,构成了上述所谓的生态稳定。① 在这些反对人类是破坏自然主要因素的科学家们的眼中,气候变迁是十分重要的原因。如本书后文将表明的,人类活动是岭南环境变迁的主要影响因素,这里所发生的也不仅仅是随机因素的影响,但是气候变迁的确是一个需要考虑的重要因素,因为气候的变化不仅影响了自然环境,对于农业生产的成败也有着至关重要的影响。我之所以考察气候变迁并非出于生态变化的混沌学观点,而是如后面的章节将表明的,因为人类也必须去应对气候的挑战。

气候变化

直到最近,历史学家(也包括科学家)都多多少少把历史上的气候当作一个不变的因素:一般都假设在汉朝和罗马时代的气候看上去和今天差不多,因此气候变迁的问题并没有真正得到研究。然而,过去 20 年来关于全球变暖的可能性和原因的争论,促使气候学家们去重建历史上的气候并评价其对人类社会的影响。这些研究的成果包括了气候变迁的编年史、17 世纪中期以来的月度平均气温和农业与气候变迁关系的模型和实证研究。②

就气候变化而言,气候学家主要关注两个指标——温度和降水,而

---

① Worster 认为关于自然的这些新概念有着意识形态方面的目的,他们希望的是能够摆脱那些具有革新意识的环境保护主义者和他们的唠叨与指责人类影响自然带来的不便。
② 关于这些研究的总结,可以参见 H. H. Lamb, Climate, *History and the Modern World* (London: Methuen, 1982)。关于最近的气候重建可以参见 Gordon C. Jacoby 和 Rosanne D'Arrigo, "Reconstructed Northern Hemisphere Annual Temperature since 1671 Based on High-Latitude Tree-Ring Data from North America," *Climatic Change* 14(1989):39—59;也可以参见 Hugh W. Ellsaesser 等的"Global Climatic Trends as Revealed in the Recorded Data", *Reviews of Geophysics* 24, no.4 (Nov.1986), 745—92。关于气候变迁对农业影响的研究,主要有 Sally Kane, John Reilly, and James Tobey, "An Empirical Study of the Economic Effects of Climate Change on World Agriculture", *Climatic Change* 21(1992):17—35,以及 Diana Liverman, "Forecasting the Impact of Climate on Food System: Model Testing and Model Linkage", *Climatic Change* 11(1987):267—85。

受气候学家关注最多的还是温度。气候和气候变迁不仅对于我们理解环境有着至关重要的作用,而且动植物对于气温和降雨变化的反应:例如树木年轮生长和授粉情况的变化,甚至甲虫的粪便,都构成了我们重建过去气候的论据。①

冷暖交替的时间段 从近年来的研究中我们可以知道,世界上的气候并不是恒定不变的,甚至在1.2万年以前的末次冰期结束以来,又有过几次分别较现在更温暖和更寒冷的时期。② 距今5000—8000年前的气温可能比现在要高3—5摄氏度,但历史上的年均气温总是在现在年均气温的上下1—1.5摄氏度波动。

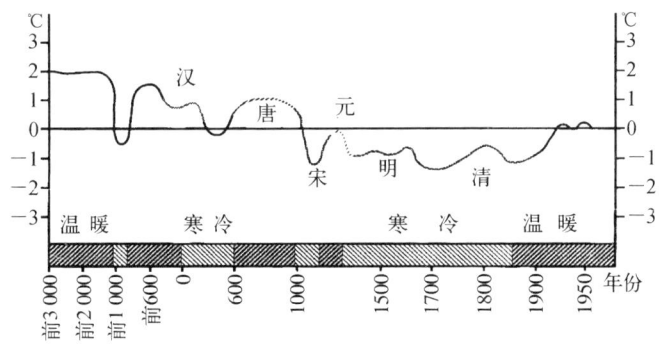

图1.5 公元前3000—公元1950年中国的气温变化

[资料来源:Manfred Domros and Peng Gongping, *The Climate of China* (Berlin: Springer, 1988),137。]

今天,我们不仅了解了全球气候变迁的轮廓,中国的气候学家还率先进行了中国气候史的研究,作为这一领域的先驱,竺可桢在1972年就重建了过去5000年来中国气温的波动情况(见图1.5)。以上古时期的

---

① 关于这类论据的一个总结可以参见 Lamb, *Climate, History and the Modern World*, 67—100。
② 关于气温变化原因的探讨可以参见 John A. Eddy, "Climate and the Changing Sun", *Climatic Change* 1(1977),173—90;和 H. H. Lamb, "Volcanic Dust in the Atmosphere: With a Chronology and an Assessment of its Meteorological Significance", *philosophical Transctions of the Royal Society of London*, Series A, 266(1970), 425—533。

人类学资料、关于物候学的古代文献、长江和一些湖泊的结冰情况,以及20世纪的仪器测量值为基础,竺可桢研究的方法和结论一直以来都被气候学者们所广泛引用。①

从图1.5(以1950—1980年平均值为中线)中可以看出,过去五千年来中国的气温变化可以被概括为四个时期,但总体的趋势是从公元前3000—前800年的温暖时期变为约公元1700年的较寒冷时期。三个时期的平均气温尤其寒冷:公元前1000—前800年,公元400—600年,以及公元1000—1200年。在公元1200—1300年的短暂回暖之后,中国的气温持续下降到1700年,才开始了一个较为持续的到19世纪中叶的气温上升期。

降雨模式 和气温在整个北半球有着规律性变化不同,降雨模式往往因地而异。气候学家们提出过亚洲和北美洲20年降雨周期的关系②,要弄清楚中国的降雨模式,就必须关注影响着亚洲夏季季风的北太平洋副热带高压。季风往往是很难准确预测的,所有研究中国历史的人都知道洪水和旱灾发生时,往往到处肆虐,毁坏农作物,导致严重的危机。当历史学家们还在把这些水旱灾害看作是历史进程中的突发性灾害,气候学家已经对中国的洪水和干旱作出了科学的解释并发现了其中的规律。③

---

① 竺可桢,"中国近五千年来气候变迁的初步研究",《考古学报》1972年第1期。重印于竺可桢,《竺可桢文集》(北京:科学出版社,1979)。
② J. M. Lough, H. C. Fritts, and Wu, Xiangding, "Relationships between the Climates of China and North America of the Past Four Centuries: A Comparision of Proxy Records", 载 Ye Duzheng 等编 The Climate of China: Proceedings of the Beijing International Symposium on Climate(Berlin: Springer), 89—105。
③ S. Hameed 等 "An Analysis of Periodicities in the 1470 to 1974 Beijing Precipitation Record", Geophysical Research Letters 10, no.16(June, 1983), 436—39。通过经典谱分析可以得到统计上的气候模式的周期循环,关于这一分析方法的探讨可以参见 M. B. Priestly, Spectral Analysis and Time Series (London: Academic, 1981)。其应用的例证可以参见 R. P. Kane, "Spectral Characteristics of the Series of Annual Rainfall in England and Wales", Climatic Change 4 (1988): 77—92。

理解洪水和干旱的不规则模式的关键是发现北太平洋副热带高压一般的年度移动模式。① 简单地说，当副热带高压到达的位置比一般年份更偏北或偏东时，长江流域的北部就会遭遇洪水；当副热带高压朝向华南沿海的西面移动，华中和华南就会经历水灾；当高压的力度加强时，长江流域的南部降雨就会增加。② 寒冷的冬季和北方的寒流会阻断副热带高压的正常循环，从而导致干旱，而干旱的程度和形式则取决于阻断模式的强度。③

中国的气候学家已经就中国历史上的水旱灾害建立了两个大规模的数据库，从而构成了对过去两千年中国降雨模式这一课题进行研究的基础。第一个是由中国气象局主持的研究成果，该项目对1470—1980这510年间中国各类地方志中记载的近30万条气象资料进行了量化和绘图。④ 自该书于1981年出版以来，学者们已经对各个周期的数据进行了分析并按水旱灾害的类型进行了整理⑤，同时将夏季季风划分为六种主要类型⑥（这些数据对于我们重建明清时期岭南历史气候十分重要，本书后文也将用到这些数据）。

第二个更大更丰富的数据库是由中科院地理科学与资源研究所张

---

① Huang Jia-you and Wang Shao-wu, "Investigations on Variations of the Subtropical High in the Western Pacific during Historic Times", *Climatic Change* 4 (1985), 427—40.
② 参见 Zhang and Crowley, *Historical Climate Records*, 835；和 Lough 等 *Relationships between the Climates of China and North America*, 104。
③ Zhang and Crowley, *Historical Climate Records*, 843.
④ 中国气象局气象科学研究院编，《中国近五百年旱涝分布图集》(北京：科学出版社，1981)。
⑤ 主要可以参见龚高法、张瑾瑢、张丕远，"应用史料丰歉记载研究北京地区降水量对冬小麦收成的影响"，《气象学报》41卷第4期(1983年11月)，第444—51页；Hameed 等 *An analysis of Periodicities in the 1470 to 1974 Beijing Precipitation Record*, 436—69；和 Huang and Wang, *Investigations on Variations of the Subtropical High in the West Pacific during Historic Times*, 427—40。
⑥ Wang Shao-wu and Zhao Zong-ci, "Droughts and Floods in China, 1470—1979", in T. M. L. Wigley et. al., eds., *Climate and History: Studies in Past Climates and Their Impact on Man* (Cambridge University Press, 1981), 271—88. 这六种类型是：(1a) 全国性的洪水；(1b) 全国性的干旱；(2) 长江流域干旱，其他地区洪水；(3) 长江地区洪水，其他地区干旱；(4) 华南洪水，华北干旱；(5) 华南干旱，华北洪水。

丕远教授主持的团队,在过去的十年中搜集整理的,在气象局资料的基础上又补充了超过五十万条资料。这一数据库至今尚未出版,但他们的一些研究发现已经公布了出来。张教授的团队在建立和分析过去两千年的降雨指数时得出了三个主要结论:第一,从长期来看,中国的气候趋向于更加干旱;第二,整个历史时期可以划分为三个比较明显的时间段;第三,各时间段间的气候变迁是比较突然的,而且可以找到比较确切的发生年份。在从开始有数据的公元前137—公元280年的第一个时段中,气候是比较稳定和相对潮湿的。第二个阶段从280—1230年,相对比较干燥,但由于干燥和湿润的时期迅速而随机地波动,研究者们认为这一时期的气候是相对不稳定的。从1230年到现在是第三个时间段,干燥气候在以一种更为稳定的模式持续着,干湿交替的周期更长也更为稳定,不过洪水的程度较轻而旱灾的程度则更为严重。①

问题在于气候的变迁对环境和人类社会产生了怎样的影响?这一问题又引发了一系列的相关问题:低温气候是怎样影响农业的?我们又如何能够知道?人类面对气候变迁又是怎样反应的?这些反应是否使华南的人类社会免于气候变迁的影响呢?这将需要本书以后的大部分篇幅来作出解答,这里只要说明一点就足够了:华南地区的气候在过去的几个世纪里确实发生了变化,人类也对此作出了反应,建立了一些非常有效和有趣的制度。

结　论

在考察华南环境变迁过程中人类所扮演的角色之前,我们可以先总结一下我们已经重建起来的岭南地区的主要特征。岭南地区因南岭山

---

① Zhang Peiyuan et al., "Climate Change and Its Impact on Capital Shift during the Last 2000 years in China", paper presented at the Conference on the History of the Environment in China, Hongkong, December 13—18, 1993.

脉而与长江流域相隔离，但又通过两个重要的人造工程与之联系了起来。岭南地区有着穿越崇山之间的丰富水系，低地地区周期性规律被季风带来的降雨所淹没，丘陵地带则有着良好的排水条件。和中国其他地区的低地地带常常是被群山环绕的一个整体不同，整个岭南的低地地区和丘陵地带都随着河流而展开且相互交织，提供了两种不同的可供人类定居的环境。热带森林填充了江河流域和沿海平原地带，而常绿阔叶林则覆盖着海拔较高的地区，为老虎和大象这些明星动物和这些非凡的动物生活着的整个生态系统提供栖息地。在过去的千年中，人类当然也在岭南的环境中发挥着重要的作用，而且如我们看到的，重建岭南的自然环境的过程中就隐含着人类作为观察者的存在。现在到了将这种存在外在化的时候了，下一章我们就将考察岭南的人口规模和分布。

第二章 "岭外毒瘴,不必深广之地":人类定居与岭南的生态变迁(2—1400)

　　帝制晚期的华南地区是由汉族人控制的,汉人也是最善于将环境改造得适宜农业生产的民族,他们创造出了一般被认为是中国文化的农耕文化:只需要很少甚至不用休耕,就能在同一块地上耕作两季甚至更多季的水稻。但是,既然说汉族是支配性的民族,那就说明他们并不是唯一生活在岭南地区的民族,还有瑶族、苗族、壮族等少数民族也同样生活在岭南。到帝制晚期时,汉族人已经占据了江河流域和珠江三角洲最为肥沃的耕地,其他民族的土地主要分布在广东北部和东部的山区以及广西西部。而这种我们已经习以为常的岭南地区民族杂居和分布情况,实际上是一个很长和有趣的历史进程的结果。

　　本章的目的就在于追踪这一历史进程。我们将看到,13世纪末蒙古征服之前的几个世纪里,人们定居的方式和帝制晚期的情况是相反的。中国人主要生活在广西桂林的北部山区、广东的南雄和韶州。即使是在唐代和宋代的移民过程中,汉人向珠江流域的迁入,也是受沼泽地带和人们对热带疾病尤其是瘴气的恐惧所抑制的。汉人为克服这些困难所付出的努力,创造出了岭南最肥沃的耕地(珠江三角洲),而这一移民进程在蒙古人入侵南方时被大大加速了,因为相对于生活在入侵者的征途中而言,沼泽和瘴气的危险要小得多。在1400年以前,岭南河流地区和珠三角地区农业经济的形成过程,也就是汉族人遭遇维护自身土地的其他民族、沼泽和瘴气,以及蒙古入侵者的过程。

土著居民

汉族并不是岭南地区最早的居民,据史料记载,汉人最早是从秦朝时才开始在岭南居住的,他们开始时数量很少,但在随后的一千年中不断扩张其生活领域,他们与当时生活在河谷低地和沿海的各部傣族人、人数众多的壮族人和生活在雷州半岛和海南岛沿海地带人数较少的黎族人[①]不断通婚、贸易、推广汉语和汉族生活习惯,减少了这些土著居民与汉族之间的差异。到宋代时黎族和壮族已经有了"熟"和"生"的差异,其中熟黎或熟壮是指那些已经接受了汉族君主管理的土著居民,而生黎或生壮则是那些尚未遵服王化者。[②]

壮族和黎族是目前已知岭南地区最早的居民,其他后来迁入岭南地区的非汉族民族都被汉族称之为"蛮",其中最重要的是瑶族,关于他们迁入岭南的时间目前尚颇有争议,有的认为是汉代,有的则认为是元代甚至明代,最近的估计则认为汉代有少量的瑶族迁入,而他们大量地自北方南迁则是公元10世纪五代十国战争的结果。[③] 无论他们最早是何时来到这里的,到明朝时瑶族已经成功地占据了岭南北部的丘陵地带,顾炎武曾经列出了瑶族占据的山岭的名字:其中有106个在清远县,41

[①] 关于海南岛黎族人的历史可以参见 Anne Csete, *A Frontier Minority in the Chinese World: The Li People of Hainan Island from the Han through the High Qing*, Ph. D. dissertation, State University of New York at Buffalo, 1995。

[②] 台湾是另一个这种分类适用的地区,参见 John Robert Shepherd, *Statecraft and Political Economy on the Taiwan Frontier, 1600—1800* (Stanford: Stanford University Press, 1993), 7—8。

[③] 李炳东、戈德华编著,《广西农业经济史稿》,南宁:广西民族出版社,1983,第24页。

个在信宜县。①

无论哪个时期移入的瑶民,都喜欢在山区聚居形成村庄或再由村庄组成部族(tribes),采取刀耕火种的游耕农业生产方式。与此相比,低地地区的傣族人则种植水稻②、铸造青铜器和从事丝织业,并早在公元前300年就形成了自己的政权"越"。由于他们拥有政权体系和丝织、冶金的知识,傣族是唯一没有被汉人看作蛮族的民族。但这并没有能够阻止秦朝的征服战争,于是傣族的统治精英逃往南方建立了另一个泰国政权,低地地区就只剩下了从事农业的壮族人。

我们无法确知在被纳入中原王朝统治体系之前,岭南地区土著居民的数量。如果人口密度低到每平方公里只有一个人,那么公元前200年的岭南大约有50万人口。根据汉代公元2年的统计,岭南地区约有72 000户,按一般的家庭规模合35万—40万人口。③ 在一项更早的研究中,哈罗德·文斯认为汉朝的统计包括了岭南土著居民和数量还很少的汉人,但人口总数中遗漏了相当大的非汉族人数。④ 因此,估计当时人口为50万应当不算离谱。

在汉人之前(或同时,如瑶族)定居岭南的各民族约50万人,分别形成了适应低地地带和丘陵地带的两种农业生产方式。⑤ 在低地地区,壮族人种植水稻,很可能在同一地块上年复一年地从事生产;而生活在丘

---

① 顾炎武,《天下郡国利病书》广东部分第三册,上海:商务印书馆,1936,第11a—17b。
② 事实上,最早关于水稻种植的考古证据是在沿海的海丰县得到的,参见 *Archeological Discovery in Eastern Kwangtung: The Major Writings of Fr. Rafael Maglioni (1891—1953)* (Hong Kong: Hong Kong Archeological Society, 1975), 23—24。
③ 之所以采用"户"而不是"人"或"口"是因为户的统计一般认为更为准确。本文此处主要是为了了解人口的变动情况,假设平均一户约有5—6口人应当是合理的。关于这一问题的探讨,可以参见 Robert M. Hartwell, "Demographic, Political, and Social Transformation of China, 750—1550", *Harvard Journal of Asiatic Studies* 42, no.2(Dec.1982):369。
④ Harold J. Wiens, *Han Chinese Expansion in South China* (Shoe String Press, 1967), 180—81。
⑤ 这种划分最早是由 Gorge Moseley 提出的, *The Consolidation of the South China Frontier* (Berkeley and Los Angeles: University of California Press, 1973),12。

陵地带的瑶族则采取刀耕火种的游耕方式,两次焚烧草木之间很可能要等上 20—25 年;而在沿海地区和海南岛的黎族人则采取着更为散漫的粮食种植方式。

岭南汉人的移民与定居

汉族迁入岭南主要有三次浪潮。第一次是公元前 225 年前后秦朝征服越国时,大约十万人的军队占领了岭南地区并与当地傣族妇女通婚,从而形成了小规模的移民。第二次是 4 世纪初,游牧民族侵入中国北方并洗劫了都城洛阳,造成了"永嘉之乱",北方的人民大量迁居南方。第三次开始于大约 12 世纪,中亚的金国军队在 1126 年攻占了北宋的都城开封,迫使宋朝在江南的杭州重建都城,第三次移民浪潮一直持续到 1270 年代蒙古人征服中国的时候。[①] 如很多历史学家都提到的,当北方游牧民族越过长城时,导致了汉人向南方移民的连锁反应[②],很多在战乱中流离失所的北方人都越过南岭山脉移入了岭南地区。

概观公元 2—1391 年间这 14 个世纪中岭南地区的人口变动,我们可以清楚地看到移民和战争的影响(见图 2.1)。从汉代到唐代,岭南的人口在汉代的 72 000 户上下波动,在 3 世纪后期可能降到了最低点,此后一直不断上升,到唐代已有 319 000 户,主要是北方移民的结

---

① 对此简要的评论可以参见李权时、李明华、韩强的《岭南文化》,韶关:广东人民出版社,1993,第 171—205 页。作者们还认为存在着到晚明时期又出现了第四次移民浪潮,但并没有提供相应的证据,我也未能找到相关资料,因此这里没有包括在内。
② 苏联历史学家 L. N. Gumilev 曾提出中亚的游牧民族穿过西伯利亚大草原主要是中亚地区降雨模式转变的结果,"很容易理解西伯利亚大草原气候变迁在欧亚大陆历史中的重要地位,牲畜离不开草,而没有降水草就无法生长,游牧民族又不能没有牲畜。因此,所有的这些形成了一个整体系统,而联系的关键就是水。" L. N. Gumilev, *Searches for the Imaginary Kingdom of Prester John*, R. E. F. Smith, trans(Cambridge University Press, 1987), 23。

果。之后,从唐代到宋代的人口增加似乎不是移民的结果,而主要是基础人口的自然增长。我估算的1200年人口可能较实际数字偏低,因为1126年宋朝丢失了首都开封以后,应该会有大量的难民移入岭南。无论如何,南宋的1200年前后应该达到了人口的顶峰——它当然要高出1080年的人口数——但在1278年蒙古人征服华南和一个世纪后明朝建立时,人口又有了明显的下降。

到1400年时,岭南的人口已经经历了一个较长的循环周期,从唐代到南宋时期较为平稳的增长,之后两个世纪不断下降直到明朝的建立为止。1400年的岭南人口相对于南宋的峰值要低,在下一章我们会看到,此后人口又经历了另一个250年的缓慢增长时期。

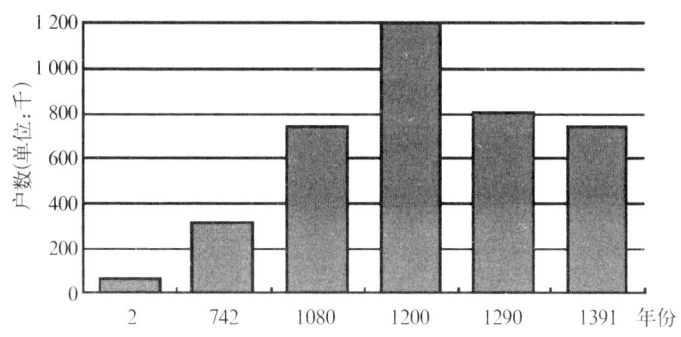

图 2.1 公元 2—1391 年的岭南(有记录的)人口

(资料来源:《汉书·地理志》卷8下;《新唐书》卷33;《元丰九域志》卷9;《元史》卷62—63;梁方仲,《中国历代户口、田地、田赋统计》,上海:人民出版社,1980,第277—278页。)

人口并不是平均分布的,关于人口密度差异的分析可以告诉我们有关汉人于何时何地来岭南定居、长时段中的环境和经济变迁。如郝若贝(Robert Hartwell)在他关于750—1550年间中国人口总体变动趋势的重要研究中所指出的,"彼此分割的不同地理区域,在每个时期里经历了非常不一样的人口增减过程"①。顺着郝若贝的思路,我把唐、宋、元代各行政区内的人口与其各自对应的清代各府人口进行了相关性分析,并计算了人口密度情况以保证其在时间和空间上的可比性。② 虽然并不完全吻合且有一处较大的扭曲③,但总体上还是精确的。

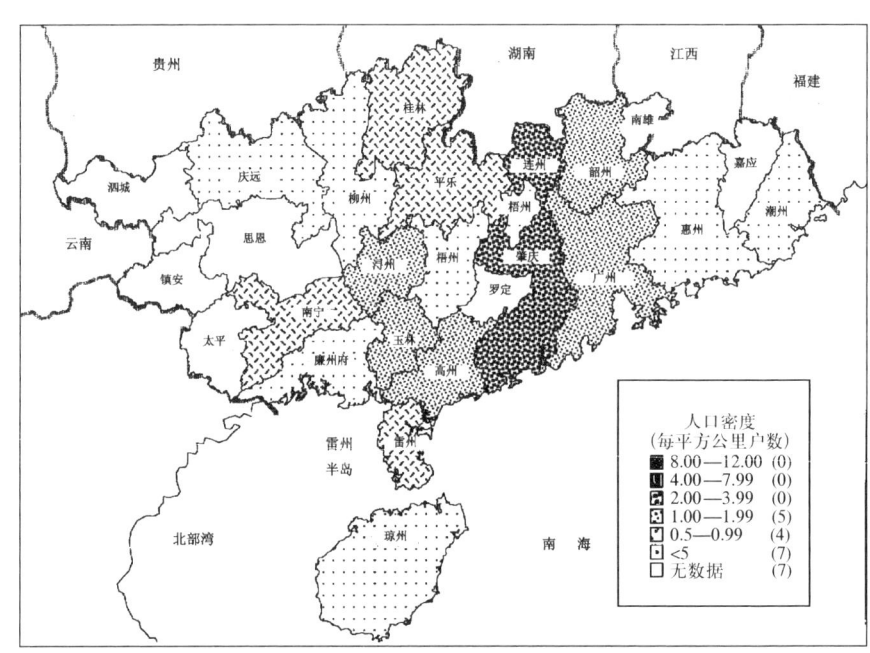

地图2.1a　742年前后的人口密度

---

① Hartwell, *Demographic, Political, and Social Transformation of China, 750—1550*, 373.
② 这种保持原有地理区划不变的研究思路是郝若贝在 *Demographic, Political, and Social Transformation of China, 750—1550* 中首次提出的,在该书中他用了宋代的行政区划地图。但由于本书所研究的主要是明清两代,我转而选择了清代的府级行政地图。
③ 这个较大的扭曲是清代的南宁府。唐宋元的行政单位大都小于清代,因此我用它们的资料来和清代的府进行相关性分析。但这一结果并不是非常精确的:唐代广东东部的行政单位循州,并不完全是后来的惠州,部分原来属于循州的地区后来并入了潮州和嘉应。总体而言,前述的方法还可以使用,只有南宁例外。唐代和宋代南宁西部的行政单位要大于清代的府,清代成立五个府(泗城、思恩、太平、镇安和南宁)的地区,唐代统辖为一个(永州),而且清代南宁是玉溪沿岸的低地地区,广西西部的其他各府在丘陵地带。而只有在明代设立其他各府之前,南宁才可以被理解为广西西部的丘陵地区。

第二章 "岭外毒瘴,不必深广之地":人类定居与岭南的生态变迁(2—1400)

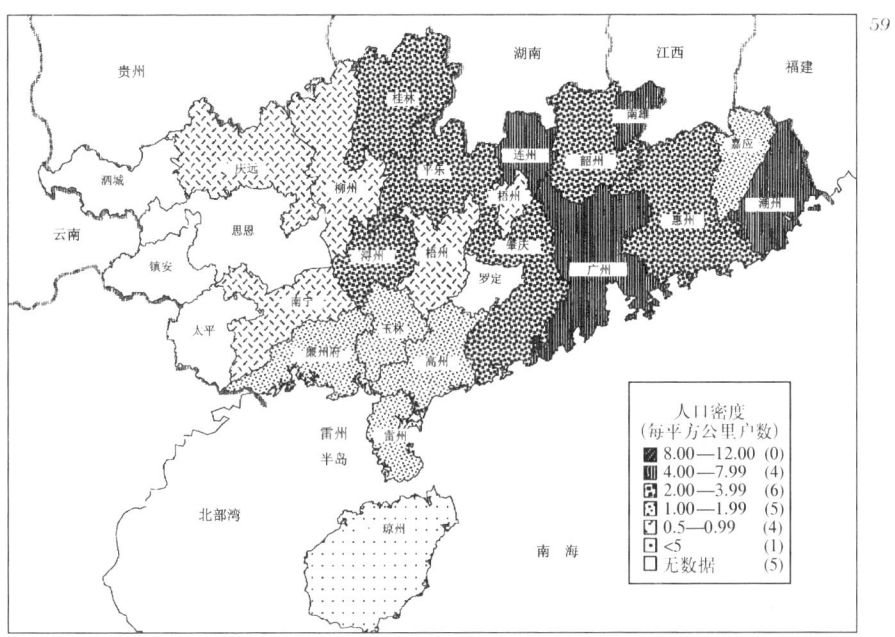

地图2.1b 1080年前后的人口密度

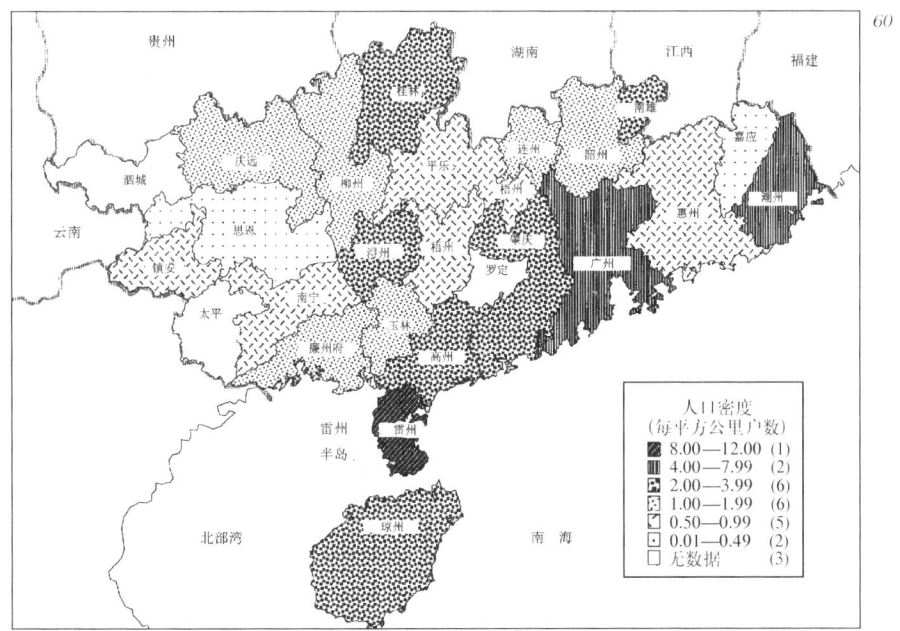

地图2.1c 1290年前后的人口密度

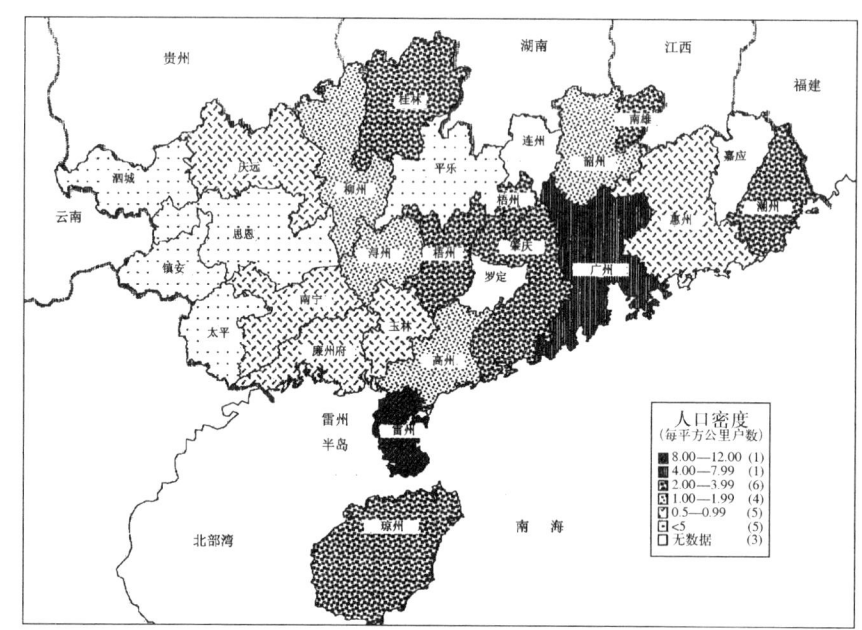

地图 2.1d　1391 年前后的人口密度

公元 2 年　汉代的行政单位要远远大于清代的府级规模,因此无法重建可以与后世相比较的人口数据。而从汉代资料中能够看出的是当时岭南的人口主要集中在桂林附近的广西东北部和韶州附近的广东北部;人口最少的地区是南海郡或相当于后来的广州、惠州、南雄、连州和潮州各府地区。甚至沿海地区的人口也要多于后来成为广州和珠江三角洲的那些地区,现在越南北部的红河三角洲在当时的人口相当于南海郡人口的十倍以上。关于这种人口分布的理由,我将在介绍完其他时代岭南地区人口之后再进行分析。

公元 742 年　如施坚雅曾指出的,人口密度可以作为各地区资源水平相比较时的一个粗糙的指标:人口密度越大的地区通常越富庶,也较其他地区更为发达。人口密度也可以给我们另外一种启发,即在不同时间段中,人口集中或分散的趋势可以反映其发展速度的差异。如果我们把唐代岭南的人口密度绘成一个简单的曲线,就可以发现其中的某种层次和聚集情况。① 人口密度较高的是连州(广东北部)的每平方公里 2.9 户,最低的在广西西北部只有 0.05 户。以人口密度的聚集情况为指标,我们可以看出一个明显的区域性的发展模式(参见地图 2.1a—2.1d)。

广东北部的山区和汉代一样,有着最多的人口和最高的人口密度;广西北部和东部的人口较汉代有所增加,但总体上还是无足轻重;广东西部和中部(肇庆和广州)、西江及其支流流域(浔州和玉林)有了明显的发展;人口稀少的地区包括沿海地带(雷州和廉州府)和广东东部(惠州和潮州)、海南岛。一个有趣的现象是广东北部的人口密度仍然超过广州地区。事实上,广州地区的人口自汉代以来已经有了明显的增长,但直至唐代仍少于肇庆,更不用说北部山区了。而且,如果谢弗关于唐代广州城人口接近 20 万的观点正确的话②,那么广州人口(42 200 户)的绝大多数一定集中在城市中,只有很少数的农耕家庭。

公元 1080 年 1080 年时,岭南的地区结构发生了明显的变化,广州成为了人口最多和人口密度最高的地区。③ 广东北部的人口虽然仍在增长,但已经落到了广州的后面;广东的西部和东部(分别是肇庆、惠州)渐渐追上了北部的水平;西江及其支流流域地区(即桂林、平乐、浔州和玉林)大致持平;西南沿海地区(高州、雷州和廉州府)和海南岛、广西西部的人口密度依然很低。

广州以外发展速度最快的地区是广东东部的惠州和潮州府,如下一章中将介绍的,其原因主要在于这三个地区水利控制和农业灌溉系统的发展。在这里需要着重指出的是,到 1080 年时,惠州已经达到了肇庆的人口密度水平,处于第二梯队;潮州则迎头赶上,从每平方公里 0.31 人

---

① "让数据自己说话"是施坚雅给出的建议,参见"Presidential Address: The Structure of Chinese History", *Journal of Asian Studies 45*, no.2(Feb.1985):288。虽然施坚雅当时所特指的是经济数据,但同样的道理也适用于人口数据。
② Schafer, *The Vermillion Bird*, 28.
③ 关于宋代岭南的一个绝佳的探讨,可以参见韩茂莉,"宋代岭南地区农业地理初探",《历史地理》1993 年第 2 期,第 30—34 页。

增加到了5.19人。如果将各府按照人口密度排序(参见表2.1),潮州仅次于广州位列第二。

表2.1 以府为单位的人口密度排序(户/平方公里)

742年		1080年		1290年		1391年	
连州	3.87	广州	5.05	雷州	11.28	雷州	11.48
南雄	n.a.	潮州	4.80	广州	5.68	广州	6.69
韶州	1.77	南雄	4.57	潮州	4.09	潮州	2.74
肇庆	2.23	韶州	3.29	南雄	2.42	南雄	2.00
广州	1.41	连州	4.44	韶州	1.12	韶州	1.08
高州	1.85	惠州	3.42	连州	1.26	连州	n.a.
浔州	1.71	肇庆	3.00	惠州	0.68	惠州	0.73
玉林	1.65	平乐	2.68	肇庆	3.04	肇庆	3.44
桂林	0.77	浔州	2.39	平乐	0.75	平乐	0.26
平乐	0.57	桂林	2.05	浔州	3.07	浔州	1.00
梧州	0.37	玉林	1.85	桂林	3.43	桂林	2.50
雷州	0.54	雷州	1.74	玉林	1.15	玉林	0.61
廉州府	0.37	嘉应	1.17	高州	2.27	高州	1.45
惠州	0.30	高州	1.39	廉州府	1.17	廉州府	0.71
潮州	0.28	廉州府	1.08	梧州	0.55	梧州	2.52
嘉应	n.a.	梧州	0.74	柳州	1.73	柳州	1.53
柳州	0.23	柳州	0.61	清远	1.01	清远	0.66
南宁	0.98	清远	0.60	琼州	2.72	琼州	2.02
琼州	0.25	琼州	0.31	南宁	0.81	南宁	0.65
清远	0.05	南宁	0.90	嘉应	0.23	嘉应	n.a.

(资料来源:同图2.1。)

表2.1通过按人口密度对各府进行了排序和编组,向我们展现出了可以称之为岭南地区各个历史时期"中心—边缘"的结构。虽然除了

1080年广州是明确的人口集中区以外,其他各时期人口密度最高的地区各异,但是处于边缘地位的基本上总是广西的西部地区。而且,广东南雄周围的北部地区和广西桂林地区始终是人口密度次高的地区。总体而言,表现出人口从山区、岭南北部向岭南中部和南部河流流域迁移的趋势。

公元1290年 13世纪蒙古人的入侵改变了岭南的地区性结构。原来人口密集的地区尤其是岭南东部(韶州、南雄和连州)、惠州、平乐和玉林都遭到了大批的屠杀。平乐和玉林的难民大多向西北方向投奔原本在1080—1290年间人口增长适中的柳州。但最大的难民潮还是逃往了西南沿海地区(雷州)和海南岛(琼州府),使得这些地区的人口超过了1290年的广州。雷州和琼州增加的部分人口毫无疑问是来源于惠州,但主要还是北方因逃避游牧民族而在1126—1278年两次浪潮中移入西南地区和海南。关于这些新移民到达这里的时间尚不很清楚,可能是12世纪或1278年之后。但无论是什么时间,他们都大大增加了雷州半岛和海南岛的居民人数。由于这些地区原来的人口相对稀疏,而且主要原住民是黎族人,汉人难民的流入将黎族人挤出了大陆而进入海南岛,在那里他们一直待到了明朝以后。

公元1391年 从明初1391年的人口数据中可以看出,岭南持续遭受了蒙古入侵带来的伤害。雷州仍然是人口最稠密的地区,而广东北部、惠州、平乐和玉林人口与宋代相比仍然相对稀疏。另一方面,广州人口则保持了增长的趋势,人口密度高于其他地区。如果不考虑雷州半岛,蒙古入侵对地区性人口结构的影响主要是提升了广州的重要性和熨平了岭南其他各府的差距(参见表2.1),甚至1080年人口密度很高的潮州也降到了和其他地区差不多的水平。

总结 上述关于人口密度的鸟瞰,展现出了岭南地区长时段内人口分布的主要变迁情况。其中有几个变化是值得我们注意的:在回顾中我们发现只有1080年岭南人口分布与19世纪和20世纪的情况相类似,广东作为地区的中心,而人口密度从广州向岭南地理上的边缘地区以某种顺序递减。而其他时段留给我们的印象则是完全不同的模式。首先,最早的人口中心是岭南的北部(尤其是南雄)紧邻南岭南麓的地区和桂林周边,而不是广州府。广州直到宋朝才成为了人口的中心,因为即使是唐朝,广州的人口也主要集中在广州城内,而广州城在879年秋天的黄巢起义中遭到了洗劫和焚毁。但到了宋代,广州府显然已经成为了岭南地区的人口中心,只是被雷州半岛在13世纪因难民潮而一度超过。同时,蒙古入侵者打击了广东北部人口密集的地区,从那以后这一地区再也没能恢复到人口中心的地位,而其他也因蒙古入侵而人口减少的各府则在明朝建立后的和平时期里逐渐得到了恢复。我们所熟悉的现代岭南人口分布模式——广州作为中心而人口向边缘地区递减——并不是岭南早期定居者线形持续增长的结果。事实上,如果早期的人口趋势一直延续下去,广东的北部,或者甚至是雷州半岛或海南岛,更可能发展成为人口的中心地区。这里所提出的问题是,广州是怎样发展成为岭南地区人口中心的。这一问题的答案联系着岭南人口分布和珠三角地区环境的巨大变迁。

珠江三角洲的塑造

汉族人进入岭南的第一个千年中,我们现在称之为珠江三角洲的这个仅次于长三角的最富饶的农业地区,还没有形成一个三角洲,而只是一个相当浅的海湾。居住在广州的人称之为南海,从这个点缀着很多岛屿的海湾向外望去,大概和今天从香港背面的浅水湾看南海差不多(见图2.2)。

西江、北江和东江携带的泥沙在海湾沉淀下来,慢慢地形成了三角洲的上半段。但由于这些河流所携带的泥沙量很低,在自然力量下的三角洲形成速度极为缓慢。从11世纪开始(宋代),三角洲形成的速度开

第二章 "岭外毒瘴,不必深广之地":人类定居与岭南的生态变迁(2—1400)

图 2.2　南海

始加快,到 14 世纪(元代)时速度进一步加快。根据上述人口数据所处的时间,我们选取了珠江三角洲的这四幅图(地图 2.2)来说明三角洲的形成过程。在从汉代到唐代的七个世纪中,三角洲几乎没有变化,海湾中仍然都是水。但到了宋代,广州南部已经形成了足够大的三角洲以阻断海洋;而到元代时,淤积的泥沙已经到达了东江入海口的东莞沿海。当然,珠江三角洲主要的扩大还是在元代以后。汉朝建立以后的九个世纪中基本没有发生什么变化。而 1290—1582 年这三百年间,香山岛是怎样和大陆连接起来的呢?① 三角洲形成过程中发生的变化和这些变化的速度本身都是非常显著和有趣的,这些又说明了什么呢?

---

① 周源和,《珠江三角洲的成陆过程》,载《历史地理》1987 年第 5 期,第 58—69 页。

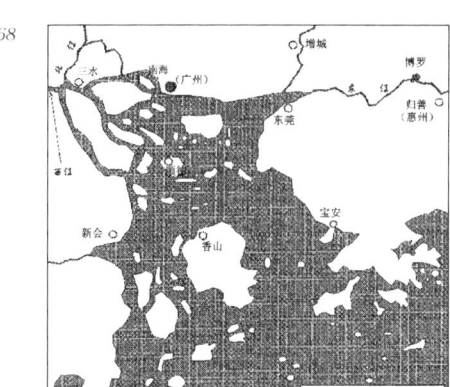
公元 2 年

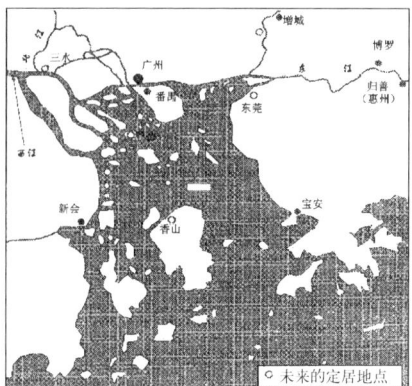
公元 742 年

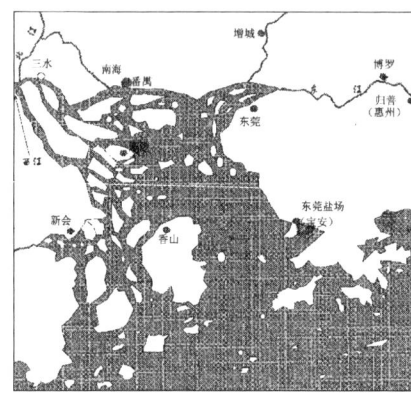
公元 1290 年

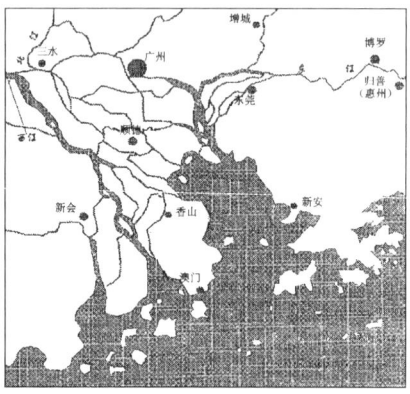
公元 1820 年

地图 2.2　公元 2 年、742 年、1290 年和 1820 年的珠江三角洲

(资料来源：谭其骧主编，《中国历史地图集》，北京：中国地图出版社，1975—1982。)

本节的题目采用了珠江三角洲的"塑造(making)"这个词语，目的在于特指人类的活动，因为相对于其他因素而言，主要是人类的活动塑造出了珠江三角洲。按照时间顺序的故事应该是这样的：最早移入广东东部的汉人带来了自己的定居模式和农业技术；宋代以后西江、北江和东江下游建了很多水利工程；1270 年代蒙古入侵中国南部导致广东北部的人口大量迁入珠江河口的岛屿中生活；居住在河口的难民从岛上隔离出新的土地。

刀耕火种 刀耕火种是最早和最初级的农业生产方式,它在岭南地区长期存在直到 11 世纪水稻种植技术在岭南广泛传播为止。汉代移民和 4 世纪的大量移民主要生活在南雄和桂林周围的丘陵地带,而不是更南面的河谷沼泽地区(后文将探讨其原因)。他们先是把地面的植物烧掉,然后把小米、大麦和小麦的种子播进烧荒的灰烬中,在收获两到三年后也就耗尽了土地的肥力,之后离开这片土地继续迁移,到新的地区再重复烧荒种植的过程。当时烧荒的场面一定很壮观,如 8 世纪一首描述广东北部的连州地区烧荒的诗中所说的:

何处好畲田,团团缦山腹。钻龟得雨卦,上山烧卧木。
惊麇走且顾,群雉声咿喔。红焰远成霞,轻煤飞入郭。
风引上高岑,猎猎度青林。青林望靡靡,赤光低复起。
照潭出老蛟,爆竹惊山鬼。夜色不见山,孤明星汉间。
如星复如月,俱逐晓风灭。本从敲石光,遂至烘天热。
下种暖灰中,乘阳拆牙蘖。苍苍一雨后,苕颖如云发。
巴人拱手吟,耕耨不关心。由来得地势,径寸有余金。①

岭南地区的瑶民和苗民采用着刀耕火种、不断迁移的农业生产和狩猎、采集相结合的生产方式,来自北方的汉族移民刚开始时也和他们一样采用了刀耕火种的农作,在冬季干燥的月份烧掉山坡上的森林,然后很多农家一起往灰烬中播种、收获上几年,然后迁移到另一块地区重新安营扎寨,让原来那块肥力已经耗竭的土地再去生长植物。这种生产方式的残留直到 20 世纪初期仍然存在,瑶民们往往在烧荒和种植作物两年之后抛荒 20 年。② 之所以要抛荒休耕这么长的时间,据科学家们后来的推断,是因为山坡的森林被烧荒后形成了草地,而草地根系密集,难以

---

① 刘禹锡,《畲田行》。
② Fenzel, *On the Natural Conditions Affecting the Introduction of Forestry*, 45。

开垦种植,不像森林的土地那样松软和容易开垦。甚至就农业生产而言,森林也比草地要好一些,当时的瑶民们似乎也已经发现了这一点。

到底有多少原始森林被这样烧掉了,或者这些被烧荒的地区与下一次备耕之间是否有足够的时间以恢复长成常绿阔叶林,抑或这些常绿阔叶林被马尾松所取代,我们都还不清楚。但我们目前比较能确信的是,在河流上游刀耕火种的农业生产方式严重地侵蚀了山区,导致了更多的土壤流失进入了西江、北江和东江的下游地区。①

直到11世纪,大部分的这些流失土壤还没有形成珠江三角洲,而是沉积在了西江、北江和东江下游的洪泛区。当夏季季风携带大量降雨来临时,这些河流的下游地区常常会改道,携带泥沙的河水形成了洪泛区。洪水退去以后,泥沙沉积下来,显然这些河流尤其是西江和北江下游的洪泛区往往包含着很多肥沃的泥土,但是与之伴随的也有两个问题:洪水和瘴气。在珠江三角洲这一整个岭南土地最肥沃的地区还没有形成以前,汉人们或者对西江、北江和东江的洪泛区环境进行改造,或者去适应这种环境,因为华南低地地区的环境对于北方人来说并不是很适宜的。

瘴气 对于从北方迁移来的人们来说,整个岭南都是疾疫纵横的。用刘恂(上文曾引用其提到老虎和大象的记载)的话说,"领表山川,盘郁结聚,不易疏泄,故多岚雾作瘴"②。现在我们已经知道,瘴气是通过一种按蚊传播的寄生虫所导致的疟疾病,由于寄生虫、按蚊和人类这种联系的特殊性,疟疾只能在特定的环境条件下才能存在和传播,因此并不像瘟疫、天花和霍乱那样无论在什么地区都可以在人群中广泛和迅速地传播。

岭南原始的热带森林为这种寄生虫的繁殖提供了良好的环境,但导致人类疟疾的这种寄生虫——疟原虫属下面还包括着好几种单细胞原

---

① 这一结论是由中国水文学家们作出的,参见《中国自然地理》第 4 卷,第 243 页。
② 刘恂,《岭表录异》上:1。

生动物——并不是原来就存在那里等待着人类到来的,实际上是随着人类迁入岭南而一起到来的。在猴子、猿、老鼠、鸟类和爬行动物身上都有疟原虫存在,但它们对人类并不具有传染性。寄生于人类的疟原虫是一种很古老的寄生虫,它不仅与人类有关,而且影响着自然选择的进程。[1] 这种疾病很可能起源于热带非洲,但直到新石器时代才开始传播到其他地区。根据卓越的疾病史学家布鲁斯·夸特(Bruce-Chwatt)的研究,在新石器时代,这种疾病传播到了美索不达米亚、印度、尼罗河流域(从这里又传播到了地中海地区)和华南地区。[2] 我们无法确知到底是最初的原住民还是后来的移民将其带入了岭南地区,但无论疟疾是何时以何种方式进入华南的,它都早在汉人移民之前就已经存在于当地的土著傣族中了。

按蚊携带着三种对人类有害的疟原虫,每种各自会导致一种疟疾。其中的两种会导致间断性的发烧,但即使对于没有免疫力的人群也还不是最严重的,但另一种由恶性疟原虫(P. falciparum)导致的每三天一次的恶性发烧才是"最严重的疟疾"[3]。疟原虫分裂生殖的临床表现包括突发性或非突发性的发烧、发汗、冷战、呕吐和腹泻、贫血、脾硬化。[4] 岭南的这三种疟疾都可以在周去非于12世纪末关于瘴气的分类中找到:"轻者寒热往来……重者纯热无寒……更重者蕴热沉沉,无昼无夜,如卧死灰。"[5] 周去非仅仅根据发热周期来判断疟疾的严重程度或许有点问题,

---

[1] William H. McNeill, *Plagues and Peoples* (New York: Doubleday, 1976), 47—48.
[2] 疟疾通过这五种渠道从热带地区进入了温带地区,参见 L.J. Bruce-Chwatt, "History of Malaria from Prehistory to Eradication",载 Walther H. Wernsdorfer 和 Sir Ian McGregor 编 *Malaria: Principles and Practice of Malariology* (Edinburgh: Churchill Livingstone, 1988), vol.1,3. 到 19 世纪末期时,疟疾已经遍布全世界三分之二的地区,成为(现在也还是)很多人认为的"世界上最重要的疾病"。Brain Maegraith, Adams and Maegraith: Clinical Tropical Diseases (Oxford: Blackwell Scientific, 1989),201.
[3] Maegraith, *Clinical Tropical Diseases*, 201.
[4] 同上书,第 210—220 页。
[5] 周去非,《岭外代答》卷 4:3b—4a。

但是他显然已经能够区别三种类型的发烧,这与科学家们对疟疾的理解是相吻合的。这三种疟疾究竟哪一种在岭南处于主导地位现在还不清楚,但根据一般寄生虫流行病学和新移民在岭南经常死于疟疾的历史事实来看,当地最流行的很可能是恶性疟原虫(P. falciparum)。

春夏季节降雨频繁,而同时气温也是最适宜蚊子繁殖的,加上地表的积水和河流洪泛之后留下的沼泽地带,形成了较高的相对湿度,这一切构成了岭南地区按蚊和疟原虫得以流行的条件。① 由于疟原虫可以寄生于按蚊和人类,这种环境也就促生了疟疾病的流行。人类作为疟原虫的宿主,同时也是疟疾病存在的先决条件:"没有人类就没有疟疾"。②

如刘恂所说的,岭南很多地区的疟疾流行是确凿无疑的。有些地区如清远附近的情况格外严重;另外一些地区如潮州,在其地方志的"风俗"章节中也提到了瘴气(疟疾)在当地山区十分流行。③ 但是我们也清楚地了解到,瘴气并不是在岭南的所有地区都出现过。例如,在12世纪

---

① 关于适宜按蚊生存的一般条件的探讨,可以参见 L. Molineaux, "The Epidemiology of Human Malaria as an Explanation of Its Distribution, Including Some Implications for Its Control",载 Wernsdorfer 和 McGregor 主编 Malaria , vol.2, 915。
② 由于按蚊可以在温暖潮湿的地方繁殖,似乎疟疾也就可以在任何只要满足这种条件的有人类的环境中传播,但自然并不是那么简单的。事实上,这一问题十分复杂以至于科学家们目前还没有得出关于按蚊繁殖条件的准确结论。即使是携带疟原虫的按蚊,下面还存在着六个兄弟亚种,而只有其中的两种会携带能感染人类的疟原虫,它们和其他按蚊的区别仅仅在于它们将卵直接排在水面上。蚊子习性的某种差别会使得其中某些种类的繁衍超过其他种类,而水是停滞还是流动,日照和荫凉的时长,水中溶解的空气和矿物质含量,以及水中的盐分都会影响按蚊的繁殖情况。其他的影响因素还包括与按蚊争夺栖息地的一种无害的库蚊,以及昆虫和鱼类等。即使不考虑这些因素,按蚊似乎比较喜欢停滞的水,如雨后形成的小池塘或者洪水已留下的沼泽等。参见 Marston Bates, "Ecology of Anopheline Mosquitos",载 Mark Boyd 编 Marlaria (Philadelphia: Saunders, 1949), 302—30. Richard Fiennes , Man , Nature , and Disease (London: Weidenfeld and Nicolson, 1964),77; L. Molineaux, "The Epidemiology of Human Malaria as an Explanation of Its Distribution, Including Some Implications for Its Control",载 Wernsdorfer 和 McGregor 主编 Malaria , vol.2:916。
③《潮州府志》(1762)卷 2:1b,4b。

末的宋代,周去非就写到"岭外毒瘴,不必深广之地。如海南之琼管,海北之廉、雷、化,虽曰深广,而瘴乃稍轻"。但其他的"深广"之地如南宁、玉林、钦州、桂平等均有瘴气发生①,虽然19世纪时疟疾已经进入了海南岛,但直到15世纪,这里仍然是没有瘴气的。被顾炎武形容为极少瘴气②的广东西南沿海一带(或至少是这里的一部分),直到19世纪晚期也依然没有发现疟疾。③ 桂林周边似乎也没有遭受过疟疾:范成大在12世纪写道"自是(桂林)而南,皆瘴乡矣"④。广东省北部,尤其是南雄、连州和韶州府也没有疟疾。一些地区性生态因素如海拔⑤等,对于疟疾病的流行与否也起到了重要的作用,虽然至今我们还无法确切弄清楚这些生态因素的差异所在。

移居岭南的汉人并不知道瘴气产生的原因或按蚊繁殖的环境,但他们确实已经拥有了足够的知识去判断哪里有瘴气、哪里不能去、哪里可以住下以及哪里可以定居。他们中的大部分通过梅岭关或者灵渠来到这里,并且定居在广东的北部和广西。之所以选择这里定居,部分是因为这些地区是他们越过南岭之后首先到达的地方,部分也是因为这些地区没有瘴气的威胁。一旦驻扎下来,他们就倾向于在这里定居,其主要的原因也就在于对岭南其他地区瘴气纵横的恐惧。根据一些从南雄发源的家族的家谱记载,宋朝时期甚至在面临着广东东部山区人口压力增加的情况下,他们也因为对瘴气的恐惧,而没有继续再向岭南其他地区

---

① 周去非,《岭外代答》卷4:2b—3a。
② 顾炎武,《天下郡国利病书》卷98:28a。
③ Ernest Carrol Faust,"北海地区最早的海关记录(1889年)曾记载道,由于北海半岛四面都是干燥的沙子,这里以前没有发生过疟疾,也没有任何将会发生疟疾的迹象",载"An Inquiry into the Prevalence of Malaria in China", *China Medical Journal* 40 , no.10(Oct.1926):938—56。然而四年以后,这里还是发生了疟疾。
④ 范成大,《桂海虞衡志》。
⑤ J.R. McNeill 曾发现在地中海地区,疟疾没有在海拔500米以上的地区传播过。参见 J.R. McNeill, *The Mountains of the Mediterranean World*:*An Environmental History* (Cambridge University Press, 1992), 350。要了解岭南地区疟疾停止传播的海拔高度还有待于更多的研究。

迁移。①

在岭南南部地区，人口最为稠密的地区不是广州，而是没有疟疾的西南沿海地带，包括雷州半岛及其以东、以西的地区。如本章前文所提到的，广州开始的时候并不是岭南人口最密集的地区，尽管在明朝以后它成为了岭南地区的中心。显然，对当时的移民没有选择在珠江三角洲地区定居的一个可能的解释就是疟疾，因为就其初始地理环境而言，西江、北江和东江下游洪泛区几乎就是按蚊理想的繁殖场所。在世界其他地区河口形成的三角洲和沼泽中，如法国南部和意大利的很多地区，疟疾都曾经横行过。②

移民的定居模式同样也作为间接的证据，表明疟疾曾经在西江和北江下游的洪泛区存在过。③ 没有人类宿主提供"疟疾传染的贮藏处（reservoir of malaria infection）"④，疟疾就无法存在，因此在人类没有居住的地区就不会有疟疾。如前所述，生活在江河流域和沿海地区僚族土著⑤，提供了疟疾所需要的人类宿主，使之成为了地方性的传染病：未被传染过的按蚊从某个已经感染的人身上携带了疟原虫，然后再把

---

① 陈乐素，"珠玑巷史事"，《学术研究》1982年第6期。
② Bruce-Chwatt, *History of Malaria from Prehistory to Eradication*, 12—13. 根据身为医生和科学家的 H. Harold Scott 在 *A History of Tropical Medicine* (Baltimore: Williams and Wilkins, 1939), vol.1:131—32 中的记载，1865年疟疾在毛里求斯流行时，"流行的顺序和今天其他热带地区发生疟疾时基本一样，大雨把低地地区和沿海排水较差的地区变成了沼泽，由于土地种类、坡度大小和排水与降雨量的差别，各地的洼水区域的大小和维持时间各异，但通常会持续数周，这些沼泽成为了无数昆虫的乐园，其中繁殖能力最强的就是蚊子。""我们可以总结出最重要的经验是，这种疾病主要流行于低地地区，随着我们所去的地方越来越高，疾病也越来越少……而随着土壤中水分的干涸，疾病会趋向停止；而一旦地面积水形成水坑和池塘，疾病又会再一次出现。"
③ 20世纪早期曾经在珠江三角洲发现过按蚊，但这还不足以证明它们很久以前就在这里生存了。参见 Faust, *Mosquitoes in China and Their Potential Relationship to Human Disease*, 133—37。
④ Maegraith, *Clinical Tropical Diseases*, 201.
⑤ "最大的野外居住区同时也是制陶区是广东南部珠三角的西樵山地区"，Kwang-Chih Chang, *The Archeology of Ancient China*, 4th edition (New Haven: Yale University Press, 1986), 106。

它传染给另一个没有被感染或者近期没有被感染的人。然而有趣的是,疟疾作为地方病而传播的地区也就形成了对这种疾病的某种免疫性。①

岭南的傣族土著,尤其是生活在河流下游地区的居民,在汉人来到岭南之前应该已经形成了对疟疾一定程度的免疫能力。但是对于还没有免疫能力的人们,例如华北来的汉族移民来说,这种疾病很可能是致命的。除了疟疾,其他热带疾病毫无疑问也对这些来自北方的移民造成了伤害,同时也对后来的移民提出了警告。事实上,瑶族人也生活在山区而避开洪泛区,这或许是因为他们也惧怕热带疾病,也可能是他们比较喜爱在山区生活。如果疟疾是汉族人(和瑶族人)最初避免在珠江口生活的一个原因,那么要在这里定居,汉人或者必须具备像傣族人那样的对疟疾的免疫力,或者就要改变这里的环境使之不再适宜按蚊的繁殖。关于汉人逐渐获得了这种免疫能力的最好证据是来自于明代王临亨所说的"岭南瘴疠,唐宋以来皆为迁人所居;至宋之季,贤士大夫投窜兹土者更未易指数"②。

疟疾本身或许就已经足以把汉族人隔绝在珠江三角洲以外了,但历史的事实是,无论有没有疟疾滋生,西江、北江和东江下游地区都是由于沼泽密布而难以耕种的。江河流域也不是没有人居住的,傣族人就已经在这些地区生活了上千年。而且,汉人建造在山上、俯瞰着珠江口的广州城③,就很有可能也是没有疟疾传染的。但是汉人要在有疟疾流行的河流附近定居,就必须建造防洪的堤坝和排干沼泽,使洪泛区适应汉族

---

① "在疟疾流行区的土著人口中,很少发现婴幼儿感染者,这可能是因为婴儿的 F 血红蛋白比例较高、母体传递的抗体和乳汁对疟原虫繁殖的抑制等综合作用的结果。在婴儿半岁以后和童年时期的最初几年中,疟疾开始成为一种常见的疾病,发病可能很严重且往往致命。随着幸存下来的孩子逐渐长大,如果重复感染疟疾,其危害会变得较为温和,在较大的儿童和成年人那里,疟疾的影响会最终变得温和改善得多。"Maegraith, *Clinical Tropical Diseases*, 204—205。
② 转引自粟冠昌,"宋代的广西社会经济",《广西师范学院学报》1981 年第 4 期,第 75—84 页。
③ 曾昭璇,《从历史地貌学看广州城发展问题》,第 28—41 页。

的定居农业生产方式。人类即将改造环境,以使之适应人类需要而不适宜按蚊的生存①,生态的变迁在这两方面同时起作用。

防洪 岭南有两种水利问题:一方面,雨季的降水太多以至会造成洪涝灾害;另一方面作物生长期的水量太少或者很不规律,这些主要是季风降雨模式和岭南的排水系统作用的结果。夏季季风给岭南带来的降水主要集中在四个月份中,迅速充盈了几乎干涸的河床。在西面的所有降雨都通过集水盆地汇入西江,再经梧州流入广东;北面的降水则全部汇入了北江。西江和北江在广州以西约十里处的三水交汇,形成了珠江三角洲的开端。在东面的降雨则汇入东江盆地,再汇入广州东面的珠江河口。

由于季风降雨在很短的时间内形成了大量的降水,从肇庆到三水一带每年都会形成洪泛区,沉积下来越来越多的上游山区烧荒后流失的泥沙。早在809年,肇庆就建造了围基以防止南来的西江北上,和北江汇合。② 这种围基不仅使得洪泛区可以用于农业生产,而且也把洪水携带的所有泥土都送入更远的下游地区,增加了三水附近地区洪水的压力(见地图2.3)。控制西江和北江洪水汇合的围基是岭南地区最早建造的一项大规模水利枢纽工程。

1100年前后,桑园围开始动工,其完工时长约28里,保护着6 500顷的土地免遭洪水的危害③,创造了岭南地区农业发展的新时代。大致在桑园围修建的同时,雷州府和东莞西部的沿海地区也正在修建防波堤。南宋绍兴年间(1131—1162)在雷州地区修建了近25 000丈的海堤,

---

① 其他学者也提出过类似的观点,段义孚在一个较早的研究中曾写道"新的灌溉方法随着稻米一同被传播,定期排水摧毁了按蚊的生存环境,这意味着一些以前,比如1000年时对人类来说还不健康的地区,现在已经可以容纳更多的人口定居"。Tuan Yi-fu, *China* (London: Longman Group, 1970),129.
② 《中国自然地理》第10卷,第183页。
③ 王萍,"清季珠江三角洲的农田水利",载《近代中国区域史研讨会论文集》,台北:"中央研究院"近代史研究所,1986,第569—571页。

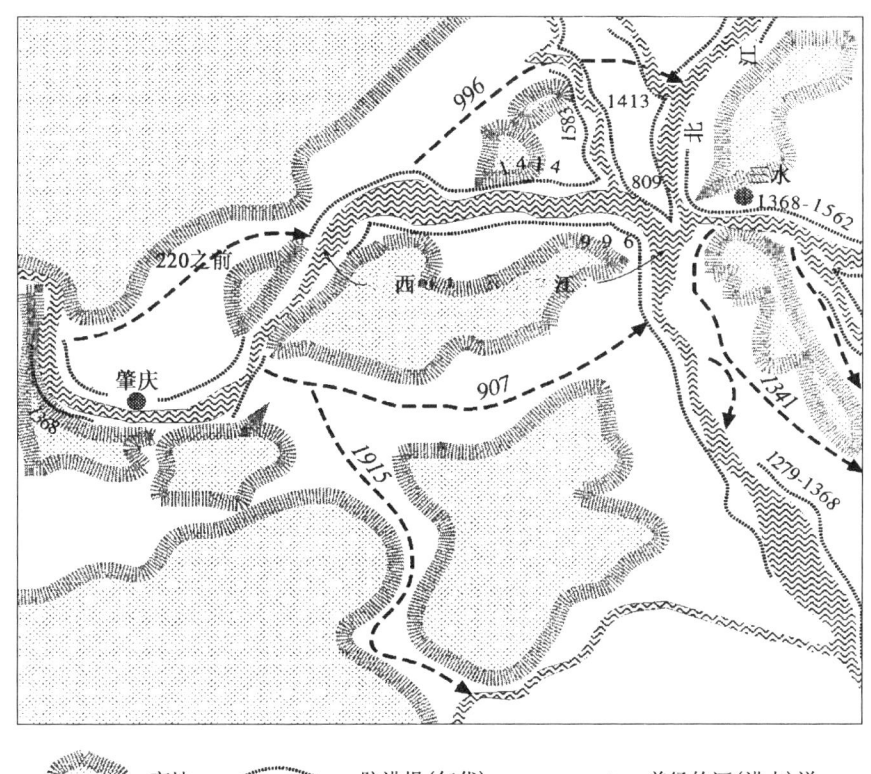

地图 2.3　唐代至明代的西江防洪堤

使得大约 10 000 顷的耕地免于遭受海潮淹没和台风袭击,当然这也毫无疑问地砍伐了生长在这里的红树林。① 1089 年在东莞也修建了咸潮堤 12 806 丈,使得 21 028 顷的土地成为了可耕地。②

根据叶显恩和谭棣华的搜集和统计,宋代在珠江上游共修建堤围 28 条,长达 66 024 丈,捍卫农田 24 322 顷;元代除维修旧围外又新修堤围

---

① 《广东通志》1822 年,卷 26。
② 王萍,"清季珠江三角洲的农田水利",载《近代中国区域史研讨会论文集》,台北:"中央研究院"近代史研究所,1986,第 581—582 页。

34条,长达50 526丈,捍卫农田2 332顷。① 换句话说,到元代时,堤围的总长度达到了约200里,保护着广东约20%的耕地。而且,广东东部的潮州府还有22段河堤,用以防止海阳县和揭阳县的韩江洪水,保护着另外88 000顷的土地。②

  防洪堤可以将各条河流限定在一条固定的河道中,在雨季到来时,不会蜿蜒流出或暴溢成很多河道,这样河水就可以直接流进湾区了。于是,原来的洪泛区也就变得适宜农业种植了。宋代开始的这些水利工程还有着另一项环境影响,由于洪泛造成的沼泽和水洼地带的水被排干,从而改变了原本适宜作为疟疾宿主的按蚊的生态环境,也就使得这些地区对于北方来的移民而言不那么危险了。

  同样重要的是,因防洪工程而形成的水道将原本会沉积在洪泛区的泥沙进一步冲到了下游的珠江河口,作为山区刀耕火种农业生产和水利控制工程的共同结果,11世纪以后,注入珠江的泥沙总量有了明显的增加。泥沙沉积量增加对于珠江三角洲造成的改变可以从珠三角地图上明显看出来,尚不能明确看到的是,当泥沙进入河口上游时,它完全有可能继续流入湾区而不是沉淀下来,下文将通过因1270年代蒙古入侵而逃到湾区中岩石岛屿上生活的人的经历来对此做出解释。

亲历创造:来自珠江的三角洲家族

  很多明清时期在珠江三角洲经济社会和政治生活中颇有影响的大家族,都将自己的起源上溯到广东北部的南雄,特别是当地一个小而重要的村子,那就是横跨通往梅岭关路两边的珠玑巷。③ 所有经过梅

---

① 叶显恩、谭棣华,"明清珠江三角洲农业商业化与墟市的发展",《广东社会科学》1984年第2期,第73页。
②《广东通志》(1822),卷26。
③ 关于这一问题的一个简明的探讨,可以参见李权时等《岭南文化》,第183—192页。

岭关往来于珠江流域和长江流域的运输活动——大量地徒步运送岭南自然特产北上和江西景德镇瓷器南下——都必须经过珠玑巷。或许这个村名也就得自于此——或者是珠宝商人开辟了这个地方,或者是源自于铺设道路的小圆石子,屈大均则称这个名字来自于一位唐代南雄的孝义门人,因得赐珠玑绦环而改所居为珠玑巷。① 无论是怎样得到"珠玑"这个名字的,由于它跨越道路的两边,旅行者就必须从一排排房屋和店铺中间穿过,于是珠玑巷就成为了商人和旅行者开始或完成一天旅程的休息场所,在某种程度上,影响着那些通过梅岭关的人们的旅程的难易。南雄是汉人在岭南的第一个定居点,1120年代金朝侵略华北带来了大量南迁的难民,使得这里的人口迅速膨胀,根据后来的记载来看,他们中的很多人,尤其是一些北方的富家大族都选择在珠玑巷居住。这样,资源和财富就开始在珠玑巷集中,至少持续到1270年代蒙古人入侵时为止。

可能是由于富有家族对北方侵略者的恐惧,当忽必烈汗的军队在1270年代南侵时,珠玑巷的很多居民决定在1273—1274年间逃离这里,即蒙古军队到达南岭山脉之前一两年的时候。② 当蒙古军队于1276年穿过梅岭关时,珠玑巷能逃走的居民已经都逃走了,而那些没能逃走的很可能死在了南雄和韶州的战争中。根据一些家谱的记录,33个姓氏的97家人向南逃到了后来的珠江三角洲地区。③

由于对蒙古侵略者的恐惧要远远大于对疟疾或恶劣的环境的担忧,或者也是寄希望于发现另外的海上逃离路线,这些家族在珠江口的一些小岛上定居了下来,例如,很多新会县的大家族都将他们的起源上溯到了珠玑巷。④ 即使是今天,在一些因泥沙淤积而从过去岛屿变成的小山

---

① 屈大均,《广东新语》卷2:65,香港:中华书局,1974,第59页。
②《新会乡土志》,香港:广州学会,1970年重刊清末本,第84—85页。
③ 陈乐素,《珠玑巷史事》,第144—149页。
④《新会乡土志》,第85—87页。

上,还能发现当时人们定居下来的遗迹,最典型的是位于番禺县所在岛屿南坡的沙湾镇,在它的西面就是北江的河口。① 沙湾的意思是"多沙的海湾",显然在 1276 年的时候它应该就是这样的。

我们不知道 14 世纪时像沙湾这样的地方有多少可耕作的土地。毫无疑问,自然作用已经形成了一定的泥沙淤积,或许还因人们在早期定居的珠玑巷等山区采用刀耕火种农业生产而略有加速。随着西江和北江流入海湾和这些岛屿的周围,水流在岛屿下游的方向流速较缓,从而沉淀下泥沙;但进入湾区的新移民并不满足于等待自然进程去形成他们所需要的耕地。

沙坦　在后来形成珠江三角洲的地区,移民们在沙洲上开垦出了新的耕地,这些沙洲主要形成于因水流缓慢而得以较多沉淀的地方,大多位于岛屿的下游一边或者河流回流处的外侧。这些新开垦的地区称之为"沙坦",与荷兰围海造田和圩田将沼泽或沿海平地的水排干而形成的机制不同,珠江中的沙坦是淤积的泥土在水下不断升高而形成的原来不存在的新地块。

珠江河口特殊的地形和水文条件以及堤防的作用共同导致了沙坦的形成。在位于三角洲入口的桑园围和其他堤坝建造之前,西江和北江的洪水常常会漫过河岸,在河道边的沼泽中沉淀泥土;一些泥土则被冲到更远的海湾中,形成三角洲。但防洪堤建成之后,河道被固定了下来,沉淀物基本都被冲进了更远的湾区,在明清时期,这种作用主要存在于番禺南部、香山北部、顺德、新会东部和东莞西部,沙坦也正是在这些地区形成的。

当然,沙坦的一些部分是自然作用形成的,但其主体是上述作用的

---

① 刘志伟,"宗族与沙田开发——番禺沙湾何族个案研究",《中国农史》1992 年第 4 期,第 34—41 页。刘教授认为沙湾何氏家族的沙田至多只能较可靠地追溯到 16 世纪晚期,而不是宗族口述资料所认为的 14 世纪早期。绝大部分的沙田当然是明代中期以后才增加的,尤其是 18 世纪,但这并不排除沙田有可能最早起源于蒙古人入侵打断了原来北部山区的定居模式之后。

结果。形成沙坦的过程相对比较简单,但在土地可以耕作之前也还需要若干年的时间。当自然作用导致沙洲逐渐升起到接近水平面时,人们在沙洲的四周投入岩石,这不仅可以固定已经存在的沙土,也可以阻拦下更多的沉积物。在建成更为牢固的围栏后,可以种植豆类植物(可以在土壤中固氮)以改造沉积物。经过三到五年,沙坦就可以种植稻米了。① 按照17世纪学者屈大均的说法,一般是耕作稻米三年后再休耕三年。②

沙坦一旦形成,就会有更多的泥土沉积在它的下游,通过上述的方法,更多的泥土可以被阻拦下来形成更多的沙坦,如此等等,直到系列的沙坦组成了上万亩的耕地。这些连接着的沙坦被称之为"母子沙坦",以比喻最初的沙坦和由其产生出来的沙坦之间的关系。顺着这种比喻延伸下去,我们可以说是沙坦的家族组成了珠江三角洲。还需要指出的是,三角洲不仅是人类活动与自然进程共同作用的结果,而且也是在蒙古入侵华南的特殊情况下才发生的。

有意思的是,如麦克尼尔所揭示的,罗马帝国的衰落导致了地中海山区的很多土地被荒弃而迅速腐蚀,导致了山岭的退化和泥土沉淀到河口的低地地区③,同样的进程可能也发生在了蒙古入侵后的岭南地区,因蒙古入侵而被抛荒的广东北部山区土地被加速侵蚀,从而可能将更多的泥沙通过北江送进了珠江三角洲,进而加速了沙坦的形成过程。但这和地中海地区有一个重要的区别,在地中海的低地地区,泥沙并没有被阻拦下来从而形成新的土地,而是构成了适宜疟疾流行的沼泽和湿地,直到18世纪和19世纪沼泽排水工程之后,这种疾病才得以消除;然而在珠江三角洲,新移民把这些泥沙截获下来转换成为沙坦,或许在第一时间就防止了疟疾所适宜环境的形成。

---

① 这一方法是彭雨新在《清代土地开垦史》(北京:农业出版社,1990)第164页介绍的。
② 屈大均,《广东新语》卷2,第57页。
③ J. R. McNeill, *The Mountains of Mediterranean*, 85,191,312,319—322.

在离开珠江三角洲话题之前,关于其产生过程还有一点需要说明的。由于形成沙坦需要大量的劳动力①,很多这种工程都是由一些富有家庭来完成的。虽然所有的证据都来自明清时期,但这并不妨碍我们说明这一点:刘志伟教授提供了番禺何姓家族的详细案例②,叶显恩和谭棣华教授也例举了东莞另一个何家的证据,他们曾在康熙、雍正和乾隆时期修筑和积累了大约28 000亩的沙坦。③ 但并非所有沙坦都是由富户创造的,萧凤霞在新会县发现的一个石碑上就记载有明代中期的卫所曾在三角洲地区驻扎和开垦土地的情况。④

结 论

珠江三角洲并不是由纯自然进程形成并一直在那里等待着北方移民去开垦的。事实上,三角洲的形成是一系列复杂的因果链的结果。移民岭南的汉人早期由于害怕南部河流地区的疾病而倾向于定居在广东北部的山区。他们的土地开垦活动最终导致了泥土流失而被河流裹挟南下,但绝大部分的泥土并没有到达海湾地区,而是沉积在了北江、东江和西江下游的洪泛区。直到宋代建造了防洪堤坝设施以后,河水才携带着泥沙直冲入珠江河口。但即使是这样,如果没有蒙古人南侵导致北部难民南下并在海湾岛屿地区拦沙造田的话,泥沙还是有可能被继续冲出到海湾更远的地方。珠江三角洲的产生和它后来成为岭南人口稠密、农业富庶的中心区是一个历史的偶然结果,而非自然决定的。我们可以猜

---

① 杨庆堃曾指出在1936年的广州南部形成一块新地需要一个家族的劳动。见 C. K. Yang, *Chinese Communist Society: The Family and the Village (A Chinese Village in Early Communist Transition)* (Cambridge: MIT Press, 1959), 26。
② 刘志伟,《宗族与沙田开发——番禺沙湾何族个案研究》,第34—41页。
③ 叶显恩、谭棣华,"论珠江三角洲的族田",载《明清广东社会经济形态研究》,广州:广东人民出版社,1985,第34—35页;彭雨新,《清代土地开垦史》,第168页。
④ Helen Siu, *Agents and Victims in South China: Accomplices in Rural Revolution* (New Haven: Yale University Press, 1989), 25.

测如果没有蒙古人入侵,这一过程是否还会这样发生。无论结果可能怎样,当1368年蒙古人被逐出中原而农民领袖朱元璋建立起明朝时,珠江三角洲的发展已经开始了。

第三章 "农为国本"：明代岭南的经济恢复与发展（1368—1644）

如果说前面的两章向我们提供了中国一千多年历史的掠影，那么本书以后的部分将放慢速度，详细考察岭南地区 1400—1850 年这四个半世纪中，亦即被史学家们称之为"中国帝制晚期"的时段，环境和经济的历史。本章我们将看到在明代（1368—1644），汉人是怎样进入广西和西南沿海地区，并将其土地用于农耕的。而且，商业化的发展成为了生态变迁的首要动力：农产品的输出耗尽了本地的资源，以至于必须从该生态系统以外输入新的资源来弥补，尤其是用于满足人口增长所需要的食物供应。16 世纪中期开始，商业化推动了岭南地区经济的发展，这一进程到 17 世纪中期时被满族入侵带来的一系列灾祸所打断，而战乱和灾荒也延缓了人类改造生态环境的进程，直到 17 世纪末和平年代的再度到来。总而言之，明代经济发展模式意味着更大规模的森林砍伐、物种的大批消失和生物多样性的显著减少，产生了一个独立的岭南农业生态系统。尽管旧的生态格局被打破是发生在 17 世纪和 18 世纪，但孕育这些变化的各种因素早在明朝末年就已经出现了。

人口与土地(1400—1600)

为了能给明代的发展情况提供一个参照背景,我们首先通过人口和耕地的数据来从总体上了解一下岭南人们与环境的关系。如我们在上一章中所看到的(参见图2.1),岭南的人口在南宋达到一个顶峰,之后趋于下降直到明朝创立。明朝初期中国绝大部分地区的人口都低于蒙古人入侵之前,在岭南,很多地区被损毁,其他地区则充斥着大量来自北方的难民。随着明朝建立带来的持久和平,人口不仅得以缓慢而平稳地增长(至少直到17世纪中期明清交替时期之前),而且——很可能是在16世纪晚期——超越了宋代人口的数量水平(见图3.1)。

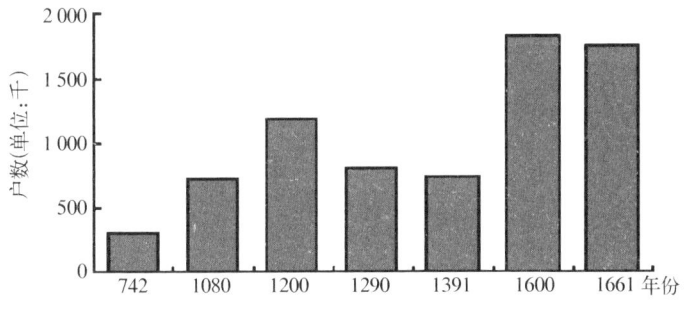

图3.1 742—1661年的岭南人口

但明代耕地面积是否超越宋代还是存疑的。我们没有宋代岭南地区耕地面积的数据,但可以假设在既定的农业技术水平下,耕地数量的变动与人口规模变动是大体同步的。明初耕地面积总量明显少于宋代,明代后期人口水平较宋代超出三分之一,这一人口增加量,相对于明代尤其是珠江三角洲地区作物产量的增加而言,可以很容易地被养活。因此,明朝岭南地区开垦以供农作的土地总量很可能没有超过宋代(除了珠江三角洲新产生的沙坦以外)。如果事实真像假设的一样,那么我们就有理由相信岭南被砍伐以作农耕之用的森林面积也没有超过宋代的水平。而且由于蒙古人入侵导致的岭南北部(南雄和桂林府)人口下降和大量土地被抛荒,在人口恢复之前,这里的森林也有了一个多世纪的时间来进行自我修复。

与以往的各个时期不同,明代岭南人口的增长主要并不是来自于北方人民的移入,而是源于当地已有人口的缓慢增加。造成这种差异的原因也是蒙古人的入侵,从而导致了华北、东南沿海和四川至江西间的长江中上游的大部分地区都有很多被抛弃的荒地,北方人没有必要再穿越南岭来寻找良田了。① 因此,明代岭南人口的增加主要源自从明初就已经在这里定居居民的自然增长。

1368年明朝建立后不久,朱元璋就提出了"农为国本"②的方针,并贯彻了一系列措施以保障这一国家的基础。从中国政府的角度来看,这不仅意味着农业是国家的基础,而且这种定居农业的特定形式还代表了农家经营管理土地的方式。中国历代王朝逐渐意识到,小规模农户提供了稳定的税收基础和军队募兵的来源,这些对于王朝的稳定和持久至关重要。从中国农学家的角度来看,无论是开垦新的土地还是荒地,抑或再次开垦休耕的土地,只要是用于农业目的,都是好的。用生物学的话来说,这些土地功能的转变俘获了生态系统中的各种能量,将其用于供应人类的生存之所需,把一个自然生态系统转变成了农业生态系统。

本章以下的内容通过对明代人口规模及分布与农业系统、土地利用模式、农业改进和农业经济增长与波动的关系的探索,来理解岭南人们与他们所生存的环境之间的关系。由于很多环境和经济的话题都直接或间接地与人口的规模和分布有关,我们将首先考察了1400年前后的

---

① Robert M. Hartwell, "Social Organization and Demographic Change: Catastrophe, Agrarian Technology, and Interregional Population Trends in Traditional China", a revised version of a paper presented under the same title at the 2eme Congrès international de demographie historique, Paris, June4—5, 1987. 感谢哈特维尔教授与我分享这一未刊文章。
② 黄体容编著,《广西历史地理》,桂林:广西民族出版社,1984,第125页。

岭南人口情况，进而探讨耕地面积和耕作模式以及水利控制和灌溉设施的发展情况，最后分析自16世纪中期开始而被17世纪中期大危机所打断的农业商业化问题。

人口及其增长(1400—1640)

根据明朝官方编撰的数据，我们可以估算出1400年前后生活在岭南地区的人口大约为400万，另外在广东东部的潮州府还有大约50万人口。这一数字与一个世纪以前的人口数字大体相等但分布不同，人口以此为基数开始增长，初期比较缓慢，但到16世纪中期时速度加快，到1640年时已经达到了差不多1 200万。① 人口的地区性分布也发生了变化，逐渐演变成了后来清朝(1644—1911)的样子。

人口的空间分布(1400—1600) 要了解明朝岭南地区的人口密度和分布，最理想的情况是能拥有以县为单位的各个时期的可靠人口和耕地数据，可惜我们并没有广东和广西所有县的详细数据。② 要勾勒出县级水平的人口密度图像，我们需要使用代理数据(proxy data)，幸好有两

---

① 1640年的数字只是根据1391年官方数字和模拟增长速度得出的一个估计值。关于整个明代的人口，何炳棣曾认为南方各省增长速度要高于北方各省的0.34%，参见 Ho Ping-ti, *Studies on the Population of China，1368—1953* (Cambridge, MA：Harvard University Press, 1959)，263—264。关于广东和广西，我们知道1550年以后经济有了充分的发展(后文将详细说明)，这让我们猜想这些地区的人口增长速度也应略高一些；而且，和华北不同，岭南地区没有任何历史记录表明在1600年前后人口增速有所下降，因此也就没有理由认为两广的人口在1644年以前停止了增长。由于两方面的原因，广西的人口增速可能较低：在15世纪上半期广西曾发生过严重的社会动荡和战争，疟疾也导致了该地区的死亡率较高。我假设广东和广西的人口年增长率在1391—1542年期间分别为0.4%和0.3%，1542—1640年间提高到0.5%和0.4%。清代广西的人口大约相当于广东的40%，这主要是明代两省人口不同的增长率造成的。赵冈认为1391—1590年人口增长率为0.6%，我以为这一估计过高了，参见 Chao Kang, *Man and Land in Chinese History：An Economic Analysis* (Stanford：Stanford University Press, 1986), 37。

② 1602年刊印的《广东通志》确实提供了1391—1581年的人口和土地数据，有些也分解到了县级单位，但大多数人口和耕地数据还是只有府级的总数而没有分解到县级层次。而且，广东虽然有较好的原始数据，但广西并没有这样的资料。

组比较理想的代理数据:明代初期各县"里"数的序列和1581年以后的县级耕地数据。在使用这些数据之前,我需要解释一下他们各自代表的涵义,首先从"里"开始。

早在1368年明朝建立之前,朱元璋就已经开始对他所管辖的地区进行了人口核算和耕地面积调查①,在1369年彻底打败对手之后,他又把这些调查推广到了全国。地方官员制作户帖以记录每户的人口总数和所拥有的财产②,户贴于是成为了把人口编入里甲税收体系的基础(一甲为十户,一里为十一甲)。每隔十年需要重新登记一次人口和制作新的户贴,以作为全国人口统计和每十年一轮的里甲长任命的依据,户、口和里的情况都必须向上报告以作为征税的基础。1381年进行了第一次不完整的户口统计,1391年又完成了全国范围的统计并于1393年形成赋役黄册上报,本书即采用了1393年报告中的里数。按照规定,每110户组成一里,但在实际操作中,全国各地每里的户数在140户到160户之间波动。③ 就岭南而言,可以结合明初六种府志中以县为单位列明的人口数据,和《大明会典》中报告的县级里的数据,从而推断出岭南地区每里有多少户。④

明朝的创立者不仅决定对全国人口进行充分调查以满足征税的需要,而且也希望对耕地面积进行精确的测量。在朱元璋统治时期统计的耕地数据(鱼鳞图册)和1391年的人口数据(黄册)被一同上报,但这并

---

① 参见何炳棣《明初以降人口及其相关问题:1368—1953》,第一章。
② 在《明初以降人口及其相关问题》第6—7页,何炳棣分析了一个现存的户帖案例。另一个例子可以参见王育民《〈明初全国人口考〉质疑》,《历史研究》1990年第3期,第55—64页。
③ 参见 Otto van der Sprenkel, "Population Statistics of Ming China", *Bulletin of the School of Oriental and African Studies*, 15, no.2(1953):289—326。
④ 岭南各地每里的户数也都各异,但其变动并不是随机的:每县的里数越多,每里的户数也越多。事实上这种关系是近似于线形的:在95%置信水平上,趋势线可以解释绝大部分的数据变动(可决系数为0.933)。

不是全国性土地丈量的结果。① 虽然朱元璋的确曾经派遣了国子监生前往浙江和安徽丈量土地和分配税率,但几乎没有证据表明其他省份也有类似的丈量。根据何炳棣的研究,大部分地区的鱼鳞图册都是地方官员根据土地所有者自行报告的数字而编撰记录形成的。②

建立在里甲系统基础上的这种十年一度的人口更新,在1391年以后很快就被荒废了,此后明朝的官方人口数据变得十分不可信。但直到16世纪末,明朝政府都一直保持着黄册和鱼鳞图册的报告制度。就广东省而言,1581年统计的结果在1602年刊行的省志中留有记录,但如同1391年的人口数字一样,并不都能细分到了县级水平。幸运的是,1581年计算的土地数据由于成为了后来清朝在18世纪早期征税的依据(原额),不仅得到了保留,而且后来还得以根据清代各县的边界而重新进行了调整。根据1391年的里和清代的原额,我们就可以建立广东和广西所有各县的数据组,进而计算出各县耕地的比重,假设这一比率是和人口密度成正比的,那么,我们就可以把1400年各里的人口密度与1600年耕地比重相比,以分析人口密度的变化趋势。

在1400年前后(见地图3.1),岭南地区人口可以分为三个或四个各自有其中心和外围的子地区。显然,广州和珠江三角洲各县构成了一个中心区。与之平行的另一个中心区是在东面的潮州府各县,事实上,如第一章中所介绍的,潮州从地形学来看是与岭南其他地区相分离的,这里的人口数据也表明它并没有被整合到以广州为中心的这个整体当中

---

① 虽然何炳棣在1959年的著作中曾经指出过这一点,但自1961年韦庆远具有影响力的著作以来,中国的学者们仍然认为耕地数据来源于实地丈量。在1985年,何炳棣又在中国具有影响力的期刊《中国社会科学》上分两次发表了《南宋至今土地数字的考释与评价》(《中国社会科学》1985年第2期第133—165页和第3期第125—160页),在文中他不仅令人信服地推翻了全国土地丈量的观点,而且展示了这种误解是怎样从《明史》的编撰者一直传递到韦庆远的。
② 同上引文,《中国社会科学》第2期,第154—155页。虽然他的结论是根据一些间接证据得出的,但其意见很有说服力。这种记录之所以名为鱼鳞图册是因为各户的小块土地被绘制在同一张纸上,使得整个地图看起来很像是鱼鳞。

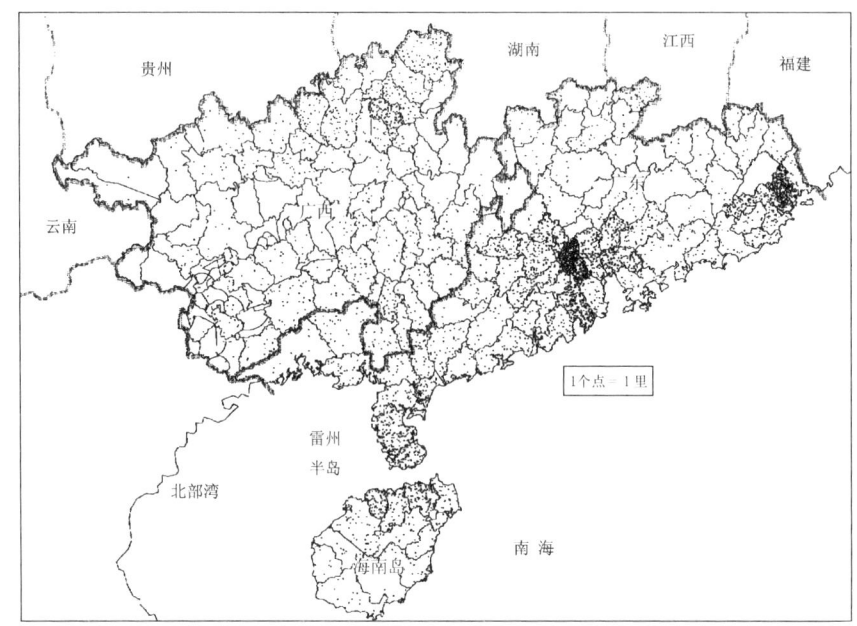

地图 3.1　1391 年前后的人口密度

去。以桂林为中心的广西省北部也形成了一个独立的子区域。从岭南定居模式的历史来看,这种相互独立的结构并不奇怪,或许更出人意料的倒是雷州半岛和海南岛竟然有着相对较高的人口密度了。我们在前文已经对雷州和琼州府的高人口密度进行过探讨,县级内部里数的密度也印证了这一点,西南沿海地区构成了明初岭南人口的又一个密集区。这样,1400 年的岭南并不是那种有着单独的明确中心和各个层级外围地区的分等级结构,而是至少有着三个中心区(如果潮州也算在内的话就是四个)。

将 1600 年前后耕地的比重绘制成地图(地图 3.2),不仅是为了代表当时人口的密度,还可以了解岭南的农业地形情况。不出所料,耕地最密集的地区是珠江三角洲:已经被耕种的土地占南海县和顺德县的 3/4,三水和番禺的 2/5,东莞和新会的 1/3,以及增城和四会的 1/4。广西省耕地最密集的地区是桂林府(11%—17%),西江沿岸流域的耕地则不足 10%。

在广西的西部和西南部,只有很少的土地被耕种,比例仅略高于0%。①

比较1391年的县级里数密度和1581年的耕地比重,我们可以看出三个趋势上的特点。第一,在广西西江流域和玉林原先人口稀少的县,在1400年前后人口曾经有所下降,到1600年已经显著增加了。第二,广东人口相对减少过的地区如北部的韶州府、南雄府、连州府和惠州府,人口均有了大量的增加。第三,雷州半岛和海南岛的各县人口迅速下降到了边缘地区的水平。这些人口分布的变化反映了岭南的重要历史发展,后文将详细予以考察。

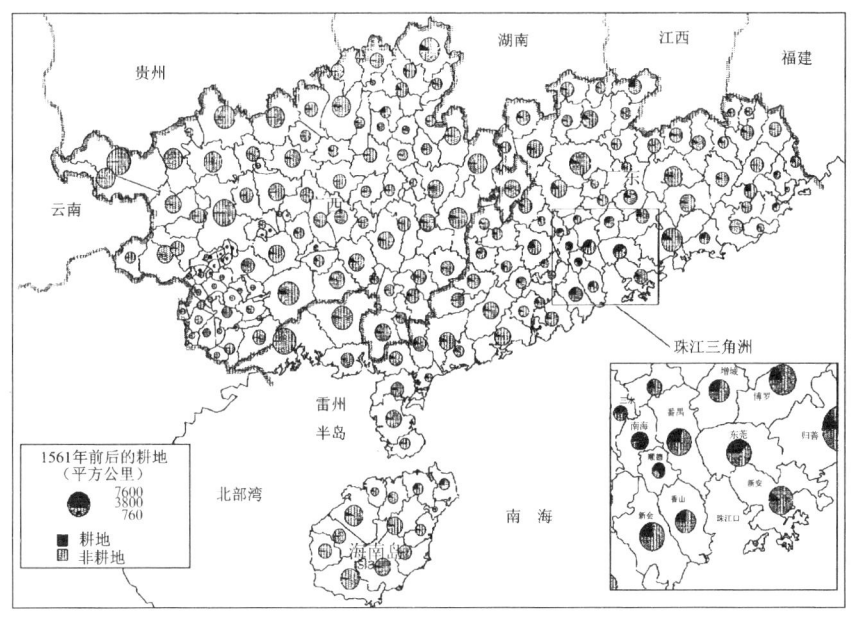

地图3.2　1561年前后的耕地

广西的土地开垦:汉族和其他民族　在"农为国本"的方针下,朱元璋和他的继承者们不断鼓励汉人推进在广西的农业开垦活动,同时通过

---

① 这些百分比是通过先把亩折算成公顷然后再除以各县的总土地面积而得出的,珠江三角洲的实际耕地百分比可能还要更高一些,因为我使用的总土地面积是根据1820年边界计算的,由于沙坦的生成,这时的土地面积已经较1600年有所增加了。

地方官员推广改进农业生产的技术,例如,容县同知"劝课农桑",阳朔知县"令民垦土田,艺麻粟"。① 由于新开垦的土地可以三年免征赋税和徭役,清理土地和填充沼泽、湖泊的进程也随着人口的增长而不断扩大,桂林西面的一个湖泊到16世纪时就已经被完全填充掉了,不仅桂林如此,广西其他地区的汉人也都"筑堤围塘",不断扩大耕地的面积。②

毫无疑问,广西汉族定居者开垦土地和排干沼泽的扩张行动损害了土著的其他民族居民的利益。在1391年两广人口数据中,显然忽略了一定数量的非汉族居民。广西和广东北部的土著居民,从公元前100年开始就被不同文献称之为各种各样的名称,到宋代被统称为"僮"③。其他少数民族如瑶族、苗族和回族则是在后来的不同时期迁入两广地区的。总计共有十种不同的民族在广西生活,其中有的是原住民,而更多的是后来迁入并定居在这里的。④

明初的资料估计广西省的总人口中,大约一半是僮(壮)族,30%是瑶族,20%为汉族。明代的资料显示,桂林府80%—90%和柳州府70%—80%的人口都是瑶族。而到了1940年代,汉族人口已经占到了总人口的60%,而壮族约占37%⑤。根据经验判断,广西的西半部分主要是由非汉族居民占据的,而东半部分则主要生活着汉族居民。明初广东的非汉族人口要少于广西,只有北部连州府的周边区域和海南岛的黎族约占总人口的20%。

明朝政府把各种少数民族区分为接受汉文化和政府统治的及保持独立、拒绝汉化的两类。由于广西东半部份的原住民族已经在明朝政府

---

① 这两个例子都引自黄体容编著《广西历史地理》,第126页。
② 同上书,第127页。
③ "僮"字在汉语中有时可以读作"tong",表示仆人的涵义;而在指代广西的这一民族时则读作"zhuang"。为了避免这种歧视的涵义,1965年周恩来总理把这个字的写法改作了表示健壮涵义的"壮"。参见李炳东、戈德华编著《广西农业经济史稿》,(南宁:广西民族出版社,1985),30,no.26。
④ 同上书,第23页。
⑤ 同上书,第26—27页。

的管理之下,因此他们很可能被计入了1391年明朝的人口统计中。而对广西省的西半部分,明初的政府将其划为约49个羁縻州,由各族的世袭土司进行管理,向最近的卫所名义上进行汇报,同时缴纳赋税①;这些人口是否被纳入了广西省的记录目前仍然存疑。但海南岛的黎族,我们可以比较确信他们大多数被计入了人口统计中。

表3.1 明初海南岛的人口恢复(户)

县	1377年	1413年	
		汉族	黎族
琼山	14 932	16 228	2 169
澄迈	8 367	8 519	3 169
定安	4 270	4 363	954
文昌	6 276	6 770	308
会同	1 145	1 116	0
乐会	1 783	1 716	433
临高	7 985	8 638	2 707
儋州	13 876	13 843	4 377
昌化	1 944	1 484	960
万州	5 539	5 645	157
陵水	1 165	1 178	73
崖州	4 349	4 374	4 020
感恩	1 589	1 589	1 995
报告总数	68 522	71 212	17 394
实际总数	73 220	75 463	21 322

[资料来源:《琼台志》,正德十六年(1521)编,卷十至十一。]

从琼州府(海南岛)1377年和1413年的人口报告(表3.1)中可以看

---

① 黄体荣,《广西历史地理》,第119页。

出,1413年的统计是包括黎族人口在内的,而且明确地把人口分为汉族和黎族两类;而1377年数字则没有详细说明。就占人口大多数的汉族而言,报告的总户数从1377年的68 522户增加到了1413年的71 212户,再加上报告的黎族人口17 394户,总数达到了88 606户。这清楚地表明了在1413年约占总人口20%的黎族,在1377年(可能是1391年)统计时被排除在了总人数之外。当然这一数字是否是黎族的总人口数仍然是存疑的。如我们在上一章中所看到的,黎族被分为未被汉化的"生黎"和"熟黎"两类,甚至到了18世纪,清政府对生活在海南岛上山区的生黎仍然几乎一无所知。①

我们无法确知在汉族定居者挤入广西省的过程中,从其他民族那里获得了多少土地。但瑶族、壮族和黎族对汉人深入这一地区的抵制行动显然不是巧合,他们的抵制在必要时常常会诉诸武力,如果以军事遭遇的记录来衡量的话,那么瑶族和壮族的抵抗尤其顽强。据史料记载,在广西东北部靠近桂林的地区,壮族的起义曾持续了70年(1450—1520)的时间;而西江上的浔州地区,在1460年代曾发生过大规模的瑶族和汉族的军事冲突,由于瑶族抵制力量的强大,明政府派遣了20万军队(其中16万来自外地)来镇压这次叛乱,在此过程中占领了300多处曾经由瑶民占据的地区。②

汉人对土著民族土地的侵占遭致了后者明显的敌意,根据杜赫德(Du Halde)的研究,其他民族"有理由对汉人不满,因为汉族人已经夺走了他们最好的土地,并且还在继续按照自己的需要对他们予取予夺"③。广西省的地方志中有着很多政府和少数民族之间军事斗争的记录,而明

---

① 参见 Anne Csete, "Qing Management of a Multi-Ethnic Society: The Case of Han-Li Conflict on Hainan in 1767", paper presented at the Asian Studies annual meeting, Washington, DC, April 7, 1995。
② 黄体容,《广西历史地理》,第123—124页。
③ Jean Baptiste du Halde, *The General History of China* (London, 1741), vol.1: 70—71.

初的一本海南岛的方志中还有两个章节专门论及了黎族。① 和广西的壮族和瑶族一样,海南的黎族"被迫将他们在平原和原野的土地让给了汉人,而自己撤退到海南岛中部的山区……这些岛上的居民再也不会出现,除非他们有时侵入汉人的乡村"②。或者如1767年黎族起义领导者所供述的,"因我们黎人地方多被外来客民占住,采取藤板香料,又开种山地,一年有许多银子出息被他们占去……各村黎人都已怨恨久了,我常想纠些黎人把外来客民赶杀去了,山场利息都归黎人"③。

我们无法确知在15世纪里汉人从原住民族那里获取了多少土地,但汉族与原住民族遭遇的历史记录大致可以代表他们获取和使用这些土地的过程,在汉人看来,这也就是他们将"荒地"转变为农业生产用地的过程。那些抵制汉人深入而遭到失败的壮族和瑶族人,则继续向西撤退到海拔较高的山区,在那里的森林地区从事很可能是某种刀耕火种形式的农业生产。④

明清汉族和其他民族遭遇的过程是中国环境史中一个很重要的章节。显然,黎族和瑶族对于财产权、土地关系和土地使用有着和汉族人不同的理解,随着汉族关于这些问题的理解取代了黎族或瑶族的传统观念,土地利用方式也随之发生了转变。对于黎族而言,这些观念的变化主要与山区土地的最佳使用方式有关;而对于瑶族,则同时涉及了低地地区和丘陵地带的土地利用形式。但本书对于这种民族间的遭遇及其

---

① 《琼台志》。在1982年上海重刊时,不知是有意还是无意地,删去了这两个章节。
② Du Halde, *The General History of China* (London, 1741), vol.1: 247.
③ 转引自Csete, "Qing Management of a Multi-Ethnic Society"(原文见国家第一历史档案馆第03-7849-012号档案,"奏呈审讯定安县黎人王天成等仇杀客民一案供单"。——译者注)。
④ 科大卫(David Faure)在研究明朝广西与瑶族的战争时曾写道"我尚未发现明末清初瑶族撤退的真正原因。直到17世纪早期,广东仍然很惧怕瑶民起义;另一方面,瑶族人则逐渐向广西和广东北部的山区撤退。我猜想土地登记和稻米作物发展的密切联系很可能与瑶族的汉化和其撤退有很大关系,但这仍有待证实。"David Faure, Abstract for "The Yao Wars and the Rise of Orthodoxy from the Mid-Ming to the Early Qing", Association for Asian Studies, Inc. Abstracts of the 1995 Annual Meeting, pp.107.

对于华南环境的意义的探讨只是浅尝辄止。①

广东北部山区 到南宋时(1200),大约已经有 15 万户人口定居在了广东北部的山区(包括南雄、韶州和连州);蒙古人的入侵导致了他们中三分之二的人口死亡或者逃离。元代这一地区的人口规模又有所缩减,因此到明代 1391 年编著黄册时,只有不到四万户的人口了。由于一个世纪以来人口的大量减少,我们可以想象被废弃的土地开始先是长起了一些先锋植物,然后又形成了以松树和杉树为主的次生林,如果时间更长一些的话,或许还能恢复成长为常绿阔叶林。我们可以举肇庆附近的鼎湖山生态保护区为例,那里"在生态保护区的防火带和松树的遮蔽下,散漫地生长着一株或者一片阔叶树种"②。

北部山区的人口从 1400 年前后的低谷开始,在以后的两个世纪中逐渐得以恢复。从明初里的数量到 1581 年耕地亩数的变化过程中,我们可以看出这种人口的增长:在总共 135 个县中,南雄两个县在明初的里数排名分别为第 25 位和第 104 位,而到 1581 年的耕地亩数排名时,分别提高到了第 10 位和第 53 位。当然,我们用以重建 1600 年人口规模的资料基础是不很牢固的,但由于这一地区的耕地面积增长速度明显快于岭南的其他地区,那么认为在这三个府有不少于十万户居民就并非没有依据了。由于这一数字低于南宋时的人口数,我们可以推论出虽然明代由于人口增加而大量砍伐了森林,但 1600 年前后的森林覆盖面积可能还是要大于 1200 年的时候。

西南沿海地区 北部山区的人口下降而后恢复的过程中伴随着森林的重新生长,而蒙古入侵导致的西南地区人口膨胀则对当地环境产生了永久性的伤害,把雷州半岛的很多地区都变成了荒漠,即使在明朝建

---

① 有关这一重要问题的一项研究,可以参见邵式柏(John R. Shepherd), *Statecraft and Political Economy on the Taiwan Frontier*, 1600—1800。邵式柏的研究并没有集中在环境史的议题上,但很好地分析了汉族和原住民族在产权和土地利用模式上的差异以及这些方面在清代发生的变化。

② Bruenig et al., *Ecological-Socioeconomic System Analysis and Simulation*, 12.

立以后的和平年代这里的人口有所下降时,森林也没能得到恢复。雷州半岛和海南岛经济的衰落或低水平增长,并不仅是地理因素决定的,而是很多其他因素综合作用的结果。13世纪末蒙古冲击引起西南沿海地区人口暴增时,这里尤其是雷州半岛还有未开发的土地和良好的国际贸易环境以支撑人口的增长。

海南岛位于连接南海和印度洋的航运线路之上,常常受益于以广州为中心的海外贸易活动。如一位明初广东地方志的编撰者所指出的,广州自唐代以来都是阿拉伯和其他商人的重要贸易港口。事实上,在唐代曾经有大量的穆斯林人口生活在广州,他们建造的清真寺在几个世纪里都是海船从珠江口进入广州城时最高和最容易辨识的航标。有数十艘大型的国外商船在广州抛锚,而广州甚至还被称之为"小唐(朝)"①。这些贸易线路在宋代和元代一直保持开放,不仅推动了广州的发展,而且惠及其他沿海地区。面向大陆的海南岛琼山城的地图表明,这里至少有两个海港、大型的城墙工事,以及围绕在其周边的无数乡村,明朝的水军和陆军也都在岛上驻扎。当地的方志还列出了这里出口的各种商品的名称,包括调味料、银、铜、亚麻,只是我们不知道这些商品是通过广州出口还是直接卖给在本地港口的外国商人。② 海南岛在1400年前后已经有人口近40万,本地的粮食已经出现不足,因此必须从大陆进口:最近的来源是雷州半岛。③

粮食短缺现象不仅出现在海南岛,也出现在拥有大量人口的雷州半岛,由此导致了土地开垦的浪潮——大规模地砍伐热带雨林和红树林以及随后的烧荒。我们也许永远也无法知道在14世纪共有多少土地被这样清理了,但仍然可以通过1820年发生事故的英国海员报告中关于雷州半岛的情况来获得一些线索。

---

① 《广州志》,载《永乐大典》(1407年编,1980年东京重刊)第3卷,第1639页。
② 《琼台志》,载《永乐大典》第4卷。
③ Schafer, *Shore of Pearls*, 81.

根据 20 世纪早期的一些调查,雷州半岛大约一半的地区都覆盖有草皮,主要是蜈蚣草,植物学家由此可以推断出雷州半岛曾经有着热带季雨林,后来被烧掉了,代之以樟脑树,最后是草皮。① 附近的电白县在 20 世纪中期被描述成"光秃秃的、被侵蚀的……土地,常常遭遇洪水的威胁"②。众所周知,雨林地带的泥土并不肥沃,而且一旦雨林的植被被去除,这里的泥土就会迅速地流失,其营养物质仅能供应草皮的生长。

雷州半岛环境的这种转变是什么时候发生的呢?当然是在 19 世纪以前很久的时间里。在 1819 年末和 1820 年初,英国的一艘船只在海南岛的东岸搁浅,船长罗斯带领他的船员乘小船自琼州登陆雷州半岛并经陆路长途步行抵达广州。在船长的报告中提到,"整个地区(雷州半岛)非常大,像一个长约 100 英里的大草原,三分之二的地区似乎是用于放牧的,其他地区则种植稻米和甘蔗"③。罗斯船长误把他看见的草地当作是牧场,但我们仍然可以采信他所估计的雷州半岛三分之二的地区在 1819 年都是草地,但即使是这种情形也仍然可能是较之前的情况已经有所改观了。乾隆皇帝在 1740 年代评论土地开垦时曾说到,雷州半岛的很多土地"大抵山冈硗瘠者居多,开垦原非易易"④。如果我们以人口的发展史为指引——在蒙古人入侵之前人口密度很低,1400 年前后人口总量和密度与岭南其他地区持平,此后人口开始下降——那么可以推测对环境的伤害应该发生在 14—15 世纪人口大规模流入的时期。

随着 15 世纪初期明朝关闭沿海贸易和雷州半岛农业潜能的下降,西南沿海地区和海南岛的命运就此被锁定,成为了从清代直到 20 世纪

---

① 张宏达编著,《雷州半岛的植被》,第 83—84 页。
② Bruenig et. al, *Ecological-Soioeconomic System Analysis and Simulation*, 44.
③ J. Ross, "Journal of a Trip Overland from Hainan to Canton in 1819", *Chinese Repository* 18, no.5 (May 1849):225—253.
④ 《大清十朝圣训 高宗皇帝》卷 71:1b,台北:文海出版社,1965,第 3 辑,第 1060 页。

一直被边缘化的停滞地区。① 这些是被历史所预先设定的吗？恐怕不是。如果国际贸易能够得以继续,雷州半岛也许能拥有足够的财富以向农业生产中投入更多的资源,通过灌溉系统和更多的肥料来维持农业生产力。而历史的事实是,这里土地逐渐贫瘠,其人口占岭南总人口的比重也逐渐下降。

总结 明朝岭南的人口增至原来的近三倍,同时从不多的几个人口密集的定居地区向更为平坦的地区伸展。在广东,流入惠州和潮州两府的人口使得这两个地区占总人口的比重较 1400 年前后明显扩大,北部山区的人口得到了恢复,广州和肇庆的人口密度也有所上升,只有雷州半岛和海南岛的步调明显滞后,逐渐成为了相对不发达的地区。广西在 15 世纪的多次战争驱赶或征服非汉族人民之后,汉族人口得以从桂林和柳州府向西江流域和其他原本由非汉族居民占据的地区蔓延。

通过对 1400 年和 1600 年的人口和耕地面积数据的比较,我们可以分析出来,这个故事主要是由汉人讲述的。从他们的眼光来看,这是一个不断深入岭南地区和把越来越多土地用以耕作的故事;从非汉族居民的角度来看,这是一个迫使他们离开自己的土地的故事;而从老虎和其他野生动植物的立场来看(如果我能将其人格化的话),这个故事讲述的是它们栖息地遭到毁灭的过程。

如果环境变化所依循的是明代人口密度变化的足迹——广西江河流域的土地开垦,岭南东部和北部的森林重新生长和再度被砍伐,西南沿海地带的荒漠化——那么还有一个更为缓慢而持续的珠江三角洲的形成及其经济发展的过程。如我们将看到的,明代的珠江三角洲地区变得如此高产,以至于能够供养非常高密度的人口。

---

① 以 1988 年亚洲史百科全书为代表的传统的错误观点认为,"由于其不够健康的热带气候……海南岛在历史上一直相对人口稀少和经济落后"。

土地利用与种植模式

谈到农业系统,我们很自然地会首先想到耕地的数量。但如博斯拉普(Boserup)所揭示的,一般的研究都假设在起始点,农业产出的任何新的增长都只能通过耕种边际上的生产能力较低的土地才能实现。但事实上,如博斯拉普所说,"我们在分析农业系统时,并不能把土地截然分为新的土地和每年进行耕种的土地这两个部分,而是要根据土地播种的频率进行分级。从古代到现在,我们的农业系统是一个连续的过程,从从来没有开垦过的土地逐渐过渡到连续不断进行耕种的土地"①。

在1400年的岭南,我们就可以看到这种连续性的土地使用模式,从狩猎和采集一直到复种。为了分析的方便,我们根据土地利用密集程度的差异把岭南的土地使用模式分为四大类:(1)狩猎、捕鱼和采集,(2)伐木,(3)采矿,(4)农业。在1600年前后,珠江和韩江三角洲地区以及南宁和浔州周边的西江流域,主要采取的是土地利用最为密集的农业种植模式;在土地较为干燥的广东东北部和北部山区以及广西省的类似地区,土地使用的密集程度较低,采用的是休耕期很长的刀耕火种生产方式;在人口稀少的山区,则是土地使用十分粗放的采集、伐木和采矿业。事实上,博斯拉普还指出过"食物体系和人口密度的正相关关系":"狩猎、畜牧业和休耕期较长的农业如果不进口粮食的话,就只能够养活较少的人口;而人口密集的地区则必须采用密集型的农业生产方式如一年一熟或者复种生产"②。这种从极为粗放型到

---

① Easter Boserup, "Agriculture Growth and Population Change", in *Easter Boserup, Economic and Demographic Relationships in Development*, T. Paul Schultz ed. And intro. (Baltimore: John Hopkins University Press, 1990), 12.

② Easter Boserup, *Population and Technological Change: A Study of Long-Term Trends* (Chicago: University of Chicago Press, 1981), 15. 也可参见她的经典著作 *The Conditions of Agricultural Growth: The Economics of Agrarian Change under Population Pressure* (New York: Aldine, 1965)。

十分密集型的连续的土地利用模式,同时也伴随着人口从稀少到密集的地区性分布形式。

  狩猎、捕鱼和采集 在原著民族定居岭南之初,狩猎、捕鱼和采集毫无疑问是他们维生的首要生产方式,而这些活动甚至一直延续到了明清时期。河谷地区的鹿、山区的野猪和山羊,为技艺高超的猎手们提供了展示的机会,当地制造出的鹿皮通过广州大量出口,熊和貂皮也有很高的价值,虎皮可以装饰军官的制服,金丝猴皮可以制作皇帝的帽子①。在位于今天中越交界的山区,村民们仍然围捕野马并在边境市场上进行交易。② 岭南的河流和周边的海洋中生活有大量的鱼类,雷州半岛东岸的海床地带和廉州府沿海也盛产牡蛎和珍珠。③ 从森林、丘陵和山地中,人们还可以采集蘑菇、草药(供药用和食用)和野花。

  伐木 狩猎、捕鱼和采集在很大程度上并不对环境造成多大的改变,偶尔拾取树枝用作燃料也是一样。但明清时期随着人口增加而大规模地伐木烧炭和建造船只的确会毁灭林地。由于缺乏充分的史料记载中国木材工业的发展情况和它对于环境的影响,以及与能源供应、经济发展的更为复杂的关系,我们无法了解这些在当时中国的整体情形,更不用提岭南地区了。④ 艾兹赫德(Adshead)认为就中国全国而言,三个主要的木材供应地分别是福建、湖南和四川,这些省份的地方志中都有专门的"木政"章节,分别向明清政府的帝国建设项目供应着各种各样的木材。范毅军关于明清长途贸易的研究则揭示出,"在清朝中期,木材贸

---

① 宋应星,《天工开物》第 67—69 页。
②《南宁志》,载《永乐大典》第 4 卷,第 208 页。
③ 宋应星,《天工开物》,第 296—298 页。
④ 李约瑟,《中国科学技术史》第六卷《生物学及相关技术》第三分册《农工业与林业》(作者 Christian Daniels 和 Nicholas K. Menzies; Cambridge University Press, 1996)开始对这一问题进行了研究,但由于出版较晚而无法将其成果纳入本书中。另外也可参见 S. A. M. Adshead, *An Energy Crisis in Early Modern China*, Ch'ing Shih wen-ti, 3, no. 2 (Dec. 1974):21—28。

易很可能构成了长江航运系统五分之一的贸易量"①。

"木政"特指政府的木材需求,而不包括私人的伐木和贸易。广东和广西省的地方志中都没有专门的"木政"章节,似乎岭南不是政府主要的木材产地,但这并不意味着没有私人的伐木和销售行为。因为在这些地方志的"土产"章节中都列有"木产",或者记载了各种砍伐的木料被扎成木筏顺着西江和北江流入广州。在明代方志里主要提到的是松树和杉树;此外,从 10 世纪开始,海南岛就输出了大量的热带硬木,当时垄断这些木材贸易的大商人被谢弗称之为"木材富豪"②。

采矿 在 15 世纪的方志中也多次提到各类矿石的开采业,南宁西面的山区有着金、银和铅的矿藏,大型的铁矿资源和冶炼场则集中在广州西北面的连州府,最大的铁矿就位于广东北部的连州府清远县,其他在海丰县的东北部也还有一些铁矿和银矿资源。连州的阳山县虽然被称为"天下之穷处……县郭无居民"③,但这里却有着数千名矿工开采出大量的铁矿,在明初,这里的 15 个熔炉每年要生产出 700 000 斤(约合 465 吨)的生铁④。毫无疑问,这些生铁顺北江而下运输到了佛山的铁厂,被加工成各种铁制工具和容器,再运销到中国的各个地方。

在广西北部的南丹,人们从山腹中筛选出锡矿砂,再用附近的河水淘洗。根据宋应星在 17 世纪的记载,"南丹出锡出山之阴,其方无水淘洗,则接连百竹为枧,从山阳枧水淘洗土滓,然后入炉。凡炼煎亦用洪炉。入砂数百斤,丛架木炭亦数百斤,鼓鞴熔化。火力已到,砂不即熔,用铅少许勾引,方始沛然流注"⑤。

---

① Fan I-Chun, *Long Distance Trade and Market Integration in the Ming-Ch'ing Period, 1400—1850* (Stanford University, Ph.D. dissertation, 1992), 212—213.
② Schafer, *Shore of Pearls*, 80—81.
③ 《广州志》,《永乐大典》第 3 卷,第 1644 页。
④ 700 000 斤是洪武五年的数字,载《广州志》(《永乐大典》第 3 卷,第 1807 页)。由于没有煤炭,我们可以想象当时需要砍伐周围的多少森林才能供应这些熔炉的燃料。
⑤ 宋应星,《天工开物》第 251。

我们无法确知这里一共开采和筛选淘洗了多少锡矿,但可以从其巨大的需求量上大致加以了解:据宋应星估计,17 世纪初期,广西大约供应着全国用锡的 80%。锡矿开采和冶炼会对环境造成多大程度的影响? 这里的山坡是否先是树木被砍伐烧炭,再是被开采筛选锡矿的呢? 如果事实如此,那么这些活动可能对南丹周围的山脉留下了永远的伤痕,与连州的铁矿开采和冶炼一样,共同构成了一个至今尚未被人们所知的故事。

农 业

狩猎、伐木和采矿代表了岭南地区比较粗放型的土地利用方式,而农业则是最为密集利用土地的生产方式。岭南地区存在着刀耕火种、旱地农业和水稻生产这三种农业生产类型,虽然在不同的时期和不同的地方,这三种类型各自所占的比重有所差异,但都可以在明初的岭南找到。

刀耕火种 上一章中已经介绍了广东北部刀耕火种农业与水土流失之间的关系及其对珠江三角洲形成所造成的影响,并以唐代刘禹锡的诗描述了当时烧荒清理土地的情景。在 15 世纪早期,广州北面清远和连州的居民仍然在使用刀耕火种的农业生产方式①;同时期的南宁府武缘县(今武鸣县)由于"田土瘠埆,多刀耕火种"②,也仍采用刀耕火种的农业生产,而同样"田土瘠埆"和"天下穷处"的象山县则没有提到刀耕火种的生产方式;在与广西省位置相似的清远、河源、西宁(今郁南县)的山区农民也使用刀耕火种的生产方式。在"山高水深"的高要,大部分居民与其耕种而"田薄少收"不如以捕鱼为业③。西南沿海的农民"不粪不耘,播种于地,仰成于天,然犹亩收一、二石……数岁地力薄则易其处,往往更

---

① 《广州志》第 3 卷,第 1642—1644 页,载《永乐大典》。
② 《南宁志》第 4 卷,第 2064—2065 页,载《永乐大典》。
③ 《肇庆府志》,转引自吴建新"明清广东粮食生产水平试探",《中国农史》1990 年第 4 期,第 32 页。

番以耕,故熟田常少,荒田常多,土广人稀之故也"①。与此类似的关于火耕和产量低的评论也散见于同时代韶州、钦州、肇庆、连州和惠州部分地区的历史记录中。②

当然并不是所有地区的农业都适用刀耕火种的生产方式,但这在当时的确是很常见的现象,在唐代诗人李德裕的一首律诗中就写到"五月畲田收火米,三更津吏报潮鸡"③;16 世纪中期,惠州府"地广民稀,山林深僻"的博罗、河源、长乐县也实行着有规律的刀耕火种式的生产④。甚至到了 20 世纪早期,从一些在广西最西部的航拍照片中还可以看到,当时的居民仍在采取刀耕火种的生产方式烧去了整片的山林。⑤

旱地农业 与刀耕火种不同,旱地农业要在同一片土地上年复一年地从事耕种。我们尚不清楚旱地种植究竟是从刀耕火种发展而来,还是独立出现的,但成功的旱地种植的确需要更高密度的人口以提供足够的劳动力从事耕地、除草和施肥工作。周去非曾这样描述广东最西部的旱地农业生产:

> (钦州)旷土弥望,田家所耕,百之一尔。必水泉冬夏常注之地,然后为田。苟肤寸高仰,共弃而不顾。其耕也,仅取破块,不复深易。乃就田点种,更不移秧。既种之后,旱不求水,涝不疏决,既无粪壤,又不耔耘,一任于天。⑥

18 世纪时,旱地农业(或许比周去非所记载时代的生产要稍具技术性和更为仔细)是广东山区和广西大部地区最主要的农业生产方式。例

---

① 《廉州府志》,转引自吴建新"明清广东粮食生产水平试探",《中国农史》1990 年第 4 期,第 32 页。
② 参见吴建新"明清广东粮食生产水平试探",《中国农史》1990 年第 4 期,第 32 页。
③ 《广州志》卷 3:1791,载《永乐大典》。
④ 《惠州志》卷 3:48a—49b,载《永乐大典》。
⑤ Wiens, *Han Chinese Expansion in South China*, photo p.13.
⑥ 转引自 Mark Elvin, *The Pattern of the Chinese Past* (Stanford: Stanford University Press, 1973), 114。

如,1724 年一名广西提督(韩良辅)曾提到"粤西一省,年岁之丰稔,由于雨泽之霑渥"①(旱地农业因美洲作物的引入而得到了推进,这部分内容将在后文介绍)。

并非所有的农业技术都这样原始,很多技术的推进都依赖大量人力的投入。"勤施粪"和"力田"是珠江三角洲农民的基本要求,明代族谱中的记述可以帮助我们深入了解这种对耕地的准备工作:"牛种二事,早备无迟……高低等级,随地布施。总要力田粪多,方为上农。"②但是,无论这些投入在土地中的工作多么重要,对农业最重要的改进并不在于肥料的投入,而在于灌溉方面。

水利控制与灌溉　要实现从旱地农业向水稻种植的转变,就必须能够把水稻的秧苗从秧田转移到稻田种植,而这就需要有大量的水利和灌溉项目才行。从汉族和其他民族开始进入岭南地区时直到 10 世纪或 11 世纪,刀耕火种和旱地农业一直是主导的农业生产方式。而在宋代,江南地区更为复杂和先进的水稻种植技术逐渐传入了岭南,早在 991 年③,政府的劝农政策就开始把江南的水稻技术引入岭南地区,到了 1100 年前后,苏东坡还曾试图推广工具"浮马"以便利将水稻秧苗移入灌了水的稻田中。④

正是由于上一章所介绍的防洪堤坝控制住了河流的河道,灌溉工程才得以实现。在珠江三角洲地势较低的地区如南海、番禺南部、新会和三水等县,沙坦已经形成,这里比较适于建立"圩田"。显然,沙坦是容易实现灌溉的,圩田可以由土或者再加上木材、石头的加固以构成堤围,通过水闸放进淡水再把不需要的水隔在外面。当然,岭南地区并不都是这样的冲击三角洲,其他地区就需要采用不同的水利控制技术。最常用的方法是用石头或者木制的"陂"来隔断河流,使水流倒退一段从而能通

---

① 《宫中档 雍正朝奏折》卷 2:750(雍正二年六月十四日)。
② 《霍氏崇本堂族谱》,转引自吴建新"明清广东粮食生产水平试探",《中国农史》1990 年第 4 期,第 32 页。
③ 《广东通志》(1561),卷 26。
④ 林语堂,*The Gay Genius*,357。

过水闸或者水车引入到稻田中。

一位广东地方志的编撰者曾就不同地区采用圩田和陂的各自原因评论道"南海多下田,捍潦则为基围;番禺多高田,虞旱则为车转轮激水,以上高原,俗名车陂,所在有之"①。广州北部的各县则组合使用车陂,龙门的"居民沿溪筑陂引以溉田,白沙水在县东五里……居民筑陂运车引以溉田"②。

其他地区也有着各种依据本地特点而建设的水利灌溉设施,但都可以归入1558年《广东通志》的水利章所提到的坝、池、沟、井几个种类当中。总体而言,珠江三角洲地区往往采用的是较为复杂的资本密集的水利设施,而人口较少等山区则使用效率相对较低的简单设施,例如,在惠州北部的长宁和永安县,当地居民就"作渠导水,不藉陂塘"③。

岭南地区水利灌溉设施的兴修从宋代开始一直延续到了明朝,虽然很难计算明朝在宋朝的基础上新建了多少设施,但1558年的《广东通志》所列的水利设施清单可以为我们提供一个当时仍存在着的灌溉设施的数量和分布概况,16世纪中期广东省的每一个府都有水利控制和灌溉设施存在(见表3.2),但各地设施项目的密度有所差别,人口较多地区的水利设施比较偏远的山区要多一些,但即使是最北部的南雄府,也有着13个陂和8个塘;在海南岛也有着35个陂。

表3.2总结的数据只是对广东水利工程发展程度的一个很粗略的近似描述(也可参见地图3.3a和3.3b)。例如,广东北部韶州府大量的水利工程,并不意味着这里比广东其他各府灌溉更多的土地,因为其中很多都是小型的工程。即使是珠江三角洲的南海县,水利工程的大小也各异,既包括长达3 000丈、灌溉着13 000亩土地的桑园围,也有着长50丈、灌溉500亩的富有庄围等。④

---

① 《广东通志》(1822,阮元主修),卷115:11b。
② 同上书,卷115:12a—b。
③ 同上书(1731,郝玉麟主修),卷15。
④ 王萍,"清季珠江三角洲的农田水利",载《近代中国区域史研讨会论文集》,台北:"中央研究院"近代史研究所,1986,第571—572、581—582页。

表 3.2　1561 年广东的水利设施

府名	县数	有水利设施的县数	水利设施数	每千平方公里的设施数
广州	14	9	133	10.94
南雄	2	2	11	4.70
韶州	6	6	262	18.98
惠州	13	4	22	1.49
潮州	11	4	92	13.21
肇庆	13	8	85	8.46
高州	6	5	88	7.28
雷州	3	3	48	6.37
琼州	13	12	69	2.35
廉州府	3	3	7	0.52
连州	3	3	22	2.57

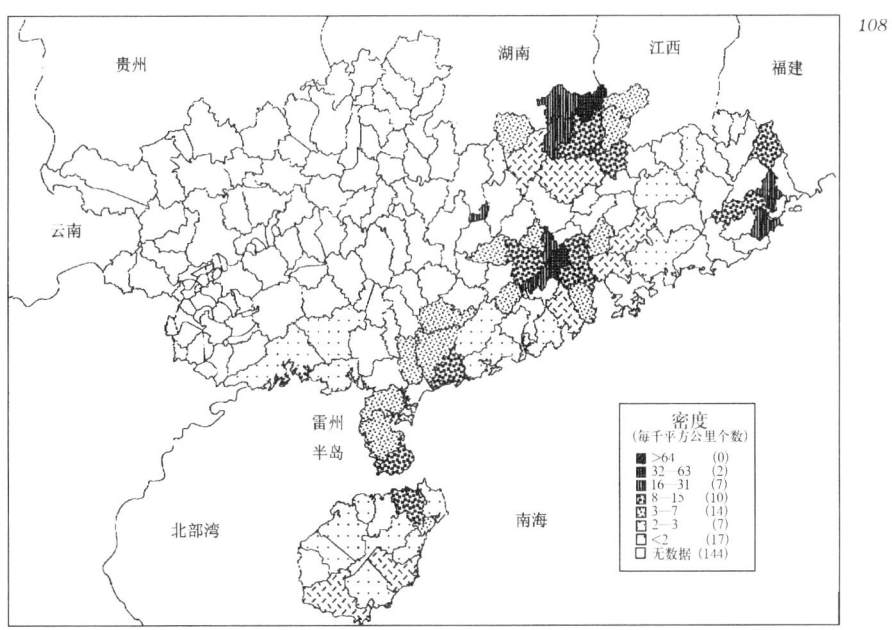

地图 3.3a　1561 年前后水利工程的密度

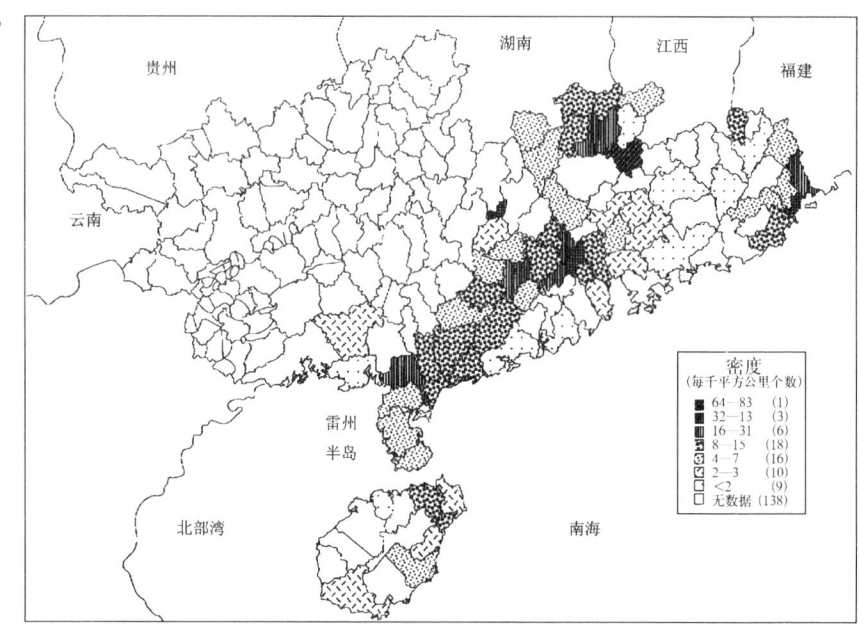

地图 3.3b　1602 年前后水利工程的密度

大型的防洪设施如广州西面的桑园围、东江沿岸的防波堤、雷州的海堤和潮州的韩江堤坝,基本都是由政府组织甚至出资修建的。一些小型的堤围也被明确列为官有,但绝大部分的小型灌溉设施都是私人修建的。一些设施的服务对象和所有者可以从它们的名字中看出来,如罗家陂、陈村塘;另一些所有者则模糊不清。推测起来,越是大量项目的建设和管理,越需要更多社会团体如户、乡或图之间的合作才能完成,潮州府的三利溪就是由三个县共同管理的。①

建设水利设施所需要的时间、资源和资金投入因设施的规模和复杂程度而异,即使是富豪之家也很难独自在主要河流沿岸建设起绵延数里的大型水利控制项目,因此这一类的项目一般都由国家出资。但很多小型的陂、塘和圩田都是由家庭或村庄修建用于提高土地生产能力的。这些小型水利工程中的很多应该都是明朝中叶之前建成的,并进而引起了

---

①《广东通志》(1822),从资料中还无法得知这一工程在明朝是否算得上是大型的水利工程。

当地豪强们的争夺,因为1441年广东官员曾发布了一条关于"豪强占据小民(灌溉工程)"①的禁令。

由于史料的缺乏,我们无法清楚地了解明朝广西省水利设施的情况。从1800年所修《广西通志》中的一点信息可以看出,宋代广西只兴建了五项水利设施,其中三项在桂林附近,另外平乐和南宁各一项。② 1800年《广西通志》中所列的水利和灌溉设施几乎都没有标明时间,因而推断其为宋朝以后修建的。在1733年的《广西通志》中,并没有区分水利设施情况和总体而言的"山川"章节,这使我们怀疑明朝的广西或者并没有建设很多水利控制和灌溉设施,或者这些设施并不那么引人注目。③

水稻栽培和复种 宋代开始的水利灌溉项目使得水稻的栽培在岭南成为可能。到15世纪时,广东大量的土地已经实现了灌溉化,稻米不但已经成为了旱地农业的主要作物,还有好几种是在有灌溉的水稻田中培育的。1403年和1407年间编纂的《永乐大典》的方志中就记载了早熟稻和晚熟稻,由此引出的一个问题是当时是否已经有了双季稻。

潮州府早在宋代就已经开始种植双季稻了④,1407年的《永乐大典》中记载"谷尝再熟,其熟于夏五、六月者,曰早禾;冬十月,曰晚禾"⑤。"谷尝再熟"的表述方式是比较模糊的,"尝"可以解释为"已经",表示这句话是过去时态的,也可以解释为"实验"的意思,表示双

---

① 《广东通志》(1561),卷26,从资料中还无法得知这一工程在明朝是否算得上是大型的水利工程。
② 《广西通志》(1800),卷114—120。这里没有讨论由秦代官员史禄指挥建造的著名的灵渠,这在第一章中已经作过介绍了。这里需要说明的是,修建灵渠的目的主要在于连接长江水系和岭南地区的运输,而不是水利控制或灌溉。
③ 甚至在1985年出版的几乎穷尽了所有方志资料的《广西农业经济史稿》中,也基本没有记载明朝的灌溉项目,而只列出了清朝的水利控制和灌溉设施。
④ "(潮州人)煮海为盐,稻得再熟,蚕亦五收",载乐史编《太平寰宇记》卷158:2b,台北:文海出版社,1974年重刊。
⑤ 《潮州志》卷3:1870,载《永乐大典》。

季稻还没有被普及。无论是双季稻还是稻米与其他作物的复种,福建等地的"金城米"都已经有了很高的产量,可以"贩而之他州"了。①

《永乐大典》中也记载了广州府的早稻和晚稻,将其称为"百日稻"和"八月迟稻"②。但和潮州一样,我们不知道当地农民是用这种"百日稻"种植双季还是将稻米和其他作物进行复种,无论第二种作物是什么,它一定不是小麦,因为书中明确提到了"麦不种"③。《永乐大典》中记载梧州时还列出了当地稻米的种类,有一种名为"占城稻"的早熟稻,还有一些其他的稻种。只有南宁府明确地提到了双季稻的种植,这里的占城米"一岁而两熟,省地多植之"④。

如果说明初岭南双季稻的普及程度还不是很明确,那么17世纪的双季稻(甚至三季稻)栽培已经是确凿无疑的了。在梧州西部西江支流沿岸的岑溪县,地方志中甚至明确记载了引入双季稻的时间:"天启年间始种早稻,岁耕二造,其早造则惊蛰播种,小暑大暑收获;晚造则芒种播种,冬孟仲月收获"⑤。在广东,屈大均曾提到"志称南方地气暑热,一岁田三熟,冬种春熟,春种夏熟,秋种冬熟"⑥。布罗代尔曾提到过17世纪西班牙天主教神甫的观察结论:"拉斯戈台斯神甫曾在1626年赞美了广州地区在同一块土地上能收几季粮食,他说:'他们一年能连续收三季,两季稻米和一季小麦,由于气候温和,土地肥沃,条件比西班牙或墨西哥的任何地方更好,播下一粒种子可收获四十至五十粒之多。'"⑦神甫的观察至少可以获得一部同时期(1625)中国史料的证实,书中也提到了"广

---

① 《潮州志》卷3:1870,《永乐大典》。
② 《广州志》卷3:1801,《永乐大典》。
③ 同上引。
④ 《南宁志》卷4:2085,《永乐大典》。
⑤ 《岑溪县志》转引自《广西农业经济史稿》,第117页。
⑥ 屈大均,《广东新语》,第371页。
⑦ Braudel, *Civilization and Capitalism*, 15th—18th Century, vol.1, "The Structures of Everyday Life", 152.

东又有三熟田,地气暖故也"①。

因此,17世纪时小麦在岭南已经作为稻米的辅助作物开始种植,到18世纪时小麦已经成为了稻米的主要套种作物;但在1400年的时候,小麦还不是主要的农作物,即使是在小麦的产地,也很少用于人的食用。永乐年间南宁和梧州的地方志中都没有提到过小麦,在广州背面的连州,方志记载了"麦不种"②。只有潮州县提到了作为农作物的小麦,但却有着这样的注释:"麦与菽豆惟给他用,不杂以食。"③至于"他用"到底是什么,我们就不得而知了,但很可能是用于养猪的饲料或者酿酒。④

到16世纪中期时,岭南北部的一些县可能已经开始种植小麦了⑤,但根据1561年的《广州通志》记载,"广州地热,种麦则苗而不实"⑥。但70年后,如拉斯戈台斯神甫所观察到的,小麦已经在广州种植了。到1700年,广州的很多地区已经采取了稻麦轮作生产,如屈大均所描述的"麦属阴而粟属阳,岭南阳地,故多粟而少麦,多小麦而少大麦。晚禾既获,即开畦以种小麦,正月而收。"⑦18世纪早期,山区的官员开始推广稻麦轮作的生产技术⑧;到19世纪初期,罗斯船长在1819—1820年冬季从海南去广州的途中也看到了很多的小麦种植。⑨

直到16世纪中叶,还很少有史料记载小麦的种植,即使有,也不是

---

① 转引自李华"明清时代广东农村经济作物的发展",《清史研究集》第3辑(1984),第135页。(原文见王象晋《群芳谱》。——译者注)
② 《广州志》卷3:1801,《永乐大典》。
③ 《潮州志》卷3:1870,《永乐大典》。
④ 在帝制晚期和近代的中国,农民并不专门为牲畜如猪、鸡等种植饲料作物,如果潮州人种植小麦是为了作饲料之用,那么他们很可能是把牲畜圈养的。
⑤ 《翁源县志》(1557),载《天一阁明代方志选刊》第63卷。
⑥ 《广州通志》(1561),卷23:1b。
⑦ 屈大均《广东新语》,第377—378页。
⑧ 根据雍正年间的档案"平乐、昭平等处州县各官于上年冬月散给麦子,教民播种,现各具报丰收;西省原属产米之乡,又有春麦接济,民食充足"《宫中档·雍正朝奏折》卷24:507—508(雍正十三年闰四月初九)。
⑨ Ross, *Journal of a Trip Overland from Hainan to Canton in 1819*, 25—53.

供人食用的。但是此后,小麦逐渐开始成为了岭南农业轮作系统中的一项重要作物,通常被作为第二或第三季作物在冬季套种。随着双季稻的推广,小麦进入轮作体系成为了土地利用密集程度的一个标志。在山区,通常是种植一季产量相对较高的粳米;其他地区则一般是复种生产,有的是双季稻,有的则是在两季早稻之间种植别的作物①;而在珠江和韩江三角洲灌溉系统发达和人口密集的地带,农民们往往采用"稻—稻—麦"的三季轮作方式。

有明一代,双季稻从最早的很少几个气候非常温暖、适宜种植的地方,如南宁等地,逐渐推广到了岭南的其他地区。而且,小麦也从饲料转变成为了人类的粮食,被作为第二或第三季作物加入到了农业复种体系当中。这不仅带来了农业产量的增长,也提高了单位农户的生产力。问题在于,是何种力量推动了明朝这种密集化农业的发展呢?

有三个因素值得我们注意②。首先,明代人口的规模和密度都有了明显的增加,如博斯拉普(Boserup)所指出的,人口密度的提高本身可以促进农业的密集化经营,而岭南人口增加到了原来的三倍,很显然会带来人口密度的提高,这为单位土地每年的生产带来了更多的劳动力。其次,自16世纪中期以来不断增加的市场需求,也促使农民不断提高产量以满足广州周边不断扩张着的珠江三角洲市场,关于商业化的部分将在本章后面的部分详细阐述。第三,1550年以来气候逐渐变暖,也使得农民可以把原来处于边际地位的土地和时间用于套种稻米或小麦,和商业化部分一样,本章后面的部分会对气候条件的变迁进行分析。但是,密集化生产并不是农业产量增加的唯一原因,作物产量本身也在增长。

产量　产量是衡量农业生产力水平的最好标准。与前近代欧洲多

---

① 参见《海丰县志》(1874):7a。
② 第四个因素可能是土地租赁制度的安排,如果地主只对稻米生产征收固定地租,那么佃农们就有很强的利益激励去提高稻米的产量和增加小麦的套种,可惜我们没有足够的史料去了解明朝的土地租赁关系情况。

采用种子——产量比率作为标准不同,中国的史料在谈到产量时一般会用每亩耕地产出多少石米来作为标准。越早时期每亩粮食产量的估计,越是充满困难和不确定性。在1400年前后的明初时期几乎没有可以依据的史料,前文所引的一段明初史料提到了钦州旱地种植可以产出1—2石的去壳米;《广西通志》提到了15世纪南宁最好的土地在丰收时可以产出2石米①;德怀特·珀金斯(Dwight Perkins)从各种方志中搜集的16世纪产量在1—5石之间,平均亩产为2.6石。② 由于缺乏明初粮食亩产量资料,吴建新估计当时旱地单季作物的亩产量很可能在1石左右,双季作物的产量大约为每亩2石。③

根据屈大均的记述,17世纪后期的稻米亩产4石去壳米,且为一年两熟,"晚谷每亩所收,少于早稻三之一,是为两熟"④。18世纪早期的史料证明了屈大均的数字:广东布政使王士俊明确地报告说每亩早稻的产出略多于4石⑤,更多的18世纪广东各地地租史料也表明平均地租约为每亩4石⑥。

15世纪早期关于稻米产出的很少的史料,与17世纪末至18世纪较多的史料数据并没有矛盾之处。从这些数字和17世纪农业生产的密集程度来看,我们有理由相信平均亩产量从1400年前后的约1—2石增加到了17世纪的3—4石。

粗算一下这个产量数字,我们会发现一些新的问题。如果1400年前后75%的土地被用于稻作而亩产1石的话,那么广东每年就可产出约1900万石稻米。而如果人均消费稻米4石⑦,则上述的年产量就可以养

---

① 转引自《广西农业经济史稿》,第127页。
② Perkins, *Agricultural Development in China*, 324.
③ 吴建新,《明清广东粮食生产水平试探》,第34页。
④ 屈大均,《广东新语》,第374页。
⑤ 《雍正朝汉文朱批奏折汇编》卷15:528(雍正七年六月十一日)。
⑥ 参见陈春声《市场机制与社会变迁:18世纪广东米价分析》,广东:中山大学出版社,1992,第25—26页表。
⑦ 参见表8.1数据,人均4石的数字合并了稻米和甜薯的消费量。

活 480 万人口。而当时的人口仅有 300 万,那么广东就应该是一个粮食剩余的地区,后文我们将发现,事实的确如此。

但是到了明朝末年(约 1640 年),如果这 3 000 到 3 300 万亩耕地中有一半是用于稻作的话,平均亩产量将达到 2.6 石,每年的总产量就是约 4 000 万石。人均消费 4 石,则可以养活约 1 000 万人口。本书估计 1640 年的人口约为 900 万①,这意味着任何原因引起的产量下降都可能会导致粮食的短缺,后文的研究也将支持这一结论。

在这 250 多年间,除了人口增加和亩产量改进以外,另一个相关的因素是用于稻作的耕地比例从总耕地的约 75% 下降到了 50%。鉴于 1400 年时期已经出现的农业专业化和 1550 年以后显著的农业商业化,这种用于主要粮食作物的耕地比例下降就不足为奇了,为了了解其中的原因,我们必须把注意力转向稻米的商业化问题。

经济作物(1400—1550)

1400 年时,稻米作为岭南的首要作物,被广泛种植于旱地和水田中,由于土地、气候和灌溉条件的差异,年产一季、两季甚至三季不等。如不同的地区适宜不同种类的稻米和种植技术一样,各地的农民也各自选择适宜本地的其他作物。读过中国地方志的人都知道,"土产"或"物产"这一章节不仅会列出本地的粮食作物,也会列明如甘蔗、茶叶、桑叶或水果等当地特有的农产品和织物等手工业品。

甘蔗 甘蔗在岭南的很多地区是仅次于稻米的重要农作物。在珠江三角洲、从新安开始沿整个韩江三角洲东南部和广西省沿浔江和左江以南半部分均有甘蔗生长。尤其在三角洲地区和南宁周边的农民种植着大量的甘蔗,屈大均曾说"蔗田几与禾田等矣"②。梧州的西江沿岸也

---

① 参见表 4.1。
② 屈大均《广东新语》,转引自叶显恩、谭棣华《明清珠江三角洲农业商业化与城市的发展》,第 16 页。

种植着大量的甘蔗,以至于"弥望成林"①。明末清初时,屈大均估计占番禺、东莞、增城约 40% 和阳春 60% 的耕地都用于了甘蔗的种植。甘蔗可以用于制成各种等级的蔗糖销往本地和外埠,明朝全国所有的蔗糖基本都来自福建和岭南。②

水果、茶叶和靛青　岭南各地都生长有各种各样的果树,但和甘蔗一样,果树也主要集中在大城市的周边地区。岭南输出水果的历史至少可以上溯到汉代,其种植的龙眼、荔枝、橙子、橘子、香蕉等水果,有的在本地新鲜出售,有的则晒干后输出到外地销售。广东的珠江三角洲和广州以北的地区盛产各种水果,最有名的地方是顺德的陈村,在长约 40 里的地带里,农民们种植了数十万棵龙眼树,由于太多的陈村村民都从事果树种植,以至于该地区在清代成为了一个主要的粮食输入地和大型稻米趸售市场;第二大的水果中心在广州以东的惠州府石龙城周围。③

明初岭南地区还广为种植着各种蔬菜和花卉,在山区还有靛蓝和茶树。和水果一样,茶的种植在岭南有着很长的历史,早在汉朝时期,广州南部和肇庆、惠州、潮州的零星地区就已经有了茶场。在广西的 60 个县中培育着超过 100 种茶叶,主要分布在桂林、梧州和南宁。④ 广东东莞和新安盛产织席子的芦苇,新会多产制扇子的棕榈,东莞和海南岛还出产檀香木。⑤

麻、棉和丝　岭南各地的农民在很多作物的种植上是相同的,但一个有趣而重要的差别在于两广农民各自用于纺织的原料上,广东主要采

---

① 《梧州志》卷 4:2203,《永乐大典》。
② Sucheta Mazumdar(穆素洁),"A History of the Sugar Industry in China: The Political E-conomy of a Cash Crop in Guangdong, 1644—1834" (University of California at Los Angeles, Ph. D. dissertation , 1984).虽然穆素洁论文主要集中讨论的是清朝,但她提供了很多较早时期有关经济作物的有用史料。
③ 叶显恩,"略论珠江三角洲的农业商业化",《中国社会经济史研究》1986 年第 2 期,第 24—25 页;《广西农业经济史稿》,第 215—216 页。
④ 《广西农业经济史稿》,第 228 页。
⑤ 同上书,第 17—18 页。

用的是棉花,而广西则是麻。

广西的农户主要种植三种麻(大麻、苎麻和葛麻),可以用来纺线和织布。广西种麻和纺织技术可以追溯到很久以前。在宋代时,广西麻布的产量已经位列全国第三,到宋朝末年提升为第二。随着纺织技术的改进,麻布的成品日趋精美,在贡品中超过了丝的数量,市场需求也在不断增加,麻布"行销四方"①。到明初时期,很多广西的农民已经专业种植麻而通过市场交易粮食,在左州,农民"少力田,多种麻";崇善县"力田日少,种麻日多,民颇得利,日用饮食,多以麻易"②。

目前尚不清楚广西的农户是专门种麻还是同时兼做纺织。一方面,根据《永乐大典》的《南宁府志》记载,"男子务农……妇女赴墟买卖为活,四时欝蒸,地土不宜桑蚕二麦,惟务纺绩麻葛为衣"③。另一方面,两份16世纪末的史料④则表明存在着专门从事纺织的农户:其中之一提到了农户卖麻给"散机户",而1587年《宾州志》中的一首诗也写道:"迩来女红上高机,织纴旋勤事缵组;只恨山荒麻不长,葛布官买用钱补。"⑤

唐代和宋代已经有棉花的种植,其历史或许可以追溯到4世纪。宋代史料记载到"吉贝木……有黑子数十,南人取其茸絮,以铁筋碾去其子,即以握茸就纺"⑥。覃延欢所使用的广西史料表明,宋元时期已经广泛种植棉花并用以纺纱织布销往外地。⑦ 但如果广西的织工在14世纪输出棉布的话,可能就没有那么大的外部需求了,因为明朝江南地区棉纺织业的兴

---

① 《广西农业经济史稿》,第200—202页。
② 《广西通志》(1561),转引自覃延欢《论明清时代广西农业产品的商品化》,1987年国际清代区域社会经济史研讨会会议论文。
③ 《南宁府志》卷4,第2064—2065页,《永乐大典》。
④ 均转引自覃延欢《论明清时代广西农业产品的商品化》。
⑤ 转引自覃延欢《论明清时代广西农业产品的商品化》,这三条史料表明当时可能存在着三种纺织的组织:第一种是南宁的妇女从事家庭纺织,再到市场上出售布料;第二种是整个家庭专业从事麻布的纺织;而诗中所描述的可以理解为拥有纺车和织机的家庭通过某种形式雇用女工从事生产,很可能是织工用自己的钱购买麻,之后卖掉产品收回投资款。
⑥ 转引自《广西农业经济史稿》,第210页。
⑦ 覃延欢,《论明清时代广西农业产品的商品化》。

起已经可以满足了全国的棉布需求。无论是出于何种原因,明末时期的广西已经基本不对外输出纺织品了,其产品主要用于本地的消费。① 从此以后,广西省农民对外输出的农产品就主要都是稻米了。

蚕桑 珠江三角洲的蚕桑最早产生于沙坦地区,后来和鱼塘、果树种植共同组合形成了令20世纪科学家所惊叹的可持续生态农业。② 自宋代以来,珠江三角洲上游的沼泽地带就开始开挖鱼塘③,泥土堆砌在鱼塘四周作为塘基可以防止水患,较高水位的地下水可以灌入塘中,池塘里养着各种从当地网来的鲤鱼苗。④ 明初的农民在堤岸上主要种植龙眼、荔枝等果树,形成了"果基鱼塘"的农业组合。池塘里的鱼类主要以掉落和扔进水塘的有机物为生,而鱼塘产生的粪肥可以浇灌果树和稻田,也可以增筑塘基以加固鱼塘。

果树和鱼塘的组合为蚕桑的发展提供了一个良好的基础,和广西的棉布、麻布纺织业逐渐衰落不同,16世纪后半叶国际市场对广东蚕丝的需求逐渐增加。随着蚕丝需求的扩大,农民用桑树替代了果树,由此产生了"桑基鱼塘"系统,同时将更多的稻田改成了桑基和鱼塘的系统。根据叶显恩的统计,到1581年时,顺德县的龙山地区18%的可耕地都变成了鱼塘,加上种植桑树的塘基,共占可耕地面积的30%左右。⑤

桑基鱼塘系统常常被当作可持续的前近代农业生态系统的典范。在所有可持续的生态系统中,无论是自然还是非自然的,生命所需的矿物质和能量都是可循环的,系统的流失非常小以至于完全可以通过

---

① 《广西农业经济史稿》,第211页。
② 钟功甫在"珠江三角洲的桑基鱼塘——一个水陆相互作用的人工生态系统"(《地理学报》1980年第3期,第200—209页)中将其称之为一个完整、科学的人工生态系统。
③ 同上引,第200—201页。
④ 20世纪时的这些鱼塘中主要养着五种鱼苗,都来自于本地的河流中。参见William E. Hoffman, "Preliminary Notes on the Fresh-Water Fish Industry of South China, Especially Kwangtung Province", *Lingnan Science Journal* 8 (Dec. 1929): 167—168。
⑤ 叶显恩,《略论珠江三角洲的农业商业化》。

阳光、岩石侵蚀或固氮细菌来进行补充。桑基鱼塘系统就是这样,农民把蚕粪、落叶和其他的有机质扔进鱼塘喂鱼,每年捕鱼后再用鱼粪和其他有机质作为桑树和稻田的肥料。用现代生态学家的话来说,"通过果园、农田和鱼塘的分解和矿化作用,形成了一个封闭的营养物质的循环,养分只有通过蒸发作用和售卖动植物产品才会从系统中流失"①。

生态学家关于桑基鱼塘的观点听起来很有道理,但是忽略了这个生态系统的能量循环是需要人力来实现的,而养活人类所需要的营养则主要来自于食物的摄入。养鱼和种桑的农民必须得吃饭,而他们的主要食物是米。在明代的大部分时间里,珠江三角洲产丝地区的稻米消费基本可以由本地生产或者周边区域比较容易地满足,但到了16世纪末期,这些稻米往往要来自数百里以外。因此,桑基鱼塘并不是一个封闭的生态系统,而是需要以输入食物来维持珠江三角洲的人口消费。

当然,最初的稻米主要还是来自于附近的地区,可能是一些还没有转变为鱼塘的稻田。但是随着时间的流逝,尤其是到了清朝,越来越多的稻田被改成了鱼塘,这些农民就要通过市场从越来越远的地方购进稻米。如我们将在下一章中看到的那样,动摇本地和长途食物贸易的,正是逐渐趋于单一化的生态系统。

向系统外部输出有机物往往会导致生态系统的失衡,这需要额外的投入来保持其可持续性。从经济的角度来看,产品从一个地区向其他地区的输出意味着市场行销和经济发展,而在农业经济中,所有的产品都是有机物。商业化的发展成为了生态变迁的重要推动力之一:向系统之外输出的营养必须通过一定形式的输入来弥补,否则它就不是可持续的。为了了解岭南的环境和生态变迁,以下我们就将转向考察农业尤其是粮食产品商业化的有关问题。

---

① Bruenig, *Ecological-Socioeconomic System Analysis and Simulation*, 176.

农业商业化(1550—1640)

从以上1400—1550年的明朝前半期史料中,我们可以看出,当时的农业经济已经生产出了一定数量的经济作物,但这还不足以证明当时的农业商业化已经达到了相当的高度,也基本没有资料表明当时经济作物和市场活动的发展已经超越了人口增长的速度,与此相反,1550年用于经济作物的耕地比例看上去和1400年并没有太大的变化。

稻米当然是1400年整个岭南的主要作物,但各地区土壤、灌溉和气候的差异使得当地农民常常专业于生产某种其他的粮食或非粮食作物,这种农业专业化促进了本地市场和交易的发展。大部分粮食作物都用于供应农户所需,只有潮州府有明确的记载说稻米成为了当地的一项输出商品,广州府的各种稻米、豆类和蔬菜都明确提到了由"农家各赡其用,不售他境"①,这是否意味着这些粮食没有在本地市场上出售或者被运入广州销售呢?很可能并非如此,因为各地乡间也都有很多集市以交易土产和外销茶叶、蔗糖、水果和丝、棉等商品。上述的史料表述很可能意在说明这些粮食作物并不是为了输出外地,而只是用于在本地定期集市上的交易,如前所述,广西的农户就主要在本地集市上交易麻布和稻米。

这些本地粮食和布匹的交易并不会破坏生态的平衡,因为能量仍然是在系统的内部流动。但食物和布匹一旦被销售到生态系统之外,如果没有额外的能量补充,生态系统就越来越难以维系了。就某种意义而言,这就是珠江三角洲农户越来越趋于依赖广西西江流域粮食输入的原因。这些粮食的输入并不是说珠江三角洲已经处于生态危机之中了,但是,如果没有市场把来自越来越远的地区所生产的粮食输入这里,高度的桑基鱼塘专业化生产是很难以为继的。

---

① 《广州志》卷3:1802,《永乐大典》。

周期性集市和市场体系

目前还没有足够的史料以清楚地了解明初的周期性地方墟市情况,《永乐大典》列出了南宁府和广州府一些县的墟市数量;稍晚些的地方志更为详细地列出了琼州府(海南岛)的墟市,琼山的六个墟市是每天都逢集的,而其他的则是周期性的三日或五日逢集,容县"呼市为墟,五日一集"①。1400年岭南各地必然都有着墟市的分布,只是我们没有当时逢集的周期性情况的记录。1561年刊印的《广东通志》列出了广东省内各县的所有墟市,可惜的是广西省没有对应的资料,但无论如何,通过1561年的数据,我们总可以了解当时广东全省的墟市密度分布情况(见地图3.4a、3.4b和表3.3)。

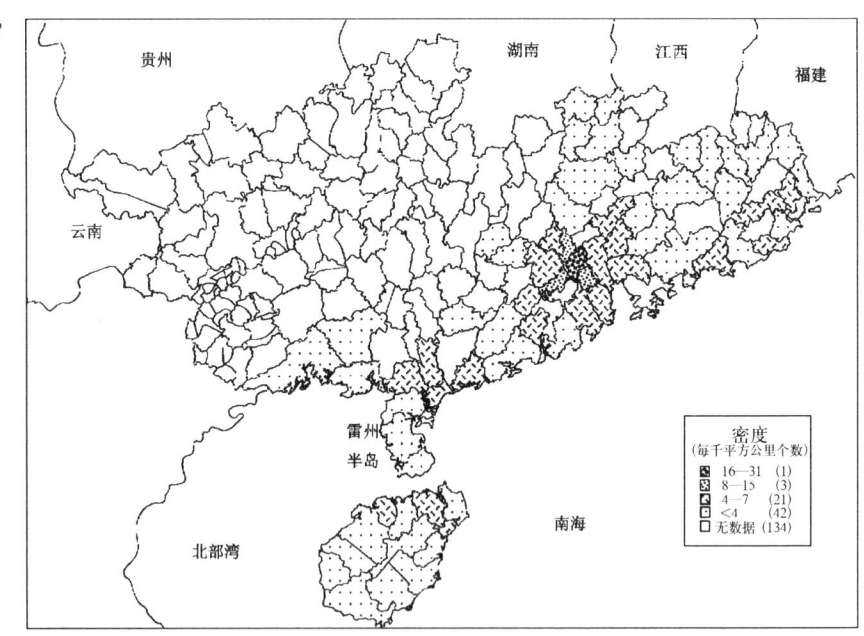

地图 3.4a 1561 年前后的墟市密度

① 《南宁府志》卷 4:2185,《永乐大典》。

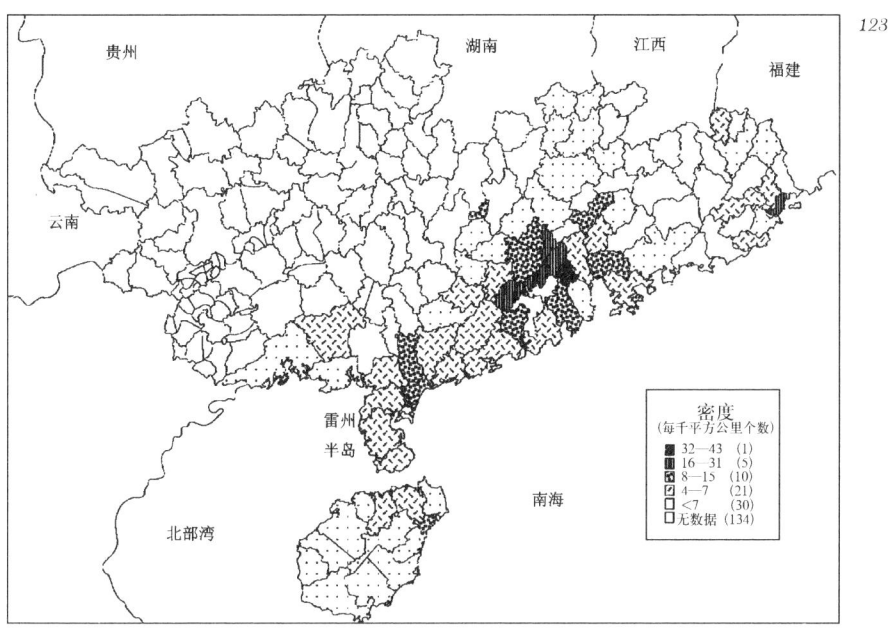

地图 3.4b　1602 年前后的墟市密度

表 3.3　1561 年和 1602 年广东的墟市

府	墟市数量		每平方公里的墟市数量	
	1561 年	1602 年	1561 年	1602 年
广州	136	234	6.85	11.45
肇庆	69	147	4.34	7.91
高州	57	79	4.16	5.95
雷州	8	41	1.04	4.97
罗定		30		4.64
潮州	41	56	2.37	4.45
惠州	37	18	1.45	3.60
琼州	66	72	2.56	2.87
廉州府	19	32	1.17	1.90
韶州	9	18	0.55	0.97
连州				
南雄				

表 3.3 列出了广东省各府 1561 和 1602 年墟市的数量和分布密度情况。墟市的数量固然重要,但分布密度则更能反映出在一个半径约 15 公里、步行最远三小时能到达的区域里到底分布着多少个墟市。换言之,1602 年的韶州府在绝大部分农户的步行可及范围内有 1 个左右的墟市;而高州则有 6 个。意料之中的是珠江三角洲地区有着最密集的墟市分布,而有些奇怪的是海南岛也有着相对较高的墟市密度,在 1561 年《广东通志》所载的 66 个县中,琼州府 6 个县的墟市密度排名还比较靠前,以琼山县为例,仅位列珠江三角洲的东莞之后而排名第 17 位。明代的海南岛已经下降成了岭南的边缘地区,因此 1561 年海南岛墟市的数量已经比一个世纪前有了明显的下降,但我们仍然可以从 1561 年的墟市数量中看出其旧日的状态。通过墟市的密度情况我们可以看出,在 15 世纪和 16 世纪海南岛墟市数量发生下降的时候,当时的珠江三角洲墟市数量正处在持续的上升之中。

虽然明初的墟市史料比较稀少,但 1407 年《永乐大典》的《广州志》中还是提供了四个县(南海、番禺、东莞和增城)的墟市数据,为我们了解 1400 年到 16 世纪中期墟市的发展提供了一些线索。这四个县的定期集市数从 1407 年的 36 个,到 1561 年的 59 个,增加了约 60%,而同一时期的人口增长了约 80%。换句话说,在明朝的前半期,广州府墟市的增长速度没有超过人口的增速。如果我们把定期集市的数量作为衡量经济活动的指标,那么明朝前半期的岭南经济既没有停滞,也没有超越人口增长的速度。事实上,缓慢而稳定增长的人口正是经济发展的动力。

大约 16 世纪中期开始,经济活动的节奏开始加快并超越了人口增长的速度。1561—1602 年间,广东的墟市总数从 435 个增加到了 762 个,增长了 75%,大大超过了同时期内人口的增长速度。而且,这一时期墟市的增加在全省范围内分布比较均衡,只有珠江三角洲的 4 个中心县增速较快。从整个珠江三角洲的 21 个县来看,墟市数量从 1561 年的 95

个增加到了1602年的167个,增速为76%①;但在三角洲内部,75%的墟市只分布在了顺德、东莞、南海和新会四个县中,这四个县的墟市数从1561年的59个增加到了1602年的115个,增速为95%。这些墟市的逢集频率是否也随之增加我们还不得而知,但到18世纪时,珠江三角洲和潮州府的墟期已经从定期逢集缩短到了每日都逢集了。

由此可见,16世纪的后半期,珠江三角洲的四个县和广州城周边的经济活动明显开始加速,并由此逐渐传播到整个广东省。是什么导致了这种经济活动的突然增加呢?我想主要有两个因素:气候的变化和国际贸易。

明代气候条件的变化

从长时段来看,明朝正处于全球气候变化中的"小冰期"②,这次气候下降从14世纪开始,"到十六世纪中叶和十九世纪中叶达到顶点"③,其主要特点是不断加剧的冰川作用常常被长达数十年的暖期所隔断,而每次暖期过后的冰期又都会使冰川继续增加。关于导致这种全球气候长达数个世纪的逐渐变冷的原因,学界目前还有争论,气候学家们认为的主要原因有三个。第一个是1977年由埃迪(J. A. Eddy)提出的,认为两个太阳黑子活动衰微的时期:1400—1510年的斯波勒极小期(Spörer Minimum)和1645—1715年蒙德极小期(Maunder Minimum),是产生小冰期最冷时期的原因。兰姆(H. H. Lamb)的研究则指出火山爆发后,空气中会形成一层"尘罩"(dust veil),阻止了阳光照射到地面,从而导致地表变冷。近年来,科学家们又提出了大气和海洋之间热交换的复杂理论——简称"厄尔尼诺南方涛动"(ENSO)效

---

① 叶显恩、谭棣华,《明清珠江三角洲农业商业化与墟市的发展》,第78页。
② Jean Grove, *The little Ice Age* (London: Methuen, 1988).
③ 同上书,第1页。

应——作为另一个原因。① 虽然小冰期内全球变冷并不都是同步的,也并不都伴随着一定时段暖期的间隔,但总体而言,1500年到19世纪中叶是处于全球变冷之中的。

我们所了解的中国气候史主要来自于中国著名气象学家竺可桢先生的先驱性研究,他通过长江下游结冰和沿海各省降雪的历史记录和日本的资料,提出了从1470年(从这时起史料开始较为丰富)开始的中国气候中冰期和暖期交替的周期理论②,地理学家郑斯中通过广东省的另一套数据序列也得出了相似的周期理论③(参见图6.1)。无论1470年以前的气候趋势如何——或许它也是趋于变冷——这些周期表明至少从1470年开始到16世纪中期,中国的主要气候趋向是变冷的;从16世纪中期开始到17世纪早期,气候又趋于变暖和适宜农业生产了。

作物生长和农业产出与气温和降水的关系是一个非常复杂的问题,本书将在第六章中进一步探讨,这里所要说明的是16世纪中期的气候轻微回暖并没有带来主要作物如稻米、小麦或甘蔗生长速度的明显提高,而主要是明显减少了作物生长期之初和收获期之末的致命性霜冻的发生频率,而这会促使农民增加第二季或第三季作物的种植而不用担心被霜冻灾害所摧毁,从而使得复种甚至一年三收成为可能。气候回暖这个单一原因并不足以导致农业生产模式的变化,但如果同时伴随着对稻米需求量的增加,就有可能会促进农户扩大生产。那么又是什么原因导致了需求的增加呢?

---

① 对于各种原因的总结,可以参见 Raymond S Bradley and Philip D. Jones eds., *Climate since A.D.1500* (New York: Routledge, 1992)。
② 竺可桢,《中国近五千年来气候变迁的初步研究》,第486—487页。
③ 郑斯中,"1400—1949年广东省的气候振动及其对粮食丰歉的影响",《地理学报》1983年第1期,第25—32页。

欧洲贸易与白银输入

虽然明朝创立之初朱元璋就下令实行海禁,但是这些海禁政策并未完全得以贯彻,一些周边国家以朝贡为名义的贸易活动仍然存在,海盗活动也并未停止。1520年代和1530年代,从长江入海口直到广东的沿海地区,都有日本走私贸易和倭寇劫掠发生;到了1540年代和1550年代,中国的海盗也加入了进来。尤其在1542—1543年"发现"了日本之后[1],葡萄牙人也驶入了南海,进一步寻求贸易机会。在这些非法的贸易过程中,日本和西属美洲的白银开始流入中国。1567年嘉靖皇帝死后,随着1570年代海禁的解除,以及同时西班牙在菲律宾殖民地的建立和阿卡普尔科(Acapulco)到马尼拉航道的确立,加上日本长崎港的设立,白银的流入进一步增加。黄仁宇曾对此总结道:"到了1576年,中国和美洲之间的贸易关系已经很好地建立起来,不间断地继续到了下一个世纪。"[2]

弗林和杰拉尔兹则提出推动中西贸易的主要动力不是传统观点所认为的欧洲对中国产品的大量需求,而是因为"明朝境内白银的市场价格是其他地区的两倍"从而导致了白银的流入中国。[3] 岭南的对外贸易线路主要有两条,分别通往日本和马尼拉。葡萄牙人每年两次前往珠江流域,或者用自有的白银,或者用转带的日本商人的白银购买中国出口的商品,这些商品尤其是丝和瓷,随后即被装船运往长崎,长崎的日本商人再用白银购买这些中国产品,开始新一轮的贸易。通往马尼拉的贸易

---

[1] Boxer, *South China in the Sixteenth Century*, XXVI.
[2] Ray Huang, "Chia-Ch'ing" in Frederick W. Mote and Denis Twitchett, eds., *The Cambridge History of China*, vol.7, "The Ming Dynasty, 1368—1644", Part 1 (Cambridge University Press, 1988), 505.
[3] Dennis O. Flynn and Arturo Giraldez, "Born with a 'Silver Spoon': The Origin of World Trade in 1571", *Journal of World History* 6, no.2(1995):206.

路线也为华南地区带来了大量的白银,广东和福建的中国商人载着自己的货物前往马尼拉,与带着美洲白银的西班牙人进行交易,由此白银流入中国,而中国的商品则运往拉丁美洲和欧洲。

万志英估计在 1550—1645 年间,每年从日本和美洲运往中国的白银约有 50—100 吨,其中开始时较少,后来(尤其是 1630 年代)日趋增多。[①] 虽然我们无法确知到底有多少白银流入了岭南地区,但是从已知的 1636 年葡萄牙船只把 75 000 公斤的日本白银运往澳门以供广州市场交易等史料中,我们可以估计当时平均每年约有 75 000 到 150 000 公斤的白银流入。一项中国学者的研究估计流入广州的白银中,约有 30%将继续向北穿过梅岭关而用于新的市场交易(换取景德镇的瓷器),这大约是 25 000 到 50 000 公斤。[②] 而 1567 年南雄在梅岭关的关卡按货值的 1/30 所收的税银为 43 000 两[③],那么货物总值应该为 130 万两或者 40 000 公斤白银。虽然这些税收数据是 1570 年代贸易扩张之前的情况,它与 1636 年的数据大体还是相近的。

就明代后期大量的白银流入对中国经济究竟产生了多大的影响这一问题,目前仍然存在着很多的争议。艾维四从货币供应量的增加和财政系统货币化的情况出发,认为"日本和西属美洲的白银在经济迅速膨胀的过程中扮演了十分重要的角色"[④]。万志英虽然同意"白银输

[①] Richard von Glahn, "Myth and Reality of China's Seventeenth Century Monetary Crisis", UCLA Center for Chinese Studies Seminar 会议论文,October 1995, 14—15 and Table 5。亦可参见 William S. Atwell 的论文, "Notes on Silver, Foreign Trade, and the Late Ming Economy", Ch'ing shih wen-t'I 3, no. 8(1977):1—33; and "International Bullion Flows and the Chinese Economy circa 1530—1650", Past and Present 95(May 1982):68—90。

[②] 蒋祖缘,"明代广州的商业中心地位与东南一大都会的形成",《中国社会经济史研究》1990 年第 4 期,第 25 页。

[③] 《大明会典》1587 年,(上海:商务印书馆,1936)卷 35;《明史》卷 81。

[④] William Atwell, "Some Observations of the 'Seventeenth-Century Crisis' in China and Japan", Journal of Asian Studies 45, no.2 (Feb.1986):224. 关于其结论的更为详细的分析,还可以参见 " International Bullion Flows and the Chinese Economy circa 1530—1650"; 68—90。

入对晚明的经济和货币体系产生了巨大的影响"①,但在白银输入大量下降是否导致了1644年明朝灭亡的问题上与艾维四的观点并不相同。另一方面,戈德斯通则认为中国的经济规模非常庞大,"与欧洲的贸易量绝不超过中国经济总量的1%,平均起来大约只有0.2%—0.3%……欧洲与中国的白银贸易没有大到可以对中国经济产生决定性影响的程度"②。

在我看来,由于戈德斯通把白银贸易量与中国的全国经济规模而不是贸易主要影响的地区如江南、西南沿海和岭南经济规模相比较,从而偏离了问题的主旨。③ 如前所述,流入广州的白银中有大约70%都留了下来,从地区来看,欧洲贸易及其带来的新增白银对于刺激当地的经济就起到了相当大的作用。16世纪后半期,随着欧洲和日本从中国购买丝织品和瓷器等精细的手工业品,新大陆和日本的白银大量流入岭南地区,尤其是西班牙在马尼拉建立了亚洲贸易的基地之后,中国丝织品的产量不断增加以满足国际市场不断上升的需求。如我们已经看到的,当时岭南地区的经济已经实现了专业化生产,有几个地区专门从事经济作物的生产,格外引人注目的是,珠江三角洲尤其是顺德、番禺和香山等县的果基鱼塘系统也已经发展了起来。随着欧洲对丝织品需求的增加,农民开始转变为桑基围塘生产,大量生产桑叶、蚕、茧和生丝,商业活动和市场迅速从珠江三角洲的中心区向整个岭南扩散。

---

① Richard von Glahn, *Myth and Reality of China's Seventeenth Century Monetary Crisis*, 15.
② Jack A. Goldstone, *Revolution and Rebellion in the Early Modern World*(Berkeley and Los Angeles: University of California Press, 1991), 372—374. 戈德斯通还指出"将欧洲白银贸易下降和明朝衰落相联系的观点本质上是一种欧洲中心论的产物,而不是历史的事实"。
③ 戈德斯通将巴灵顿·摩尔(Barrington Moore Jr.)和赛雅达·斯科克波(Theda Skocpol)以农业国家的政府及其崩溃这一宏大的历史命题作为考察的背景,认为"(欧洲前近代传统政府崩溃的)主要原因不在于资本主义的成长和一些环境问题的偶然性组合,而是由于农业经济及其对应的社会和政治制度无法解决人口持续增长所带来的压力,当然这对欧洲以外的农业官僚国家也同样成立"。同上书,第349页。

从稻米盈余到稻米短缺

随着商业化的发展,尤其是珠三角农民从稻作转而从事蚕桑生产,导致了本地粮食供应的下降,该地区从传统的粮食输出转变为需要从广西进口稻米。这一转变发生在 16 世纪初,在此之前,广东显然是一个粮食有盈余的地区,嘉靖年间(1522—1566)的广东还有着充足的粮食储备以供应广西的紧急需要,万历年间(1573—1619)谢肇淛曾将广州形容为"田多而米贱"①,同时代的文献所提供的大量史料也表明广东曾经是一个粮食剩余的省份并向其他的福建等省输出粮食,从雷州本岛到潮州的沿海地区,都有福建商人的"黑白艚船"大量购米②。

但是到了万历中期(约 1600 年),由于米价上涨,广东地方官员已经被迫采取措施禁绝福建米船。在 1593 年、1600 年和 1602 年,广东官员都发布了对福建米船的禁令以避免"米价辙腾,民哗"③。然而这种交易仍然在继续进行,使得 1624 年的另一位官员再次发布禁令并"督府捕数人杀之"④。

这些政府与福建米商之间的冲突反映了当时岭南经济的一次重要转型,从原来稻米剩余和输出的地区转变成为了后来的稻米短缺和需要输入粮食的地区,广东的商人们开始转向位于广西浔江流域贵县附近的稻米产区购买粮食,同时在梧州建立谷仓和转运场所,而这时正是本章前面所提到的到梧州交通便利的岑溪县开始种植双季稻的时间,这里的农民很可能就是将其剩余的粮食销往了珠江三角洲地区。⑤

有关广西粮食输出最早的史料出现在 17 世纪后期,但毫无疑问粮

---

① 谢肇淛,《五杂俎》,转引自吴建新《明清广东粮食生产水平试探》,第 28 页。
② 很多地方志都有这样的记载,同上书,第 29 页。
③ 万历二十一年(1593),"广东巡按御史王有功语",同上书,第 29 页。
④ 天启四年(1624),"巡按御史陈保泰",同上书,第 29 页。
⑤ 参见前文"水稻栽培和复种"一节。

食贸易的开始肯定要早于这个时间,屈大均称之为"东粤少谷,恒仰资于西粤"①,自此以后,广西成为了广东稻米短缺的主要供应来源。广西原本主要用于当地交易的墟市,逐渐开始把广西和广东的经济联系起来,而广东则切断了原本和福建之间的联系。这种贸易模式的变化反映了更深层次的农业经济的变化:越来越多的农民把原本用于稻作的土地转变为经济作物的种植,这尤其以河网密布、交通便利而土壤肥沃的珠江三角洲一带为甚。

丝织业的兴起和出口贸易的发展推动了珠江三角洲的商业化进程,也造成了该地区粮食的短缺和从广西西江流域输入稻米,同样也带来了一次重要的生态变迁。简而言之,随着蚕丝产量和出口的增加,珠江三角洲开始向生态系统以外流失养分(从日本和美洲输入的白银虽然不能吃,但可以用来购买食物),为了弥补这种不足,就必须输入粮食来维持人口生存所必需的能量。由于广西通过西江而与广东相连,稻米自然也就从广西输入了珠江三角洲地区。珠三角和广西的西江盆地原本是相互独立的生态系统,商业化和市场交易的力量将它们日益紧密地联系了起来。但是,这种变化是否就意味着岭南这两个地区开始融合,成为一个通过能量和养分的交流而具有可持续性的生态系统整体呢?

这一点还很不明确的。一方面,整个岭南地区显然正在开始逐渐联结成为一个共同的经济体;而另一方面,能量主要是顺流而下流入了珠三角地区,在这里消费大量的粮食再生产出很多丝织品销往国外。这个农业生态系统是否能具有可持续性的关键在于广西流出的能量和养分是否能够以别的形式得以弥补呢?这里并没有确定性的答案,但我想从长期来看,这种流失恐怕是无法得到弥补的。今天的广西是中国最贫困的省份之一,人均农业产出很低:土壤肥力耗竭,山腹地带的侵蚀严重,

---

① 屈大均,《广东新语》,第371页。

尽管广泛地使用现代化肥,但并不能给土壤增加有机物。我想现代广西在经济和生态上的贫困,就是数百年来一直向下游的广州输送稻米的结果。

结　论

明代岭南的人口和经济得到了恢复并且超过了宋代的水平。但这种发展并不是线性的,而是经历了两个完全不同的阶段:1400—1550年前后,经济的恢复主要是人口增长所推动的;而1550年以后的进程则主要是商业化所驱动的,国际贸易刺激了整个岭南的经济发展和珠江三角洲的商业化。在这两个多世纪中,岭南开始形成了帝制晚期类似于"中心—边缘"的经济结构,珠江三角洲地区的人口集中既是水利控制和灌溉工程所实现的密集型农业生产所造成的,也是以广州城为中心的国际贸易的结果。然而,岭南其他地区则正在被边缘化,最明显的例子是15世纪早期国际贸易被切断造成的海南岛的衰落,而更严重的是明代广西省的被边缘化。随着广东丝织品出口的增加,广西日益成为了单一的稻米产区,向广州的城市人口和珠江三角洲的商业化农民输出粮食。商业化开始把岭南的不同地区联结成为一个农业生态系统,珠江三角洲能量的损失通过广西的稻米输入得到了弥补。

明末的人口已经超过了宋代的水平,但我们还不确知耕地的数量和森林砍伐的情况是否也超过了宋代的水平。水利控制和灌溉促进了珠江三角洲良田的密集性耕作,1400—1600年的亩产量大约翻了一番;而且,耕地比重增长最快的地区主要是蒙古入侵时破坏的广东北部的韶州府、南雄府、惠州府东部和潮州府,因此明代耕地的亩数可能只是恢复了宋代的水平而已。岭南人口增长和森林砍伐的关系是很复杂的,我们不能简单地说是人口增长就会带来更多的毁林和开荒,事实上,持续拥有高密度人口的珠江三角洲不仅以前没有森林,而且还是最近几个世纪以来才刚刚形成的地区。"没有森林砍伐的农业发展"一词或许比较适于总结明代岭南的发展历程。这种商业化驱动的经济发展如果能一直持续下去将会怎样呢？我们无法知道，因为到了17世纪的中期，岭南地区和中国的其他地方一样，再一次陷入了社会的大动荡。①

---

① 社会动荡(cataclysm)一词源自 Lynn Struve 新书的名字，*Voices from the Ming-Qing Cataclysm: China in Tigers' Jaws* (New Haven: Yale University Press, 1993)。

第四章 "民多流亡":17世纪中期大危机中的战争与环境(1644—1683)

1642年8月,出现在城墙外面的一只老虎令广州城北的居民大为震惊,他们已经有数十年甚至可能一百多年的时间没有见到过老虎了,邻县顺德最后一次关于老虎伤人的报告是在1627年①,而广州城上一次关于虎患的报告则发生在1471年。

出现在距离大都市如此近的地方的这只老虎有着不同寻常的意义,而当地居民对待这只老虎的态度也是不同寻常的。其他历史文献中记载的岭南地区无论哪里的村民遇到老虎接近村庄时,都会采取同样的反应——猎杀。然而要杀死一只老虎却不是一件容易的事,虽然一个好的射击手用一支步枪就可以做到,但17世纪时的枪支并不是那么容易得到的。一个猎人用喂了毒药的弓箭也可以射死老虎,但具备这样技艺的人往往已经从军,不会在家种地了。一般村民的办法是很多人一起手持枪和矛把老虎逼到墙角然后网起来,再把老虎杀死和肢解出售。

和其他一些成熟的文明社会一样,17世纪的中国人用商品化的办法来深入自然。老虎身体的每个部分几乎都有市场需求,岭南地区的人们也并不总是在老虎袭击村庄时才对其进行猎杀,因为它们的皮毛价值

---

① 《广州府志》(1879),卷79:10a。

高昂,其身体的很多部位也都被认为具有再生的功能。① 根据1839年《中国丛报》的报道,"虎骨粉、虎肉、虎皮、虎爪、虎肝、虎血和老虎的其他器官都被形容为对很多疾病极具药效,虎须据说还可以治疗牙疼"②。遇到旱灾,人们还常常在河水中拖曳老虎的头骨以求"唤醒龙王"带来雨水③,所有的这些信仰都带来了对老虎尸骨的需求。

因此,当这只老虎惊吓到广州城北的居民时,他们有足够的理由去猎杀它,但他们并没有这样做。《广州府志》用一句话描述了当时发生的情况:"虎至城北濠,居民环捕之,竟逸去"④。在组织起来捕获了这只有很高经济价值的老虎之后,他们居然只是放走了它! 这一行为既令人困惑又很了不起,而且是非同寻常的。之所以说令人困惑是因为我们不了解为什么广州城北的居民会释放这只老虎,当然,这正是今天的我们所希望他们去做的。但是他们为什么要这样做呢? 是当时的中国人或广州城的居民已经对自然和野生动植物具有了一种新的理解吗? 或者他们已经意识到了在自己生活着的自然世界中,其他动物包括老虎也有着生存的权利? 还是别的什么世俗的理由让他们释放了这只老虎? 我们都不知道,我们所知道的只是他们放跑了这只老虎。又或许他们把这只老虎当作了一种预兆⑤(如我们将看到的,当时的经济情况正在恶化,气候在变冷,明朝政府正在遭受华北农民起义的挤压,而长江三角洲也已经在流行疾疫),放走它是为了让岭南免于这些灾难?

因此,1642年释放老虎这件事不仅令人困惑和了不起,而且非常不寻常。为了理解这种不寻常,我们必须把这件事放在1642年中国所处

---

① 至少在12世纪时,虎骨就被磨粉制成丸剂或者泡酒,认为可以延寿,而虎鞭则被认为可以壮阳。今天的老虎和犀牛贸易仍然十分猖獗,以至于中华人民共和国政府专门颁布了文件禁止虎骨和犀牛角的一切贸易。参见《纽约时报》1993年6月6日(星期日)第19页。
② *China Repository*(March 1839), vol.7:596—597.
③ M. W. de Visser, *The Dragon in China and Japan* (Amsterdam: J. Muller, 1913),119—120.
④《广州府志》(1879),卷79:16a,崇祯十四年八月条目。
⑤ 感谢罗兹·墨菲(Rhoads Murphey)提醒我注意这种可能的原因。

的世界背景中进行观察,这也是本章的主要目的。简而言之,从 1644 年开始的 40 年中充满了危机:内战频繁、土匪和海盗横行、农民起义、贸易中断和气温下降导致的农业歉收混合在一起,使得人们的生活与之前和之后相比充满了不确定性。战争、饥荒和疾疫流行导致了岭南地区人口的急剧下降,直到 1680 年代才得以好转。

与生活不稳定和充满不确定性相比,更为重要的是 17 世纪中期的岭南正在遭遇一次大危机,即很多历史学家所说的全球性的"17 世纪普遍危机(the general crisis of the seventeenth century)"①。这一时段里中国的情况十分糟糕,因此一位历史学家将其称之为"明清(交替)大动荡(the Ming-Qing cataclysm)"②。17 世纪中期的大危机并不是上述某一因素单独造成的,而是政权交替和战乱频繁等多种因素混合作用的结果。③

在学术界关于中国遭受 17 世纪危机的原因的争论中,主要有两派

---

① 关于这一次普遍危机的范围和原因,学界有着很多的争论,参见 Trevor Aston ed., *Crisis in Europe, 1560—1660* (New York: Doubleday, 1967),以及 Geoffrey Parker and Leslie M. Smith, eds., *The General Crisis of the Seventeenth Century* (London: Routledge and Kegan Paul, 1978)。关于这次危机对亚洲的影响可以参见 *Modern Asian Studies* 24, no.4(1990)特别号。
② Struve, *Voices from the Ming-Qing Cataclysm*.
③ 如威廉·埃特威尔(William Atwell)所指出的,"普遍性危机"一词在欧洲史中的涵义是有些模糊的。首先我们来看"危机",欧洲史学家最初在研究 17 世纪时对危机一词的使用是不准确的,批评者们于是指出"我们现在所说的危机通常只限于在 17 世纪某些确定性发生的事件,而历史学家们使用的危机已经快要变成其他世纪'历史'的同义词了",在这种批评的基础上,西奥多·拉布(Theodore Rabb)对危机进行了界定:危机必须是短期的事件,长约为 20 年左右,而且应与危机发生之前和之后有着截然的区别;这后来被埃特威尔用于 17 世纪东亚的研究中,认为这次危机的时间"发生在 1630 年代初到 1640 年代末之间",对于华南来说,危机发生的时间要稍晚一些,从 1640 年代中期开始,延续到 1650 年代末。

另一个概念"普遍性"的涵义同样也是很模糊的,它可以表示一个发生在很广阔范围内的事件,如中国或东亚;也可以指一连串的危机深刻地影响某个地区的社会、经济和政治各个方面。埃特威尔在两篇探讨东亚普遍危机的杰出论文中采用了前一种定义,强调了危机影响了很广阔的地域,然而危机的影响同样也是深刻的:17 世纪中期有四到五种不同类型的危机涉及到了华南人民生活和生计的各个方面:由食物短缺、流行病和战争带来的人口危机导致了人口的剧烈下降,农业产量下降、国际贸易和白银输入的中断引起的经济危机带来了大量人口的失业,贼匪、海盗和农民起义撕裂了社会的结构;明清朝代更替的政治危机带来的国家战争也给华南带来了人口的死亡和经济破坏。此外还有文化上的危机,不过这一领域已经超过了本书所研究的范畴,我们在这里的目的是揭示这些危机并考察其后果。参见(转下页)

相互对立的观点。威廉·埃特威尔（William Atwell）认为是气候变冷导致了粮食产量下降和谷物价格急剧上涨，降低了农家的谋生能力，而同时白银流入的减少也中断了经济的发展。①万志英则认为白银流入的减少并不足以逆转中国已经积累的白银库存，而且根据埃特威尔的货币理论，谷物价格应该下降，而明朝末年的谷物价格实际上是上涨的。②戈德斯通认为，国内人口的增加而不是埃特威尔所说的外部原因，才是导致人民贫困、流离失所以及物价上涨等所有问题的原因所在，这些问题已经不是以贬值的白银征收土地税的政府财政收入所能解决的了。③事实上，人口增长的确使得明王朝的资源趋于紧张，而且也有史料证明存在着破坏性的物价上涨。但我认为，这些危机之所以发生在这个时间里，和同时出现的气候变化以及国际贸易中断是有着重要关系的。如果说是温暖气候和白银流入推动了1550年代开始的经济扩张，那么相反的情况则会成为17世纪中期危机的重要原因，我也将从这里开始解释为什么1642年释放老虎的事件是那么的不同寻常。

17 世纪的气候变迁

研究17世纪世界的历史学家都会注意到当时社会和政治混乱的广泛性——俄国的"混乱时代"、英国的内战、法国各地的农奴起义和中国明王朝的崩溃，并奇怪为什么这么多的危机会在同时发生。一些历史学

（接上页）William S. Atwell, "A Seventeenth-Century 'General Crisis' in East Asis?" *Modern Asian Studies* 24, no.4(1990):664—665; "Some Observations on the 'Seventeenth-Century Crisis' in China and Japan", 223—244.
① 同上书, 第 661—682 页。
② Von Glahn, "Myth and Reality of China's Seventeenth Century Monetary Crisis." 该文章摘自万志英的书, *Fountain of Fortune: Money and Monetary Policy in China, Fourteenth to Seventeenth Century* (Berkeley and Los Angeles: University of California Press, 1996)。
③ 参见 Jack Goldstone, "East and West in the Seventeenth Century: Political Crises in Stuart England, Ottoman Turkey, and Ming China", *Comparative Studies in Society and History* 30, no.1(1988):103—142。

家认为气候的变化可能是一个重要的共同原因。① 虽然各国的17世纪危机有着很多其他的共同点,如都是农业国家的政府无法处理好财政紧张的问题(戈德斯通的观点)等,但是气候变冷这个全球现象的确对17世纪普遍危机构成了一定的影响。

如上一章所述,明代正处于全球气候变化的小冰期,即14世纪末到19世纪中期的这个时段中。② 这次小冰期并不是一场世界各地都相同的气温下降,也不是气温逐年下降,在这段时期里,有些年份甚至还是格外温暖的;但总体而言,全球气温还是明显下降的,并导致了冰川的持续增加。

在岭南,小冰期中的气温整体上较以前有了明显的下降,但史书也明确记载了存在有较温暖的时期。1961年,广东省文史研究所综合所有广东省地方志的资料,编撰了14—20世纪所有气候变化事件的编年史料,对从1490—1680年代这两个世纪的冰期进行定量计算和图示(参见图4.1)。

图示数据是从1490年代开始的,当时岭南还没有很多严寒天气的报告,在整个15世纪也只有8项关于霜冻和降雪天气的史料记录(1410年代和1490年代各4项),可以说15世纪的气温还是相对比较温暖的。但16世纪的情况就大不相同了,从1503年开始有了第一次寒冷天气的记录,1510年的一次寒潮则覆盖了岭南的很多地区,在1530年代的严寒之后,岭南的气温有所回升,直到1610年代都只是每十年仅发生一两次寒流。如上一章所述,这个暖期与16世纪后半期的经济商业化在时间上是对应的。

但到了17世纪,寒潮的数量明显增多,1614—1621年间发生了十次,1614—1615年的冬天,南岭山脉、广州北部以及地处更南面的广西省横州

---

① 除了注释6、8和10中的资料以外,还可以参见 Braudel, *Civilization and Capitalism, 15th—18th Century*, vol.1, "The Structures of Everyday Life", 49—51。关于南亚地区,几乎没有任何史料表明其遭受了这次普遍性危机,参见 John F. Richards, "The Seventeenth-Century Crisis in South Asia", *Modern Asian Studies* 24, no.4 (1990): 625—638。
② Grove, "The Little Ice Age", 1。

县都发生了降雪。四年之后,1618—1619年冬,广州北部的从化又降大雪,"老父俱言从来未有也"①;同年冬,珠江三角洲和西南沿海的阳春县也都记载有降雪。② 1634年,严寒再度来临,有七个县报告说特别寒冷;两年后又有另一次寒潮,沿海的惠来县报告不仅发生了降雪和霜冻,而且在池塘里结了三四寸厚的冰,这都是他们从未曾经历过的。③

与此类似,1650年代、1660年代和1680年代都有着很多严寒事件的历史记录,只有1640年代和1670年代的情况似乎相对要好一些,没有这样严寒天气的记录。后文将提到的史料中关于丰收的记载也印证了1670年代是相对比较温暖的,但1640年代则存有疑问,我们还无法确知文献中没有严寒天气记录的原因,这既有可能是当时没有发生这样的天气,也有可能是当时的社会和政治大动荡使得人们忽略天气的情况,或者是因为这些天气情况与当时满族入侵者和汉族遗民间的战争关系不大而没有被记录。总而言之,从史料记载中我们已经可以清楚地看出岭南的气候在17世纪明显变冷了。

在1614年的突然变冷之后,从1616年晚稻收获到1618年冬小麦收获之间发生了长达两年的旱灾,这次旱灾影响了人口最密集的广州地区和惠州府,广东东部各县都出现了"亟"、"大饥"和"骚动"的报告,外地输往惠州归善的粮食断绝,迫使当地官员组织了一次小规模的赈济。④

1614年前后的气候显著趋于干冷,对农业生产造成了很大的影响。⑤ 旱灾,尤其是长达一年以上的旱灾显然会导致农业产出的严重下降,形成当时方志所记载的"饥"或"大饥(荒)"。更为不易被觉察的是低

---

① 《广东省自然灾害史料》,第172页。
② 同上。
③ 同上书,第173页。
④ 《惠州府志》(1877),卷17。
⑤ 魏斐德(Frederic Wakeman)在探讨17世纪危机对东北的影响时,认为"小冰期气候的日益寒冷迫使满族人去寻找新的食物来源",而这"可能对刺激满族军事入侵起到了很大的作用"。*The Great Enterprise* (Berkeley and Los Angeles: University of California Press, 1985), 58, 48.

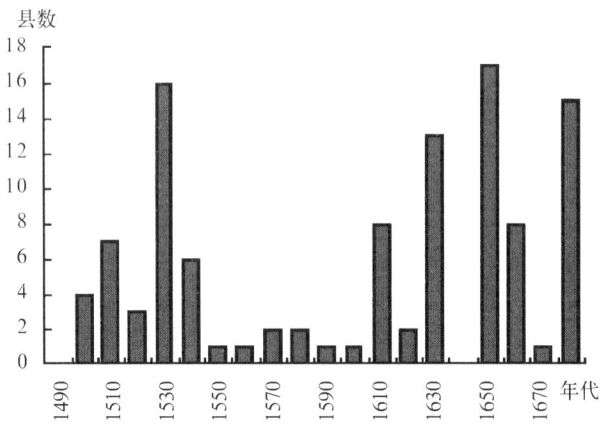

图 4.1 1490—1690 年代报告发生霜冻和降雪的县数

[资料来源:根据《广东省自然灾害史料》(广州:广东省文史研究馆,1961)汇总。]

温和少雨也会降低粮食产出,虽然没有 17 世纪中关于这一现象的明确史料,但我们可以从 18 世纪的史料和现代研究中(我们将在第六章对此进行详细的探讨)了解到,低温会缩短作物的生长期从而降低产量:每天的作物生长时间越短,最终的产量也就越低。

在种植单季作物的丘陵地带如广东北部山区,气温下降对于产量的影响要小于种植双季或三季作物的南部地区。即使是在土地肥沃的珠江三角洲地区,农民原本可以收获两季甚至三季作物,生长周期的缩短将迫使农民在几种情况之间做出选择:或者在第一季作物尚未完全成熟之际就对其收割以确保第二季作物能够按时种植,或者冒第二季作物无法充分成熟的风险,或者为了避免第二年遭受霜冻的风险而少种一季作物。如上一章中所述,粮食市场需求的增加和温暖的气候条件促使农民增加第二季甚至第三季作物的种植,而气温的下降也将把这种种植模式推回到原来的单季或两季作物中。农业产量的歉收、粮食紧缺以及由此而引起的饥荒,和 1614 年的气温下降(见图 4.2),在 17 世纪中期时达到了顶峰(后文还将对此进行详述),但这些还不是岭南人民在 17 世纪的第二个 25 年中所遭遇问题的全部。

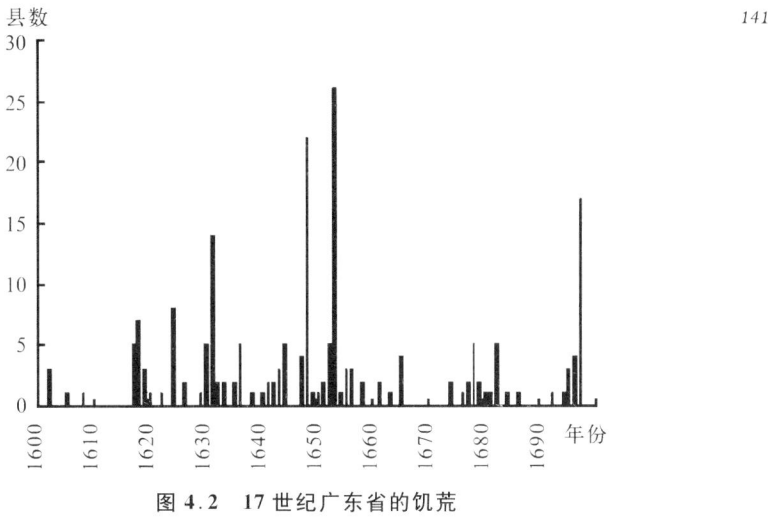

图 4.2 17 世纪广东省的饥荒

[资料来源:根据《广东省自然灾害史料》(广州:广东省文史研究馆,1961)汇总。]

白银输入与国际贸易的变迁

在上一章中,我将 16 世纪中期到 17 世纪中期的经济扩张归因于适宜的气候和国际市场对于中国丝织品和瓷器需求的共同作用。如果说 17 世纪初期的气温下降抑制了农业的产出,那么白银输入的减少则阻碍了整个经济的发展。对于岭南地区的经济而言,白银流入的意义不仅在于推动了岭南经济的发展,而且深入到了整个经济的运行过程之中,这可以通过两个灾难性事件的后果看出来。1639 年日本德川幕府采取锁国政策,同时禁止葡萄牙人在长崎继续贸易,由此终止了曾经为广州带来巨大财富的三角贸易。1640 年西班牙在马尼拉屠杀了两万名华人,通过这一线路的对华贸易也由此断绝。这些打击,加上中国对白银的储藏和政府以白银收税的短视政策,大大减少了白银在岭南经济中的流通。

万志英近年来的研究从两个方面批评了关于"1630 年代和 1640 年代早期白银输入的大幅下降带来了货币领域的危机,进而导致了 1644

137

年明朝的灭亡"的观点:首先,事实上并没有出现白银流入的大幅下降;其次,这种观点所依据的货币理论(费雪方程)是与现代货币数量论相矛盾的。① 然而,万志英本人对白银输入量的估算却又的确体现出当时存在白银流入下降问题:从1636—1640年的572.8吨到1641—1645年的248.6吨,降幅超过了40%②,因此白银输入可能像埃特威尔所说的那样确实影响了经济。当然,这是一个十分复杂的问题,本文这里并不能提供完全的解答。

无论出于何种原因,至少在广东,对外贸易出现了大幅下降,当时至少有一位官员提到了货币量的减少,在1647年清朝官员佟养甲关于恢复国际贸易联系的奏折中,提到了他对当时经济中所出现问题的解释:

> 前朝广省内外货物流通,番舶巨商富贾争相贸易,民获资生,商歌倍利,岁额饷二万二千两,每年不缺。厥后官贪弊积,需索繁苦,以激怒杀兵之隙禁不许(佛郎机)来,止令商人载货下澳,此前朝崇祯十三年事。自后,商复困累,货复阻塞,往来不戒于途,民生因之困惫,饷额多减,仅以千数计。此濠镜澳之人(佛郎机)来则利于广,不来则无利于广之明验也。③

虽然佟养甲错误地把贸易下降仅仅归因于禁止澳门的葡萄牙人进入广州贸易,但他所指出的当时贸易中断的情况是确凿无疑的。随着贸易的中断和白银不再流入广东,商人和其他相关职业都遭受了打击,由于不再需要通往北江和梅岭关的货物运输,水手和车夫们也纷纷失业并

---

① Von Glahn, *Myth and Reality*, 1.
② 同上书,表5。万志英对此的解释是,这种下降相对于当时中国货币体系中的白银存量而言只是很小的一笔,不会对物价水平造成影响。
③ 佟养甲顺治四年(1647)五月初三日奏折,转引自傅乐淑(Fu Lo-shu), *A Documentary Chronicle of Sino-Western Relatons (1644—1820)* (Tucson: University of Arizona Press, 1966), vol.1: 6—7。

涌入广州谋求生计,有的则沦为盗贼,1646年的一个匪首就拉起了上万人的队伍。①

土匪和海盗

经济发展的放缓大约开始于1620年代,因为从这一时期开始,方志记载了土匪和海盗活动的重新出现,直到明朝灭亡和清朝建立后20年才停止。史料中记载在1620年代中,每三四年就会发生一次饥荒,同时伴随着米价的上涨、城市骚乱和大量的盗匪活动。匪帮格外盛行于广东的以下几个地区:广州西南的新会、西宁(今郁南县)、香山,广州北面和东北面的增城、从化和龙门,沿海的惠州府、广州新安和广州城南部,东江沿岸各地的山区,以及广东与福建、广西的交界地带。其他地区或许也有土匪活动,但其他地区的方志中没有像广州和惠州府志那样关于这些事件的详细记载。

土匪活动的规模也在稳步地扩大,最早时的记录一般为数百人,但到1630年代已经达到数以千计了,还有十余股的土匪集聚了上万的人马。他们攻击的目标一般是没有城防的村庄和集镇②,但随着队伍的扩大,他们所需要抢劫的物品也随之增加,有时也会联合起来劫掠上述地区中的一些城市。③ 同时,从化县数以千计的矿工、五金匠和烧炭工也从1623年开始罢工、起义和发生骚乱④;而珠江口和三角洲尤其是顺德的河盗,和外海的海盗也开始劫掠沿海的州县。⑤

到了1630年代,土匪、海盗和矿工已经聚集了足够的武装去联合进行大规模的行动,在1644年明朝覆灭后他们开始围攻新会、香山、龙门

---

① 《新会县志》卷13,顺治三年条目。
② 如1629年的三水县,《广州府志》(1879),卷79:11a。
③ 同上书,10a。
④ 同上书,9a—b。
⑤ 同上书,14b。

和增城等地,劫掠财富,逐走甚至杀死官员。① 匪帮的野心也随着力量的增加而膨胀,他们开始敢于袭击一些军事卫所②;而在乡间,他们主要是绑架和劫杀有一定财富的乡绅人士。③

政府和地方乡绅尽其所能去遏制各种土匪活动,他们有时可以获得成功,但大多数情况下都会遭遇失败。早在1500年代中期出现大量土匪时,很多府城和县城就都修筑了城墙;到了1640年代,盗匪劫掠城池、翻越城墙又迫使(至少惠州府的)很多地区去重新加固他们的城墙。④ 除了这些单纯防御的措施以外,相比于1550年代,政府动员各方面力量进行自卫的能力显得十分有限,那时的政府曾经组织了近三万人的军队对盗匪进行了近十年的镇压,而1630年代的政府只能组织起数百士兵去抵御人数更为众多的匪帮。地方精英们所组织的军事武装也是远远不够的,一些没有被驱逐或杀死的地方乡绅组织起了团练武装,一些地区乡绅组织的民兵还比较成功——如1631年的龙门⑤和1651年的兴宁⑥,但在大部分情况中,还是盗匪们占据了上风;事实上,和同时期位于长江下游的桐城⑦一样,龙门和兴宁乡绅组织民兵的成功只是特例而已。

1644 年的历史转折点

气温下降引起的粮食减产,出口贸易终止导致的经济衰退以及盗匪

---

① 《广州府志》(1879),卷80:5a—b。早在1630年代,土匪们就已经劫掠过了位于东江上游的永安,《惠州府志》(1688),卷5:10a。
② 《惠州府志》(1877),卷17:49b。
③ 如1639年和1641年海丰县的记载,同上书,48a和49b。
④ 同上书,46b。
⑤ 《广州府志》(1879),卷79:9b。
⑥ 《惠州府志》(1877),卷17:55b。
⑦ Hillary Beattie, "The Alternative to Resistance: The Case of T'ung-ch'eng, Anhwui", in Jonathan D. Spence and John E. Wills Jr., eds., *From Ming to Ch'ing: Conquest, Region, and Continuity in Seventeenth-Century China* (New Haven: Yale University Press, 1979), 239—276.

横行(这在一定程度上可以被看作是前两个因素的结果)这些危机,即使同时发生,也还不足以造成岭南地区 17 世纪中期的大危机。事实上,这种状况有可能还会持续下去很长时间,但这时又发生了严重的政治危机——1644 年的明朝灭亡和清朝创立,从而把各方面的危机汇合成了一次大规模的社会剧变和人口危机。

1644 年初,华北叛乱的首领李自成集结了 20 万农民军发动了对明王朝的最后一次战役,并于四月攻入了都城北京。明朝的最后一位皇帝崇祯自缢,明朝也在实质上随之灭亡了。然而造化弄人,在李自成随后离开北京试图消灭最后一支对他构成威胁的明军时,满族人越过长城南下,占领北京并建立了新的王朝——清,并在此后不到一年的时间里就消灭了李自成的部队,随后南下进攻南明的几个政权(这又用了 17 年的时间)。

清军直到 1646 年才进入岭南,后又因战乱失守,直到 1650 年才重新夺回。这一时期的社会极为混乱,很多明朝官员仍然留任,但既不对新的清王朝表示降服,也不尽忠于南明的永历政权,另外一些官员则逃之夭夭。明朝的军官们实际上所能掌控的军队数量很少,他们或者按兵不动,或者与盗匪合谋以保持自己的势力范围,很多海军则与海盗沆瀣一气。各种自称正统的派系之间,忙于司徒琳所称之为的自相残杀(fratricidal competition)①,更有甚者,在 1646 年最早攻入广东的清军将领李成栋,由于不受满人的重用,竟在 1648 年又转而效忠于南明政权。

这一切确实令人感到迷惑,但故事并不仅限于此。由于缺乏合法的政府,军队又四分五裂,一些地区的乡绅建立起了自保的武装以维护地方安定,而在缺乏地方武装或地方力量比较薄弱的地区,农民武装起义

---

① Lynn Struve, *The Southern Ming*, 1644—1662 (New Haven: Yale University Press, 1984), 101.

形成了一股新的力量。

其中最顽强和激烈的农民起义主要发生在珠江三角洲地区的新会、新兴和香山地区,并进而延伸到了西面的高要和北面的清远。1645 年,大量原本附属于地主或为他们服务的奴仆和佃仆发动起义,从顺德开始迅速波及到了西面的新会和北面的清远,这些奴仆起义被称之为"社贼":"以奴胁主、结社倡乱,谓之社贼……率皆杀逐其主,据其田庐,甚者掳其妻子,掘其坟墓"①。据《新会县志》记载,社贼叛乱持续了 20 年,直到 1660 年代初才平息。②

社贼叛乱占领了新会、香山的县城,杀死了当地的乡绅,很可能还建立了某种形式的政治和经济组织结构,虽然没有这方面的直接证据,但他们的名称"社"贼和他们能够在占领地区盘踞十年时间都证明了他们应当具有一定的组织能力。而且他们非常彻底地清除了他们曾经的主人及其家庭,以至于到 1730 年代这些地区的土地才被重新认领耕种。在明政府崩溃的过程中,除了奴仆叛乱之外,广东东部沿海各县的农民也掀起了抗租运动,驱逐收租人,虽然没有杀死地主,也造成了社会的混乱③。

简而言之,在 1644 年明朝灭亡后的几年中,华南有着好几股武装力量在相互斗争以扩张自己的地盘,包括数量众多且形成准军事组织的土匪、河盗和处于外海的海盗、社贼、摇摆于各种势力之间的原明朝军队、地方乡绅组织的乡勇、清军、明朝叛军以及李自成的残余部队等。

这些武装之间的战斗时断时续,但所到之处均造成了大量的破坏。岭南地区在 1647 年和 1650 年发生过两次最为惨烈的战斗,清军扫除盗匪和明朝效忠者的零星战斗则一直持续到了 1650 年代中期。1647 年的南明义军抵抗清军的战斗以珠江三角洲地区为中心,义军统帅是广州周边的三位

---

① 《新会县志》(1841),卷 13,顺治二年条目。
② 同上。
③ 傅衣凌,《明清农村社会经济》,澳门:实用书局,1972,第 104—145 页;亦可参见 Marks, *Rural Revolution in South China*, ch.1.

地方精英,部队包括了一些明军残部,但主要是土匪和河盗,而不是地方的自保武装,战斗从1647年的3月持续到11月,义军一度占领了南部的新安和北部的清远,8月围攻广州失败,清军将领李成栋则在整个夏季来回奔袭广东各地镇压暴动,"如秋庭扫叶"①,到了10月和11月,清军分割包围了清远和增城(以及高明——译者注)的义军,并最终破城,两位义军的领袖(陈邦彦、陈子壮)被俘后被处死,另一位(张家玉)自杀。

1648—1653年的人口危机

对于岭南人民而言,1647年是一场灾难。军队所到之处,均取养于百姓;由于1647年的战争和掠夺发生在作物生长期,地方志记载了1648年广东全省从东到西到处都遭遇了饥荒,几乎没有地方能幸免,米价涨到了每斗800文,几乎是平常年景的十倍,一般农民自然无力购买。在广州西面的高州府,百姓饿死无数②;南面的新安县,"人多饿死,间有割尸充腹者,男女一口,易米一斗,又值大疫,盗贼窃发,民之死亡过半,有一乡而无一人存者"③。

在广州的东面和南面,李成栋清军和南明义军交战的惠州到新安等地区,首先开始流行疾疫;其他被清军毁坏的地区尤其是清远和肇庆地区虽然没有明确的记载,但很可能也有疫情发生。由于史料中都用"疫"来统称所有的这些流行病,我们无法确定当时发生的疾疫种类,但可以肯定不会是天花,因为当时的人们已经普遍知道了天花并将其称之为"痘疫",例如1657年揭阳县就报告了一次天花暴发和对儿童的接痘术④;史料也不会把疾疫死亡和饥荒死亡相混淆,因为这两种人口死亡是

---

① 李成栋语,转引自 Struve, The Southern Ming, 124。
②《广东省自然灾害史料》,第201页。
③《新安县志》(1819),下卷:50。
④ "顺治十四年(1657)丁酉春正月痘疫。是时,民家延医种痘,择痘之稀而平安者,取其痂贮之,临用以痂塞小儿鼻孔,吸其气而痘发,此后无夭折者。"《潮州府志》(1762),卷10:28a。

被分别记录的。而疾病和饥荒的同时发生,也表明这应当不是其他某种对于健康人群具有很强传染性的疾病;显然,营养不良本身就会削弱人们对疾病的免疫能力,更不用说饥荒了。

无论发生的是哪种疾疫,都与清军有着一定的关系。在1648年之前,方志中最后一次提到疾病造成人畜死亡的是1589—1590年,从那时直到1648年清军追杀南明义军之间的时间里,没有过关于"疫"的记载。而清军可能从两个方面造成了这次疾病流行,或者是直接把北方的疾病带到了岭南,或者间接地为疾病传播创造了条件。

清军可能在1644—1646年南征的过程中带来了某种流行病,因为其统帅李成栋曾经镇压过1644—1645年嘉定的起义,如邓海伦所指出的,痢疾和某种瘟疫在1641和1644年曾经袭击过这一地区。① 因此,就广东遭受疫情的时间和地点而言,这一疾病有可能是清兵传播的。

战争带来的大量人口死亡和破坏本身也为疾病传播提供了条件,西班牙传教士帕莱福曾写作《鞑靼征服中国史》,根据他在马尼拉获得的史料:"(满人的)暴行充分体现在全国各地频繁的屠杀中,关于该省荒废过程的记载是如此之多,足以写就一本历史书。大量尸体在空气中腐败,造成了严重的瘟疫……中国最富有和美妙的省份,几乎被完全摧毁了……至今(1660年代)依然如此。"②

另一种可能是饥荒导致了疾疫的流行,这次的饥荒本身当然是战争破坏所导致的而不是自然原因如洪水等的结果,虽然潮州府的几个县有关于旱灾和高粮价的记录,但这些并不是饥荒和疾病打击最严重的地区,后者主要是有军队经过的地区。粮食被军队洗劫一空从而迫使当地居民去寻找一些不安全的食物,如树根、树叶、腐肉、死人肉和污浊的水,

---

① Helen Dunstan, "The Late Ming Epidemics: A Preliminary Study", *Ch'ing shih wen't'i* 3, no.3 (Nov.1975):1—59.
② Juan de Palafox y Mendoza, *The History of the Conquest of China by the Tartars* (London, 1671), 320.

这些都为痢疾提供了滋生的温床。

很明显,是清军把1648年饥荒和疾病流行联系了起来,战争、饥荒和疾病的综合作用造成了1648—1649年的人口死亡高峰,但这并没有结束,痛苦还将在此后持续五年。第二次对广东的沉重打击是清军统帅李成栋所导致的。李成栋曾经摧毁了江南和广东的南明义军,为满人夺取了这两块最为富庶的地区,因而希望能够受到清政府的重用,当他感到没有得到应有的赏赐时,于1648年宣布效忠明朝并挟持了两广总督(佟养甲)归附南明,这导致了清军的第二次南侵。一年之后,李成栋在前往南昌救援另一支南明军队的途中被杀。1649年7月,清军从北面分两路进军广东和广西,1650年2月,南明王朝沿西江逃往梧州,清军则从3月起开始围攻广州,前后持续了八个月。

1650年11月,广州城破,清军对广州进行了清洗和18天的大屠杀,一位耶稣会传教士描述了当时的情形:"(广州人民保卫城市的)这种勇气迫使鞑靼人采用大炮攻城,最终在1650年11月24日攻破……大屠杀从11月24日一直进行到12月5日。他们不论男女老幼一律残酷地杀死,他们不说别的,只说:'杀!杀死这些反叛的蛮子!'但鞑靼人饶恕了一些炮手以保留技术为自己服务,又饶恕了一些强壮的男人,为他们运送从城里抢到的东西。最后,在12月6日发出布告,禁止烧杀抢掠。除去攻城期间死掉的人以外,他们已经屠杀了十万人。"①

荷兰人估计有八万人丧生,而包腊(E.C.Bowra)所引不知名的中国史料则认为共有数十万人被杀。② 无论真实数字如何,广州在1650年遭受摧毁和人口大幅减少都是确凿无疑的。

这一轮战争对岭南人民的直接影响我们不得而知,因为史料都对这一段历史表示了沉默。但当1651年台风和洪水袭击广州和1652年遭

---

① Martin Martini(卫匡国),转引自 E.C.Bowra, "The Manchu Conquest of Canton", *China Review 1* (1872—1873):91—92。
② 同上书,第93页。

遇旱灾时,这一饱受磨难的地区又再一次陷入了饥荒,和 1648 年一样,各地史料都普遍记载了当地遭遇的饥荒,在经历过 1648 年之后剩下的广东各地又有很多人被饿死,各地的方志中绝大多数都记载了极高的米价和人民"采木根树叶为食"①。在海南岛,米价升至每斗三两白银,"死者不可胜计……田荒民耗为向来所未有"②。香山县也有大量的人死亡③,高州府④和广州沿西江直至广西梧州⑤都报告有疾疫流行。

在这些灾难的连续打击下,人口规模大幅下降,本章稍后将重建整个岭南地区的人口数据,这里我们先了解一下 1648—1653 年岭南人口的主要变动情况。在这些年中,新安县报告"民之死亡过半",惠州府(1652 年)则报告在归善县"通邑三十七里,连年兵燹饥疫,民多死徙充役者,仅存二十四里"⑥。如果每里的户数相当,那这就意味着有 35% 的人口减少。

人口的大量死亡是饥荒和流行病综合作用的结果,要把这两种死亡人口数字区分开来是非常困难的,但当时的方志编纂者似乎可以明确地区分两者,还提到了"人多饿死"。但现代学者关于饥荒的研究则让我们对此提出了疑问⑦,约翰·帕斯特在关于 18 世纪欧洲这类问题的近期研究中,指出"从现代医学的角度来看,饥饿很少是造成死亡的直接原因"⑧,帕斯特把饿死和长期营养不良进行了区分,指出后者的症状一般为痢疾,包

---

① 参见《惠州府志》和《怀来县志》,1648 年条目。
② 《琼州府志》(1841),卷 42,顺治九年条目。
③ 《香山县志》(1750),卷 8,顺治九年条目。
④ 《高州府志》(1827),卷 4,顺治十年条目。
⑤ 《广西通志》(1733),顺治十年条目。
⑥ 《惠州府志》(1877),顺治九年条目。
⑦ 关于气候变量和饥荒、流行病的同步性关系的探讨,可以参见 John Walter and Roger Schofield, "Famine, Disease and Crisis Mortality in Early Modern Society", in John Walter and Roger Schofield eds., *Famine, Disease and Crisis Mortality in Early Modern Society* (Cambridge University Press, 1989), 17—21。
⑧ John D. Post, Food Shortage, *Climatic Variability, and Epidemic Disease in Preindustrial Europe: The Mortality Peak in the Early 1740s* (Ithaca: Cornell University Press, 1985), 216。

括出血性腹泻,而腹泻则往往是在旱灾时人们饮用了污染的水源而传播的。[1] 因此,在 1648 年和 1652—1653 年间的大量人口死亡中,可能有些实际上是死于痢疾和其他因营养不良而导致的疾病。

无论造成这些死亡率的最终原因是什么,1648 年和 1652—1653 年间的岭南地区都已经深陷于严重的生存危机之中。这种生存危机也影响了生育率,人们在没有能力抚养子女之前,不会敢于再生育新的孩子,但我们无从估算在这次危机中生育率的下降情况:当时的人口或许能维持更替水平? 抑或生育率已经低到使 1648—1653 年的总人口也在缓慢下降? 在后文重建人口数字时将对此提出一些可能的猜测,由于此后 30 年中政治和经济的秩序一直未能稳定,我倾向于认为很低的生育率一直持续到了 1683 年。

1661—1669 年沿海人口的迁移

岭南的人口还没有来得及从战乱中恢复过来,清政府又一轮强化统治的政策就带来了新的破坏。清军虽然在陆地上取得了成功,但效忠明朝的郑成功仍在东南沿海一带活动,甚至还在福建建立了自己的基地,进而设立海关征税,控制着大量的沿海贸易,并以此为基础从事反清活动。郑成功的部队对清朝构成了相当程度的威胁,1659 年,他曾经大举北伐、直逼南京。

1661 年初,作为铁腕治国的政策之一,康熙的辅臣们推行了针对郑成功的迁界令和禁海令,意在切断他与沿海人民之间的联系纽带。他们下令从浙江向南直到越南边界的所有沿海居民全部内迁五十里,将沿海的土地全部废弃,还特意派遣了两名满族官员到广东以确保该省能贯彻此令。

---

[1] John D. Post, *Food Shortage, Climatic Variability, and Epidemic Disease in Preindustrial Europe: The Mortality Peak in the Early 1740s* (Ithaca: Cornell University Press, 1985): 236.

可能是由于满洲统治者这项法令的破坏性,中文史料中很少有关于这项政策执行情况的详细介绍。所有从潮州到高州的地方志都提到了该项政策,至少有两个地区(海丰县和高州府)描述了迁界过程的两个步骤:首先将居民内迁三十里,一两年以后再完成整个的五十里。由此可知,该项政策确实被推行了,很多居民被迫内迁,随后还修建了界墙、岗哨和瞭望塔以确保这一地带没有人居住。一项同时代完成于菲律宾的西班牙史料断言,不仅沿海地区的居民被内迁安置,而且沿海地带都被废弃,如同"世界末日的浩劫"①一样。另一项史料则称那些没有按期搬迁的居民都被屠杀了。② 我们不知道在迁界的过程中到底有多少广东人丧生,而福建则报告称有8 500人死于此事。③

当地居民一直被界墙隔绝到1669年,直到广东巡抚王来任请求复界的上疏得到朝廷的批准。王来任的上疏提出了大量的理由请求展界复乡,尤其指出"臣抚粤二年有余,亦未闻海寇大逆侵掠之事,所有者仍是内地被迁逃海之民相聚为盗"。事实上,新会县内迁的居民被称之为"迁民",还在1668年被指"结党为乱"④。此外,王来任还指出,每年维护界墙隔绝人民的费用高达250万两白银,而盐税也因为迁界而减少了一半,此外还有不计其数的人力和资源用于维护瞭望塔和界墙;最后,迁移数十万之民,每年还要损失地丁银三十余万两。⑤

1662年,朝廷第二次发布《严禁通海敕谕》,以切断郑成功在大陆的补给线,提到:

> 郑成功盘踞海徼有年,以波涛为巢穴,无田土物力可以资生,一切需用粮米、铁、木、物料皆系陆地所产,若无奸民交通商贩,潜为资

---

① Diaz, 转引自 Fu, *A Documentary Chronicle of Sino-Western Relations*, vol.2:441, n.163。
② 参见 Bowra, *The Manchu Conquest of Canton*, 229。
③《大清圣祖实录》,转引自 Lawrence D. Kessler, *K'ang-shi and the Consolidation of Ch'ing Rule, 1661—1684* (Chicago: University of Chicago Press, 1976), 43。
④《新会县志》(1841),卷14:44a。
⑤ 王来任的遗疏被重刊于1879年《广州府志》,卷80:26b—28a。

助,则逆贼坐困可待……今滨海居民已经内迁,防御稽察亦属甚易……仍有通贼兴贩者,即行擒拿照通贼叛逆律从重治罪①。

迁界禁海令取得了一定的成功,1661年郑成功决定放弃大陆,改为从荷兰人手中夺回台湾以建立他的基地。②

1670年代的"熟荒"

当然,对商人甚至粮农而言,将郑成功隔绝在海外就意味着贸易的衰退和萧条,这一萧条一直持续到了1683年沿海贸易的重新开启。揭阳的地方志中提到"揭惟耕农无他业,谷太贱因山海寇讧,商贩阻隔"③。广东、福建、浙江沿海地区以至于江西的经济衰退都十分严重,以至于一位历史学家将1661—1683年间称之为"康熙萧条"④,岸本美绪对这次萧条的研究就集中讨论了作为货币的白银流量的下降和萧条对于物价的影响。⑤

这一时期的物价出现了普遍性下跌,不仅包括手工业品、工资、地租和地价,而且包括了粮食的价格。而粮价的下跌,并不完全是贸易衰退和白银退出流通的结果,当时人将经济衰退归咎于白银的缺乏,而粮价的崩溃则被称之为"熟荒"⑥。

在分析"熟荒"问题之前,我们首先对当时的情况作一个描述。在

---

① 顺治十八年十二月十六日,转引自 Fu, *A Documentary Chronicle of Sino-Western Relations*, vol.1:28—30。
② 此后不久郑成功就去世了,但他的家族和军队一直控制台湾直到1683年清军最终占领台湾。
③ 《潮州府志》(1893),卷11:31a。
④ Mio Kishimoto Nakayama, "The Kangxi Depression and Early Qing Local Markets", *Late Imperial China* 10, no.2 (Apr.1984):227—256,亦可参见 Atwell, "Some Observations on the Seventeenth-Century Crisis in China and Japan", 234。
⑤ 除了迁界禁海之外,岸本美绪认为造成萧条的另一个重要原因在于政府短视的财政政策,将原本在市场流动的白银用于政府税收和财富储藏,而没有通过政府消费将税收的白银重新投入市场流通。
⑥ 关于这一问题的概述可以参见陈支平,"试论康熙初年东南诸省的'熟荒'",《中国社会经济史研究》1982年第2期,第40—46页。

1670年代的潮州府,"熟荒"一词用于表示当时的粮食过度供应和极低的粮价;在揭阳县,当地的方志记载了1670年"是时谷贱伤农,谓之熟荒……每银一两白谷二十石,赤谷二十五"①;同年在潮阳,"无船通商,银一两买谷三十石"②;在海丰县,"斗米三分"③。极低的米价在广州到处可见,惠州、广州、高州和肇庆各府,都有大量稻米以极低的价格出售。在福建省,米价极贱的情形一直延续到了1680年代初④。

要理解当时米价低到了何种程度,我们需要把它们放在更广阔的背景中进行考察。史料中所载的熟荒价格为每石0.04—0.05两白银,这与1600年的0.35—0.4两⑤、1648年危机中的4—5两、1708年的0.8—0.9两,以及18世纪米价的最低纪录1729年的每石0.4—0.6两相比,可以看出,1670年代熟荒中的米价仅相当于18世纪最低米价的八分之一和1600年的十分之一。

米价暴跌的原因并不难发现,当时的观察者们就已经清楚地了解到了其中的部分原因。首先是郑成功活动和沿海地区迁界所导致的贸易中断,如《潮阳县志》所记载的"是时无船通商,米价大贱"⑥;揭阳县的方志解释说"揭惟耕农无他业,谷太贱因山海寇讧,商贩阻隔"⑦。

米价极低的另一个原因是连续几年的丰收。如本章开始时所提到的,17世纪整体上冷于16世纪,但有很少的几个例外,1670年代就是其中一个。在1660年代早期,广东各地相继经历过旱灾;但从1668年开始连续七年都是丰收。一连串旱灾的结束当然有助于产量的增加,气温

---

① 《潮州府志》(1893)卷11:31a。
② 同上书,15a。
③ 《惠州府志》(1688)卷5:30b。
④ 《海澄县志》卷18,转引自陈支平前引文,第40页。
⑤ 参见1600年"memorandum of the detailed selling prices at Canton",载 C. R. Box, *The Great Ship from Amacon: Annals of Macao and the Old Japan Trade, 1555—1640* (Lisboa: Centro de Estudos Historicos Ultramarinos, 1963), 184。
⑥ 《潮阳县志》卷13。
⑦ 《潮州府志》,康熙十年。

转暖也是一样,1669—1680年,只有1672年这一年较冷,而且这一期间很少旱涝灾害,广东各地的很多地方志都记载了"有年"、"大有年"。简而言之,1670年代的气候条件非常有利于农业,从而造成了超过本地需求量的高产和丰收,形成了"熟荒"。

谷贱伤农,而政府当时以白银征税的政策则加剧了这一情况。《揭阳县志》载"谷太贱则无可输课,耕夫无以赡家,田多抛荒"①。甚至城市的居民也遭受了康熙萧条的打击,曾任浙江巡抚幕僚的魏际瑞在1675年写道"谷贵则富者有银,可以雇工兴作及买置货物,而小民得沾其利,今富者皆穷,则穷民愈无处趋食矣"②。即使米价如此之低,"(江西)民尚多饥饿者,其负贩工作之人,每言愿食贵谷,盖以贵谷,则富者有银可以雇工兴作及买置货物,而小民得沾其利"③,而当时的情况则是"商民交困","富者贫、贫者死"④。

从史料中我们可以看出,至少在1670年代,就再次出现了农民抛弃土地的情况。但这次萧条是否如岸本美绪所说的那样一直延伸到了1680年代,城市贫民的死亡率是否如魏际瑞所说的那样在低米价时期有所升高,还没有足够的史料以作为证明。

然而如同鲜花绽放于野火后的灰烬中一样,1670年代的熟荒也预示着危机年份的结束。谷物充足、价格低廉的原因不仅在于产量得以恢复,而且在于岭南地区人口的下降和连接岭南各地区之间贸易路线的中断。珠江三角洲不再出口丝织品,广西西江盆地不再向珠三角输出粮食,粮食也不再从广东东部销往福建。尽管各个地区变得更加自给自足而不依赖粮食输入,至少战争、杀戮和疾疫停止了。虽然人口减少,土地撂荒,但由于熟荒的出现,我们已经可以看到危机的尾声了——但还没完全结束。

---

① 转引自陈支平,"试论康熙初年东南诸省的'熟荒'",第42页。
② 同上引,第44—45页。
③ 魏际瑞,《四此堂稿》,转引自岸本美绪(Kishimoto Nakayama)前引文,第231—232页。
④ 陈支平,"试论康熙初年东南诸省的'熟荒'",第45页。

危机年代的结束

1673—1681年的"三藩之乱"造成了岭南地区的又一次政治和军事混乱,其具体过程这里不再详述,需要说明的是在三藩之乱的过程中,岭南地区发生的战斗很少,而且都集中在1677—1678年间。① 虽然叛军曾经控制了长江以南的整个华南地区,然而由于其内部的相互猜疑,加之康熙皇帝的坚定指挥和人民厌战,叛军最终或投降或被击溃。到1681年,三藩和他们在财政、军事和行政自治方面的特权全部被撤销,而代之以中央任命的行政机构。

1683年,反清的最后堡垒——台湾郑氏向清军投降。郑氏台湾长期存在对经济和社会的影响主要并不在于军事上的掠夺,而是清政府针对台湾施行的禁海令。1678年尚之信和后来的广州巡抚曾上疏"请暂开海禁,许商民造船,由广州至琼州贸易自便",康熙皇帝的回复是"今若复开海禁,令商民贸易自便,恐奸徒乘此与贼交通,侵扰边海人民,亦未可定,海禁不可轻开"②。在1683年清军占领台湾之后,禁海令被取消,四个海关得以建立,其中之一的澳门恢复了对欧洲的贸易。

人口和耕地

随着三藩之乱被平息和1684年沿海贸易的重新开放,岭南地区长达40年的政治和军事动乱、经济动荡和人口危机宣告结束。在这40年中,岭南地区付出了惨重的代价,人口规模大幅下降,耕地大量抛荒。但史料所记载的大都是主观的评价,有的虽然说明只有"人口之半"幸存了下来,但我们仍然缺乏关于这些年来人口规模和耕地面积的定量估计,

---

① 尚可喜在攻占和洗劫广州之后被封平南王,留镇广州,1677年初病死;他的儿子尚之信夺取了军权并投降了吴三桂。后来尚之信又降清,吴三桂于是派军进入两广,两军在韶州大战。
②《康熙朝实录》康熙十七年九月二十八日,转引自 Fu, *A Documentary Chronicle*, vol.1:50—51。

本节就将尝试重建这些数据。

人口 如第二和第三章中所述,1391 年明朝的总人口数和 1776 年清朝的人口数都是比较可信的。① 用两广地区的人口平均增长率加上一些经验推测,我们可以从这两个年份向中间推移,估计出 17 世纪中期的人口数字。②

如前文所述,明代岭南的人口从 1391 年约 400 万增加到了 1640 年的 1 200 万,17 世纪中期的危机使人口从这一峰值下降到 1661 年前后的不足 1 000 万。如果生育率下降到更替水平以下的话,人口就会进一步减少,而在 1660 年代和 1670 年代之间人口可能缓慢地有所回升,在 1680 年代恢复和平时代之后人口开始加速增长(见表 4.1)。

表 4.1 1391—1685 年人口与耕地总量

年份	耕地(亩)		人口估计量	
	广东	广西	广东	广西
1391	23 734 056	10 240 390	3 007 932	1 482 671
1542	25 686 514	9 402 075	*5 500 000*	*2 300 000*
1600	30 655 400	9 853 000	*7 400 000*	*2 900 000*
1640	30 655 400	9 853 000	*9 000 000*	*3 400 000*
1650	19 649 700	7 804 800	*7 500 000*	*3 000 000*
1661	25 083 987	5 393 865	*7 000 000*	*2 800 000*
1685	30 239 255	7 802 451	*7 500 000*	*3 000 000*

(资料来源:梁方仲,《中国历代户口、田地、田赋统计》,上海:上海人民出版社,1980,第 323—333、380、387、391、394、396 页,斜体部分是我自己的估算。)

---

① 参见何炳棣《明初以降人口及其相关问题》。
② 清朝在 18 世纪末的人口年增长率可以通过比较可信的数字计算出来:广东约为 0.757%,广西 0.515%;这些增长率应该也可以适用于华南逐步恢复正常的 1685 年,由此可以推算出 1685 年广东的人口为 750 万,广西为 300 万。对于 1644—1683 年的情况,我做了一些经验性的推测。我们知道 1648—1653 年由于高死亡率导致了人口的急剧下降,我们假设生育率也降到了更替水平以下,那么人口下降的最低点可能是 1661—1669 年迁界禁海时期,1670 年代出现熟荒时,生育率一定会有所提高而可能超过了更替水平,从而开始了人口逐渐增长的新阶段。

在这段危机时期里,岭南地区损失了200万人口或者说总人口的22%。但对中国全国而言,何炳棣估计在1600—1650年间人口可能下降了33%。① 黄宗智列出了河北和山东的人口数据并进而计算出在1578—1685年间,河北人口下降了25%,而山东则下降了63%。② 濮德培没有重建湖南的人口数据,但他估计在这一时期的丁税税额下降了37.5%。③ 如果这些数据或多或少地真实反映了当时中国各地的人口下降情况,那么和其他地区相比,岭南遭受的冲击还算比较小的。

耕地　可用于重建耕地数据的史料略好于人口,明代1581年调查的耕地数据是比较可靠的④;清代没有进行耕地的普查,后文在介绍清代鼓励土地开垦时将说明具体原因,这里我们只需要知道在康熙执政期间(1662—1722)要求各地按照16世纪末登记的土地数字作为原额缴纳土地税,于是各地官员只是估计了战争期间抛荒的土地量,再加上呈报的用于交税的土地亩数之后进行上报,由此得出了表4.2中1661和1685年的耕地数据。

表4.2　1650年前后抛荒的土地量(以府为单位)

	a. 1391年耕地（百万亩）	b. 1600年前后耕地原额(百万亩)	c. 抛荒百分比	d. 1650年前后估计值(百万亩)
广州	8.5	9.5	**42**	**5.5**
南雄	1.0	1.6	22	1.2
韶州	1.2	1.7	22	1.3
惠州	2.8	4.6	36	2.9

---

① Ho, *Studies on the Population of China*, 281.
② Philip C.C. Huang, *The Peasant Economy and Social Change in North China* (Stanford: Stanford University Press, 1985), 322.
③ Peter Perdue, *Exhausting the Earth: State and Peasant in Hunan, 1500—1850* (Cambridge, MA: Harvard University Press, 1987), 67.
④ 参见 Yeh-chien, Wang, *Land Taxation in Imperial China, 1750—1911* (Cambridge, MA: Harvard University Press, 1973), 20—26。

续 表

	a. 1391年耕地（百万亩）	b. 1600年前后耕地原额(百万亩)	c. 抛荒百分比	d. 1650年前后估计值(百万亩)
潮州	2.9	3.1	**35**	**2.0**
肇庆	3.9	4.4	*42*	2.6
高州	1.5	1.7	**24**	**1.3**
雷州	1.2	0.5	*22*	0.4
廉州府	0.7	0.4	*22*	0.3
琼州	2.0	2.9	*22*	2.3
合计	25.7	30.4	**35**	19.8

(资料来源:a 列:《广东通志》1561 年;b 列:《广东通志》1731 年;c 列斜体:根据(1-c)×b计算;c 列和 d 列粗体:见正文。)

这些官方的估计为我们了解17世纪中期危机时的损失情况提供了一个参考,根据这些资料,明末广东用于耕作的土地到1661年时有25%被废弃了,而广西抛荒的土地则接近总耕地量的一半。由于这些官方土地数据应当包括了1650年恢复的耕地量,因此危机造成的实际损失一定会大于1661年的数据。广东有三个府的统计数据可以分解到县的层次,可惜广西没有相对应的分解数据。

广州、潮州和高州三个府的地方志中都包括了各县土地开垦的详细数据(合计值见表4.2)。这些数据表明重新开垦的土地分别占三个府土地税收原额的42%、35%和22%,也就是说至少有这样比例的土地在17世纪中期危机中曾经被抛荒了,从数量上来看,这些百分比与各地遭受战争打击的程度相当:广州最多,最少的是比较偏远一些的高州。如果这些百分比可以作为一个指标用于衡量其他各地土地抛荒的情况,那么我们就可以估算出整个省份的情况,这一方法还比较可信:惠州府海丰县重新开垦的土地占原额的38%,与附近的潮州府相接近;肇庆府开平县的比例为原额的43%,也和附近的广州府相近。通过这种办法,我们可以估算出1650年前后广东仍在耕种的土地比原额大约减少了三分之一即两千万亩(参见表 4.2)。

我们重建的明末清初人口和耕地数据大致可以体现出 17 世纪中期危机在岭南的影响程度：人口下降了大约 17%—22%；耕地的下降更为严重，广东为 35%，广西约为 50%。耕地下降的幅度要大于人口的减少，两者之间差异的原因在于：耕地抛荒的原因不仅仅是主人的死亡，还包括躲避战争、税收等情况和沿海人口的迁界，很多人或者耕种山地维生直到情况转好才回家，有的人则加入了盗匪。这不仅解释了两种下降率的差异，而且告诉我们为什么土地能够很迅速地被重新开垦且恢复生产：不必等到下一代农民的长成，而只要那些藏匿山区的人们回来拾起耕犁就可以了。

我们不知道抛荒的土地已经被废弃到了何种程度。梯田是否已经崩塌？土壤是否遭到了侵蚀？这些土地一定已经长满了荒草，需要人们去刈除或烧荒。灌溉工具是否还能使用？从维护水利设施所需要的时间和人力来看，这一定不是一个小工程。堤防是否破裂？水闸有没有遭到侵蚀？灌溉的沟洫是否淤积了泥土？沼泽中会不会有滋生了按蚊？疟疾又是否会再次出现？毫无疑问，这些都是农民们恢复开垦土地时所将要面临的挑战①。

大危机与环境

17 世纪中期大危机与环境的关系是一个复杂的问题。一方面，气候变冷在一定程度上降低了农业产出，加剧了人们生活的不稳定性；另一方面，人类的活动又直接或间接地影响了环境。战争和很可能是由清军从北方带来的疾疫造成了岭南人口的大幅下降，而被抛荒的土地则因此而得以逐渐恢复了它的肥力和植被。在沿海地带，人口被全部内迁，因

---

① 这些问题产生于对 McNeill, *The Mountains of the Mediterranean* 的阅读。

而这里的树木和野生动植物得到了一定程度的恢复。在海丰县,"因界逼近,草木繁殖,虎狼肆行无忌"①。

由于人口的减少,很多自然生态关系得以迅速恢复。17世纪中期危机抑制了人口的增长和经济的商业化,同时却为森林、老虎等物种的繁衍生长开启了大门。由于人类和其他物种共同生活在一片有限的土地上,人口规模和其他一些野生物种的数量就会呈现消长的关系,在17世纪后半期,岭南地区人口下降的同时就伴随着野生物种的增多。

但是,岭南遭遇17世纪中期危机是否可以构成老虎出现在广州城外的背景呢?一方面,危机使人口和老虎的数量呈现相反的关系,人口下降的同时伴随着老虎数量的增加和活动范围的扩大;另一方面,老虎出现的1642年要早于明朝灭亡两年。是不是盗匪的活动迫使村民们放弃土地进入相对安全的城市,从而为老虎提供了生存环境呢?又或者这只老虎是某种预兆?联想到后来广州乃至整个岭南所遭遇的一切,那些放走老虎的人们或许正在担心着未来。

结 论

从幸存者的角度来看,17世纪中期的危机要远远比一次经济衰退或萧条的影响更大、更深刻、也更为漫长:战争、饥荒和疾病造成了人口的大量减少;大量的土地被抛荒,农业生产力急剧下降,谷物价格也发生了下落;沿海地区关闭了国内和国际的贸易,曾经的大量白银、铜钱流入和经济发展也已经不再。几乎没有人愿意生活在清朝建立后的这40年里,但进入18世纪以后,不仅黑暗的年代过去了,而且当年推动经济发

---

① 《惠州府志》(1877),卷18,康熙六年条目。事实上,不仅岭南的老虎变得更加大胆,中国其他遭遇战争的地区也是一样。根据一位青年商人汪辉(《湘上痴脱难杂录》)的描述,湖南省的情况和岭南十分相似。疾病随着士兵而来到,乡间的人口大量减少,"路上行人稀少,虎豹成群,饿狗结队,在大屠杀之后还继之以瘟疫。"Struve, *Voices from the Ming-Qing Cataclysm*, 159—160。

展的各种条件也得以恢复。我们应该如何理解这一转变呢？如果战争、贸易的中止以及气候变冷曾经导致了 17 世纪中期的大危机，那么和平年代的到来、贸易的恢复（下一章的主题）和气候的回暖（将在第六章进行分析）则宣告了它的结束。

第五章 "富家巨室,争造货船":国际贸易与经济的恢复

岭南地区重归于和平为经济的恢复创造了条件。但是,和平虽然可以为经济的发展扫除障碍,但它本身并不会带来经济的增长。到18世纪时,不但是岭南地区的经济得到了恢复,而且全国大部分地区都达到了经济发展的历史最好水平之一。而且,经济的恢复并不是逐渐进行的,而是爆发性的增长。从史料来看,从1684年开始,海路的国际国内贸易有了一次突然的巨大增长,中间虽然发生了一些重要的变化,但这种增长总体上一直持续到了19世纪中期,并推动了经济的发展和农业的商业化。简而言之,1684年以后的中国国际贸易刺激了对生丝和原棉的需求,使得一些农家改变了他们的种植模式,从稻作转向经济作物的种植,从而又进一步推动了稻米的商业化发展。18世纪末,岭南的农业经济已经实现了高度的商业化,甚至就连广西最西部的农家也已经受到以广州和珠江三角洲为中心的市场需求的影响。

华人海外贸易

谈到18世纪和19世纪中国的对外贸易,我们常常想到的一幅画面

就是来自欧洲和美洲的大帆船停泊在中国的港口,载上茶叶、丝绸、蔗糖和瓷器再运回本国市场。欧洲和美洲贸易的确占据了18世纪后半期中国对外贸易的主要部分,但在1684—1685年康熙重开海禁之后从事沿海贸易最多的还是华人,他们既经营沿海路的国内贸易,也从事对南洋①各国的国际贸易。

南洋 岭南的商人和居民们认为他们南面的海域包括两个部分:邻近沿岸的海域和珠三角地区的内陆水域被称之为南海;而环绕着东南亚大陆和岛屿的海域则称之为南洋。由于陆地下陷的过程十分缓慢,在广东省长达2 000多英里、形态很不规则的海岸线上,分布着很多优良的港口。虽然不都是掩护条件良好的深水港,但当康熙重开海禁时,沿海和河道的港口已足以建立起了70个海关关口。

很多的口岸都位于海门的位置,屈大均说"南海之门最多",位于中央位置的是最大的虎门,欧洲人称之为"Bocca Tigris",跨越珠江河道,扼守通往广州的道路。屈大均还列出了其他的线路:从新安到澄海为"东路之海门也",从珠江沿海经雷州半岛、廉州府(位于北部湾北岸)为"西路之海门"②。

南海以外的海域即南洋,如库什曼所说的,南洋"可以被想象成一个圆周,它围绕着以南海和暹罗湾为界的东南亚各国,包括越南、柬埔寨、

---

① Jennifer Cushman 曾正确地指出"现代西方学者大都忽视了平底帆船(Junk)国际贸易对中国经济发展的影响,由于欧美贸易属于合法行为且规模和交易量较大,因而20世纪历史学者主要关注的是西方商业行为在中国的扩张",关于她对这种忽视所进行的纠正,可以参见 Jennifer Wayne Cushman, *Fields from the Sea: Chinese Junk Trade siam during with the Late Eighteenth and Early Nineteenth Century* (Ithaca: Cornell University Press, 1993), 6。另外还可以参见两项研究:Sarasin Viraphol(吴汉泉), Tribute and Profit: Sino-Siamese Trade 1652—1853 (Cambridge, MA: Harvard University Press, 1972); Ng Chin-keong(吴振强), *Trade and Society: The Amoy Network on the China Coast, 1683—1735* (Singapore: Singapore University Press, 1983),本节的写作主要是基于这些研究。
② 屈大均,《广东新语》,第33页。

暹罗、南缅甸、马来半岛、苏门答腊、西爪哇和婆罗洲东北沿海地带"①。南洋沿北回归线（广州北部）直到赤道，南北长于东西，大致沿季风的走向而呈西南-东北方向。只要在12月或1月出现冬季的东北季风，平底帆船们就将从某个海门出发——尤以广州、潮州和海口②最为繁忙——载着货物向南驶往暹罗或马六甲，等待夏季的季风。从4月开始、到了5月逐渐强劲的南和东南季风又将送这些中国的帆船返航。洋流也有助于返程的航行，尤其是对于那些在东南亚沿海至越南东京一带的商人来说，从东面来的洋流沿海南岛南部流至越南沿海，折向北进入北部湾，再向西流过琼州海峡，华商的平底帆船可以凭借季风和洋流轻松地从马六甲海峡或北部湾直接进入海南岛、广州或潮州的港口。③

通过这种由地形、季风和洋流共同作用形成的每年一个循环的贸易路线，中国商人从汉代以来就长期维持着与南洋各国的贸易往来④，尤其是从11世纪和12世纪以来，中国商人代替阿拉伯人成为整个南洋贸易的主要经营者⑤。但到了明清交替之际，尤其是1661—1683年的禁海令

---

① Jennifer Wayne Cushman, *Fields from the Sea*, 4—5. 菲律宾、中国台湾岛和日本虽然没有被计入南洋的海域，但被称之为东洋，也是中国帆船贸易的一个部分。Anthony Reid 也认为"水和森林构成了东南亚环境的主要因素"，其"发达的航路"、"适度而可预测的季风"以及温暖的海水，使得南洋称为了"较西面风暴多发也较深的地中海更为合适贸易场所"。Anthony Reid, *Southeast Asia in the Age of Commerce*, 1450—1680, vol.1, "The Lands Below the Winds" (New Haven: Yale University Press, 1988), 2. 对南洋和地中海进行比较将是一个有趣的话题，不过这不是本书所关注的内容。
② 屈大均，《广东新语》第33页。
③ 丹皮尔（William Dampier）船长可能是没有发现夏季风的功能，结果费了很大劲才发现夏季和冬季风在南海航行中的决定性作用。他在暹罗湾过冬后计划返回马尼拉"在（1687年）五月末抢劫那时经过的阿卡普尔科货船"，丹皮尔6月4日启航后遭遇了强劲的东南方来的季风，在三个星期后被带到了南海沿岸珠江入海口附近。William Dampier, *A New Voyage Round the World* (New York: Dover, 1968), 264.
④ 关于这些贸易最完整的介绍可以参见沈光耀《中国古代对外贸易史》，广州：广东人民出版社1985年；王赓武《南海贸易与南洋华人》，香港：中华书局，1988。
⑤ Cushman, *Fields from the Sea*, 1.

切断了岭南和南洋之间的联系。虽然从暹罗来的朝贡使团①和走私活动仍然保持了传统贸易线路上一定的货物流通②,但合法的贸易已经被完全消除了。③

沿海贸易的重新开放 随着1683年清军收复台湾,对清朝的最后一个威胁也随之消除,康熙帝于是很快就决定重新开放沿海的航运和国际贸易。中国商人随即在中国沿海地带和南至南洋、东至日本的航线上展开了航运和贸易,其数量一定相当庞大,因为当时的广东巡抚李士桢曾评论说"一年之中,千舡往回"④。无论李士桢是统计了经由各港的船只数量还是只是估计,我们都可以从中感知海禁开启之后中国人拥有和控制着大量的船只往返于南洋贸易之中的情景。而且李士桢的"千舡"也被英国船长汉密尔顿所证实,他在1703年航行经过广州时看到"一年中每天城市前面河上的船艇,除小艇外,经常见有5 000艘的贸易帆船"。⑤

1703年"城市前面河上"的帆船数量之所以让人吃惊,不只是因为它的数量,而且因为其中绝大部分都是1684年以后新建的。据史载,中国的商船曾经在1662年沿海居民迁界时被全部摧毁了,禁海令明确要求,"将所有沿海船只悉行销毁,寸板不得下海"⑥,清军对此严格加以贯彻,在海阳县"无船通商",新安县"其船只不及先年百之一"⑦。但到1685年时,数以千计的平底帆船又再一次出现在了海上。当然,并不是所有的船只都在1660年代被销毁了,一些走私者和海盗仍在躲避追捕,从事着

---

① 参见 Viraphol, *Tribute and Profit*, 28。
② 参见 Ng, *Trade and Society*, 52—53;亦可参见 Viraphol, *Tribute and Profit*,23—24。
③ 这一结论得自于范毅军 *Long Distance Trade and Market Integration in the Ming-Ch'ing Period,1400—1850*,239。
④ 转引自黄启臣《清代前期广东的对外贸易》,第四届清史学术研讨会会议论文,1987年。
⑤ Hosea Ballou Morse, *The Chronicles of the East India Company Trading to China*,1635—1834 (Taibei: Chengwen Reprint, 1966), vol.1:104。
⑥ 转引自叶显恩《广东航运史》,第140页。
⑦ 同上。

在越南东京或暹罗新基地的小规模贸易活动。但总体而言,我们可以认为绝大部分在南洋贸易的船只都是在1684年以后迅速重建起来的,时人曾写道"富家巨室,争造货船"[1]。

最合适建造航海帆船龙骨和横条的木头是铁力木,主要生长在广东西部的山区。和它的名字一样,这种木料木质坚而沉重,一艘这种材质能承载数百名船员的巨型帆船,"重四百八十吨,其修(长)一百六十五尺,广三十六尺,中桅高一百二十尺"[2]。当时的桅杆一定十分显眼,以至于那位英国海盗船长丹皮尔曾对此评论到"中国最大的平底帆船的主桅杆和英国三级风帆战列舰的桅杆差不多大小,只是不像战列舰那样是拼接在一起的,而是用一根整木制成,在我以前的旅程中,从未见过像中国帆船所使用的那样大的由整根树制成而且锥度极好的桅杆"[3]。

在18世纪,由于两方面的原因[4],广东造船业的发展逐渐放慢并最终停滞了下来:首先是铁力木逐渐变得稀缺了,我不清楚这种木料供应的下降是因为它在广东森林中数量的减少还是因为持续的伐木导致了它越来越难得。今天,铁力木已经不再被列入广东植物学研究中,我想它可能已经逐渐趋于灭绝了。我们不知道这种树木的灭绝是否与17世纪末到18世纪初造船业的蓬勃发展有关,但在时间上似乎是这样的。而随着铁力木和其他木材的逐渐稀少,其价格也随之上升,因此转而在暹罗和马来亚造船就比岭南沿海地区要更经济一些。到1820年代,华商们建造一艘8 000石(476吨)的平底帆船,在暹罗需要花费7 400西班牙银元,在潮州府需要16 000银元,在福建的厦门则需要21 000元。于

---

[1] 转引自黄启臣《清代前期广东的对外贸易》。
[2] 叶显恩,《广东航运史》,第253页。
[3] William Dampier, *A New Voyage Round the World*, 279. 这种桅杆所使用的木料种类我们尚不清楚,可能是非常高而且直的水松,生长于岭南的河边或暹罗的森林。
[4] 叶显恩,《广东航运史》,第254页。

是,造船工业逐渐从中国转移到了木料充足的暹罗和马来亚。① 自1684年以后,南洋贸易的发展刺激了造船业的扩张,消耗了本地的铁力木,也产生了数以千计的帆船航行于沿海和南洋贸易路线之上。

在这数千只帆船中,大多数都是单桅或双桅的小船,主要从事沿海的航运;而三桅到五桅的大船则主要用于南洋贸易,大多开往暹罗、菲律宾、马来亚和巴达维亚。我们很难知道每年到底有多少船只行经岭南的港口,但相关史料也可以为我们提供一些信息。1685年,英国的海盗探险家威廉·丹皮尔船长来到菲律宾群岛准备劫掠装载墨西哥白银的西班牙大帆船,在马尼拉,他看到:

> 港口极大,可以容纳数百艘船只停泊,既有西班牙人的,也有很多其他国家的船只……允许葡萄牙人在这里从事贸易,但中国人是最主要的商人,他们掌握着最大宗的贸易,因为他们通常有二十、三十甚至四十艘帆船停泊在港内,还有大量的商人、店主和手工匠人长期居住在城市中。②

日本文献也印证了中国重开海禁之后来到长崎的大量中国船只,从1684年的24艘增加到1685年的73艘、1686年的84艘、1687年的111艘和1688年的117艘。③ 1684—1757年,共有3 017艘船只曾到达日本,虽然它们并非全部来自广州,但肯定有很大一部分是这样的。④

但是当时究竟有多少、多大规模的贸易量呢?它们又对岭南的经济发挥了多大的影响呢?我们可以通过一些后来的数据进行一个推断,19世纪早期的史料记载了中国所有经营对暹罗贸易的船只为

---

① Viraphol, *Tribute and Profit*, 181. 由于同样的原因,只是在18世纪早期,英国的造船业也从英国扩展到了北美殖民地。
② Dampier, *A New Voyage*, 263.
③ Viraphol, *Tribute and Profit*, 59.
④ 黄启臣,《清代前期广东的对外贸易》,第7—8页。

150—200艘①,而《中国丛报》(*The Chinese Repository*)在1833年则估计:

> 中国所有每年往返于广州以南各国港口的船只数,不会少于100艘,其中有三分之一在广州,六至八艘前往越南东京,十八至二十艘开往交趾支那、柬埔寨和暹罗,四五艘前往新加坡、爪哇、苏门答腊和槟榔屿,还有很多开往西里伯斯、婆罗洲和菲律宾群岛。这些船只每年不只航行一次,主要是随季风往来。②

1700年航行的船只当然要少于1800年,范毅军列举了乾隆前中期的史料证明有40艘广东的帆船拥有南洋贸易的执照③,因此,在1700年前后,加上福建拥有执照的船只,可能有50—100艘帆船越洋航行于广州和南洋各国之间。

乍一看这个数字似乎并不很大,但如果我们把它和欧洲贸易规模相比较,它就显得很大了。例如,1820年代初,从暹罗出口到中国的货物总计35 083吨(往返的话总运量可能是这个数字的两倍)④,与1790年广州出口英国东印度公司和美国船只的总量持平⑤,这就意味着在1700年时,华商帆船很可能每年要运回岭南20 000吨的货物,与之相比,广州出口欧洲的货物在1700年是500吨,1737年是6 071吨,可能直到1770年代也没达到20 000吨⑥。简而言之,直到1770年代,欧洲人的贸易量也没有达到1700年中国与南洋贸易的水平。

将这些数据与欧洲进行一些比较或许能有助于读者们的理解。根据简·德弗里斯(Jan de Vries)的研究,1731—1740年间荷兰经丹麦海峡

---

① Cushman, *Fields from the Sea*, 86.
② "Description of the City of Canton", *Chinese Repository 11*, no.7(Nov.1833):294.
③ 范毅军, *Long Distance Trade and Market Integration*, 248。
④ Cushman, *Fields from the Sea*, 83.
⑤ Morse, *Chronicle*, vol.2:180.
⑥ 马士(Morse)没有提供关于欧洲1737—1790年间的货物总吨数。

的殖民地与波罗的海之间贸易总量为 16 000 吨,欧洲所有与亚洲贸易船只的最大年总运量约为 19 000 吨。① 根据布罗代尔的估计,18 世纪英国与俄国的双向贸易总量(其中包括大量的粮食)最高可达每年 120 000 吨。② 因此,中国与南洋贸易的总量大致相当于荷兰和英国在欧洲贸易的中间值。

中国海关的统计没有区分中国国内港口间的贸易、中国与南洋之间的贸易和与欧美间的贸易。但通过 18 世纪初期的一些数据,我们可以大致了解一下中国国内贸易和与南洋贸易的规模。1735 年中国海关各口岸共收关税 729 000 两白银,其中 37%(272 000 两)都来自广东(见图 5.1),这包括来自华商在广东沿海贸易、华商在南洋贸易以及欧洲船只的税银。其中来自欧洲商船的税收相对较小,总共不超过十艘船,每艘 3 000 两③。因此我们可以大致推断广东关税中由中国沿海和南洋贸易的华商所缴纳的约为 250 000 两左右,这还是一个保守的估计④,按照 5%从价税计算⑤,那么每年中国沿海和南洋贸易的总量约为 500 万两白银(相当于 9 吨),这差不多是 18 世纪贸易量的一般持续水平。⑥ 作为 18 世纪末中国长途贸易的一个部分,流经广东海关的贸易量约相当于全国的三分之一,与长江流域和大运河部分的贸易量大致相当。⑦ 这还只是合法贸易的部分,如果再加上走私的话,整个贸易量还要更大。

---

① Jan de Vries, *The Economy of Europe in an Age of Crisis*, 1600—1750 (Cambridge University Press, 1976), 120,131.
② Fernand Braudel, *The Wheels of Commerce*, vol.2, *Civilization and Capitalism*, 15th—18th Century, Sian Reynolds, trans. (New York: Harper and Row, 1979), 207. 布罗代尔估计这一贸易量是通过载重 300 吨的 400 艘船只运输的。
③ 1735 年以后,尤其是 1777 年前后税银的增长主要来自于欧洲贸易的增加,参见后文"欧洲商人贸易"一节。
④ 走私、贪污和侵吞会使得报告的关税要小于实际应该征收的数量,有关关税统计的研究可以参见范毅军, *Long Distance Trade and Market Integration*, 附录 A。
⑤ 这只是一个总的估计,因为按照货物的不同有的按照从量、有的按体积征税,要全部换算成从价税是极其困难的。
⑥ 范毅军, *Long Distance Trade and Market Integration*,242—243。
⑦ 同上书,第 129—130 页。

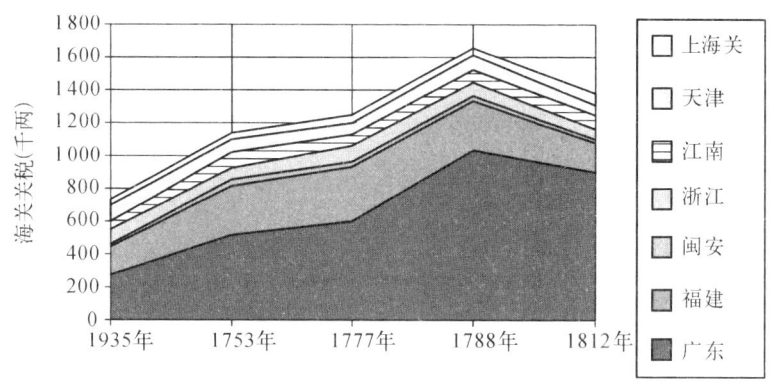

图 5.1　1735—1812 年中国海关各省关税收入

（资料来源：Fan I-chun, *Long Distance Trade and Market Integration in the Ming-Ch'ing Period*, *1400—1850*, Stanford University, Ph.D. dissertation, 1992, 241。）

中国与南洋之间的贸易主要是中国出口手工业品或加工制成品而进口原材料和粮食，尤其是稻米，根据库什曼的研究，华商的平底帆船主要从中国输出瓷器、陶器、丝织品、棉织品、黄铜或青铜制成的盘碟器皿、纸张、风干或腌制过的蔬菜和果类、以及小工艺品；吴汉泉的研究还补充了各种的铁器：铁锅、斧头、铸铁、金属管和铁丝。① 从泰国进口的产品则主要是稻米、木料、用于纺织品的染料、制药的原料、兽皮、棉花和各种香料。②

南洋贸易与种植模式的变迁　棉花原产于印度，后来被印度人、穆斯林或葡萄牙人商人带到了暹罗，又被中国商人所购买而进入沿海贸易中，并在 18 世纪和 19 世纪越来越影响了岭南地区的作物种植模式。进口棉花当然是为了用于纺织制成各类服装，其中一部分成品还将返销回暹罗，但绝大多数都在岭南本地销售。屈大均曾提到"粤地所种吉贝，不足以供十郡之用也"③，棉花的进口正说明了本地的产量满足不了市场需

---

① Viraphol, *Tribute and Profit*, 51.
② Cushman, *Fields from the Sea*, 82—83,87.
③ 屈大均,《广东新语》,第 426 页。

求,因而才到其他地区寻找新的供应来源。然而,这种需求是否刺激了岭南的棉花种植,进而改变了当地的土地利用模式呢?让我们回忆一下第三章中,在明朝广西的棉纺织业已经消失,因而清朝的广东商人不可能在那里找到棉花的供应。

珠江三角洲附近的一些农民的确曾经种植过棉花,穆素洁(Sucheta Mazumdar)曾经对珠三角的农业商业化进行过广泛的研究,她在17世纪的一些地方志中发现,番禺地区曾经把棉花和甘蔗进行轮作。在珠江三角洲地区,番禺的地势较高、土地较干,比南海等县地势较低的沙坦更适于种植甘蔗和棉花。虽然如此,穆素洁发现"棉花并没有在珠江三角洲地区广泛种植"①,而且在18世纪的某个时间里,这种棉花和甘蔗的轮作消失了。在海禁重开之后,佛山一代的农民为了满足当地和周边对纺织品的市场需求,可能试种过棉花,但从我们无法发现相关史料这一点来看,棉花种植很可能最终停止了。无论出于何种原因——可能是由于品质、价格或者某些无法预期的生态原因——佛山的纺织业转而从印度、华中和华北输入棉花。

从长江流域输入的棉花大约占18世纪沿海地区棉花贸易量的一半,商人们往往把广东的蔗糖销往长江三角洲的市场以交换江苏和湖北的棉花。"闽粤人于二三月载糖霜来卖,秋则不买布,而止买花衣以归。楼船千百,皆装布囊累累,盖彼中自能纺织也。"②

穆素洁将其称之为"蔗糖-棉花贸易的连环结构"并深入分析了这种贸易的运行机制。③ 这里必须说明的是,佛山的纺织品输出并没有刺激珠江三角洲地区棉花种植的扩大,而是推动了甘蔗的种植。换句话说,为了购买广东纺织业所需的棉花,商人们建立了一种三角贸易:将广东生产的甘蔗销往江南换取棉花,再把棉花运往广州销售,从中赚取的利

---

① Mazumdar, *A History of Sugar Industry*, 292.
② 褚华《木棉谱》,转引自 Mazumdar, *A History of Sugar Industry*, 350。
③ 同上书,第六章。

润又被用于新一轮的贸易。

甘蔗主要被种植于珠江三角洲的边缘地区,番禺、东莞、增城和阳春最为主要,广东沿海一带的海丰和惠来以及潮州最东面的几个县也有甘蔗种植。我想甘蔗主要种植于三角洲周边而不是三角洲内部的原因,应该在于三角洲地区主要起源于人工形成的沙坦,树木和燃料相对缺乏;而在周边地区的人们,可以从附近的山区——如果水路方便的话,他们还可以去更远的地方——获取充足的木柴来作为燃料去煮糖。①

而且,甘蔗种植的扩大并不需要开垦额外的土地,而只是将原有种植稻米的耕地直接转换为甘蔗种植就可以了,这相对于烧荒清理土地、排干沼泽、圩田建设或灌溉项目而言所需要的花费要小得多,因此绝大部分农户都可以从事甘蔗种植。绝大部分的这种从稻米到甘蔗的转换都是由一般农户完成的,但穆素洁认为可能有一些商人或富户雇工从事大规模的甘蔗种植②,因为种植甘蔗确实需要一定的资金以补充肥力和冒不再种植粮食作物的风险,对于一般的农户而言,缺乏资金可能会限制他们从稻米转向甘蔗种植的积极性。

为了解决这一问题,蔗糖商人或者向农户提供小额的资金贷款,用作物来进行偿还③,或者向农民租借榨机和熬糖的设备。穆素洁引用了嘉庆《海澄县志》中的内容详细记载了这种运作过程:

> 邑之富商巨贾,当糖盛熟时……持重资往各乡买糖,或先放账糖寮,至期收之。有自行货者,有居以待价者,候三四月好南风,租舶艚船装所货糖包,由海道上苏州、天津,至秋东北风起,贩棉花色布回邑。④

---

① 我需要感谢 John McNeill 提出燃料煮糖的问题。
② Mazumdar, *A History of Sugar Industry*, 290—291.
③ Marks, *Rural Revolution in South China*, 99;亦可参见 Mazumdar, *A History of the Sugar Industry*, 310。
④ 转引自 Mazumdar, *A History of the Sugar Industry*, 351。

在很多岭南农家的轮作系统中,甘蔗代替了稻米的位置,随着甘蔗用地的增加,用于稻作的土地也差不多是一对一地不断减少。到了18世纪中期,好几个县相当大比例的土地都被用于了甘蔗种植,"盖番禺、东莞、增城糖居十之四,阳春糖居十之六,而蔗田几与禾田等矣"[1]。再到19世纪时,有些村庄整村都专门生产甘蔗[2],例如,1819年英国船长罗斯就发现在雷州半岛和高州府的北部有"连绵的甘蔗地"和"甘蔗种植园"[3]。

农户为了满足商人购买原棉的需要,而用甘蔗替代稻米种植的过程,就是农业商业化的过程。这里需要特别说明的是甘蔗在沿海和国际贸易中的意义,尤其是它与棉花之间的联系。因为刺激甘蔗种植的并不是当地对蔗糖的需求,而是因为当地人需要购买棉花制成纺织品,再销往岭南本地乃至南洋各国。1684年重开海禁之后南洋贸易的扩张,带来了对棉布和棉花需求的增加,但岭南地区并没有去种植棉花,而是用当地生产的蔗糖去交易华中和华北地区的棉花。随着市场需求的增加,用于稻米种植的土地越来越少。在18世纪和19世纪的这个农业商业化的故事中,一个很重要的部分是这些种植甘蔗的农民从哪里获得他们的食物,这个问题十分重要,我将在下一章中详细加以解释。这里需要说明的是,17世纪末到18世纪初中国对外贸易和沿海贸易的恢复不仅为17世纪中期危机以后的经济膨胀提供了推动力,而且促进了岭南地区的农业专业化和商业化。

在世界的其他地区,甘蔗种植的扩张对环境造成了巨大的影响,导致了极其严重而且不可逆的森林砍伐和荒漠化,如理查德·格罗夫在他的近作中所阐明的,17世纪和18世纪的欧洲殖民企业,尤其是英国东印度公司和荷兰东印度公司所组织的企业,在加勒比海和南大西洋的热带

---

[1] 李调元,《粤东笔记》(上海:会文堂,1915)卷14。
[2] Mazumdar, *A History of the Sugar Industry*, 288.
[3] J. Ross, *Journal of a Trip Overland from Hainan to Canton in 1819*, 237.

岛屿上开辟甘蔗种植园,造成了像巴巴多斯这样的岛屿森林的消失和毛里求斯这样的环境危机;而这些热带岛屿之所以结果不同,是因为殖民力量尤其是英国和法国的差异。但是很明显,欧洲人为了满足欧洲蔗糖需求而开辟和经营的甘蔗种植园摧毁了很多岛屿的生态环境。①

岭南甘蔗种植的扩张并没有造成这样的后果。其与西方殖民地的差异很明显,但仍很有必要去列出这些原因。首先,岭南以甘蔗代替稻米种植,而不是去采伐森林改种甘蔗;其次,甘蔗种植是由农户组织经营的,而不是工头皮鞭下的奴隶;最后,对岭南蔗糖的需求主要是国内的,而非来自国际。所有这些因素都把甘蔗种植扩张对岭南环境的影响最小化了,使得中国商人能够在不采伐森林的前提下创造出了一个新的贸易循环。

而且,岭南甘蔗种植的扩张也并没有像吉尔茨笔下的印度尼西亚那样对稻米种植产生内卷化的影响。在印度尼西亚,荷兰殖民者迫使爪哇农民用一部分的土地生产甘蔗供应出口,而另一部分土地仍然种植水稻。要养活不断增长的人口,就必须依靠"水稻的种植,通过在人均报酬递减的情况下仍不断增加劳动力来维持边际劳动的生产力水平",这就是被吉尔茨称之为"农业内卷化"②的过程。虽然对于爪哇蔗糖产区稻米自给能力水平还有争论③,但它与岭南的差异是很明显的:岭南的农民是根据市场需求而以甘蔗种植代替水稻,再通过市场购买稻米(其中部分来自于广西)。

简而言之,中国平底帆船在沿海和越洋贸易的很多方面都是成绩卓著的。首先,1684—1685 年禁海令刚刚取消,贸易品的数量和价值就立即迅速扩大,刺激了经济的重新发展。第二,南洋贸易出口的主要是中国产的工业制成品,它们或者产自广州周边,或者购自中国其他地区;出

---

① Richard Grove, *Green Imperialism*: *Colonial Expansion*, *Tropical Island Edens and the Origins of Environmentalism*, *1600—1860* (Cambridge University Press, 1994).
② Clifford Geertz, *Agricultural Involution*: *The Processes of Ecological Change In Indonesia* (Berkeley and Los Angeles: University of California Press, 1963), 80.
③ 参见 Francesca Bray, *The Rice Economics*: *Technology and Development in Asian Societies* (Berkeley and Los Angeles: University of California Press, 1963), 117, 178—179。

口的扩大对于岭南农业经济的影响,是通过棉花这个中介而以比较间接的方式实现的:农户不是自己生产棉花而是种植甘蔗,制成蔗糖后再用以交易华中和华北的棉花,经过纺织再向南洋大批出口棉布;于是棉布的国际需求推动了岭南以甘蔗替代稻米的种植,这虽然不用开垦新的土地,但却减少了珠江三角洲地区稻米的产量,从而又产生了对稻米的市场需求。

当国外对丝的需求增加时,类似以经济作物代替稻米种植的情况又再次出现了。和棉布的需求要通过扩张甘蔗种植面积来满足一样,对丝的需求也是间接地对作物种植模式产生了影响,增加了明代发明的桑基鱼塘的面积,而推动生丝需求的,不是沿海或南洋贸易,而是欧洲商人的贸易。

欧洲商人贸易

相对于华商的沿海和南洋贸易,欧洲和美洲对中国的贸易要更广为人们所知:从1685年对欧洲贸易港口的重新开放到1839—1842年的鸦片战争,从1685到1760年的多港通商制度,英国逐渐取得贸易的主导权以及用鸦片来平衡英国东印度公司对华贸易的赤字……这里就不再重复了[①]。我这里想要考察的是对18世纪和19世纪岭南经济发展和作物种植模式产生影响的那些方面。

欧洲对华贸易主要是建立在中国沿海和南洋贸易基础之上的,在18世纪初的只有几艘船,到18世纪中期缓慢增长到20艘左右,直到1780年代英国发现中国对棉花的需求以后,欧洲商船的数量才开始迅速增加。即使是1757年后英国商船被限于广州一口通商时也没有导致广州贸易量的立即增加。如果250 000两的关税反映了华商的对外贸易量,那么欧洲贸易直到1770年代也未能超过这一水平。但到18世纪末时,欧洲人的贸易

---

① 这方面最全面和易于理解的研究可以参见 Frederik Wakeman Jr., *The Fall of Imperial China* (Boston: Free Press, 1975)第七章;Jonathan D. Spence, *The Search for Modern China* (New York: Norton, 1990)第六、七章;以及徐中约(Immanuel C. Y. Gsu), *The Rise of Modern China*, 3rd edition (New York: Oxford University Press, 1983)第七、八章。

已经超过华商的沿海贸易和南洋贸易,达到了华商贸易的四倍。图 5.2 反映了广东海关收缴的全部关税和在广州贸易的欧美商船数量。显然,关税的增长和波动与到达广州的欧美商船数量呈正相关关系。①

18 世纪和 19 世纪中国与西方之间贸易的情况早已众所周知,这里只作一个简短的回顾。欧洲从中国购买瓷器、漆器、丝绸、棉布(土布)、甘蔗和蔗糖以及越来越多的茶叶,但是欧洲人无法提供相应的货物与中国进行交易(虽然他们已经尽力了),因此只能支付大量的白银。随着 18 世纪英国人对茶叶需求量的增加和英国东印度公司逐渐在对华贸易中占据了主导地位,东印度公司成功地用印度产的棉花支付了部分茶叶的购买。

我们已经看到棉布通过其与甘蔗的关系而在农业商业化过程中起到的重要作用,在 18 世纪中,棉布的市场需求大幅上升,进而带动了通过东印度公司进口的印度棉花的大量增加。而随着东印度公司购买中国产品尤其是茶叶的增加,该公司开始需求新的产品以尽量减少白银的支付,开始时,印度的棉花似乎还可以弥补这一缺口。

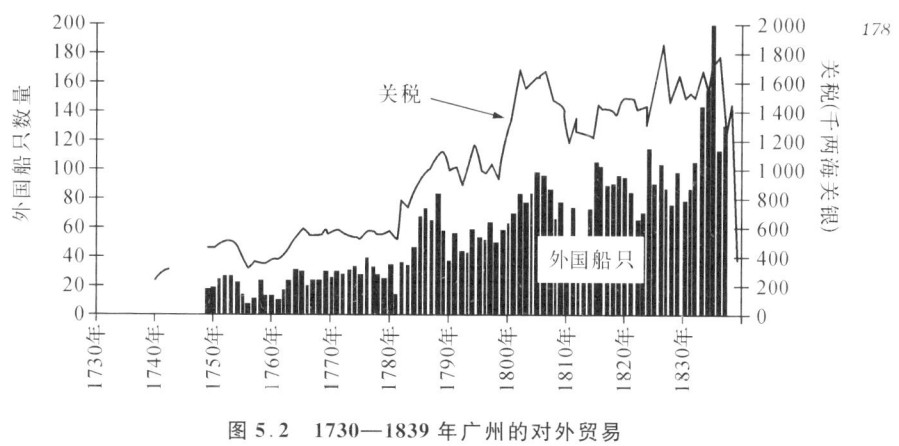

图 5.2　1730—1839 年广州的对外贸易

(黄菩生,"清代广东贸易及其在中国经济史上之意义",《岭南学报》卷 3 第 4 期,第 166—170、180—184 页。)

---

① 相关系数是 0.9,而且关税对于外商船只的线性回归的可决系数是 0.8。

棉花进口从1780—1785年间增加了两倍(以价值计),在1795—1815年间又增加了两倍(见图5.3);以重量计,1800—1830年间的棉花进口又翻了一番多。绝大多数的棉花都被运往广州西面的纺织中心佛山织成棉布①,少部分的棉花可能会被继续运往农村地区进行加工,但很可能是那些连接蔗糖和华北棉花贸易的商人们在经营着这个市场。因此,我们可以认为印度棉花主要被运往佛山进行加工,然后将织好的棉布(土布)销往国内市场和南洋或欧洲。

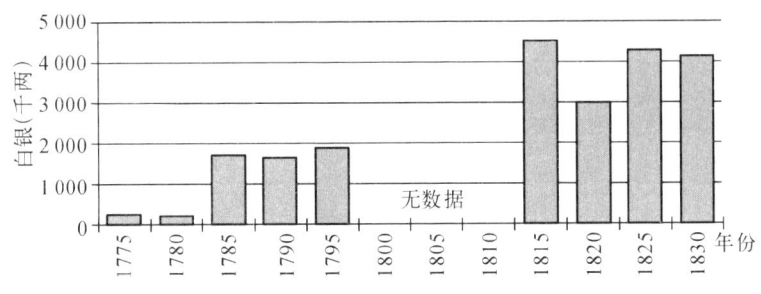

图5.3　1775—1833年印度原棉进口值

(资料来源:严中平主编《中国近代经济史统计资料选辑》,北京:科学出版社,1953,第11页。)

即使印度棉花的进口已经大幅增加,也还不足以平衡中国和英国的贸易(参见图5.4)。如约翰·麦克尼尔最近所指出的,与太平洋诸岛的三角贸易帮助了欧洲人,"欧洲、美洲和澳大利亚的商人组织起了三角贸易,欧洲的工业品销往太平洋诸岛,然后再用以购买中国的丝和茶"②。但是在1780年代,欧洲人对中国的丝和茶叶的需求大幅增加,而中国的进口则很少,于是造成了每年约二百万两的白银流入广州,带来了中国贸易的巨额顺差。

---

① 佛山的棉布纺织业雇佣了"大约50 000名工人,随着市场需求的扩大,雇工人数也不断增加,这里大约有2 500家作坊,平均每家雇工20人。" Chinese Repository, Nov. 1833, 305—306.
② John McNeill, "Of Rats and Men: A Synoptic Environmental History of the Island Pacific", Journal of World History 5, no.2(1994): 319.

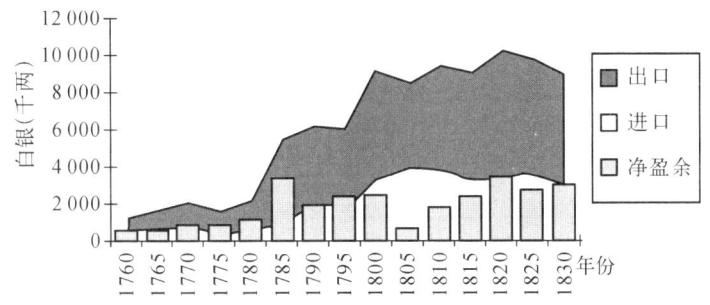

图 5.4 1760—1833 年中国国际收支情况（五年平均）

（资料来源：Alvin So, *The South China Silk District: Local Transformation and World-System Theory*, Albany: State University of New York Press, 1986, 57。）

白银的流入推动了岭南经济的发展，但对于欧洲人来说，巨额的贸易逆差却成为了一个亟待解决的问题。为了阻止白银不断流入中国，东印度公司不断地寻找新的产品以偿付中国的出口，棉花解决了部分的问题，但还远远不够，白银仍然在不断地流入中国。根据严中平搜集的数据，在 1810 年代仍有数百万两的白银流入了中国。众所周知，英国后来大量地使用鸦片来平衡贸易赤字[①]，不仅阻止了白银流入中国，而且在 1827 年实现了贸易平衡的逆转（见图 5.5）[②]。

中国国内对棉花的需求推动了与欧洲和北美的贸易，直到 19 世纪初，中国很可能还拥有着全世界最大规模的棉布工业，在广州和上海这样的纺织业中心将大量棉花加工成棉布，不仅满足了国内市场的需要，

---

① McNeill, *Of Rats and Men: A Synoptic Environmental History of the Island Pacific*, 319. 具有讽刺意味的是，英国找到鸦片这个可以平衡与中国贸易逆差的方法，在一定程度上延缓了他们对太平洋诸岛野生动植物的破坏："到 1850 年时，购买中国茶叶已经不需要再猎杀海豹和获取檀香了，鸦片提供了开启中国贸易的钥匙，中国贸易的平衡发生了变化，而太平洋贸易变得越来越不重要了"（第 325 页）。相关数据可以参见严中平主编《中国近代经济统计资料选编》，北京：科学出版社，1953，第 27—31 页。
② 这一肮脏的故事早已众所周知，这里就不再赘述了，相关内容可以参见 Hsin-pao Chang, *Commissioner Lin and the Opium War* (New York: Norton, 1970); Peter Ward Fay, *The Opium War, 1840—1842* (Chapel Hill: University of North Carolina Press, 1975); 以及 Arthur Waley, *The Opium War through Chinese Eyes* (Stanford: Stanford University Press, 1958)。

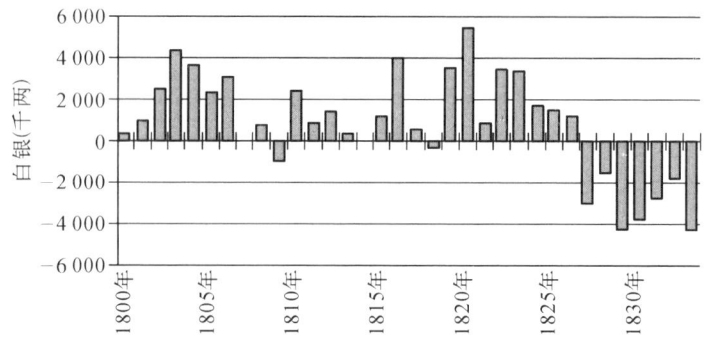

图 5.5　1800—33 年广州的白银流入

(资料来源:严中平主编《中国近代经济史统计资料选辑》,北京:科学出版社,1953,第 31,32 页。)

还大量输出到国外。这为我们提供了一个理解英国鸦片贸易的新背景,一般所说的英国东印度公司由于欧洲对中国产品尤其是瓷器、茶叶和丝绸的需求而转向鸦片贸易,只说出了故事的一部分,因为当时还有中国不断增加的对印度棉花的巨大需求,中国国内纺织品市场和连接着广东和长江下游地区的蔗糖-棉花贸易,也是这个故事中的一个重要部分。当然,中国对印度棉花需求的增加并不足以平衡欧洲对中国丝茶的购买,东印度公司也没有足够的能力去打破广东纺织业对长江三角洲棉花的依赖。随着 19 世纪鸦片大量涌入中国,丝茶①的出口也大幅上升,从而造成了广东珠江三角洲地区农地利用模式新一轮的变化。

丝绸　我们虽然只能对蔗糖的出口量进行估测,但对丝绸的出口却有着具体数据②,而且这些数据大致与中欧贸易的趋势相一致。广东出

---

① 虽然茶叶基本都由广州港出口,但其主要产于福建和江西的山区。参见 Robert Gardella, *Harvesting Mountains*: *Fujian and the China Tea Trade*, *1757—1937*（Berkeley and Los Angeles: University of California Press, 1994）。因此,欧洲人对茶叶需求的增加对于广东的种植模式影响甚小。

② Alvin So(苏耀昌), *The South China Silk District*: *Local Transformation and World-System Theory*（Albany: State University of New York Press, 1986）, 80—81. 中译本:《华南丝区:地方历史的变迁与世界体系理论》,陈春声译,中州古籍出版社,1987 年。

口的丝绸从1723年的2.5万担稳步地增长到了1828年的110万担(见图5.6),几乎呈线性趋势平均每年增长一万担。1828—1834年,丝绸出口量翻了一番,主要是由于走私鸦片使得东印度公司有了更多的钱来购买丝绸和茶叶。鸦片战争一度使贸易发生了中断,但随后丝绸出口迅速扩大,从1834年的水平到1850—1860年间又翻了一番。丝绸出口的进程大致可以概括为在18世纪的稳步增长和1830年代到1850年代的指数增长。

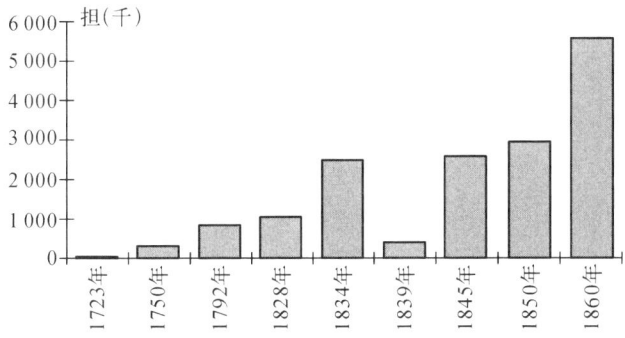

图5.6 1723—1860年经广州输出的珠江三角洲生产的丝

[资料来源:Alvin So, *The South China Silk District: Local Transformation and World-System Theory* (Albany: State University of New York Press, 1986), 80—81。]

为了满足这一需要,18世纪和19世纪的中国丝绸产量迅速提高,但这种提高并不是来自于技术的革新,而是源于几个世纪以前就早已形成的桑基鱼塘生产方式的扩张(参见第三章)。根据苏耀昌的计算,要将丝绸出口从2.5万担增加到110万担,就需要将桑田面积从500亩扩大到2.2万亩,几乎是珠江三角洲南海、顺德和香山桑田面积的总和。但是,由于桑园和鱼塘是一个配套的体系,那么从稻田转换成桑基鱼塘的面积一定还要比这个数字大得多。苏耀昌指出当地的经验是"每一块地约十分之四的面积被开掘,形成很大的池塘;挖出的泥土覆盖到其他十分六的土地上,从而增加了其高度"①。因此,1828年转换为桑基鱼塘的土地总量将超过3.5万亩。

和土地转换为甘蔗种植一样的是,桑基鱼塘面积的扩大也是以稻米种植减少为代价的。南海和顺德的县志都明确提到了"禾田尽变桑基"、"新堤上尽植桑"、"低者养鱼,高者种桑"②。到了20世纪时,根据地理学家杜雷华(Glenn Trewartha)的研究,南海和顺德两县几乎所有的土地都已经转换为桑田,"从三角洲植桑专业化地区的小山上放眼远眺,四面八方一望无垠的原野,都被桑树染成了墨绿色,狭长的水道纵横交错,点点水塘不规则地散步于田野之中"③。对生丝的需求推动了岭南地区土地利用模式的一系列变迁,珠三角地区的农民将大量的稻田改为了桑基鱼塘系统。

和土地转换为甘蔗种植不同的是,农民只需要向蔗糖商人借入少量的款项就可以开始甘蔗种植了,而开凿鱼塘、修筑桑基以及购买鱼苗和桑树树种所需要的资金就远远超过了一般农家所能支付的范围。因此,根据苏耀昌和穆素洁的研究,是当地的乡绅们积极支持和资助了从稻作向蚕桑的转变。④ 然而,和甘蔗种植一样的是,正是常常需要向地主乡绅借贷的农户家庭而不是雇佣工人或奴隶构成了桑基鱼塘的主要生产者。⑤

和蔗糖一样,国际市场对丝绸的需求导致了商业化的发展,曾经用于种植稻米的土地被转而种植在市场出售而非农户自家消费的经济作

---

① Alvin So(苏耀昌), *The South China Silk District : Local Transformation and World-System Theory* (Albany: State University of New York Press, 1986), 84—85.中译本:《华南丝区:地方历史的变迁与世界体系理论》,陈春声译,中州古籍出版社,1987年。
② Alvin So(苏耀昌), *The South China Silk District : Local Transformation and World-System Theory* (Albany: State University of New York Press, 1986), 85.《华南丝区:地方历史的变迁与世界体系理论》,陈春声译,中州古籍出版社,1987。
③ 同上书。
④ Alvin So, *The South China Silk District*, 86—87;Mazumdar, *A History of the Sugar Industry*, 276.
⑤ Alvin So, *The South China Silk District*, 89—90.

物,这也意味着农户们不再自行生产而从市场上购买粮食。这对于我们理解岭南地区的环境和经济的关系具有重要的作用,因为如果不采用这种方式应对商业化的话,另一个可替代的方案则是保持粮食作物的种植面积,而另行开垦出新的土地来种植经济作物。

其他经济作物 到 18 世纪初,广东农家的大量种植经济作物已经使得该省成为了长期粮食不足的地区。在雍正年间,广东和其他省份的官员都抱怨广东所产的稻米仅够养活全省一半的人口,一位官员(常贵)曾说"广东本处之人,惟知贪射重利,将地土多种龙眼、甘蔗、烟叶、青靛之属"①;另一位广东巡抚(杨永斌)在 1735 年提到,除了转而从事经济作物的农民以外,那些不从事农作的人口也要购买粮食:"粤东生齿日繁,工贾渔盐樵采之民多于力田之民"②。

早在 18 世纪早期,商业化的农业可能已经占据了广东省一半以上的耕地。在 18 世纪,不仅没有任何理由去认为这一比例会有所缩小,而且所有的史料都表明农家正在将越来越多的土地用于甘蔗、桑树、果树、烟草和蔬菜等经济作物的种植和鱼塘建设。③

生丝④和其他经济作物价格的上涨促使农民为经济目的而放弃了稻米种植。根据许涤新和吴承明主持的研究估算,在长江下游面积五亩的桑田的种植收益是同等面积稻田的近五倍。⑤ 但这种差异并不意味着农民会把所有的稻田都改种经济作物,例如,在广东的东部,即使全部种植甘蔗会更有利可图,农民们还是把土地分成两部分,一部分种植稻米,一部分种植甘蔗。⑥ 这是因为如斯科特所说的,农民常常遵循

---

① 《雍正朝奏折》卷 8:25(雍正五年四月十三日)。
② 《雍正朝奏折》卷 23:468(雍正十二年九月初二)。
③ 叶显恩、谭棣华,《论珠江三角洲的族田》第四章;亦可参见 Mazumdar, A History of the Sugar Industry, 第五章。
④ Shih Min-Hsiung, The Silk Industry in Ch'ing China, E-tu Zen Sun, trans. (Ann Arbor: University of Michigan Press, 1976), 46.
⑤ 许涤新、吴承明主编,《中国资本主义的萌芽》,第 207 页。
⑥ Adele Fielde, A Corner of Cathay (New York: Macmillan, 1894), 11—12.

安全第一的原则,保障生存对他们选择作物种植有着重要的影响。① 但当农民们能够确保有定期且便宜的粮食市场时(第八章将对此进行详细的探讨),他们还是倾向于把更大比例的土地用于经济作物的种植。

市场和市场体系

如第三章所谈到的,很早以前,市场就已经成为了岭南经济中的一个重要组成部分,并在 16 世纪末和 17 世纪初的商业化过程中扮演了一个重要的角色。同样的情况也适用于 18 世纪和 19 世纪,市场既把农户和位于广州的出口市场以及位于佛山的加工中心联系了起来,也把他们和位于梧州和江门的稻米市场联系了起来。市场的规模和功能各不相同,既有农民每天或每两天一次交换农产品的村落小型集市,也有将货物运往广州再销往国外的大型仓储批发市场。对于生丝、蔗糖和稻米等商品,有的是商人去乡村收购,有的则是农民将其带往市场销售;市场把农产品和原材料从农村带到城市,再把工业品如棉布等送到农村。

表 5.1 1731 年前后的市场密度

每千平方公里的市场数	县　　数
0—4	28
4—8	26
8—16	21
16—32	4
32—64	2

市场密度 一定区域的市场数量可以大致衡量出其农业经济商业化的程度。1731 年的《广东通志》提供了最全面的市场密度数据,可惜我们没有对应的广西省数据,因而无法了解当时岭南的全貌。但由于广东省的数

---

① James C. Scott, *The Moral Economy Of The Peasant: Subsistence and Rebellion in Southeast Asia* (New Haven: Yale University Press, 1976).

第五章 "富家巨室,争造货船":国际贸易与经济的恢复

据十分充分,即使没有广西的资料,我们也可以大致设想出当时的情形。

地图5.1a和5.1b体现的是广东省的市场密度情况,在总共81个县中,密度最低的每千平方公里只有不到一个市场,密度最高的有超过40个市场。我们还可以换另一种说法,即在半径15公里以内(步行3小时能达到的最远距离),分布着1—40个市场。意料之中的是珠江三角洲地区有着最密集的市场分布,南海和顺德县每千平方公里分别有44个和43个市场;市场密度最低的是远离广州、位于岭南边缘的广宁、乳源和感恩三个县,阖县均只有一个市场。很明显,市场密度的高低与距离广州的远近有一定的相关性;但也并不完全如此,如西南沿海地区、海南岛和广州东西两面都有一些密度较高的地区。其原因在于这些地区都有较大的市场,既服务于本地区,又与广州-佛山城市区相联系(岭南不同地区的市场分布模式将在后文详细讨论)。总体而言,这些县以市场密度为标准可以分为五个等级(参见表5.1,每个等级是前一个等级密度的两倍)。

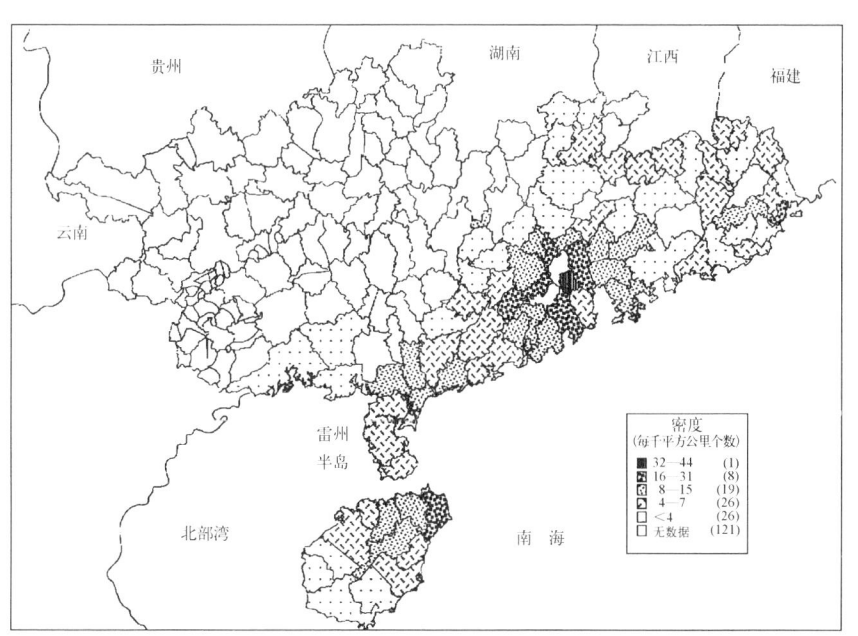

地图5.1a　1731年前后的市场密度

181

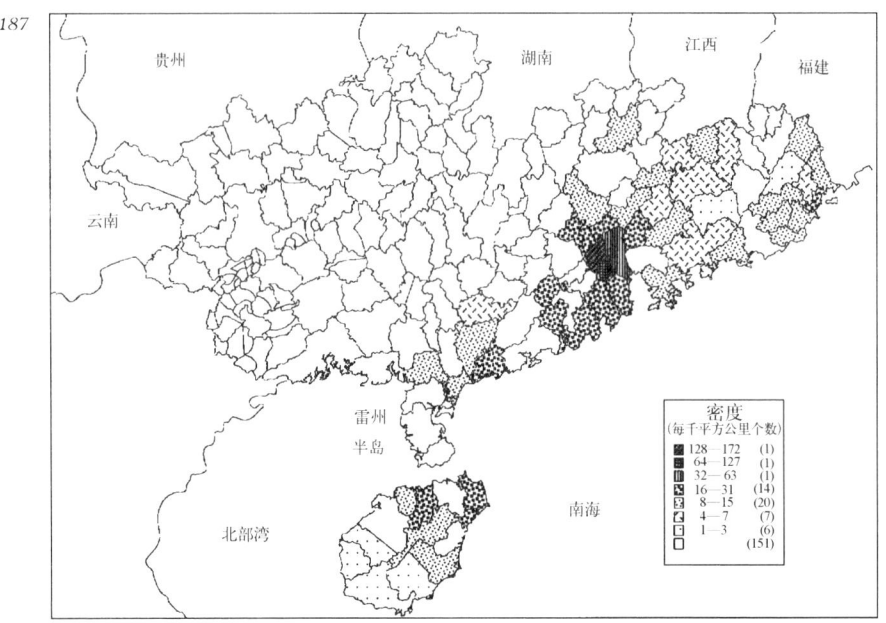

地图 5.1b　1890 年前后的市场密度

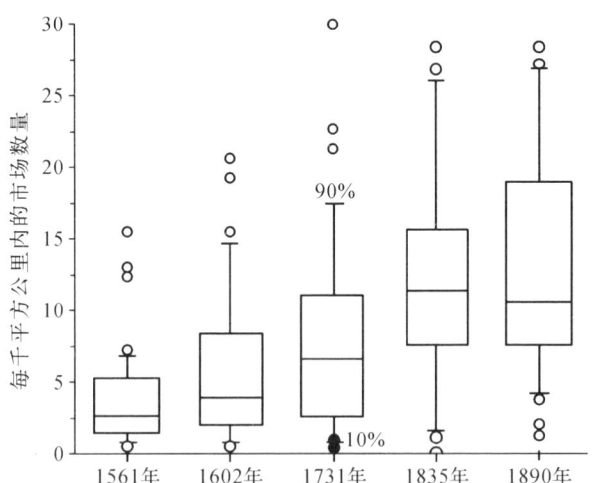

图 5.7　1561—1890 年岭南各县的市场密度分布情况

虽然我们在其他时期的数据并不完善,但仍可以将已有的数据制成图 5.7 来表示市场密度的变化情况。图 5.7 中方框区域表示的是居于中间50%水平(即从25%到75%之间——译者注)的县的情况,这一水平中的市场数量在1731年是每千平方公里2—7个,到了1835年前后增加到了8—15个,市场密度的提高当然也就意味着市场数量的增加。从图5.7中我们还可以看到就岭南地区整体而不是个别地区而言,市场密度的提高大体上还是比较平稳的。

但这并不意味着各个地区之间市场密度的提高没有明显的差异。我们用表5.1的分类方法来选择四个代表性的县,将其在1602—1890年间的市场数绘成图5.8。从中我们可以看出,最明显的就是南海县在1775年以后远远超出了其他地区,而南海绝不仅是珠江三角洲地区的一个普通的县而已,它还是与丝织和棉纺业联系最紧密的一个县。直到1775年时,南海县市场形成的速度也并不比广东其他地区更快,但在中国与欧洲贸易扩大之后,市场数量飞速发展,几乎每两年就新增一个市场,把广东的其他地区都甩在了后面,而其他的地区如吴川约为每40年新增一个市场,归善则为每12年新增一个市场。①

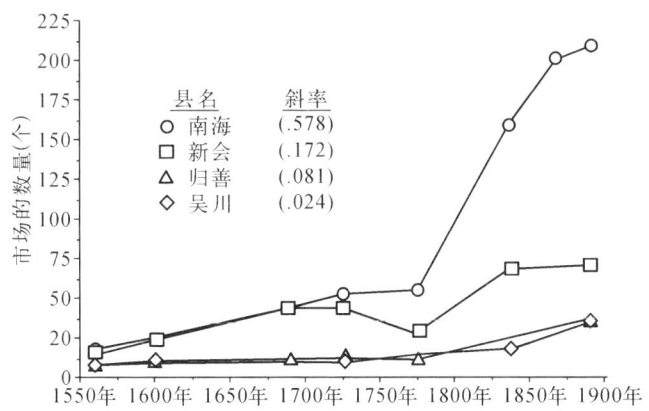

图5.8　1561—1890年样本县的市场增加情况

---

① 这些增长率是根据各县的趋势线斜率计算所得的。

岭南市场的分布模式 施坚雅曾预测中国平原地区的市场分布将呈现六角形的等级排列模式,岭南并不是平原地区,因此其市场排列也会受到某种地形学的约束和影响。中国学者罗一星的研究给我们带来了一些启发,他认为清代岭南市场分布可以分为三种类型:(1)在珠江三角洲地区大致呈同心圆形分布;(2)在北江、东江和西江流域及沿海地区呈树型分布;(3)在海南岛地区呈项链状分布(见图5.9)。①

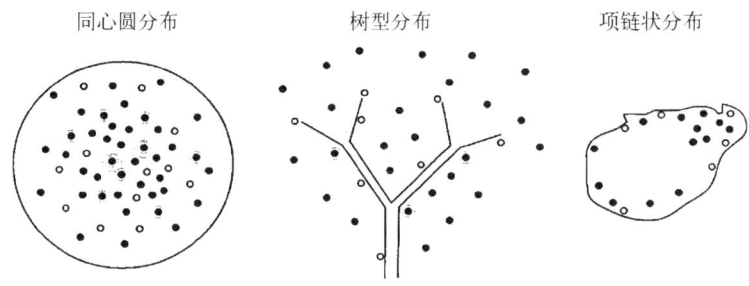

图 5.9 岭南市场体系的三种模式(罗一星模型)

在整个岭南,只有珠江三角洲算是平原地区,即使是这里,几个世纪以来还是纵横交错地密集修建了灌溉水渠的网络,在涨潮时还可以通行船只;乡村、市场和集镇遍布于三角洲地区,如同散在碟子里的豌豆一样。② 在岭南的另一些地区,市场分布的模式则受河流和海岸的影响,东江、北江和西江所流经的地区大多为较贫瘠的山区,而短一些的河流如梅江和鉴江则直接流入大海,交通主要依托于河流,因而市场也都向河

---

① 罗一星,"试论清代前中期岭南市场中心的分布特点",第四届清史学术研讨会会议论文,1987年。
② 这些市场能否被抽象成施坚雅所预测六边形模式还有待研究,本文这里并不尝试作这样的归纳。

流靠拢,一些比较大的和重要的市场如韶州和三水的市场往往都位于两条或两条以上河流的交汇处,形成了树型的分布模式。海南岛内多山,几乎所有的市场都位于岛屿边缘的狭窄地带或者东北角上的一片仅有的平地上,看上去就像一串项链。

岭南市场的功能性等级 施坚雅的先导性研究已经证明了,中华帝国晚期的市场并不是随意分布在乡间的,而是嵌入在一定空间性和功能性的网络中的。施坚雅把市场分为八个等级,在最低等级的"标准市场系统"到最高级的"区域性大都市"之间还有六种不同形式的市场,在市场等级体系中各有自身的功能。

和施坚雅一样,罗一星也看到了岭南市场的等级机构,但他把岭南的市场体系分为了四个等级,最低等级的是"村市",其次是"大乡中心墟",连接着8—10个村市,第三级为中等规模的集镇,它不仅联系着大乡中心墟,而且大规模地向广州、佛山运输农副产品。罗一星和施坚雅虽然在等级的层次上有所差别,但都认为市场存在等级体系,总体上也是一致的。就广东而言我更加倾向于罗的分类方法,因为施坚雅的理论是建立在平原地区的假设之上的,市场等级网络允许农户选择在不同市场交易的频率,而在罗一星的研究尤其是树状市场模式中,农户们选择交易的市场是十分有限的,有时只有是某一个市场。施坚雅的理论中没有涉及垄断的力量,而在罗一星的研究中,这是可能出现的结果,而这些差异会影响到后文(第八章)对米价行为和稻米市场结构的分析。

罗一星描述了珠江三角洲地区四个等级的市场和它们之间的相互交织情况。村市的功能是满足一个或多个村庄农户买卖日用品和农产品的需求,虽然在顺德有一些专业交易桑叶和稻米的村市,但它们大多数是比较小规模的交易,没有固定的结构和商店。罗一星所描述的第二等级——大乡的中心墟,一般由10—20个村市围绕而成,农户可以从中购买农具和牲畜、外地输入的稻米、果树苗、鱼苗和蚕茧。

罗一星所称之为中心墟的这一级市场连接着生产生丝的农户和位

于广州和佛山的出口市场,在丝织业中扮演着至关重要的角色。在顺德的大良中心墟和新会的潮连中心墟,来自广州、佛山、江门和香山商人可以从农户手中直接购买生丝。有的中心墟继续为满足本地交易需求而服务,有的则逐渐成为了生丝或鱼类的专业市场。南海县的九江乡大墟就专业收购蚕丝,"行于省佛,贩出外洋"①;而且由于蚕桑与养鱼的关联,九江墟还成为了农户所购买鱼苗的发销中心,这些鱼苗则远途来自于北面的曲江和东面的潮州;由于附近地区的大部分农民都把稻田转换成了桑基鱼塘,九江墟就又成为了广西运来的稻米的大型市场;与之类似的还有顺德的陈村墟和新会县城。

位于中心墟之上的是第三等级——中等规模的批发性集镇市场,这里先是作为农产品和林产品的仓储地,再将其运往广州和佛山。位于西江和潭江下游的江门就是海南岛产品的主要转销市场;其他类似的批发逗售市场还有香山的澳门、三水的西南、肇庆的高要和东莞的石龙。

居于岭南市场结构最顶端的是广州-佛山城市区。佛山拥有发达的棉纺织和丝织业,而且还是出口欧洲茶叶最后一道烘焙工艺的完成地和主要的铁器制造中心。构成这一城市区的两个主要城市相距仅二十余里,广州主要面向南洋和国际市场,而佛山则主要经营西江和北江来往的商品,其中最重要和规模最大的是西江航运,它把佛山和粮食主产地梧州、浔州和桂林联系了起来。

相对于珠江三角洲地区市场体系的四个等级,罗一星将树状分布和项链形分布的市场分成了三个等级——当然如果这些地区也能包括广州和佛山的话,它们也是四个等级。在东江、北江和西江流域的树状市场体系中,几乎所有的中心和二级市场都是从它们的腹地乡村聚集稻米再销往下游的佛山,这里有几个例子:位于东江上游的河源就向下游地区输出稻米,而地处整个岭南最为偏远地区和难以到达的地区的永安

---

① 罗一星,"试论清代前中期岭南市场中心的分布特点",第8页。

(今紫金县——译者注),则把稻米卖往河源;广西有三个最大的稻米输出市场,其中两个都位于西江之上:梧州和位于上游的浔州,另一个是柳州,来自广州和佛山的米商在所有的第三级市场中都设立了会馆,非常积极地为广东市场购买稻米。事实上,稻米成为了岭南地区主要河流流经的腹地区域最主要的经济作物,19 世纪时市场对稻米的需求极大,以至于封川县(位于西江上游接近广西边界处)的农民会自己吃甘薯以省出稻米拿到市场上去销售,当地没有水路可通的苍梧和岑溪农民就得把米袋背到市场上出售。①

在海南岛的项链形市场体系中,所有的村市和中心墟都将各类产品转运到地处岛屿北端、正对着大陆的海口,海口位于岛内最大河流——南渡江出海口的西侧,距离琼州府的行政中心仅数里之遥,具有岛内其他市场都不具备的地理优势。来自广州、佛山、高州、潮州的商人都在海口设有会馆,以便于收购硬木、槟榔果、椰子和香料等用于出口。

到了 18 世纪时,整个岭南地区的市场使得专业生产各种作物的农民不是与其他农民相联系,而是与地区性、全国性乃至世界性市场联系到了一起。简而言之,珠三角一带的农民生产出口到欧洲市场的丝和运往华中市场的甘蔗,而他们自己的粮食需求则通过东江、北江和西江(尤其是西江)流域的腹地地区来供应,于是稻米成为了和桑叶、鱼或甘蔗一样的商品,其生产主要不再是为了自给自足,而是为了在市场上销售。

结 论

1684 年海禁取消之后,中国沿海地区贸易和对外贸易的迅速扩大唤醒并推动了岭南地区的农业商业化。和对棉布的需求刺激了稻作向甘蔗种植的转换一样,对丝绸的需求也带来了稻田向桑基鱼塘的转变。随

---

① 罗一星还例举了很多例子来说明,"试论清代前中期岭南市场中心的分布特点",第 8—15 页。

着珠江三角洲的农民转向经济作物的生产,他们的粮食需求也就需要依靠市场来供应了,对稻米的需求又刺激了岭南主要江河流域的农民向下游地区销售自己生产的稻米,自己则转而食用新引进的美洲作物,尤其是甘薯(后面的章节还将对此进行详细的讨论)。稻米市场的协调和连成一体是一个非常大的话题,我们将在第八章进行探讨,这里我们只要注意到的是生丝、甘蔗和棉花的市场把稻米这种岭南人民的主食也变成了一种商品。

广州和佛山成为了六条相互联系的贸易线路的中心:(1) 在整个循环的最开始是,商人们和广州周边地区(或有方便的水路可通的地区如增城或阳江)种植甘蔗的农民订立买卖甘蔗的合约,用棉纱或现金购买甘蔗;(2) 这些商人随后将甘蔗或提纯后的蔗糖销往江南,购回棉花并在佛山进行纺织;(3) 棉布和棉纱被运往位于岭南腹地,尤其是广西西江盆地地区的农家,交换他们的粮食并运往佛山和广州;(4) 一些稻米被从佛山销往珠江三角洲的各级市场,以交易当地农民生产的生丝,再将生丝运往佛山进行加工;(5) 棉花、稻米和染料被商人们从南洋运至佛山和广州,而佛山生产或储存的丝绸、棉布和蔗糖则销往南洋;(6) 欧洲人从广州购买丝绸、棉纺织品和茶叶,而用棉花、白银和鸦片来进行交换。

岭南地区农业商业化的模式有几个突出的特点。第一,农户仍然是整个过程的中心,珠三角地区的地主和乡绅虽然为稻田向桑基鱼塘的转变提供了资金,但他们和蔗糖商人都没有试图去把农民变成工人或农奴。① 第二,在经济利益的驱使下,农民采取的办法是把已有的稻田改为甘蔗田或桑田,而不是另外开辟新的土地去种植这些经济作物。第三,通过农业商业化造就的密集的农村市场网络,农民可以用自己生产的经济作物去交换粮食;市场的意义不仅在于经济作物的交易,更在于通过

---

① 在其他的社会条件下,农民往往都被强迫变成了种植经济作物的农奴或奴隶;但在帝制晚期的中国,经济和社会都建立在自耕农的基础上,他们自行制定其生产决策。

市场而进行的稻米流通,因为珠三角及周边的农民如果不能确信可以通过市场得到粮食供应的话,是绝不会仅仅因为国内和国际市场对丝绸和蔗糖的需求就转换耕种作物的。最后,相互紧密连接的六条贸易线路把整个岭南地区的经济连成了一体,并将其与江南的全国性市场、华商主导的南洋贸易和扩张中的欧洲全球贸易联系了起来。

1684 年沿海贸易恢复以来,国内和国际市场需求造就的农业专业化生产给岭南的土地利用模式带来了一次意义深远的变革,继续了明代时期就已经出现的趋势,大量的农民将越来越多的土地从稻作改为甘蔗种植或桑基鱼塘,也越来越多地依靠市场来供应农户所需要的食物。而市场上的稻米供应并不仅仅取决于广东北部或广西中部江河流域农民的种植技术,还取决于气候的情况。

第六章 "地方向来无雪":气候变迁与农业生产力

"天时地气,亦有转移",1717 年,康熙皇帝在他长达 61 年的执政晚期里曾经说道:

> 朕记康熙十年以前,四月初八已有新麦,前幸江南时,三月十八日,亦有新麦面食。今四月中旬,麦尚未收……又闻福建地方向来无雪,自本朝大兵到彼,然后有雪。①

康熙发现在他的经历中,气候不仅变得越来越冷了,而且这变冷的气候还在明显地推迟着小麦的收获期。② 事实上,如我们在第四章中所了解的,气候变冷早在 1610 年代就已经开始了;而且,在康熙评论气候变冷的时候,气候实际上已经再一次发生了变化,趋向于越来越温暖和湿润了。

本章将对康熙皇帝所发现的这种气候变化和作物收获量之间的关系进行考察,由于资料所限,我们的研究主要限于 18 世纪。在本章的第

---

① 《大清圣祖实录》卷 272:9—10。
② 康熙皇帝的发现绝不是单靠直觉,他至迟从 1693 年已经开始搜集江南的气候报告,因此其结论是有相关依据的。虽然关于福建从未下雪的判断并不完全正确,但从他能把气候变化和收获量相联系着一点来看,康熙的确是一位敏锐的观察者。详见谢天佑,"气候・收成・粮价・民情——读《李煦奏折》",《中国社会经济史研究》1984 年第 4 期,第 17—20 页。

一部分,我将重建 1650—1850 年间岭南的气候历史,从总体上探讨气候因素对农业影响的机制,并通过清朝官员的奏折资料绘制出各年度收获量的变化图。第二部分,先通过对案例的考察探讨洪水、骤然降温和旱灾是如何影响作物产量和稻米价格的,再分析虫灾对收获量的影响程度,总结气候变量对 18 世纪中主要的地区性产量下降所带来的影响,以及岭南人民是如何采取措施来减少产量波动风险的。

气温 中国文献史料中的相关证据和近年来气候学家重建起的北半球气候资料,为我们了解从 1650—1850 年这两个世纪间的气候变化情况提供了基础。图 6.1 阐释了三个对中国文献史料的不同分析的发现,气候变冷的时间段用方框框出以便于分辨。

表格中第一列为中国气候学家竺可桢的研究成果,竺可桢关于气温变化历史的研究使用了物候资料和长江下游湖泊结冰日期来估计气温变冷的开始时间[1],就本章而言,我们需要注意的是他将 1620 年代到 1710 年代这一个世纪的时间定为一个气温下降的时期,而 1720 年代以后的史料则表明气候已经开始回暖了。第二列为中国科学院地理学家郑斯中先生的结论,郑先生的结论基本上与竺可桢先生一致,差异主要在于郑认为气温较冷的时期在 18 世纪延续的时间要更长一些。当然,"寒冷"和"温暖"的时期只是一种比较粗糙的手段,以反映气候学家对历史上反常的霜冻和结冰记录次数的评估,时间段的划分同样也只是大致的近似。但是这两项研究都和世界其他地区重建的气候变化历史趋势相一致,那就足以说明它们可以指示出当时华中华南地区气候变化的趋势了。

表格第三列来源于我本人从岭南各地方志中找到的关于异常寒冷天气的记载,所标出的数字是在该年代中有霜冻、结冰或下雪记载的年

---

[1] 参见竺可桢《中国近五千年来气候变迁的初步研究》,以及 Zhang Piyuan and Gong Gaofa, "Three Cold Episodes in the Climatic History of China", in Ye Duzheng et al., *The Climate of China and Global Climate*: *Proceedings of the Beijing International Symposium on Climate* (Berlin: Springer, 1987), 38—44。

年代	竺可桢	郑斯中	马立博
1470	寒冷	温暖	0
1480	寒冷	温暖	2
1490	寒冷	温暖	0
1500	寒冷	寒冷	4
1510	寒冷	寒冷	1
1520		寒冷	1
1530		寒冷	4
1540		寒冷	4
1550	温暖	寒冷	1
1560	温暖	温暖	1
1570	温暖	温暖	2
1580	温暖	温暖	2
1590	温暖	温暖	1
1600	温暖	温暖	1
1610	温暖	温暖	4
1620	寒冷	寒冷	1
1630	寒冷	寒冷	3
1640	寒冷	寒冷	0
1650	寒冷	寒冷	2
1660	寒冷	寒冷	3
1670	寒冷	寒冷	1
1680	寒冷	寒冷	6
1690	寒冷	寒冷	3
1700	寒冷	寒冷	4
1710	寒冷	寒冷	4
1720	温暖	寒冷	3
1730	温暖	寒冷	3
1740	温暖	温暖	1
1750	温暖	温暖	4
1760	温暖	温暖	5
1770	温暖	温暖	1
1780	温暖	温暖	5
1790	温暖	温暖	1
1800	温暖	温暖	3
1810	温暖	温暖	3
1820	温暖	温暖	1
1830	寒冷	寒冷	7
1840	寒冷	寒冷	3
1850	寒冷	寒冷	

图 6.1　1470—1850 年的气温波动

数。如果记录有这些寒冷天气的县的数量也能大致代表寒冷的严重程度,而且连续两年以上都有这种记载能够代表着某种趋势的话,那么各种方志中所记录的最寒冷的时期是1680年代和1830年代,其他时期也间断有一些较短的寒冷期。① 而且,1680年代和1830年代的火山喷发也为气候变冷提供了合理的解释,同时也把华南地区的气候变化和全球趋势联系了起来:喀拉喀托(krakatoa)火山于1680年爆发并在此后数年中又曾经爆发过,而1831年一系列的火山爆发形成的全球性气温下降,则导致日本在1832年和1833年的严重歉收。②

我重建的岭南气候变迁趋势总体上和竺可桢、郑斯中的研究一致,差异之处仅在于我的研究认为1760年代和1780年代都有五年气温较平常更冷一些。很明显,这三个研究和近年来重建的北半球气候历史是相一致的。③ 雅科比-阿雷戈根据他们在加州白山对树木年轮的分析,重建了1951—1980年气温平均数为均值的温度波动图(图6.2)④,从年度气温波

---

① 《广东省自然灾害史料》,广州:广东省文史研究馆,1961,第171—180页。
② Lamb, *Volcanic Dust in the Atmosphere*, 425—550.
③ 中国是全世界能够拥有这样长时间的气候历史记录的唯一地区,其他地区的科学家只能通过一些代理性(Proxy)的记录来推算全球气温变化趋势,而就中国所拥有的长时期气候史料和竺可桢、张德二等学者所完成的中国气候史研究而言,一个重要的问题是这些气温变化究竟在多大程度上是全球性或北半球共同的而不只是地区性的,这个问题之所以重要,一方面是因为科学家们正在思考气候变迁和全球变暖之间的关系,另一方面则是因为历史学家们也在试图揭示出气候变化与粮食生产之间的历史关系。近年来的研究已经回答了这些问题,证明了北半球各地区之间气温变化是高度相关的:1880年到现在中国和北半球气温的相关系数为0.95。关于这一问题的探讨可以参见 R.S. Bradley et al., "Secular Fluctuation of Temprature over North Hemisphere Land Areas and Mainland China since the mid-19th Century", in Ye et al., *The Climate of China*, 84。张丕远和龚高发指出18世纪欧洲和北美地区的气温与中国的变化趋势一致,参见 Zhang and Gong, "Three Cold Episodes in the Climate History of China", 43。关于相关性的图示可以参见 Zhang and Crowley, "Historical Climate Records in China and the Restruction of Past Climate", 843. 亦可参见 Lough et al., "Relationships between the Climates of China and North America", in Ye et al., *The Climate of China*, 89—105。
④ Jacoby and D'Arrigo, "Reconstructed Northern Hemisphere Annual Temperature since 1671 Based on High-Latitude Tree-Ring Data from North America", 39—59. 这里使用他们的数据不仅是因为这是北半球历史气温最可靠的资料,而且因为他们非常友好地允许我使用该数据库。从图中可以看出历史上气温与现在气温均值之间的差异。

图 6.2　1671—1972 年的北半球气温

[资料来源:Gordon C. Jacoby and Rosanne D'Arrigo, "Reconstructed Northern Hemisphere Annual Temperature since 1671 Based on High-Latitude Tree-Ring Data from North America", *Climatic Change 14* (1989):39—59。]

动图中可以看出,这一研究虽然比中国历史文献中十年一度的气候记录波动更密一些,但总体的趋势是一致的:气温从 1700 年前后的低温上升到了一个较高些的温度水平并维持了 18 世纪的大部分时间,从 1807 年起气温再度下降并在 1830 年代和 1840 年代达到了最低点。

总而言之,无论是中国的历史文献资料还是北美的年轮资料,都得出了关于清代岭南气温变化趋势的相同结论:1680 年代到 1690 年代初的异常寒冷时期之后,18 世纪的气温变得相对温暖,在 19 世纪上半期又开始下降并在 1830 年代达到最低点,之后 19 世纪后半期再度回暖。康熙皇帝的话有一部分是正确的,在他执政期间的有些年份气温的确比"正常年份"要冷一些;但他所无法知道的是,随着他执政期即将结束,气温将要又一次开始上升了。

降雨　中国气象局关于中国气候史料定量化和图示这一重要项目研究成果的出版,使得我们分析中国历史上的降雨和干旱模式成为可能。①

---

① 中央气象局主编《中国近五百年旱涝分布图集》(北京:科学出版社,1981)。使用该项目的数据和地图时应当注意,该项目的研究者从数百种方志中梳理出各类关于气候的定量评论,并用数字 1—5 来概括其程度,"3"表示正常的降雨,"5"表示大面积的旱灾,"1"代表大面积的洪水,稍低程度的洪水和干旱则用"2"和"4"分别表示。这种方法当然有其局限性,但要将方志中如此大量的数据用地图表示并能够从时间和空间上反映出降雨模式的变化来,的确没有更好的办法。

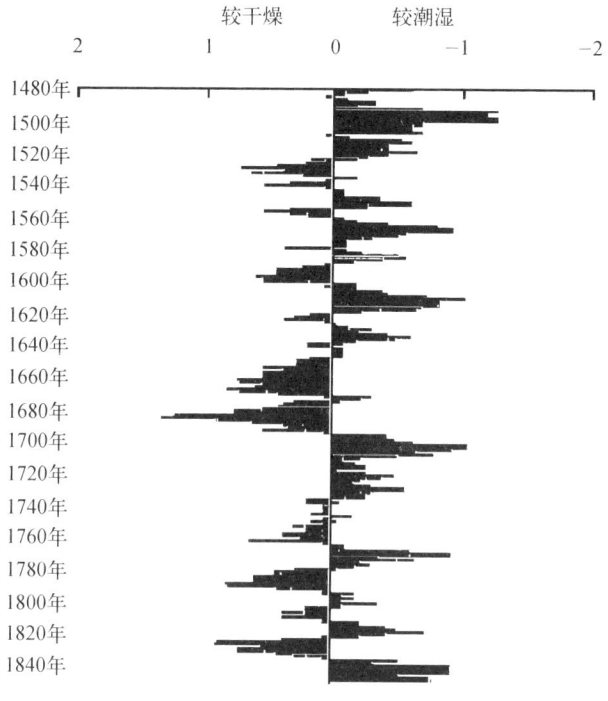

图 6.3　1480—1840 年广州的湿度指数

自该成果于 1981 年出版以来,研究者们已经对中国各地洪水和旱灾分布的周期和规律性进行了分析①,并将其划分为六种典型的类型②。

气象局所编撰的历史资料覆盖了岭南地区的十个地点,由于缺乏降雨量实际数据的具体记录,气象学家们采取的办法是搜索历史文献中所有关于洪水和旱灾的记载,然后用 1—5 来表示其程度(参见第 194 页注释①),进而对这些有关降雨量的史料进行量化。我用气象局的数据制

---

① 可以参见龚高发等《应用史料丰歉记载研究北京地区降水量对冬小麦收成的影响》,第 444—451 页;Hameed 等"An Analysis of Periodicities in the 1470 to 1974 Beijing Precipitation Record",436—439;Huang and Wang, "Investigations on Variations of the Subtropical High in the Western Pacific during Historic Times",427—440。
② Wang and Zhao, "Droughts and Floods in China, 1470—1979", in Wigley et. al., eds., *Climate and History: Studies in Past Climates and Their Impact on Man*, 271—88. 这六种类型是:(1a)全国性的洪水,(1b)全国性的干旱;(2)长江流域干旱,其他地区洪水;(3)长江地区洪水,其他地区干旱;(4)华南洪水,华北干旱;(5)华南干旱,华北洪水。

成图 6.3 中 1480—1850 年间广州城的"湿度指数",从中我们可以看出,18 世纪上半期比 17 世纪的下半期要更潮湿一些,18 世纪中期以后气候日趋干燥,进入 19 世纪以后的 1820—1840 年代最寒冷时期同时也是干燥和潮湿气候的分界线。

回顾 1650 年以后两个世纪中华南地区六种洪水和旱灾类型的分布频率,我们可以将它们划分为确定性的比较干燥或比较潮湿的时期,只有 1737—1788 年和 1802—1838 年这两个时间段的情况比较多变。合并前述的气温变动趋势、洪水和旱灾类型以及广州城的湿度指数,我们将 1650 年代—1850 年代的岭南划分成了七个明显的气候时段(见表 6.1)。

表 6.1 1650—1859 年岭南地区的气候变迁

时期	潮湿的年份	干燥的年份	气候
1650—1664	13	2	寒冷而潮湿
1665—1699	11	24	寒冷而干燥
1700—1736	28	9	温暖而潮湿
1737—1788	25	27	温暖而干湿多变
1789—1801	11	2	温暖而潮湿
1802—1838	18	19	变冷而干湿多变
1839—1859	17	5	寒冷而潮湿

说明:a 表示类型 1(a)、2 或 4;b 表示类型 1(b)、(3)或(5),见第 195 页注释②。

18 世纪与前后的时间段相比较总体上显得更温暖和潮湿一些,但即使是在 18 世纪期间也还可以分出三个不同的时间段:1700—1736 年的温暖湿润期、1737—1788 年的温暖和干湿多变期以及 1789—1801 年的再度温暖湿润期。虽然我将 18 世纪岭南的总体特点归结为比较温暖,但冷空气的确也曾经穿过南岭而达到过广州,方志中既记载有一些偶然发生的寒冷冬季,也记载了一些连续干燥而寒冷的年份。①

---

① 世界各地年均气温变化和降水之间的关系并非整齐划一,而是十分复杂多变的。北欧和西欧夏季气温较低时往往比较潮湿,这与华北的情况比较相似。而在华南和华中,较寒冷的时段则多伴随着干旱的天气。参见 Zhang and Crowley, *Historical Climate Records*, 842—844。

由此我们可以清楚地看到,17世纪中期危机时比较寒冷的天气到18世纪初时趋于减缓,逐渐转变为比较舒适的气候。那么对于岭南这样一个跨越北回归线的亚热带地区的人民和农户们而言,这样的气候又意味着什么呢?亚热带的岭南是否能逃脱寒冷气温的有害影响呢?或者像康熙帝所说的长江三角洲一样,气候的变化也影响了华南的收成?从史料来看,即使是华南地区,气候也的确影响了农作物的收成。

气候与农业

气温、降雨、湿度和光照对于粮食作物尤其是禾谷类作物产量的影响是非常复杂的,我们只需要知道禾谷类作物和其他植物一样,在生长期需要一定的温度、湿度和光照才能成熟和收获[1],这些因素过多或者过少都会影响收成,当然影响并不必然是线性的。[2] 由于夏季凉爽和冬季严寒比降水变化对温带作物的负面影响更大,因而关于欧洲和日本气候变化对农业影响的历史研究主要都集中在温度的变化上。[3] 然而,在亚热带的岭南地区,由于其依赖夏季风带来的降雨,我们就必须多关注一些干旱或洪水的影响。

18世纪岭南的主要作物是稻米,其次是小麦。在广东省的很多地区,每年的轮作方式为两季水稻加上一季小麦或蔬菜;在一些海拔较高或因位置比较靠北而无霜期仅有220—240天的地区,则是一季水稻加上一季小麦或蔬菜。

---

[1] Lamb, Climate, *History and the Modern World*, 282.
[2] Richard W. Katz, "Assessing the Impact of Climatic Change on Food Production", *Climatic Change 1* (1977): 85—96.
[3] 主要可以参见 M. L. Parry and T. R. Carter, "The Effect of Climatic Variations on Agricultural Risk", *Climatic Change 7* (1985): 95—110;以及 John D. Post 所做的另外两项研究:*Food Shortage, Climatic Variability and Epidemic Disease in Preindustrial Europe*,以及 *The Last Great Subsistence Crisis in the Western World* (Baltimore: Johns Hopkins University Press, 1977)。关于日本,可以参见 Junsei Kondo, "Volcanic Eruption, Cool Summers, and Famines in the Northeastern Part of Japan", *Journal of Climate 1* (Aug.1988): 755—788。

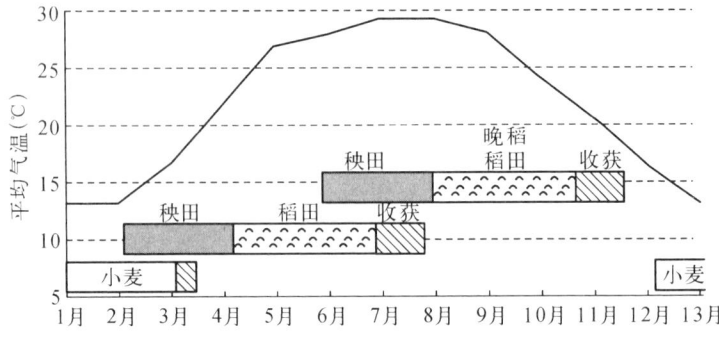

图 6.4 轮作周期

根据 1764—1765 年(这两年没有明显的异常气候如干旱、洪水或严寒发生)的档案史料①,我重建了每年的农业轮作周期,并将其绘在广州现在月度气温变动曲线的下面(图 6.4)②。首先,早稻种子大约在 2 月 1 日前后发芽,然后在秧田中生长两个月,在 4 月 1 日前后移栽到稻田中(4 月 4 日或 5 日的清明节一般被认为是移栽的合适时间),最后在 6 月的前半个月中收获。在 7 月早稻收割的同时,第二季稻或晚稻开始在秧田中培育,在早稻收割约两周后移栽到稻田,晚稻的收割时间约为 10 月底或 11 月初。再过两周以后,小麦或蔬菜开始直接被种植到田地里而不用事前在秧田培育。在两季作物之间通常只有两到三周时间的间隔,稻—稻—麦的三季作物轮作周期中几乎没有农闲的时节。

现代研究者已经发现水稻可以生长的温度区间是从 15℃—18℃ 到 30℃—33℃,在此区间内,20℃—22℃ 的气温最为适宜水稻的生长

---

① 参见《乾隆朝奏折》卷 20:733(乾隆二十九年三月初四)、卷 22:104(乾隆二十九年七月初四)、卷 23:152(乾隆二十九年十一月初九)、卷 24:247(乾隆三十年闰二月二十五日)、卷 25:476(乾隆三十年七月十一日)和卷 26:424(乾隆三十年十月二十四日)。关于种植双季稻的时间选择,可以参见《乾隆朝奏折》卷 11:801。
② 图 6.4 中的气温曲线是根据现在广州的平均气温而绘制的,1764—1765 年的年均气温可能要比表中的数字低 0.3 摄氏度,因此曲线的位置可能要略低一些。

和发育,在低于 15℃ 的条件下稻种容易腐败或不发芽。① 在正常的气候和温度下,1 月或 2 月初广东的气温还低于水稻所需要的温度,在 2 月中或下旬日平均气温升至 15℃ 时才可以把稻种撒进秧田里,温度达到最适宜的 22℃ 时,农民们把秧苗移栽到稻田中,然后在气温和降雨都达到最高值的 7 月里收获。对于早稻而言,最担心首先是在秧田发芽或移栽时遭遇异常的寒冷而冻死作物,其次是在成熟的时期缺水而导致植株的干枯。对于晚稻而言,最危险的则是在移栽以后发生干旱,或者在 9 月、10 月份异常的寒冷会冻死正在成熟的作物。双季稻的种植由于早稻发芽时间的提早和晚稻收获时间的推迟而容易遭遇低于水稻所能承受气温区间的寒冷天气,增加了作物损失的风险。

低温天气可能从两个方面对水稻产生影响。② 首先,春季的霜冻可能会杀死早稻的秧苗,而秋季的霜冻则会冻坏晚稻的植株,这两种情况都存在着可能而且都曾经发生过。根据当地的方志记载,1832 年,广东东部兴宁县"春雨雪坏秧,大饥";在当时的 9 月、10 月间,可能还发生了很多次亚热带气候比较少见的霜冻和降雪,这在 1681 年的花县和茂名县都有历史记载;这两年在当时都被看作是异常寒冷的年份,而其他的 1712 年、1757 年、1763 年和 1784 年也都有早秋霜冻杀

---

① I. Nishiyama, "Effects of Temperature on the Vegetative Growth of Rice Plants", in *International Rice Research Institute*, *Proceedings of the Symposium on Climate and Rice* (Los Banos, Philippines: International Rice Research Institute, 1974), 159—185.
② S. Yoshida and F. T. Parao, "Climatic Influence on Yield Components of Lowland Rice in the Tropics", in *International Rice Research Institute*, *Proceedings of the Symposium on Climate and Rice*, 471—494. K. Munakata, "Effects of Temperature and Light on the Reproductive Growth and Ripening of Rice", in *International Rice Research Institute*, *Proceedings of the Symposium on Climate and Rice*, 187—210. 低温还有可能以另一种间接的方式来影响收成(春旱),即使在春季气温比较温暖适宜、种子发育的情况下,冷气团可能会破坏北太平洋副热带高压的正常流动而导致夏季风不能及时到达。这种因冷空气而产生旱灾的机制与北太平洋副热带高压的年度流动以及这种流动与夏季风的联系有关,对这一复杂现象较为清晰的解释可以参见 Zhang and Crowley, "Historical Climate Records in China and the Reconstruction of Past Climates", 835。

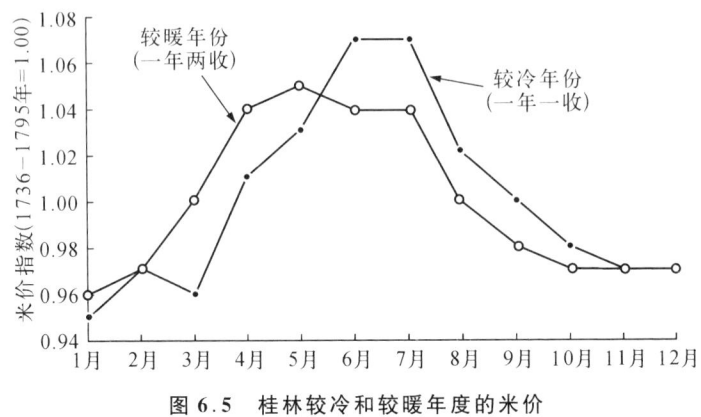

图 6.5 桂林较冷和较暖年度的米价

死作物植株的记载。①

其次,春季气温如果低于 15℃ 就可能会推迟移栽的时间,迫使农民放弃早稻种植而改为一季水稻加一季冬小麦的组合,这种轮作方式的改变可以从米价的变化中看出来(图 6.5)。在较温暖的年份里,桂林的农民可以收获两次,米价也有两个波峰(分别在 4—5 月和 7 月),此后随着收获的到来米价开始下跌;但在较寒冷的年份中,农民只能收获一次,米价也只在 6—7 月经历一次波峰。由于气候寒冷而导致的一年两熟变成一年一熟会使年产量下降 30%—40%。

在岭南这种亚热带地区如果出现了结冰或下雪的严寒天气,那么受影响的就不只是禾谷类作物了。在 1636 年、1690 年和 1815 年的方志中都有霜冻和降雪冻死树木和草的记载,果树和其他经济型林木被冻死,直接对以种植它们为生的农民造成了麻烦;有时,严寒还会冻死鸡、猪、水牛等农户的家畜;在 1532 年,冰层结得很厚,结果鱼都被冻死了;此外,还有冻死人的情况发生。岭南地区可能曾经出现过大面积的反常低温天气,其对于人和经济所造成的广泛影响也是不容忽视的。②

---

① 《广东省自然灾害史料》,第 174—177 页。
② 同上。

产　量

人们常说反常的低温会降低作物的产量,有时情况还会非常严重,那么温暖的气温会提高产量吗?我没有发现有关的传闻或记录。但是温度变化是否影响产量这个问题对于我们理解气候变化如何影响人类社会是十分重要的,尤其是在经济十分复杂的帝制晚期的中国。我们在谈到气候变冷和产量下降时往往想到的是那些粮食自给农户们的情况,但是在一个商业化的经济中,农民种植的粮食会通过市场卖给城市居民或那些种植经济作物的农民,气候变化对于作物产量的影响也会随之而被放大。一般情况下①,当年和下一年度的粮食需求基本是由人口规模决定的,因此粮价的变化主要是供给面起作用的结果(我将在第八章详细探讨产量与米价的关系),于是,气候对产量的影响就通过粮食价格放大到了整个农业经济中,当然,岭南的粮食主要是指稻米。

康熙十分重视气候变冷对农作物产量的影响,并且命令他的心腹大臣搜集气候、粮食产量和粮价资料向他呈报,但他并没有将这些资料进行系统化,其所关注的区域也主要限于长江三角洲地区。因此,在我考察 17 世纪或 18 世纪初气候变化对岭南地区收获量的影响时,只能找到一些轶闻类的史料。不过,雍正和乾隆朝的档案资料使得我们考察 18 世纪的气候对产量影响成为了可能。

虽然没有明确的证据表明雍正和乾隆两位皇帝在位期间曾经注意到气候相对于康熙时期正在变暖而且更加有利于农业生产,但是他们都很注意监控帝国的粮食供应情况,并且通过已有的官僚系统命令地方官

---

① 一些特殊的情况会影响到当年和下一年度的粮食需求,如在乾隆时期西部的军事战争中,发生在西北甘肃地区的主要战役带来了大量军队的进入,当然会影响到粮食的需求,有关这一问题的探讨可以参见 Spence, *The Search for Modern China*, 97—99。

员定期向中央政府奏报粮食产量的预期情况、降雨量和谷物价格。① 北京和台北的档案馆中都存有大量这类的档案记录，使得我们有可能重建起 18 世纪的历史产量来。

这些关于产量的奏报可以分为两类：县级关于三次（冬小麦、早稻和晚稻）收获量的详细报告和省级的收获量报告。② 省级数据可能是县级报告的平均数，所有的报告均以"分"为单位，我们将其转换为对应的百分比（如八分即 80%，八分有余则相当于 85%），如《大清会典》中所说"凡天下收成之数，汇而奏焉"，并将其按以下标准进行分级："凡岁收，八分以上为丰，六分以上为平，五分以下为歉，皆敷其实以闻。每年各省二麦、早禾、晚禾收成丰歉分数，督抚随时确奏"③。

这种对于产量的估算是由谁，以及怎样做出的？我们并不清楚。在康熙后期，广东和广西的巡抚都曾经亲自调查过歉收地区的实际产量情况。④ 到了雍正初期，这种工作成为了一种常规性的工作，由衙门的官员通过向农民询问的方式查验收获情况。⑤ 似乎所有的官员都有可能被指派去汇报收获、粮价和天气情况，1725 年一位军官（广西右江道乔于瀛）在赴广西履新的途中曾报告说"沿途历问雨水情形……近水之田收成约有九分上下，其余山阜之区亦具六七分不等"⑥。各种估计的质量水平显然不

---

① 粮价的呈报已经众所周知，这里不再赘述，可以参见 Robert B. Marks, "Rice Prices, Food Supply, and Market Structure in Eighteenth-Century South China", *Late Imperial China* 12, no.2 (Dec.1991), 64—116; Rawski and Li, eds., "Chinese History in Economic Perspective", 33—176. 对这一问题详细的介绍可以参见王业键，清代的粮价呈报制度，《故宫季刊》第 13 卷，1978 年第 1 期，第 55—66 页。
② 省级定期报告可能是乾隆初年官僚体系有关信息控制权斗争的结果，而县级的产量报告是宫中机密档案的一部分。参见 Beatrice S. Bartlett, *Monarchs and Ministers: The Grand Council in Mid-Ch'ing China, 1723—1820* (Berkeley and Los Angeles: University of California Press, 1991), 164—165。
③《大清会典》卷 21:17a。
④ 参见《康熙朝奏折》第 1770 号（康熙五十四年四月二十七日）、2103 号（康熙五十五年五月十五日）。
⑤《雍正朝奏折》卷 3:248（雍正二年九月二十八日）。
⑥《雍正朝奏折》卷 3:426—427（雍正二年十一月初七）。

第六章 "地方向来无雪":气候变迁与农业生产力

是划一的,早在 1729 年,广东布政使王士俊就曾写道"臣恐各属开报不实"①。

最后,我们应该知道这种以"分"为单位的产量等级划分是很粗糙的,只能提供一种模糊的印象。我们从八分或九分的收成中无法确切地了解到底收获了多少粮食②。事实上,随着人口的增长、耕地的扩大、生产能力的提高以及总产量的增加,收成的等级划分仍然还是以这种百分比为单位:1780 年的八分收成当然要多于 1736 年的八分收成,但两者就当时的供求情况而言,都被划为"丰"。

虽然产量的估计有其局限性,清代的官员仍然可以使用它来管理帝国的粮食供给和仓储系统。③ 而且,这种产量的等级顺序似乎也逐渐成为了公开的信息,以供佃农按照这种歉收的程度来减少交给地主的租金。④ 清代的这种产量分级估计绝不仅是一种官员们的例行公事,它还影响了整个帝国的治理方式乃至私人的契约行为。显然,当时的人们可以根据丰歉的估计程度来决定仓储的数量;那么今天的我们又能从中获得怎样的一些关于 18 世纪产量规模和数量的信息呢?

在县级的产量分级中,早稻和晚稻收获的估计量大多都在 70%—100%之间,这意味着官员们主要选择四种等级(70%、80%、90%、100%)之一作为他们的估计值;(在共计 13 000 项报告中)只有五个案例报告了县级产量低于六分。县级歉收报告比例很低可能与对自然灾害和谷物损失的赈济规则与程序有关,根据魏丕信的研究,"损失低于或等

---

① 《雍正朝汉文朱批奏折》卷 15:528(雍正七年六月十一日)。
② 18 世纪,早稻的平均产量约为每亩 4 石,如果这一产量对应的是 85%的收成,那么"丰"或"歉"就意味着每亩产量高于或低于 4 石。关于长江下游地区产量和长时期内亩产量变化的探讨可以参见陈家其,明清时期气候变化对太湖流域农业经济的影响,《中国农史》1991 年第 3 期,第 30—36 页。
③ 参见 Pierre-Etienne Will, *Bureaucracy and Famine in Eighteenth-Century China*, Elborg Forster, trans (Stanford: Stanford University Press, 1990), 110—113。
④ 关于岭南的情况可以参见 Kathryn Bernhardt, *Rent, Taxes, and Peasant Resistance: The Lower Yangzi Region, 1840—1950* (Stanford: Stanford University Press, 1992), 37—39。

于五分时不予赈济"①。自然灾害的发生要求进行逐村的调查,了解每块田地和每户人家的作物损失情况,那些损失在50%以上的农户可以得到赈济款以购买种子和口粮。因此,如果全县收成低于五分的话,就意味着该县的每户人家都有资格获得赈济,没有任何知县会作这样的报告。那么1787年县级估计收成60%—70%是否意味着其中会有一些地区的作物损失在50%以上,而另一些地区收获量超过50%,从而加总平均出60%—70%的县级水平呢?的确有一些调查表明部分地区或田场的产量低于50%,但不是全县。②

总体而言,18世纪早稻的收获量平均在82%—83%,晚稻为84%—85%,都处于《大清会典》中"丰"的等级。③ 如果地方官员的估计可以作为产量的一个大致标志的话,那么我们可以推测到在乾隆朝的大部分时间里,广东的收获量都是很好的。就当时总体的气候条件而言,这一推论并不奇怪,但有意义的是我们可以从中了解到当时官员对于农业产量的估计与气候数据是一致的。

虽然《大清会典》将六分和八分之间的产量定为"平",广东省的史料却表明处于这一区间的产量往往对应着当时的粮食短缺和饥馑。例如,1726年的一场台风恰在秋收之前袭击了广东东部,毁坏了大量的庄稼。潮州和惠州的知府均报告产量在六分至七分之间④,但在冬季都对受灾地区进行了大规模的赈济,除了从广西购进大米平粜以外,官员们还劝谕商人捐款捐粮赈济饥民⑤,即使如此,还是有很多灾民转赴广西乞

---

① Pierre-Etienne Will, *Bureaucracy and Famine in Eighteenth-Century China*.
② 而且,如果产量报告系统所遵循的是康熙年间旧例的话,那么山区和低地地区的产量差距是很明显的,尤其是某个地区遭受损失的时候。参见《康熙朝奏折》第582号(康熙四十八年十月初二)、1328号(康熙五十二年五月二十七日)和1401号(康熙五十二年七月二十八日)。
③《大清会典》卷21:17a。
④《雍正朝奏折》卷8:437(雍正四年十一月十五日)。
⑤《雍正朝奏折》卷9:309—310(雍正五年三月二十二日)、500(雍正五年闰三月二十五日)、501(雍正五年闰三月二十五日)。

讨①。与之相类似,1786 年,两广总督孙士毅提到了广东遭遇旱灾,"晴霁日久,地土不无干燥"②,最坏的收成也在六七分之间③;当旱情延续到 1878 年,有 18 个县的县志都提到了该年"大旱"、"大饥",而省级政府所估计的县级收成依然没有低于六分。④

当然,气候的变化会影响到作物的收成,为了更详细地分析两者之间的关系,以下我通过三个例子来分别探讨洪水(1725—1727 年)、严寒(1757—1758 年)和旱灾(1786—1787 年)对粮食产量的影响。

1725—1727 年的洪水和台风 如果岭南地区出现反常的低温天气往往会导致干旱的话,那么高温天气也会产生相应的结果:暖湿气流常常会带来超过正常水平的降水,有时会导致洪灾的发生,一个真实的历史案例就是 1725—1727 年持续了超过两年的洪水灾害。⑤

1725—1727 年的作物减产和赈灾活动主要是两个彼此独立的自然灾害的结果:1725 年末的西江洪水和第二年的广东东部台风。而在这两次灾害之前则是一次长达十年的温暖天气,1711—1712 年的低温之后(十月底的霜冻冻死了广东西部和广西中部的作物植株),直到 1720 年代中期,气温一直稳步上升(见图 6.6),给华南带来了大量的暖湿气流。在 1725 年 11 月,位于广东境内的西江发生洪水,淹没了高要、四会、高明、南海和三水等县的大片稻田⑥,这些受灾的地区可以分为两类:有的完全没有了收成,有的遭受了一定的损失但尚"不成灾"⑦。

---

① 《雍正朝奏折》卷 9:598—599(雍正五年四月初八)。
② 《乾隆朝奏折》卷 62:16(乾隆五十一年十月十八日)。
③ 《乾隆朝奏折》卷 61:71(乾隆五十一年七月初四)、731—732(乾隆五十一年十月初七)。
④ 1787 年广东和福建官员的时间、精力和注意力都集中到了台湾的林爽文起义中去了。参见 David Alan Ownby, *Communal Violence in Eighteenth Century Southeast China : The Background to the Lin Shuangwen Uprising of 1787* (Cambridge, MA: Harvard University Press Ph. D. dissertation, 1989)。
⑤ 关于这次洪水的范围地图,可以参见中央气象局编《中国近五百年旱涝分布图集》,第 133—134 页。
⑥ 《雍正朝奏折》卷 5:379(雍正三年十一月十五日)。
⑦ 《雍正朝奏折》卷 5:843(雍正四年四月二十二日)。

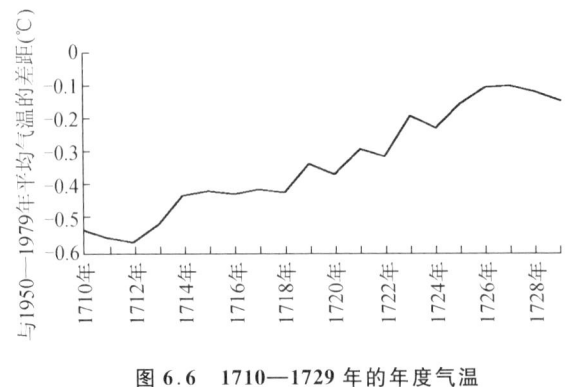

图 6.6　1710—1729 年的年度气温

(资料来源:同图 6.2。)

政府的赈灾活动从洪灾以后一直延续到了 1726 年的春天,由于早稻收获良好和稻米进入市场,广东省的官员认为这次危机应该已经过去了。但到了 9 月,一场台风又袭击了广东省的东部,摧毁了 11 个县的作物植株,各地的调查表明有 6 个县达到了受灾的标准。① 为了应对这次风灾,政府在开仓放粮的同时②,又从广西输入了更多的稻米以供平粜,同时劝谕富户赈济钱财和粮食。③

赈灾活动当然在一定程度上减轻了台风给人民带来的痛苦④,但即便如此,史料中仍然记载这次洪灾导致了饥荒并明确记录了有人因此死亡。潮州"大饥,死者相枕藉",澄海县"死者无数",广州附近"殍死道路者尸枕藉"⑤,广西巡抚韩良辅也报告说他在广西"抚恤东省流来饥民"。⑥

对于政府而言,这两次灾荒接踵而至的一个后果就是耗尽了广东省

---

① 《雍正朝汉文朱批奏折》卷 8:139—140(雍正四年九月二十日)。
② 陈春声,《市场机制与社会变迁:18 世纪广东米价分析》(厦门大学博士论文,1988),第 34 页。
③ 《雍正朝汉文朱批奏折》卷 9:309—310(雍正五年三月二十二日)、501(雍正五年闰三月二十五日)、696—697(雍正五年四月二十一日)。
④ 《雍正朝汉文朱批奏折》卷 9:832—833(雍正五年五月二十日)。
⑤ 转引自陈春声博士论文第 262—264 页。
⑥ 《雍正朝汉文朱批奏折》卷 9:598—599(雍正五年四月初八)。

的常平仓库存(关于这一问题将在下一章详细讨论),到早稻收获、官员可以停止赈济时,全省的仓库仅存粮 200 000 石。而且,由于大量的粮食被用于赈灾而不是平粜,全省的财政仅剩下 20 万两白银可供买补粮仓[1],直到 1728 年时广东的粮仓也没有充满,而巡抚下达各县补足财政亏空的命令也没能被执行。幸运的是,1728 年迎来了粮食的丰收,米价降到了最低点,此后两年的收成也很好,以至于 1729 年成为了整个 18 世纪广东省唯一的一次实现了稻米自给有余。[2]

1757—1758 年的霜冻 在寻找长时间连续的县级产量报告时,我幸运地发现了 1755—1762 年长达八年的连续性史料,详细描述了严寒、干旱、收成和粮价的关系。图 6.7 中的柱状图就是位于珠三角的顺德县产量估计情况,折线图则是广州府的月度米价变动曲线。

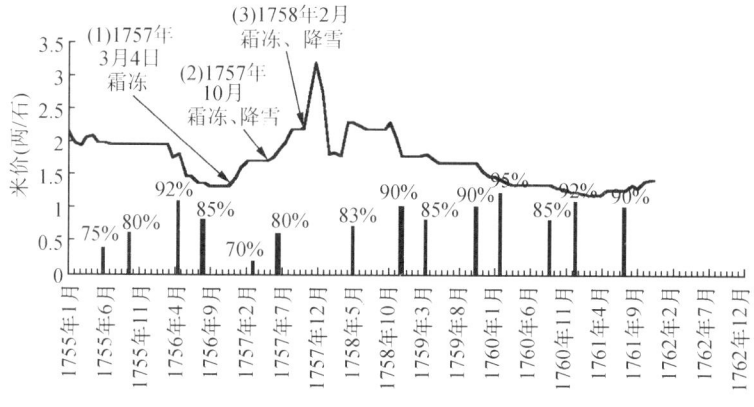

图 6.7 1755—1762 年珠江三角洲的霜冻、收成和月度米价

1755 年的早稻和晚稻收成分别为 75% 和 80%,米价也上升到了 2 两白银这样一个相对的高位并持续了整个 1755 年和 1756 年的上半年。1756 年的早稻收成很好(92%),米价从 6 月开始下降,到 11 月晚稻丰收(85%)时已经降到了 1.5 两白银。1757 年春季的米价和往年一样开始

---

[1]《雍正朝汉文朱批奏折》卷 9:845(雍正五年五月二十四日)。
[2]《雍正朝汉文朱批奏折》卷 16:580(雍正七年九月初一)。

缓慢上升直到 3 月,但是在 3 月 4 日的晚上,冷空气突然席卷了岭南,新安县(今香港北部)报告发生了严重的霜冻。读者们或许能记得,在本章的第一部分曾提到,这时早稻秧苗正在秧田中发育,在正常的年景下,再过一个月,就是它们被移栽到稻田的时候了。

3 月 4 日的霜冻之后,米价迅速上涨并一直持续攀升直到早稻收获,而官方估计的这一年早稻收成为七分,情况比预想的要好一些,米价在此后开始回落。但到了 10 月,距离广州约 75 里的归善县又发生霜冻,"陨霜杀禾"①,广州的米价再度上涨,到 1758 年一月又回到了 1755 年或 1756 年时的最高价上。1758 年 2 月,霜冻和降雪再一次袭击珠三角一带的番禺、南海、顺德和博罗等县②,米价直冲到了每石 3.15 两白银这一整个 18 世纪的最高价位。这次霜冻可能是由于发生在 2 月的较早时候,所以没有对早稻种植发生重大的影响,随着早稻的收割,米价再度迅速回落。很可惜的是我们没有关于 1758 年早稻收成的资料,但可以想象它应该是比较高的。1758 年的晚稻再次丰收(83%),此后四年的收成情况均为良好,于是这一时期的米价又实现了稳步的下降。

1757 年初突然发生的严寒天气对广东全省的粮食产量都产生了重要的影响,其波及范围从南部的雷州半岛一直延伸到西北部的开建县,当地的县志记载了 1757 年的"早造无收,晚造歉收"③。全省各县都记录了 1757—1758 年的高粮价和一些地区的"大饥"。在广州溯西江上游的高要县,当地县志则记载了"四月十八日,诸乡饥民掠富户谷"④。

1757—1758 年的气温骤冷向我们揭示了很多有关气候变化、作物收

---

① 《广东省自然灾害史料》,第 175 页。
② 同上。
③ 同上书,第 206 页。
④ 同上。

成和米价之间关系的信息。首先,霜冻之后的米价突然上涨明显早于实际的收获时间,稻米的批发和零售商们毫无疑问利用了人们担心霜冻会造成严重粮食紧缺的心理,在水稻收获之前大力推高粮价,但随后的粮价平稳或下降表明实际收成并没有像人们所担心的那样糟糕;1757年顺德的早稻收成约为七分,随后的粮价并没有上升,而是比较平稳,1757年晚稻收获之后的情况也是一样。其次,1758年以后各年连续丰收,收成均在85%—90%左右,米价总体呈现下降趋势,但价格波动并不完全与收成情况呈现对应关系:例如,1759年早稻收成90%、晚稻85%,而米价则持续下降;一般认为收成越好则米价越低,但统计结果中二者的相关性要弱于这一假设,其原因(下两章将对其详细说明)在于农户、粮商和政府都开始储存粮食,因此丰收所增加的粮食很多都被库存了起来。第三,关于粮食危机严重情况的文献记载暗示我们,米价高涨或许可以被看作是死亡率上升的一个指示器;但在这个案例中,当米价达到18世纪的最高水平时,有关死亡率的资料却没有出现,文献的缺少并不意味着死亡率没有上升;在其他的一些案例中,史料确实证明了这一问题,只是在这个案例中没有相应的史料而已。

最后,这个案例也说明了严寒天气与岭南旱灾之间的联系,在1758年有九个县报告有旱情发生。显然,即使这次骤冷没有冻死早稻,随后发生的干旱也一定会造成产量的下降,1757年的寒冷天气和干旱合并造成了作物的歉收,只是现在我们还无法弄清楚这两者谁对收成造成了更大的负面影响,而这也不是唯一的一次对作物的双重打击。

1786—1787年广东的干旱与饥荒 从1786年秋收之前的"少雨"开始,旱情一直持续到了1787年末。① 这次干旱很可能与当时北半球其他地区发生的火山喷发有关,火山灰形成的尘罩阻挡了太阳对地球表面的

---

① 相关地图可以参见中央气象局编《中国近五百年旱涝分布图集》,第164—165页。

照射,导致了全球气温2—3℃的下降①,这次气温下降可能阻挡了北太平洋副热带高压的正常移动路径,中断了夏季风的到来,从而导致了岭南地区的干旱。这次旱情影响的地区包括人口稠密、粮食主要依赖外地输入的广东省中心地区。

旱情对广东粮食供应的影响由于另外的两个因素而被放大了。其一,在经过六个月的干旱之后,大量河流干涸,以至于平时向广州运送粮食的船只无法通航,市场供应开始出现短缺。② 其二,焦虑中的广东官员们核查了粮仓的库存情况,并惊讶地发现存在着大量的缺额③。既缺乏库存,又没有广西的粮食输入,到1787年的春天,广东尤其是广州的粮食供应问题已经极为严峻,广东政府官员于是派遣信使同时催促商人去长江流域购买粮食,但政府购买的粮食直到5月才到达,之后没有通过常平仓,而是由临时设立的米场来进行散发,而这很可能只是限于广州。④ 与此同时,春雨提升了西江的水平面,来自广西的粮船终于得以通行,而新收割的冬小麦也进入了市场。⑤

春季降雨的稀少导致了早稻的歉收,但1787年夏季几乎没有降雨,广东政府显然没有意识到一场灾害正在形成,直到9月才奏报出现旱灾。旱情一直延续了整个1787年,导致了多年来最差的晚稻收成。直到1788年春天,雨水才终于来临,这带来了冬小麦和此后早稻、晚稻的丰收,旱情结束了。

与之前几次对歉收的有力措施相比,1786—1786年政府对这次旱灾的

---

① 主要的火山爆发发生在1783年的冰岛和随后的日本,在1785—1786年又有一系列的小型火山喷发,导致了此后长达六年的全球气温下降,参见 Lamb, *Volcanic Dust in the Atmosphere*,508—509;关于火山喷发对日本影响的探讨可以参见 Kondo, "Volcanic Eruptions, Cool Summers, and Famines in the Northeastern Part of Japan", 775—788。
② 《乾隆朝奏折》卷63:347(乾隆五十二年二月十三日)。
③ 《乾隆朝奏折》卷62:92—93(乾隆五十一年十一月初五);关于粮仓的缺额问题将在第七章中详细探讨。
④ 《乾隆朝奏折》卷64:524—525(乾隆五十二年五月二十七日)。
⑤ 《乾隆朝奏折》卷63:635—636(乾隆五十二年三月十五日);卷64:670(乾隆五十二年六月十三日)。

反应是相当乏善可陈的,《清实录》中相关年份的记载也没有注意到这次灾情,只是在 1788 年广西巡抚的奏折中提到了米价、仓储、收成和气候情况。① 地方官员没有就有关旱灾情况向中央政府进行奏报,中央政府也没有对岭南的这些惯例问题进行关注,其原因部分在于大家的注意力都集中到差不多与这次旱灾同时发生的台湾林爽文起义中去了,两广总督孙士毅 1787 年绝大部分的时间都用到了武装平叛之中,《清实录》也反映出当时有着关于台湾的无数奏报。显然,乾隆皇帝没有因为忽视岭南旱情而申斥孙士毅,而因其成功镇压了林爽文起义,对李进行了嘉奖。② 因此,对广东地方和中央政府而言,也就没有必要再去仔细调查作物损失程度、赈灾工作以及粮仓情况和灾民人数这些小事情了。其结果是,作为这段历史一个重要部分的旱灾,在宫廷档案中无从发现其有关的记录,而只能在地方志中找到相应的条目:多次提到"大饥","人多饿死"。③

以上三个案例都说明了即使是在总体气候条件良好的 18 世纪中,也有恶劣气候条件出现并对农作物产量造成了一定的影响。但 1720 年代末的洪水、1758 年的严寒和 1780 年代末的干旱,都没有形成长期的气候趋势,就 18 世纪整体而言,岭南的气候是相当多变的,但 19 世纪的上半期就不是这样了。

19 世纪上半期的寒冷天气　在 1808 年,气候再次转冷,年均气温到 1837 年下降了接近 1℃。欧洲历史学家们估计在 16 和 17 世纪这样量级的气温下降会导致作物生长期缩短三周左右,等值于海拔提高 500 英尺。④ 气候变冷会导致岭南地区不止一年的作物产量和粮食供给的下降。

---

① 《大清高宗实录》卷 1302:13b—5a,台北:新文丰出版公司,1978。
② Arthur Hummel, *Eminent Chinese of the Ch'ing Period*, *1644—1912* (Washington, DC: U. S. Government Printing Office, 1943—44), 680.
③ 例如 1819 年的《新安县志》卷 51 和 1864 年《广东通志》卷 81:7a 相关内容,在广东的地方志中,我总共发现有 41 处彼此独立的条目记载了 1786—1788 年旱灾引起的饥荒和高米价。
④ 参见 Andres Appleby, "Epidemics and Famine in the Little Ice Age", *Journal of Interdisciplinary History 10*, no.4(Spring, 1980):658; and Parker and Smith, eds., *The General Crisis of the Seventeenth Century*。

地方志记载了1808年末一些海拔较高的县出现了霜冻和结冰,随后1809年初广州和肇庆府一些县又降下了厚达2—3尺的大雪①,以及当年春天广东各地出现饥荒的情况。②当时广西已经成为了珠江三角洲和广州—佛山城市带的"饭碗"(关于这一问题将在第八章详细探讨),但这一年几乎没有粮食从广西输入,米价迅速上涨,城市饥民充斥,最终由佛山的义仓在七月初的两周时间里向超过五万民饥民提供了足够的粮食。③

1808年的气温下降当然对岭南的农业生态系统造成了一定的冲击,气温在1810年代继续下降,直到1820年代时才有所回暖,这给粮食供应问题带来了持续的压力。由于1830年以前的史料没有提及产量下降、米价上涨或赈灾行为等内容,我们无法确知1808年骤冷之后带来的这种压力达到了何种程度。或许农户已经根据新的气候环境调整了作物,选择成熟期较短的稻种或者改为单季高产稻种的种植,但无论他们作了何种调整,总算是成功地度过了像1815年海南岛都发生了霜冻这样的寒冷天气。

但1830年代早期,冷空气再度袭击了整个岭南的作物,1831年末,从珠江三角洲到广东北部山区都报告了异常寒冷的天气。在新宁县,10月的霜冻摧毁晚稻,同样的情况在第二年又再度发生了一次。④在受灾地区和珠三角地区,食物短缺随之而来,佛山"地方本年西来米谷稀少,以致米价腾贵",原本从罗定运来的稻米也枯竭了。在1830年代前期的大部分时间里,每年春天都有超过五万名城市贫民从地方粮仓中获取赈济粮。到1834年,仓库的管理人员已经不再向广西寻求粮食供应,而是转向从东南亚国家主要是暹罗采购稻米,同时也通过欧洲人的快速帆船把稻米运往佛山。⑤如我们将在第九章和第十章中看到的,19世纪的寒冷天气伴随着人地压力的增加,加剧了原本已经存在了的粮食供应压力。

---

① 《广东省自然灾害史料》,第176页。
② 《广东省自然灾害史料》,第209页。
③ 《明清佛山碑刻文献经济资料》,广州:广东人民出版社,1987,第412页。
④ 《广东省自然灾害史料》,第176页。
⑤ 《明清佛山碑刻文献经济资料》,第418—434页。

图 6.8　1800—1899 年北半球的气温

(资料来源:同图 6.2。)

回顾历史,我们现在可以知道气温下降的趋势到 1840 年代达到了最低点,随后开始逐渐回暖,一直到 20 世纪中叶(见图 6.8)。因此,在清朝的前半期,气温经历了一个长周期,从 17 世纪中后期的低温,经过 18 世纪的回暖,到 19 世纪前半期再度下降。现有的历史文献表明气候波动的确影响到了作物的收成和粮食供应,比较寒冷和干燥的天气往往会引致粮食短缺,有时候还会导致饥荒。粮食产量的规模和质量虽然并不完全与天气变化对应,但的确在很大程度上受气候因素的影响,18 世纪的气候条件相对于 17 世纪后期和 19 世纪前期,就显得更加有利于农业生产了。

虫　害

气候变化并不是导致粮食歉收的唯一自然因素,蝗虫和其他一些害虫也会吃掉庄稼。从图 6.9 中可以看出,虫害一般不会在同一年中肆虐很多个县,也有不少年份完全没有遭遇过虫害;但在这两个世纪的时间里,也有四次遭受虫害侵袭的县数达到了五个或以上。虫害在 1717 年袭击了广东东部各县,1768 年影响的几个县则分布在广东的各个地区;1777 年高州府的四个县遭受蝗灾后导致了米价远超往年,广东省对 1777 年粮食产量的估计也低于往年(见图 6.10),但由于这一年同时也遭遇了旱灾,我想高州四县的蝗灾尚不足以拉低广东全省的产量,这一下降应该主要还是干旱的结果。我所发现的虫害最严重的时期是1833—1835年,蝗虫在1833年从广西的西江流域开始在岭南地区划过了一条长长的弧线,延续到1834年的广东西部,最后在1835年落到了珠江三角洲地区①,可惜的是我们没有相关的产量或米价资料来探究这次蝗灾对1830年代中期作物收成、粮食供给和粮价的影响情况。

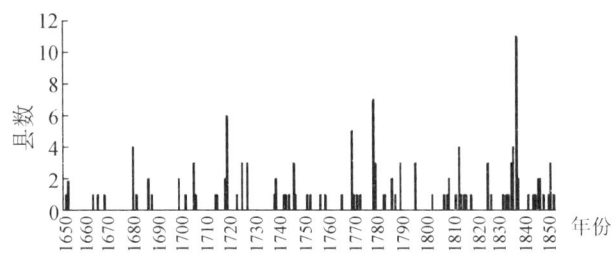

图 6.9　1650—1850 年遭受虫害的县数

(资料来源:《广东省自然灾害史料》,第 157—162 页。)

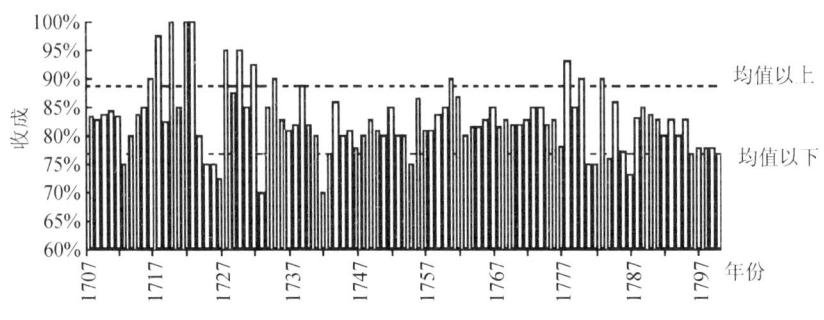

图 6.10　1707—1800 年广东省的收成情况

(资料来源:见第 216 页注释①。)

虽然虫害对岭南的作物造成了一定的损失,但其发生的频率相对较低,破坏也大都限制在某一两个县内,仅有三次连续发生在相同地区,

---

① 参见《广东省自然灾害史料》,第 157—162 页。

1830年代虫害的影响区域比较广泛。而且,18世纪的虫灾都没有严重到足以把粮食总产量降到正常年景以下(见图6.10),相比之下,气候变化对于作物产量的影响还是要大得多。

灾害天气的影响程度

前文所述的几个案例——1757—1758年和19世纪上半期的严寒、1786—1787年的干旱以及1725—1727年的洪水——已经指出了气候变化与作物收成和米价之间的关系。① 这些并不是气候影响作物收成的全部案例,而只是其中史料介绍比较完备的部分,而且官方对于收成的估计也呼应了这些文献的记载,这不仅证明了官员们对每年作物收成的分级基本是符合实际收成波动情况的,而且也说明气候变化是18世纪中影响作物收成最主要的因素。②

这几个案例发生的时间彼此相距30年左右,但这一时长已经超越了农民对恶劣天气所能预期的范围。事实上,由于严寒、干旱和洪水发生频率之高,农业已经成为了岭南地区一个风险较高的行业,农民们几乎可以预见到自己的庄稼将会遭受规律性的歉收,只是这种歉收的频率如何呢?幸好我们还有一些资料可以解答这一问题。

1707—1800年广东省的收成分级 和县级收成分级一样,省级的收成比例也大多分布在七分到十分之间,众数在80%—85%之间(见

---

① 对于这些关系的统计分析和解释可以参见 Robert B. Marks, "It Never Used to Snow: Climatic Variability and Harvest Yields in Late Imperial South China, 1650—1850", in Mark Elvin and Liu Ts'ui-jung, eds., *Sediments of Time: Environment and Society in China* (Cambridge University Press, forthcoming)。
② 中国地理学家郑斯中先生也考察了气候和收成的关系,他对五百多年来广东各类地方志中的11,000条有关气候与收成的引文进行了分类和统计分析,发现(1)异常的寒冷天气与旱灾和饥荒有着明显的相关性;(2)异常的温暖天气与洪水有明显的相关性;(3)台风一般(通过增加降雨)会带来丰收,这些均支持本文以上的发现。参见郑斯中"1400—1949年广东省的气候振动及其对粮食丰歉的影响",第25—32页,此外,郑还通过功率谱分析发现了旱灾呈现出三十年一次的周期。

图 6.10)①。但即使是在这一范围内,各年的情况也还是有所波动的,而这些波动也自有其涵义。如果我们把歉收定义为至少低于平均值一定水平(77%的收成,亦即政府启动赈济的水平),那么在这 94 年中,广东省级的歉收共计有 13 次,而且每次都与气候波动有关。

如表 6.2 所示,18 世纪中有八次严重的产量下降导致了全省性的当年乃至连续几年的歉收,最长期的连续丰收发生在 1756—1781 年间。在 18 世纪上半期差不多每个年代发生一次严重的歉收,而 1780 年代则发生了三次。必须指出的是,这些数字代表的是全省性的现象:恶劣气候事件的影响范围包括了全省的绝大部分地区;而这些数据所没有反映出的则是一些地区性的歉收,如 1777 年高州的蝗灾和 1757—1758 年珠三角地区的霜冻等,对于珠三角地区的居民来说,霜冻的打击的确非常严重,但这一影响的范围并不大,因此也不会拉低全省的收成情况。为了了解恶劣天气对于某个村或县收成的影响情况,我们必须在上述省级

---

① 图 6.10 中所示 94 年中广东省级收成分级数据主要来自三类资料:(1) 其中 42 年的资料来自于一百余卷《康熙朝奏折》、《雍正朝奏折》、《乾隆朝奏折》中官员报告的数据;(2) 另外有 32 年的数据是通过县级估计数据平均计算所得;(3) 还有 20 年缺乏直接数据,因而通过粮价数据予以重建,关于最后这一点资料来源还需要做以下一些说明。欧洲经济史学家在研究粮食产量情况时,由于没有中国的这种产量报告资料,所以必须依赖粮价数据序列来推导出产量情况,W. G. Hoskins 认为可以通过粮价相对于正常年份的变动情况来反映出产量的丰歉情况,我们可以将他通过英国粮价推算收成情况的方法应用于清代的产量估计中,计算各年平均米价与正常年景米价的差距,以此来推算这些没有奏折报告收成的年份的丰歉情况。Hoskins 根据每年平均粮价与 31 年粮价平均线之间的差距,将英国 1480—1759 年的收成情况分为"丰收、良好、平均、不足、歉收、饥荒"这几个级别,之所以选择 31 年平均,既是因为这差不多是人类代际更替的时间长度,也是因为这样长的时间段可以消除月度变化和人口增加的影响。因为他曾经写道,11 年的中心移动平均线已经成为对价格时间序列消除趋势的标准方法,这里所采用的是 11 年移动平均。我们通过对现有的年度平均米价与收成情况的回归方程可以估算出资料缺失年份的收成状况:$y = -0.001x + 0.911$,这里的 y 是收成分级情况,x 是米价(在现实生活中,米价是因变量,但这样建立方程比较易于得出收成分级情况),由于这一回归方程的可决系数为 0.102,有可能实际的收成情况与推算值会有所差异。关于这一方法的详细探讨可以参见 W. G. Hoskins 的论文 "Harvest Fluctuations and English Economic History, 1480—1619", *Agricultural History Review* 12(1964): 28—46; "Harvest Fluctuations and English Economic History, 1620—1759", *Agricultural History Review* 16 (1968): 15—31;他的研究受到了 C. J. Harrison 的批评,参见 "Grain Price Analysis and Harvest Qualities, 1465—1634", *Agricultural History Review* 19 (1969): 135—155。

数字的基础上再增加一些额外的信息。

表6.2 广东省的歉收情况

年　份	原　因
1713	严寒
1725—1727	洪水、台风
1733	洪水
1742—1743	干旱
1755	干旱、洪水
1781—1782	干旱
1784	严寒
1787	干旱

由于缺乏19世纪县级和省级的收成分级情况的奏折资料,我们必须转而求助于地方志的记录。我对广东省各年有关洪水、干旱或严寒记录的县数进行了简单的加总并将其绘制成图6.11。从图中可以看出,1700—1850年间,每年平均有九个县遭受洪水、干旱或严寒的侵扰,只有1762年没有任何县报告出现恶劣天气,在最糟糕的1809年,有31个县记录了气温骤降的恶劣天气。这些数据的分布频率参见表6.3,从中可以看出,平均每七年左右会就会发生一次(或者说15%的年份)有15个以上的县遭受恶劣天气的袭击。

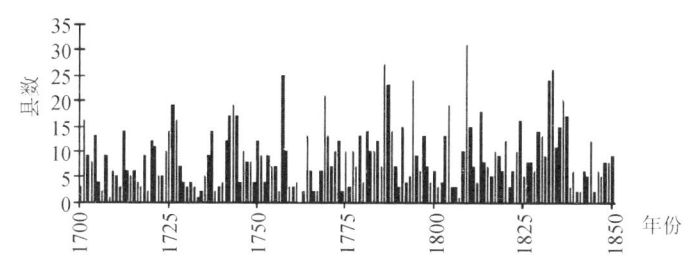

图6.11　1700—1850年广东的气候灾害

(资料来源:《广东省自然灾害史料》。)

表 6.3　1700—1850 年灾害天气的发生频率(以受影响县数为标准)

最大影响县数	年份百分比(%)
0—4	29
5—9	34
10—14	22
15—19	9
20—25	3
26—29	2
30—31	1

并不是所有的县都遭遇相同频率的恶劣天气侵袭,有的地区相对于别的县要幸运一些,有的地区则多次遭受某一类自然灾害的打击。例如,洪水几乎每两年就会袭击珠江三角洲地区各县一次;而地处丘陵地带的龙川、兴宁和吴川县则容易遭受严寒的侵扰;而比较特别的是,珠三角一带的顺德和南海也常常遭遇严寒天气;此外,旱灾则似乎在广东各地都呈现出无规律性的分布。

虽然岭南地区的洪水和旱灾有着和其他地区不同的模式,不过当岭南遭遇异常的严寒天气时,中国的其他地区应该也是一样的。但在华北甚至华中地区,异常的寒冷除了使人们生活不便以外,很可能不会对农业造成多大的伤害,因为这一时节的北部地区可能并没有种植作物。然而在岭南,冬季的严寒则是非常糟糕的,因为这里的气候在正常情况下是可以允许农民全年从事种植的。随着明清交替以来农业复种的恢复和延续,越来越多的农民将播种和收获的时间分别向早春和深秋推移,而这也使得岭南地区农作的风险在不断地提高。

结　论

岭南地区的气候和作物产量数据中蕴含着两个略有不同但很有趣

的故事。首先,在1650到1850年的这两个世纪里,气候发生了明显的变化;17世纪末较为寒冷,到18世纪时气温逐渐回暖,19世纪上半期则再度转冷。其次,18世纪的史料向我们展现了气候变化对作物收成的影响,从18世纪的数据中我们可以大致推论出,17世纪下半期和19世纪上半期的寒冷气候应该也造成了当时作物产量的下降。但即使是在相对温暖的18世纪里,气候也依然是多变的,从而造成了各年度粮食产量和米价的上下波动。在下一章我们将看到,为了平滑这些波动,政府和农户都开始年复一年地储存粮食,以应对气候变化对粮食供应造成的影响。

气候对岭南各地的作物产量和粮食供应有着巨大的影响,虫害虽然也会导致作物歉收,但如我们已经看到的,蝗灾或其他害虫造成的损失尚不足以将全省的产量明显降至正常水平以下,而只有恶劣的天气才会造成这样大的影响。而且,气候变化破坏作物收成规模的可能性非常高,再加上危险虽然较小但依然存在的虫害问题,岭南农民如果不采取任何措施的话,每年和每季的作物产量(以及由此带来的粮食供给)都会有很大的不确定性。因此,为了应对气候变化必然会对作物造成的影响,农民和政府都建立了相应的制度和组织以减少灾害造成歉收的风险。

经过数千年的生活,18世纪时,岭南的人民已经显著地改造了他们所生存的环境。原本没有任何土地的河口地带已经被"塑造"成了耕地;汉族的人口不断增加并进入了新的地区,在那里发展定居农业,砍伐森林、建立灌溉工程和种植水稻以增加粮食供给和减少疟疾的危险,进而提高了人口的增长率;商业化促进了双季和三季轮作方式的推广;市场对甘蔗和生丝的需求带动了农业生态环境的转变,使得珠三角地区成为了粮食输入地区而广西盆地则成为了粮食输出地区。岭南地区的农民也已经不再是一面耕种粮食以供自给,一面在市场上出售部分作物了,地区性专业化生产成为了岭南农业的主要特征。

由于供全部人口消费的粮食生产日趋集中到越来越小的地区里,同时支持粮食生产的生态系统也越来越少,整个系统开始变得很容易受气候灾害的剧烈影响。而矛盾的是,随着岭南地区越来越多的农民根据商业化的需要而改变着他们的物理环境——似乎是人类对自然的控制越来越强——而对于多样性日趋减少的农业生态系统而言,气候变化的影响则越来越强。但这还不是故事的全部,因为人们也建立起了社会和经济制度,以试图切断气候变化对于地区性粮食供应的影响。

第七章 "生谷止有此数":粮仓与政府在粮食供应系统中的作用

世界各地的人民和社会几乎都有着为防御天气和市场变化、外敌入侵、战争等引起的食物短缺和饥荒而进行粮食储备的经验,在中国漫长的帝制历史中,政府组织和主办的粮仓成为了农民、地主和粮商储备粮食的重要补充。清代政府和私人的仓储形成了一个较为成功的组合,在粮食丰收的年份里购进粮食以充库存,到歉收时再释放库存以将米价抑制在社会各阶层都能承受的水平上,维护社会秩序的稳定,而一旦这种仓储出现问题或者在某段时间里市场供应不上时,就会出现不同程度的饥荒。

政府介入粮食供应系统的管理是中国社会应对气候变化或虫灾导致歉收的一个重要方法,但要通过政府经营的粮仓系统来实现这一政策,那么官员们必须要有足够的责任心、专业知识和精力才行,这使得他们逐渐开始寻求一些新办法,转而通过市场将粮食从盈余地区流向短缺地区以保障民生,而不再是在每个县的仓库里都存储上粮食。于是,到了18世纪后期,市场和商人逐渐取代政府和官营粮仓,成为了影响岭南地区土地利用和作物种植模式的主要力量。然而,在华南人民对环境变化所做出反应中,官营粮仓系统毕竟还是一项十分重要的举措。

粮仓系统

常平仓的思想起源于中国的春秋时期,到汉代时开始正式设立和推行;北宋年间,常平仓的主要目的开始从军用粮饷转向了赈济饥荒,常平仓的设立也由此推广到了县这一级。虽然明朝并没有建立起全国性的常平仓系统,但当清朝建立以后,大量学习以往各朝的历史经验,从17世纪后期开始建立起了最终遍及1 300个县的全国性粮仓系统。有关清代粮仓系统运作概况早已有学者进行过研究,近年来的一些学术著作也对仓储制度的历史演进作了详细的介绍,而最近的一项研究则集中论述了清代粮仓系统在全国范围内的运作情况。①

和中国的其他地区一样,清政府在18世纪的岭南也设立或倡建了三类粮仓。常平仓,大多是1690年以后在县城中设立的,由知县直接管理,主要功能包括赈灾、平稳粮价和在歉收的年份出借种子和口粮。社仓,主要是在1720年代由政府和乡绅共同设立在村一级地方的粮仓,向农民出借粮食但不负责平稳米价或赈灾。义仓,18世纪末,在一些商业比较发达的地区,由地方乡绅自行设立了一些粮仓,没有政府的介入,主要是向城市饥民提供赈济。19世纪以前,岭南各地均已设有常平仓和社仓,但还很少有义仓,后者主要存在于一些大型商业中心,尤其是佛山及其周边地区。

常平仓 常平仓的原理十分简单,从它的名称中就可以知道,这些粮仓主要在春季米价高昂时销售粮食(平粜),再用由此积累的资金在秋收时节米价较低时进行收购(买补),由此使得粮价相对平稳,保障消费者在春季和粮农在秋季的经济利益,从而使得粮价和仓储都实现"常

---

① 主要可以参见 Pierre-Etienne Will and R. Bin Wong, *Nourish the People: The State Civilian Granary System in China*, 1650—1850 (Ann Harbor: University of Michigan Press, 1992)ch.1, 以及 Francesca Bray, *Science and Civilization in China*, vol.6, part 2, "Agriculture" (Cambridge University Press, 1984),415—422。

平"。而且，当出现粮食歉收或食物短缺的威胁时，常平仓还可以提供粮食赈济灾民。

有关常平仓储备在全国范围内的积累和调动情况，魏丕信和王国斌曾将其称之为"常平仓的粮食调配"，这里就不再重复了。① 我们只需要知道岭南粮仓的积累情况大体上与其历史记录是一致的，在18世纪前三分之一的时间内基本完成了应有的储备。在广东，几乎全部的仓储都来自于为换取功名的"捐监"②；而广西三分之二的仓储也来自于"捐纳"③。

储存在广东和广西常平仓中的四五百万石粮食主要有两个用途：平稳市价和在自然灾害到来时提供赈济。④ 上一章中已经提到了几个常平仓赈济饥荒的例子⑤；官员们通过春季平粜和秋后买补，不仅可以平稳粮价，而且可以更新粮食的库存⑥。除了这两个主要功能以外，常平仓有时还被用于省际调运和借碾兵米⑦，以及借贷种子口粮和救济

---

① 参见 Pierre-Etienne Will and R. Bin Wong, *Nourish the People : The State Civilian Granary System in China*, 1650—1850, chs.2—4。
② 《雍正朝奏折》卷10:151中，一位布政使称捐监的粮食有1 642 000石。在帝制晚期的中国，充任衙门官员的一般都是通过科举考试而拥有正途功名的人，清政府向捐监者出售或奖励功名，主要还是作为增加财政收入的手段和人才流动的另一渠道，捐监者所获得的功名更多是带来了社会身份的提高，而不一定能够补缺担任衙门官员。
③ 《乾隆朝奏折》卷2:838(乾隆二年七月初三)。
④ 陈春声博士论文第299页，Will and Wong, *Nourish the People*, 297,482。
⑤ 更多的事例可以参见1777—1778年广西省旱灾和饥荒时期的奏折，《乾隆朝奏折》卷40:384—385(乾隆四十二年十月十二日)、452—453(乾隆四十三年十月十九日)、卷42:8—9(乾隆四十三年二月初二)、745(乾隆四十三年四月二十三日)、卷44:725(乾隆四十三年九月初八)、卷45:566—567(乾隆四十三年十一月十九日)、542—543(乾隆四十三年十一月十六日)、卷42:380(乾隆四十三年三月十五日)。
⑥ 相关的事例可以参见《雍正朝奏折》卷1:100—101(雍正元年二月二十四日)，《康熙朝奏折》卷4:837—841(康熙五十二年五月二十七日)、卷7:914—916(康熙五十六年五月二十日)，《乾隆朝奏折》卷2:529(乾隆十七年三月二十七日)、卷30:704(乾隆三十三年五月二十四日)，以及第一历史档案馆《宫中朱批奏折·农业类·雨雪粮价》(乾隆二十四年三月二十八日)，第81匣。
⑦ 陈春声博士论文第302—303页，相关的事例可参见《宫中朱批奏折·农业类·雨雪粮价》乾隆九年二月初八，第26匣；乾隆十六年四月十六日，第61匣。

孤贫①等。

社仓 和常平仓一样,社仓也出现于清代以前,同样也是在中央政府的鼓励下得以推行的②,而社仓的设立主要就是为了弥补常平仓的一项不足。由于常平仓都设在府城和县城,在遭遇灾害时,虽然部分乡村居民还可以跋涉至此,但对于大多数农民而言,这一距离就太过于遥远了。意识到这一问题之后,康熙和雍正两位皇帝多次下诏,谕令各地在乡村建立社仓,同样也允许富户和乡绅捐纳米谷以充实社仓。③ 除了起源和管理上的区别以外,岭南地区的社仓还有一项与常平仓显著的不同,那就是社仓只提供粮食借贷,而不负责平抑粮价或赈济灾荒,而且其粮食借贷的对象也仅限于"诚朴力田者"。④ 最后,与常平仓相比,社仓所管理的粮食总量也比较小,仅相当于广东常平仓储量的6%。⑤

粮仓的缺额 大量的粮食仓储使得官员、小吏、仓库人员、米商、捐客乃至军官都形成了彼此之间关于稻米和金钱的日常交易,也为各式各样的贪污、渎职、盗窃和侵吞公款(有的还颇具创意)提供了机会。⑥ 由于一般情况下要重新充实仓库十分困难(后文将详细说明),岭南粮仓的管理人员往往会转而储存与应库存粮食量等值的银两(即以所谓"贮库"代替"贮仓"——译者注),上级官员则会将其视为粮仓的缺额,但在本地官员而言则有他们自己的理由,因为商人和市场的力量可以比他们更为有

---

① 相关事例可以参见《乾隆朝奏折》卷30:704(乾隆三十三年五月二十四日);卷17:196(乾隆二十八年三月十三日);卷29:806(乾隆三十三年二月二十九日);卷51:647(乾隆四十七年五月初八)。
② 陈春声博士论文第281页。
③ 陈春声博士论文第298页,亦可参见《乾隆朝奏折》卷43:563—564(乾隆四十三年六月二十七日)。
④ 陈春声博士论文第315页。
⑤ 《乾隆朝奏折》卷16:42(乾隆二十一年一月初九)。
⑥ 相关的事例可以参见陈春声博士论文第39—40页;《宫中朱批奏折·农业类·雨雪粮价》乾隆12年2月14,第41匣;第一历史档案馆,《宫中朱批奏折·刑科题本·盗案》,乾隆14年2月初10,第142袋;《乾隆朝奏折》卷26:827—836(乾隆三十年十二月初九);以及Will and Wong, *Nourish the People*, 171,181,225。

效地管理库存和完成粮食的运输。

于是,到了乾隆的后期,皇帝收到了大量关于粮仓缺额的奏折,因而在 1794 年带有讽刺性地评论说:

> 各省督抚每年俱彙奏仓库无亏,而遇有偏灾歉收,并未据奏闻动拨仓谷以济饥民……可见各省仓储并不能足数收贮"。至于缺额的原因,乾隆认为是"此皆由不肖官吏平日任意侵挪亏缺,甚或借出陈易新为名勒卖勒买,短价克扣,其弊不一而足。①

政府官员思想中根深蒂固的儒家信条,总是使他们将这些管理中的缺陷全都归因于官员的贪污和腐化,其解决的办法就是要选择人品正直的官员,之后一切自然就会好转了。虽然官员的腐败和渎职的确是一些粮仓亏空的原因,但正如魏丕信和王国斌所指出的,粮仓缺额的主要原因还是来源于仓库管理和控制自身所存在的困难。魏丕信指出,常平仓在粮食仓储和保管、平粜和买补以及收回借贷等问题上都存在着结构性的缺陷,正是常平仓自身所设定的目标不可避免地导致了这些缺额和亏空。②

作为结构性的缺陷,这种缺额伴随着常平仓的设立就已经存在了,早在 18 世纪初期就已经有了粮仓亏空的历史记录。我所能找到这方面最早的史料是 1721 年广西巡抚高其倬履新之时呈递给康熙皇帝的奏折:

> 钱粮所关甚重,有无亏空,奴才不敢不彻底清查,处实具奏。查广西藩库现存银八十六万六千两,奴才已经亲身盘查并不短少;各州县每年征收银共三十二万六千两,数既少,难于支饬,亦无大亏空;通省州县只那办盐课银二万余两,此系有抵之项,奴才现在严催,年内可全完。至仓谷一项,查通省常平仓谷共四十五万石,此项仓谷各州县现在实贮者共有三十万石余,秋后买补,虽价少有不敷,

---

① 转引自《中国历代食货志·三编》,台北:学海出版社,1972,第 2094—2095 页。
② Will and Wong, *Nourish the People*, 189.

然所差价数无几,亦易补足。惟有各府州县分贮捐纳谷一百一十七万余石,此项谷石所少颇多,奴才到任三月以来,细细稽查,已经得其亏空确数者,南宁府知府黄之孝三万九千石,桂林府同知李渥二万九千石,通判张允临一万三千石,临桂县知县王元贞三万石,署横州永淳县知县朱琰二万八千石,宣化县知县赵成章一万六千石,荔波县知县任天宿五千石,共亏空一十六万,其余亏空三四千石、一二千石者尚有十七处。①

这条史料体现出了清代对官员控制的一个重要手段:官员接替时的交代。每当官员履新之时,都会清查自己辖下的各种资源并在任职之后的数月之内直接向皇帝进行报告。由于官员一任通常不超过三年,因此继任官员对前任遗留的账目进行清查的次数会相当频繁,各任官员都要对自己任期内的所有亏空承担责任,如果前任官员在交接时疏忽大意、遗漏了亏空而被继任者发现,后果就会相当严重。② 所以,理论上,粮食的缺额应该会被很容易地发现。

这些缺额之所以没有被全部发现,正是因为常平仓系统运作的复杂性,而这种复杂性足以成为任何知县的梦魇。知县们首先需要担心的问题就是怎样保存好他们治下的粮食库存,这一问题在岭南地区显得格外麻烦,因为这里的气候温暖潮湿,常平仓要求每年售出库存30%以保证三年更换一次库存的一般性规定并不适用于岭南,正如雍正时期的广西巡抚李绂所说的,岭南地区"正当烟瘴潮湿之地",粮食库存"三年而霉,五年而烂,十年而化为灰尘矣"。③

粮食库存变质所造成的损失也许是粮仓缺额的一个重要原因④,但

---

① 《康熙朝奏折》卷 8:777—778(康熙六十年五月初二)。
② 相关的具体程序可以参见 Will and Wong, *Nourish the People*,204—218。
③ 《雍正朝奏折》卷 2:838(雍正二年七月初三)。
④ 魏丕信和王国斌认为粮食变质或虫蛀鼠咬造成的损失并不会很大,参见 *Nourish the People*,139—140。

更重要的则是秋收之后的买补问题。在一般年景下,粮仓的更新是比较简单的常规性事务:春季售出的粮食,到了秋收以后再以较低的价格进行买补,同时还能获得一些利润。但如果遭遇了歉收,粮价会较常年高昂,而且常平仓很可能还要提供一些赈济,粮库的管理人员就必须比往年买进更多的粮食,如果第二年仍旧歉收,常平仓的购买就会加剧市场粮价的抬升,于是,春季平粜所得的收入就不足以买补回原来的存量了。

官方买补的困难 广东是一个粮食短缺的省份,需要大量的粮食输入(主要来自于广西)才能满足本地人口所需。当时的官员曾抱怨说广东本地生产的粮食仅能养活半数的人口,这一数字是否准确尚未可知,但可以知道的是,主管粮仓的官员们肯定是非常清楚广东粮食短缺情况的。在这样的条件下,地方官员不可能在保持粮价平稳的情况下同时还做到用本地粮食补足仓储,因此必须从其他省份输入稻米来充实常平仓,这方面最好的例子就是曾经努力在不耗竭本地市场的情况维持仓储平衡的广东巡抚苏昌。

苏昌于1751年就任广东巡抚之后,对粮仓库存情况进行了清查并发现存在总量达558 000石的缺额,换言之,有六分之一的粮食没有到库。这一缺额显然并非是被隐瞒或缘自贪污,因为在粮库的清单上明确标注了是粮谷尚未买补。因为担心粮仓在春季没有足够的库存用以平粜,苏昌特别差人前往广西购粮。而对于当时的广西巡抚定长而言,这些来购粮的特使则带来了麻烦,因为他们抬升了他辖下广西境内的粮价,在相关的奏折中,定长就抱怨说本地的商人原本根据天气和收成情况调节米价,但广东官员的突然出现则带来了价格即将上涨的信号,导致了广西米价的上升,"一经官买,小民藉此居奇,米价高昂"、"墟市闻声长价"[①]。因此,在广西巡抚的要求下,苏昌召回了购粮人员,对此他说道:

---

① 《乾隆朝奏折》卷1:861—862(乾隆十六年十一月十一日)。

"东西两省,事同一体,西省粮价既渐增长,自应停止采买其拨运东省谷石。"①

第二年春天,虽然常平仓的库存已经很低,苏昌仍下令出售存米,同时劝谕富户也销售稻米②;到了秋天,粮仓的存量当然就更少了,他所面临的买补问题也更趋严重,对此,苏昌向乾隆皇帝的解释道:

> 民间于米谷之外,广栽芋薯等杂粮,山海贫民大率俱藉以克食,故每年禾稻收成,富户则多留蓄藏,平常之家悉将谷石粜卖以资一切身家用度,迨次年青黄不接,咸籍官仓平粜接济,是以粤省仓谷每年必粜,每粜必多,非比他省之有年可以停粜也。……仓储苟不克足,则逐年有出无入。③

一面是常平仓储的缺额严重,另一面是广西粮食供给渠道的拒绝,苏昌只好尝试在1752年的收获季节通过本地资源买补库存,但结果并不成功:

> 粤东米谷向不敷本地民食,每藉商贩运到西谷接济,值十二月望后阴雨过多,西谷少到,是以广、惠、肇三府属粮价渐见增昂,臣随飞饬各属将应于本地买补仓谷尽行停卖,以裕民食。④

这时的苏昌陷入了困境:怎样才能确保春季的正常粮食供应呢?他无法做到这一点。

> 然届青黄不接之时,小民日食维艰。臣已飞饬粮价增长各州县陆续开仓减粜,以资接济。其有上年平粜未经买补,不敷粜济之处,现饬藩司查明附近仓储充裕州县酌量拨济。⑤

---

① 《乾隆朝奏折》卷2:238(乾隆十六年十二月十七日)。
② 《乾隆朝奏折》卷2:529(乾隆十七年三月二十七日)。
③ 《乾隆朝奏折》卷4:251—253(乾隆十七年十一月初八)。
④ 《乾隆朝奏折》卷4:713—714(乾隆十八年一月二十二日)。
⑤ 《乾隆朝奏折》卷5:175—176(乾隆十八年四月二十四日)。

第七章 "生谷止有此数":粮仓与政府在粮食供应系统中的作用

苏昌这些举措的效果如何我们不得而知,但史料中没有关于1753年粮食供应危机的记载,因此苏昌很可能幸运地度过了这一关。在早稻收获之后,苏昌再一次试图对粮仓进行买补,但米价又一次上涨,他也又一次被迫停止收购。于是,苏常又一次陷入了同样的困境而没有任何解决办法,"一恐不敷粜济,一恐出粜后仓储无备"①。

幸运的是,1753年秋天,就在苏昌将转赴他任时,两广的晚稻均大获丰收,他的继任者鹤年赶上了一个很好的年景,并立即开始买补充实常平仓,先是在1754初从广西购进了 100 000 石,又在1755年和1756年继续充实粮仓,而1756年的收成相当之好,以至于两广总督杨应琚称之为"实为数年来仅有之事"②,于是"仓箱充裕,粮价日平"③。

苏昌并不是唯一一个遭遇粮仓买补困难的官员,早在1738年清政府就已经明令准许本地粮食不足以充实粮仓的官员,可以向粮食充裕的地区购买以保障粮价的平稳;同时也规定了在苏昌所遇到的这类情况下,应当向其他省份购买粮食以补充仓储。但是跨省的粮食采购总会带来一些相应的问题,而岭南地区则因为广东需要输入稻米来供应珠三角的农民而格外麻烦。

广西巡抚定长所担心的就是,广东购粮官员在广西粮食市场上的出现会促使稻米商人抬高米价。据邓海伦的研究,早在1737年,广东巡抚就曾上奏"粤东……仓储最为急务……须于粤西产米之区委员购买。收买官穀,若咨明该省,恐闻风昂价"④,最后的解决办法是不派员赴广西采购稻米,转而依靠佛山商人外出(赴台湾)购买(第八章将对此详细探讨)。

常平仓例行的平粜和买补成为了广东省和地方官员的一项重要事务,作为一个粮食不足的省份,广东要补足粮仓的库存,就必须从外省或

---

① 《乾隆朝奏折》卷 5:802(乾隆十八年七月十六日)。
② 《乾隆朝奏折》卷 15:368(乾隆二十一年九月十七日)。
③ 《乾隆朝奏折》卷 14:647(乾隆二十一年六月十七日)。
④ 《大清高宗实录》卷 53:20a—b,转引自 Helen Dunstan, "An Anthology of Chinese Economic Statecraft or The Sprouts of Liberalism"(未刊稿),1178—1179。

通过本地市场购买,前者有时会招致广西省官员的抱怨和抵制,后者则往往导致粮价抬升从而加重粮食供应的困难。既要维持粮仓的库存,又要防止本地粮价飙升,像苏昌这样的官员常常会陷入两难的境地:或者从本地购买粮食充实粮仓,或者任由粮仓缺额。

粮仓缺额和白银使用的增加　补足粮仓的缺额是令官员十分头疼的一件麻烦事,最好的办法是根本不用粮食进行储存,而代之以货币等值的银两。在康熙下令使用粮食进行储存之前,各地官员的惯例是用白银从市场上购买粮食而不是直接储存粮食,只有在从1690年起经雍正至乾隆的头十年这共计五十年间,国家才执行了主要采用粮食而不是白银进行储备的政策。但各地的县令始终认为储备银两比粮食更为方便,因为白银不易损坏而且容易记账,再加上广东的市场十分发达,一旦有需要,白银兑换成稻米十分方便。于是,保存等值的银两而不是粮食实物作为库存就成为了地方粮仓的常用办法。

早在1724年,广西巡抚李绂就指出当地粮仓出现了用等值的白银或盐作为库存替代的趋势①。李绂并没有忽视这一问题,他积极地推行各地以粮食作为仓库库存,甚至还计划通过粮仓日常粮食买卖所获取的利润来重建省内九个府的城垣。他统计了各府有需要修理重建的各县城墙垛口约一千六百余丈,城楼五十八座,炮台三座,共需白银 30 000—40 000 两。李绂把常平仓的收入作为重修城墙的资金来源时,当然是知道这种重建工程是会把他的名字载入县、府和省志的,甚至可能还要在每座城中刻碑铭记。他有力地推动了粮食储备的工作,但其中也有他的个人目的。② 他是当时官场规则的一个例外者,一般的官员们都倾向于尽量地降低风险,用等价的白银代替粮食储备常平仓。

1740年代,因为乾隆皇帝对全国粮价稳步上升的关注,而引发了关

---

① 广西的盐依赖从外地输入,供给紧缺,因而价值较高。
②《雍正朝奏折》卷 3:532(雍正二年十一月二十六日)、565(雍正二年十二月初四)。

于是否允许官员们用白银(贮库)代替粮食(贮仓)这一问题的争论。乾隆帝怀疑价格上涨的主要原因在于他增加了各省粮仓储备的额度和一些省份的官员积极推进充实粮仓。1743年,一位御史提出了他的回答,认为是粮仓买补以求足额导致了米价的上涨,伤害了当地百姓的利益,为了保持政府在饥荒时赈济灾民的能力,他建议应允许官员们用等价的白银来代替仓储额度的绝大部分,在灾荒时直接用白银放赈:

> 银质轻微,官易散给,人易取携,一便也。谷贮于仓,多虞霉烂,银则无是,设有侵扣,立可查验,二便也。贫户得米而食,亦必析薪而炊,资其他费,人尤德之,三便也。细民觅利,术至纤微,贷银少许,亦能谋负贩,逐锱铢,谷之滞不若银之通,四便也。虽有荒岁,必无竭粮,有谷而患无银者矣,苟有银何患无谷,五便也。①

乾隆皇帝显然并没有被此说服,他依然要求各地用所有库存均用粮食充实。到了1748年,乾隆命令各地督抚上奏粮价持续上涨的原因,于是争论再起,在皇帝收到的18份奏折中,有的就再一次提出了减少粮食实物储量而以白银代替的建议。在考虑过各种替代办法之后,乾隆决定减少各省的额度限制,但并没有宣布放弃用粮食实物进行储备。② 这里有两点需要我们注意的地方:首先,关于以等值白银替代粮食储存的可能性问题确凿无疑地在清政府的最高层经过了讨论,并且得到了约半数奏折的支持,这说明这种方法得到了支持而且是一种合法的做法;乾隆帝的政令最终结束了这场争论,但圣谕并没有明确批评这种做法,而是默许地方官员自行去解释政令。其次,两广总督策楞最为明确地指出这件事的意义并不仅在于使用白银本身,更在于在遭遇粮食危机时,更多的是要依赖市场的力量而不是政府的力量去完成粮食供给,由于策楞反对贮仓甚于贮库,可想而知,广东的常平仓很快就不再储存粮食实物了。

---

① 贺长龄辑《皇朝经世文编》,台北:文海出版社重印,1827,卷44:5b—6b。
② Dustan, "Anthology", 1237—1265.

对广东省常平仓从贮仓向贮库的转变时间,我们只能作一个大约的估计。因为在 1749 年乾隆的决定下达之后,地方文献中不能公开宣布这种与皇帝政令相违背的做法,唯一的证据只能来自于实际的操作和官员们管理粮仓时的行动和陈述。在乾隆中期即 1760 年代,政府已经放弃了全部用粮食进行储备;而前文所述的广东巡抚苏昌在 1751—1753 年还非常努力地解决充实粮仓的问题,苏昌买补的努力——此时朝廷正在争论是否应当依靠市场解决粮食问题——很可能是广东省粮仓保持实物储备的最后一次努力,从那以后,无论皇帝的意愿如何,白银、商人和市场都取代了谷米、官员和政府,管理着华南的粮食供应。

在苏昌以后,涉及买补粮仓的资料数量有所下降。1755 年,广东粮仓通过从广西输入粮食得到了补充,第二年罕见的大丰收时,两广总督的报告称"仓箱充裕,粮价日平"①。1757 年的霜冻导致了米价的上涨(详见第六章),当地官员开仓售粮以平粜米价,但 1759 年的记录则表明几乎没有售出过粮食。②

遍寻乾隆朝的宫中奏折档案,关于仓储粮食实物的比较有说服力的最后证据,是有一系列的奏折提到了在 1764 年春季售出 235 200 石以平粜粮价,但在秋收时因米价高昂而遭遇了买补的困难。其他关于常平仓的奏折或者是一些套话,或者是没有说服力,例如,1774 年,广东巡抚德保报告称"时值青黄不接,粮价稍昂,应行开仓平粜"③,三年以后,广东巡抚熊学鹏则奏称"臣现饬各州县将常平仓谷照例平粜,俾粮价不致昂贵"④。其他的直接证据还有 1778 年,《高州府志》记载了广东省政府在饥荒之年以白银而不是粮食放赈⑤;1783 年,即 1787 年大旱灾之前五年,广东巡抚尚安的奏折毫无说服力,似乎只是例行公文,"其有详请平

---

① 《乾隆朝奏折》卷 10:513(乾隆二十年一月十二日)、卷 14:647(乾隆二十一年六月十七日)。
② 《乾隆朝奏折》卷 15:90(乾隆二十一年八月二十四日)、368(乾隆二十一年九月十七日)。
③ 《乾隆朝奏折》卷 35:443(乾隆三十九年四月二十八日)。
④ 《乾隆朝奏折》卷 38:605(乾隆四十二年五月十三日)。
⑤ 《高州府志》(1890)卷 49:38a。

粜州县,俱令存七粜三,照丰年减价五分定例以次出粜,仍饬该管道府实力稽查。所有粜价钱文按旬易银提贮府库。俟秋成,详明给领买补归仓,以杜挪移侵蚀之弊"①。事实上,尚安可能是以为常平仓中粮食充裕而不了解真实的情况,或者至少部分的仓库的确还存有粮食。但是和以前奏折中提到用仓库粮食赈灾不同,我没有再发现任何官员关于分发粮食赈灾的奏折记录。

现有的史料表明1760年代中期应该是广东保持粮食实物贮仓的最后一段时期,此后的政府即转向使用等值的银两贮库以作为替代,常平仓对粮食的购买也不再只是发生在收获季节,即使是遭遇饥荒时,粮仓也要从市场进行购买。同样的情况也发生在社仓中,虽然由于这些粮仓的管理主要由当地居民负责而不属于官员的职责范围,所以没有足够的史料去像常平仓那样推断以白银贮库取代粮食贮仓的具体时间,但现有的地方志资料表明,社仓和常平仓一样,也使用了等值的白银来代替粮食仓储。② 如果这些资料能充分体现当时社仓实际情况的话,那么社仓用贮库代替贮仓应该是在常平仓之后不久就发生了,第八章还将详细说明到了1760年代,官员们更多的是依靠市场和私人库存而不是政府粮仓来保障粮食供应。

义仓 广东义仓的建立是随着18世纪末常平仓和社仓(尤其是城市地区)赈灾能力下降而开始的。虽然在农村地区也设立过一些义仓,但最大和最重要的还是佛山创办的义仓。③

如前所述,佛山是位于广州以西的一个重要商业和制造业城市④,正处在西江和北江交汇处,有着商业贸易的港口、码头和各种工业所需的仓库,沿江上下的米谷贸易川流不息。18世纪末期,佛山的人口约有50

---

① 《乾隆朝奏折》卷55:426—427(乾隆四十八年三月二十一日)。
② 陈春声:《市场机制与社会变迁:18世纪广东米价分析》,中山大学出版社,1992,第241页。
③ 陈春声博士论文,第316—320页。
④ 近期关于佛山的研究可以参见 David Faure, "What Made Foshan a Town? The Evolution of Rural-Urban Identities in Ming-Qing China", *Late imperial China* 11, no.2 (Dec.1990):1—31。

万左右,几乎都生活在城市中,他们中绝大多数是商人及其家人、棉纺织工人、制茶工人和五金商贩。19世纪早期的一段史料曾谈到"佛山镇内五方杂处,耕农者少,工作人多"①。

佛山的义仓最早是因为1786—1787年旱灾和饥荒而创立于1795年的。如前所述,由于常平仓已经不再储备大量的粮食,同时旱灾也降低了西江的水位,延缓了广西稻米的输入,面对饥民遍地、路有弃婴的惨况,佛山乡绅在当地举人劳潼的带领下进行募款赈灾。② 劳潼联合乡绅恳请政府同意通过对佛山所有的店铺抽取5%的租银,从广西购买了稻米并安排运至佛山码头,再监督向饥民分发粮食。③

1786—1787年饥荒的惨况令劳潼大为震惊,为了避免同样的事件再次发生④,他在此后的几年间花费了大量的时间和精力,搜集阅读自先秦以来描述赈灾政策的各种历史记录和书籍,于1794年编著了《救荒备览》一书,不仅总结了历史上的救荒措施,而且记录了饥荒时期各种适用的草药药方(救荒本草)。⑤ 通过央请地方乡绅的捐助,劳潼成功地募集了大量资金建立起了义仓,同时购买了一些粮食作为初始库存,聘请了

---

① 《明清佛山碑刻文献经济资料》,第400页。
② 佛山义仓和其他省份的义仓有所不同,魏丕信和王国斌发现在华北和华中有两种不同类型的义仓。直隶农村地区1750年前后设立的义仓功能和广东的社仓比较接近,只是除了借贷以外还提供赈济,参见 Will and Wong, *Nourish the People*,69—72;广西的义仓在规模和功能上与直隶相近,但具体情况缺乏史料的描述,可以参见《乾隆朝奏折》卷40:736—737(乾隆四十二年十一月初十)、卷45:565(乾隆四十三年十一月十九日)、卷49:235(乾隆四十六年十月十四日)和卷53:767(乾隆四十三年十一月十一日)中关于广西义仓规模和贷出量的资料。因此,广西和直隶农村的义仓与佛山不尽相同,魏丕信和王国斌还发现了1720年代在江南、九江和汉口一带由盐商领导的另一类义仓,这类义仓表面上与佛山的义仓基本一样,但一个重要的区别在于长江流域义仓的领导者是商人,而佛山的则是地方乡绅,这种差别的原因与科大卫所描述的佛山乡绅如何取得并维持自己相对于商人更为优越的社会地位有关。参见 David Faure, "What Made Foshan a Town?"
③ 《明清佛山碑刻文献经济资料》,第400—401、411页。
④ 关于佛山义仓的历史可以参见 Mary Backus Rankin, "Managed by the People: Officials, Gentry, and the Foshan Charitable Granary, 1795—1845", *Late Imperial China* 15, no.2 (Dec. 1994):1—52。
⑤ 劳潼,《救荒备览》载《岭南遗书》集58,百部丛书集93,台北:艺文印书馆,1968。

两人管理义仓事务。劳潼还获准收取佛山到广州渡船(横水艇)和佛山正埠公地出租的租金以作为维护义仓所需要的资金。① 此后,佛山义仓的规模、重要性和在佛山管理中的中心地位得以增加,每当遭遇歉收、粮食短缺、米价高昂或饥荒之时,都及时提供赈济。这种乡绅托管下的专业化管理,加上资金来源的保障,确保了佛山义仓提供城市赈济的能力。②

私人的粮食储藏

随着政府对粮食供应直接管理的减少和越来越多地依靠市场,私人粮食储藏逐渐开始扮演着更为重要的角色。我们很难估算在各次收获之间,粮农、地主、宗族和米商们都储藏了多少粮食,因为不同于政府系统,这些私人的粮食储藏并不需要向政府提供报告;但其总量一定相当之大,因为两千万人口的粮食供应主要都是依靠市场而不是政府来提供。

粮农的储藏　生产粮食的农民每年收获之后都会储藏一部分粮食,问题是他们究竟会储藏多少,储藏多久,而这些又是否会因时因地而异。农民们对产粮中用于储存和销售比例的决策,取决于他们的生存策略和对生存需要量的计算。他们至少要留出足够的种子粮以供下一年春天的播种。除此之外,他们是否还需要留出到下一次收获之间所需要的口粮?如果下一次的年成不佳,是不是还要多留出一些?那样的话,如果下一年收成较好,又如何处理那些剩余呢?对这些问题的回答决定着市场供应和粮食价格,从而又将影响着农户的决策。

农户储藏粮食最基本的条件需要有一些为盛放粮食特制的笼箱,有的地区还建有谷仓。白馥兰曾对史料中所载农民储存粮食的各种技术

---

① 《明清佛山碑刻文献经济资料》,第390—391页。
② 同上书,第411—441页。

进行过综合考察,指出两广地区的农户有仓储设施以储存大量的粮食①。当然,农户们购买或制作笼箱所需要的费用要小于建造谷仓的费用,因此他们以何种方式储备粮食取决于农户家庭的富裕程度。由于农户自行修筑的粮仓质量与官营粮仓差相匹敌,我们似乎可以由此推断,那些修筑自家粮仓的农民储备的粮食是超过一年使用的,而用笼箱储备的粮食则很可能只能敷衍到下一次收获期。

有关粮农储备粮食的史料大多出自当时官员的奏折,例如,在收成较好的 1752 年,广西巡抚定长报告"臣饬属劝谕民间乘此丰收,樽节盖藏"②;1777 年,广西巡抚吴虎炳又报告"墟场市集自早稻丰收之后粜卖,更多户有盖藏"③。还有很多类似的奏折,从中可以清楚地看出农民在早稻和晚稻的收获之后都会储备稻米,但没有资料显示他们也储备小麦。事实上,由于华南地区的气候潮湿、容易发霉甚至产生轻微的毒素,小麦的储藏比较困难④,大多在收获后就被消费掉了。

收获季节同样也是农民卖粮的时节,官员们的奏折上千篇一律地写到收获刚过,"新谷"就已经上市,即农民们刚刚收割就立即将粮食售出。但同样的史料中也指出,至少有一部分农户因为之前储备了较多的粮食,而在新谷收割之际仍有"旧谷"待售。例如 1753 年,期待晚稻能够丰收的广东巡抚苏昌曾评论道"农民家贮之谷,多出市粜卖"⑤。一年以后,广西早稻丰收,一封奏折曾报告说"有谷之家自将陈谷出粜"⑥。又过了十年以后,有官员报告,晚稻丰收"农民家贮之谷多出市粜卖"⑦。事实上,18 世纪每个年代都有官员们奏报丰收之后的农民售卖旧谷,1782 年

---

① Francesca Bray, *Agriculture*, 381—412.
②《乾隆朝奏折》卷 4:290(乾隆十七年十一月十一日)。
③《乾隆朝奏折》卷 39:320(乾隆四十二年七月初九)。
④ Bray, *Agriculture*, 471.
⑤《乾隆朝奏折》卷 6:361—362(乾隆十八年十月初六)。
⑥《乾隆朝奏折》卷 8:751(乾隆十九年六月十一日)。
⑦《乾隆朝奏折》卷 19:279(乾隆二十八年十月初八)。

的例子最能充分地反映这一点,"当此早稻收成之后,户有穀藏,市多粜贩"①。有时候,农民们为了能多赚些钱,也会冒险在收获以前就卖掉存粮,两广总督陈大受在 1751 年曾上奏说"各乡村民人见雨泽及时,所贮米谷陆续出粜,米价不至骤昂"②。

有关农户储存粮食最有意思而且特别的史料是广西巡抚陈元龙 1712—1716 年间的奏折。在担任广西巡抚后不久,陈元龙就上奏说晚稻产量相当于一般年份的 120%,是最近一些年份所罕见的丰收。但是粮价最初下跌以后,一个月内又上涨了 25%—50%,这一违背常理的价格波动令陈元龙颇为困惑,他给康熙皇帝的奏折中说:

> 广西地广人少,米粮有余;广东人稠田少,所产之米不敷民食,从来籍广西之米流通接济。今岁广东近海各州县薄收,米价贵至一两三四钱,于是商贩云集广西境内,以致广西米价一月以来骤涨一二钱。州县官虑贫民不能支有,请禁止贩米者,臣伏思广东广西之民皆属朝廷赤子,宁容彼此异视而行遏粜之禁?但恐愚民但知目前卖米之利,不为终岁糊口之计,臣饬行州县官劝谕百姓令其计口留八九月之粮,有余,听其变卖。广东省之商贩既通,米价自平,而西省贫民稍知储蓄,可接明秋新谷之登场矣。③

这封奏折的内容不是非常明确,但仍可从中确认的是广东的商人在广西购买稻米,从而导致了广西米价的上涨,但是陈元龙并没有抑制这种贸易以降低粮价,他虽然知道高米价会促使农民减少仓储,而且"恐愚民但知目前卖米之利,不为终岁糊口之计",但还是允许广东商人继续买粮。陈元龙的建议是在仓储和售卖之间寻找平衡点,留足八九个月的粮食,其余卖掉,这样可以使得广东的米商和广西贫民都能得到

---

① 《乾隆朝奏折》卷 52:356(乾隆四十七年七月初三)。
② 《宫中朱批奏折·农业类·雨雪粮价》乾隆十六年一月十三日,16 匣。
③ 《康熙朝奏折》卷 4:538—539(康熙五十一年十一月十七日)。

价格低廉的粮食。虽然陈没有明确说谁是"西省贫民",但主要应该是指城市居民,因为他们需要从市场上购买新谷,粮农自己种植稻米,也就没有必要再从市场上购买了。而如果农户储存了八到九个月的粮食,这就要比两次收获的间隔时间(晚稻到春小麦或者春小麦到早稻)多出大约三四个月了。

因此,农民储存粮食的时间是与秋收相联系的,收获之后,农户将储存起比支撑到下次收获所需略多一些的粮食。如果下一次是丰收或者可望丰收,农民就会卖出旧谷,再用新谷来重新充实库存;而如果遭遇歉收,那些多预备的存粮就可以帮助农家撑到再下一次的收获。在这样的情况下,只有在下一次收获完全损失或者连续两年遭遇歉收时,农民才会面临生存的危机。

宗族和地主的粮食储备 宗族和地主与小农户一样,都是为了自身的利益才进行粮食储备。事实上,如白馥兰所说明的,宗族和地主可以投资兴建规模较大的私人粮仓,一次性地储藏上数年所需的粮食。① 大型的私人粮仓有的有好几间,可以储存数百石稻米,如下面这个悲剧事件中所体现的,一个地主的粮仓可以大到容纳数人在其中走动:

> 梁上携向批已革武生陈武典土名埇源围田塘耕种,议定每年租谷二十一石。乾隆十六年,上携止交租谷五石八斗,尚欠十五石二斗。十一月初九日,武典同伊亲胡斯来、雇匠李翰昇、曾亚八修建仓房。武典唤仆林元清同至上携家索讨欠租,上携无谷交给,嗔怒武典呼伊名字,致相争角。武典声言拴缚伊子梁汉昇、梁汉辉禀官究追,上携拾取柴片赶殴,武典、元清奔回仓馆。将晚时分,汉昇同兄汉辉回家闻知,往寻武典理论。经过朱氏门首,诉知前情,朱氏不服,帮同汉昇等前往武典仓馆寻闹,武典畏凶,即从后门走避。时有邻人赖文泽拉劝朱氏到家饮茶,汉辉在仓等候。汉昇往寻武典不

---

① Bray, *Agriculture*, 409—412.

第七章 "生谷止有此数":粮仓与政府在粮食供应系统中的作用

遇,回至仓馆,时朱氏亦从文泽家走出,听闻仓内人声嘈杂,疑武典已经回仓,复往前论,汉昇亦急欲奔入,赶打武典,不期手肘误碰朱氏仆跌桌角上,撞伤右眼胞,朱氏起身站立不稳,晕跌方板之上,又磕伤脑后,并擦伤右手背,登时殒命。汉昇喊救,梁汉辉仓皇自内奔出,撞到木桌,复压伤朱氏身尸,两腿骨折。[1]

除了感慨人生多舛和这个故事的悲剧性结果意外,我们还可以从中了解到地主们从佃农收租并存入谷仓,以及地主的谷仓非常宽敞,以至于可以容纳好几个人在其中跑动。这些谷仓究竟能有多大呢?[2] 一位在19世纪曾试图管理好粮食短缺问题的地方官员曾写道:"有力之家,准计酌留三年自食之谷,如有盈余,务宜源源出粜以资周转,倘敢任意高抬市价或遏粜居奇,一经访问或被告发,定即发令减价贱卖,并治以闭粜之罪"[3]。三年自食之谷已经是一个不小的数字了,很多地主可能都没有储存这么多的粮食,在岭南只有那些了解农业种植风险(见前一章)或者希望能从米价波动中获利的地主才会储存起这些超过家庭所需的粮食。

地主销售粮食的时间与一般农户不同,无论是新谷还是旧谷,农民们往往在收获之后就立即售出,但没有史料表明在收成之后地主也会立即销售粮食,事实上,由于他们拥有条件更好和规模更大的粮食仓储设施,地主们可以等到粮价在春季上涨时再销售粮食。和国家的粮仓一样,地主们也要面对粮食储藏和变质的问题,因此也必须销售库存来进行更新,但他们可以自行选择销售的时间,那就是每年粮价最高的春季。

各家存粮的数量取决自身的情况,因而一旦遭遇歉收,每家的抵御能力也都取决于自身的财富和能力。在第六章中所谈到的旱灾、洪水或严寒发生时,存粮最少的人家也就自然最早耗尽自己的储备,稍好一些

---

[1] 中国第一历史档案馆、中国社会科学院历史研究所所编,《清代地租剥削形态》,北京:新华书店,1982,卷2:757—759。
[2] Bray, Agriculture, 409—412。
[3] 徐赓陛,《不自慊斋漫存》(台北:文海出版社重刊1889年本),卷4:37a—39b。

的农户则可以支撑到下一次收成,大地主们有着较多的粮食储备,因而仍然保障自己的生活甚至还可以通过粮食短缺而高价出售存货以获利。在饥荒来临之际,很难区分原本是用于储备的粮食和被囤积以待高价出售的粮食,因为政府和有余粮的人家都在销售粮食。

粮商、掮客和米铺 和粮农与地主们一样,我们无法确知粮商们所储备粮食的数量,但从两广官员对米商们(尤其是佛山的米商)在省际米谷贸易中重要性的评论来看,其贸易量应该是非常巨大的。据史料记载,佛山是稻米贸易的重要集散中心,储存着从广西输入的大量稻米,供佛山本地和广州城消费。18世纪时,佛山和广州两地的人口合计接近一百万,每年要消费超过四百万石的稻米①。一份19世纪初的史料描述了佛山作为当时粮食仓储中心的地位:"佛山者,四方米谷之所屯也"②。

但这并不是说当时的佛山米商们随时都有四百万石粮食的仓储,佛山最大的四个码头中有两个分别专门用于米和糠的装卸(谷埠、糠埠)③,在各处还设有常年从事粮食采买和分发的渠道。总体的情况大体是这样的:每年早稻和晚稻收获之后,商人们从广西各地农村采买粮食、装船运往梧州,在梧州装袋或者以散装形式换乘容积为100—200石的船只,或者销往下游地区,或者在梧州进行仓储。

到达佛山以后,米行或粮行们将粮食卸下船运往码头附近的粮仓,再从那里分送到各个米铺进行零售。我们很难估算这些粮食批发商和零售商的数量,18世纪的史料中只提到有若干粮行,以及每个市场中有一个或多个米铺。20世纪初的广州就有700个零售米铺④,在18世纪时还可能要更多一些。在1790年以前,佛山的每个米铺只允许存储最多100石稻米(五户五口之家一年所需),存量超出额度以外的米店老板

---

① 陈春声博士论文,第96—97页。
② 《明清佛山碑刻文献经济资料》,第344页。
③ 同上书,第381—382页。
④ 广东银行,《广州米业》(广州:1936),第86—102页。

即有囤积之嫌。1790 年,经商人向广州府陈诉之后,政府允许佛山米铺的存米额度增至 200 石。①

粮农以笼箱所进行的储存、地主的粮仓,还有米行的大型仓库,共同构成了数量巨大的私人存粮,并在粮食供应中扮演了十分重要的角色。粮农们根据收获的规模和上次收获后的剩余情况,在每次收获之后立即向市场售出新谷或旧谷存粮;地主们把收租所得稻米储存至春季米价最高时出售;米商和掮客们则在梧州和佛山经营着规模巨大的粮仓。对于每年有多少粮食进入市场,将在下一章中详细讨论。但在 18 世纪的前 60 年中,清朝政府也还在粮仓中储存着大量的粮食,这些仓储加在一起,将会是一个非常大的数量,这就向北京的中央政府提出了一个问题:怎样管理中华帝国粮食供应才是最好的方法。

政府还是市场?

1743—1752 年间,清朝中央政府就究竟按怎样的比例分配政府和私人的粮食储藏才是最优的平衡点问题进行了十年多的商讨和辩论。如前所述,1743—1748 年,米价的持续上涨使乾隆皇帝意识到这一问题,并下诏请各省官员对米价上涨的原因提出意见。邓海伦的研究认为,乾隆帝倾向于相信原因在于粮仓储备的累积,并希望官员们的奏折能就这一问题展开,绝大部分奏折也的确如此。② 事实上,乾隆帝对这一问题十分重视,甚至把米价高昂作为了 1748 年殿试的一道问题。在三种可行的政策——推迟粮仓购粮、严厉打击商人囤积居奇和禁止富户囤积中,乾隆仅对第一条评论道"生谷止有此数,积于官必亏于民,其较然者。然积之害,与散之利,当熟筹之。而非明著其由,何以使官民两利?"③

---

① 《明清佛山碑刻文献经济资料》,第 343—344 页,亦可参见 David Faure, "What Made Foshan a Town?",21.
② Dunstan, *Anthology*, 1237. 揣摩出皇帝的心思显然会有利于臣子们的仕途。
③ 《大清高宗实录》卷 313;33b—34a。

在18封对皇帝问题的回复奏折中,绝大多数都认为是政府介入粮食市场导致了米价的上升。有好几位官员,尤其是两广总督策楞——用邓海伦的话说——都采取了"反干预(anti-interventionist)"的政策立场。① 事实上,策楞可以被看作是18世纪中期的一位自由贸易论者,他对市场调节以保障粮食供给不吝赞美之词,而对政府干预行为则进行了批判:"庶妨谷之事悉除,在官采买有节,商运流通,民间之米日多,价值可望渐减。"②

官员们主张更多依赖市场供应有着两重的原因。首先是经济上的考虑,随着米价的上升,市场自身就可以保证粮食从有剩余的低米价地区向存在短缺的高米价地区移动。护理安徽巡抚布政使舒辂还提出了另一个考虑:

> 江南等省,习惯成熟,一有水旱,辄引领而望。臣愚以为民气之骄,当渐裁抑。如遇实在灾祲,自当抚恤蠲赈。其些小偏灾,惟令各督抚督率地方官随时调剂,毋容特为赈恤。③

其意在说,遭遇不严重的危机时,应通过市场迫使百姓自力更生,而不是依赖政府。

乾隆皇帝最终在1749年决定重申常平仓的地位和重要性,但是比他即位之初降低了各地的仓储额度。除了1752年一次短暂的讨论以外,1749年的圣谕结束了有关更多依靠市场力量自由调配问题的辩论。在这里我们需要更多关注的并不是最终的圣谕,而是当时的清朝政府有着很多官员都希望让市场发挥更大的作用。虽然皇帝这样说了,但对于象策楞——他曾经表达过明确地倾向于市场调节和使用白银进行赈济——这样的官员来说,这也只是关于常平仓的奏折的组织而已。因

---

① Dunstan, *Anthology*, 1246.
②《大清高宗实录》卷311:40b—44a。
③ 同上书卷311:28a—29b。

此,1760年代中期以后,至少在广东已经很少储备谷物就毫不奇怪了,白银贮库的形式被普遍采用,对市场的依赖也成为了常态。

结　论

随着清朝统治在17世纪后期的巩固和有序化,政府官员开始着手建立起粮仓体系以储备粮食抵御气候的变化。除了赈济饥荒以外,政府经营的常平仓还被用于稳定粮价(春季平粜、秋后买补)、向农户借贷种子口粮和供应军需。建立在乡间的社仓,在功能上则相当于小型的常平仓。

虽然粮仓系统的运作存在着诸多弊端,但18世纪岭南的大部分官员还是积极有效地开展了粮食储备和赈济工作,通过对仓储规律性的更新保障了粮食的新鲜和粮价的稳定。但到了乾隆初期,仓库系统中的弊端、在岭南潮湿气候下储备粮食的困难,以及保障仓储及时买补的问题使得很多岭南的官员更倾向于尽可能少地储存粮食,而代之以采用白银贮库的方法在需要时从市场中进行购买。现有的史料表明,广东的官员们到1760年代时(广西则在十年之后),已经主要依赖市场的力量来提供城市地区的粮食供应了。

私人的粮食储藏量是非常巨大的。粮农们在收获之后进行家庭的粮食储藏,他们往往储藏起超过自家一年所需的粮食,在来年收成较好时再卖掉这些余粮。大的宗族和地主们则把地租收来的粮食储藏在自己的粮仓里,有时可以一次性贮藏上三年所需的谷物,除了可以抵御食物短缺的风险之外,还能在早稻收获之前米价较高的时期通过卖掉存粮赚上一笔。米商、掮客和米铺不仅有能力购买和储备粮食,而且还在各地设立了常年从事粮食采买和分发的渠道。

1740年代米价大幅上涨时,乾隆皇帝向大臣们询问在帝国的粮食供应系统中,政府应该扮演怎样的角色才比较合适。大部分官员都认为是政府的干预导致了米价的上涨,因而都倾向于更多地使用市场来调节供应。乾隆皇帝最终决定重申常平仓的地位和重要性,但降低了各地的仓储额度,这一决定至少在中央政府层面结束了有关更多依靠市场力量调节粮食供应的讨论。但管理着各地常平仓的地方官员们更愿意用白银贮库和从市场购买所需粮食的方式代替在粮仓中储备粮食实物,因而到了1770年代,粮食贮库已经不常见了,而依靠市场则成为了通常的手段。

无论是政府的还是私人的粮食储备,都是岭南人民应对气候变化导致的农业产量(以及由此引起的食物供给、粮价和家庭保障的)波动的重要防御手段。但环境和经济变化之间的因果链条并没有到此结束,因为市场中大部分粮食的储存和运输过程,又反过来对岭南的环境产生了重要的影响。

第八章 "商贩流通,市谷充裕":市场整合与环境

官营粮仓系统可以称得上是针对歉收引起饥荒问题的一项审慎的制度安排,但它没有建立起将稻米从食物盈余地区向食物短缺地区转移这一最为重要的机制。市场则可以完成更大规模的粮食买卖,并且能比粮仓系统更为有效地实现粮食频繁而有规律地运输。事实上,处理岭南地区的粮食供给并不是一个简单的非此即彼的问题,如上一章所述,粮仓和市场是共同起作用的。

本章将考察稻米的市场和价格,虽然这一章较本书其他部分更多一些统计的内容,但对于理解18世纪岭南地区气候变化的过程和支撑人口大量增长的各种条件而言,粮价和粮食市场这两个议题还是十分重要的。粮食市场的整合把岭南的各个地区逐渐连接成为了一个统一化的市场,广西的西江盆地逐渐趋于专门生产粮食销往广州和珠三角地区,而那里的农民则开始专门生产蔗糖和生丝。其结果,一方面是造成了岭南地区生态系统种类的减少,使得环境趋于单一化,降低了生物多样性;另一方面则是保障了粮食的供给,使得粮价稳定而不至于因气候影响而大幅波动,进而推动了经济的发展和人口的增长。

市场整合与生态差异

如第五章所述,在 18 世纪,为了满足市场对蔗糖和生丝的需求,珠江三角洲一带的农民越来越多地放弃稻作,改种经济作物,通过市场而不是自给自足来解决自身的粮食需求。稻米从哪里来?市场中有多少粮食在流动?广东城乡又有多少农民依靠市场来解决他们的食物需求?为了了解岭南地区稻米的流动和稻米市场的发展情况,我们首先必须对这一地区的稻米需求量做一个估算,并区分一下哪些是稻米盈余地区,哪些是稻米短缺地区。

食物需求 假设 1770 年代广东的人口为 1 500 万[①],而所消费食物的构成与 1940 年代类似[②],那么我们就可以估计出当时粮食的总量(表 8.1)和生产出这么多粮食所需要的耕地面积(表 8.2)。计算结果表明在 1770 年代,每年大约需要六千万石的各类粮食来满足这 1 500 万人

[①] 参见第九章中关于人口估计的说明。
[②] 清朝和民国时期粮食的度量方法有所不同,1940 年代用重量单位"斤",而清朝则用容积单位"石"。为了估计 18 世纪的食物需求量,我把用重量计算的数据转换成了容积度量的数据。人均稻米年消费量的变化范围从 1930 年代的 270 斤到 1953 年的 343 斤之间,即 1.74 石到 2.62 石,平均为 2.17 石,使用平均值的原因是共和国时期的粮食消费很可能要高于 18 世纪,而 1930 年代则应该略低于 18 世纪的水平。这 2.17 石的平均值也可以作为广东和广西的均值,比如珠三角一带农民所吃的稻米应该多于广西偏远地区的农民。这样做虽然忽略掉了地区间的重要差异,但便于进行大体的估算。参见陈春声《市场机制与社会变迁——18 世纪广东米价分析》(中山大学博士论文,1984 年),第 11 页;广东银行《广州米业》,第 2 页;Wang Yeh-chien, "Food Supply in Eighteenth-Century Fujian", *Late Imperial China 7*, no.2(1986):88, n13。王国斌根据自身对常平仓的研究估计要养活一个四口之家,每周需要粮食 0.2 石,这也就相当于每人每年 2.6 石稻米。参见 R. Bin Wong, "State Granaries and Food Supplies in China, 1650—1850: An Assessment", 1987 年国际清代区域社会经济史会议论文。近代以来对粮食的度量主要采用重量单位,而清代则采用容积单位"仓石",本文采用的转换标准为:1 清代仓石 = 130 清代斤 = 155.168 斤 = 77.584 公斤,和陈春声的多次讨论帮助我弄清楚了这一转换率。王业键在估计 18 世纪长江流域的稻米消费时曾使用人均 2 石的数字,参见"Food Supply and Grain Prices in the Yangzi Delta in the Eighteenth Century", in The Second Conference on Modern Chinese Economic History (Taibei: Academic Sinica Institute of Economics, 1989), 423—459。

口的食物需要。随着人口从18世纪初的900万左右,增加到1800年前后的近1 800万,几乎翻了一番,对食物的需求当然也要同比例增加(在下一章中我们还将看到,同样需要增加的还有生产这些粮食所需要的耕地)。

从这些计算中还可以看出,生产这六千万石的粮食,需要大约1 650万亩的耕地。即使平均产量比我们估计的要少一半,那么生产这些粮食也只需要3 300亩耕地。而1770年广东全省的耕地总数为4 500万亩①,远远超过生产本地所需粮食的耕地面积,换言之,如果全部耕地都用于种植粮食作物的话,广东应该是一个粮食盈余的省份。但实际上,广东不仅没有实现粮食盈余,而且成为了一个依赖粮食输入的地区。

表 8.1 1770年前后广东省的粮食需求

食物	1940年代的年均每人食物消费(斤)		18世纪食物消费估计(石)	
	数量(斤)	比例(%)	人均需求量(石)	需求总量
稻米	369.90	83.09	3.33	49 950 000
甘薯	33.15	7.45	0.30	4 500 000
芋头	3.75	0.84	0.03	450 000
大豆	9.50	2.13	0.08	1 200 000
小麦	5.30	1.19	0.05	750 000
其他	23.60	5.30	0.21	3 150 000
合计	445.20	100.00	4.00	60 000 000

(资料来源:陈春声,《市场机制与社会变迁——18世纪广东米价分析》,广州:中山大学出版社,1992,第23页。)

---

① 参见第九章关于耕地亩数的估计。

表 8.2 广东省的粮食供给

作物	20 世纪初的单造粮食亩产(斤)		18 世纪的推算值(全年)		
	斤/亩	等于水稻亩产(%)	石/亩	需求量(石)	所需耕地(亩)
水稻	284.20	100	4.00	49 852 000	12 463 000
甘薯	224.00	79	3.15	4 468 000	1 418 413
芋头	130.30	46	1.83	505 000	275 956
大豆	127.20	45	1.79	1 280 000	715 084
小麦	218.20	77	3.07	714 000	232 573
其他	159.10	56	2.24	3 181 000	1 420 089
合计				60 000 000	16 525 115

(资料来源:陈春声,《市场机制与社会变迁——18 世纪广东米价分析》,广州:中山大学出版社,1992,第 26 页。)

食物短缺地区和谷物流通 如第三章中所述,广东并不是全省都属于粮食短缺地区,也并非一直都是粮食输入省份,其粮食短缺首先是从 16 世纪末和 17 世纪初才开始的。到了 18 世纪,广东有四个府成为了粮食净短缺地区,而广西可能只有一个[1]:广东的四个府分别是广州城和珠三角周边的广州府、广东东部的潮州府、嘉应府和海南岛(琼州府)[2],广西则只有桂林府这一个轻度的粮食短缺地区[3](参见地图 8.1)。惠州府大体上应该可以自给,广西省一些较偏远的州府也是如此(至少在 18 世纪的前半期是这样)。粮食有余且大量输出的主要地区是沿西江流域的州府:广东的肇庆和罗定,广西的梧州、平乐、浔州和柳州,还有北江流域的州府也向广州输出稻米(地图 8.2)。当然这只是一个大体的描述,在每个府内,各县之间乃至各县之内,当然也都还有着粮食盈余和短缺地

---

[1] 陈春声,《市场机制与社会变迁——18 世纪广东米价分析》,第 18—29 页。
[2] 根据《乾隆朝奏折》卷 5:800—802(乾隆十八年七月十六日),琼州只能生产本地所需一半的粮食,其余部分主要从高州和雷州购买,也有少量购自海外。
[3] 根据《乾隆朝奏折》卷 12:92(乾隆二十年七月初九)。

区之分。

对稻米最大的市场需求当然还是来自于广州和佛山的城市地区,其总人口合计约在 100 万—150 万之间,对稻米的需求量约为 250 万—350 万石①,此外,潮州地区还有约 25 万—50 万的人口。由于珠三角地区桑蚕业的发展,储存在佛山的粮食还大量流向广州府的农村地区,导致了顺德农村地区的粮价还要高于广州城。② 就广东整体而言,粮食的短缺大致在总需求量的 7%—13% 之间,或者说 350 万—700 万石③,无论哪一个更符合 18 世纪广东的实际情况,这一短缺的规模都要明显小于王业键所估计同一时期长江三角洲地区 18%—19% 的粮食短缺规模。④

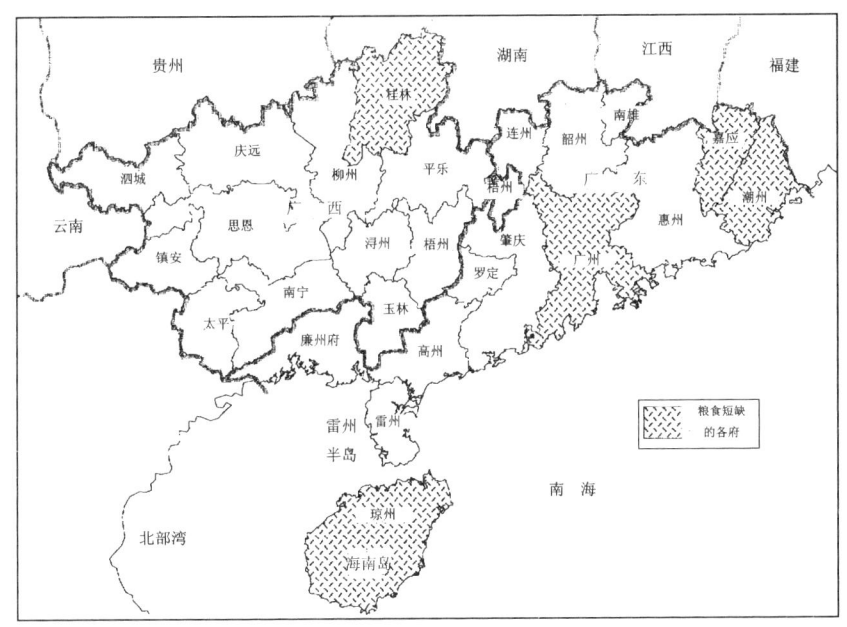

地图 8.1　1770 年前后粮食短缺的府

---

① 关于广州和佛山人口估计的探讨可以参见陈春声《市场经济与社会变迁——18 世纪广东米价分析》,第 79—80 页。
② 同上书,表 8.2。
③ 关于这一估计值背后的计算,可以参见 Marks, *Rice Prices, Food Supply, and Market Structure in Eighteenth-Century South China*, 64—116。
④ Wang, *Food Supply and Grain Prices in the Yangtze Delta in the Eighteenth Century*, 429.

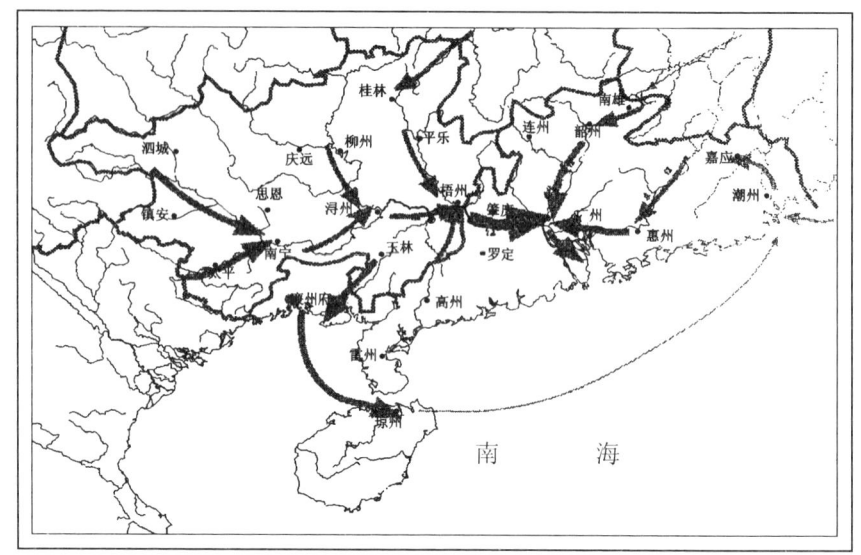

地图8.2 1770年前后粮食贸易路线

广州粮食需求中的一部分是通过省内其他地区来满足的,来自肇庆和罗定的稻米顺着西江流进了广州,北面的连州虽然很少输出粮食,但韶州销往广州的粮食数量较大,因为有很多从江西经梅岭关和从湖南经折岭关运往广东的粮食都在韶州集中,再装船顺着北江运往广州。粮食也并不都被广州所消费,有的还运往惠州,有的则销往广州周边种植经济作物的农村地区。潮州和嘉应两府所缺的粮食有的从沿海的惠州运来,但更多的还是来自于中国台湾和暹罗。最后,连州和高州两府的粮食主要输往海南岛,也有一部分再转运往潮州。① 无论广东省内其他地区运往广州和潮州的粮食数量到底有多少,这都不足以满足那些城市地区的需求,因为还有大量的粮食是从广西运进广东的。

在每年的雨季(4—10月),来自广西平乐、浔州、柳州和梧州各府的粮食大量汇入西江沿岸的梧州城,在这里装入承重5 000—10 000石的船只,经十天的航程到达下游的广州。在梧州的一个市场(戎墟),每天

---

① Viraphol, *Tribute and Profit*, 82.

就有多达 200 000—300 000 斤(或 1 500—2 300 石)的粮食成交。① 桂林则从湖南输入粮食,在满足本地需要之外也有部分转运往梧州。每年究竟有多少稻米被从广西运到了广东呢？一些官员曾对此作出过估计。②1715 年,广西巡抚陈元龙估计在六月到十一月间输出的米谷共有 618 000 石;15 年以后,云贵广三省总督鄂尔泰提到广东"即丰收而籴于西省犹不下于一二百万石",由于两方面的原因,这些估计可能比实际情况偏低。首先,这些只是向官方缴税的交易量,而不包括逃税的部分;其次,这些官员的估计是米谷合计的,而每两斤稻谷大约只能碾出一斤米。考虑到这些因素,我估计每年大约有三百万石的米会从广西运往广东,这足以供应 150 万人口的粮食需求。

如上一章中所述,米谷的长途运输既有清朝官员组织的,也有商人运作的。官方组织的粮食运输在乾隆统治的前半期较后半期规模更大,例如,在 1741—1742 年连续旱灾之后的粮价持续上涨时,单纯的市场机制已不足以满足广州的粮食需求,于是在 1741 年夏天,广东巡抚王安国安排了自暹罗进口 23 000 石大米③;1742 年,广西也因旱情影响而遭遇了粮食短缺,有 40 000 石的大米由湖北经桂林运入了广西。④

当然,这是在遭遇危机的时期,但即使是在乾隆朝初年的一般年份里,政府的介入也都被视为保障广州粮食供应的必要手段。在 1747 年的春天,即使春雨已经提升了西江的水位,足以供粮船航行,两广总督策楞的奏折仍然提到了粮价的上涨,"阴雨之后商船到者甚稀,本地墟场亦难交易,臣现在择其米贵之处,饬令先行开仓以济民食,一面委员前赴西

---

① 郭松义,《清代的粮价贸易》,《平准学刊》第 1 辑,1986,第 298 页;叶显恩主编《广东航运史·古代部分》,第 168 页。
② 以下内容转引自陈春声《市场机制与社会变迁——18 世纪广东米价分析》,第 45 页。
③ 乾隆 7 年 8 月 29 日档案,载《历史档案》1985 年第 3 期第 1、第 7—18 页;与暹罗进口大米相关的探讨参见李鹏年"略论乾隆年间从暹罗运米进口",《历史档案》1985 年第 3 期,第 83—90 页。
④《宫中朱批奏折·农业类·雨雪粮价》乾隆九年二月初八;26 匣。

省梧浔一带查催米船"①。这次举措应该取得了成功,因为一个月后,策楞又上奏说"目下广西谷船多有运到,四乡谷石亦源源出粜,米价尚定"②。

策楞所说的"四乡谷石亦源源出粜"并不是说广西的米船在甲板上就开展零售贸易了,事实上,他们把货物都卖给了在广州城拥有执照的米行。我们不知道有多少个这样的米行,但这一系统的运作应该可以通过市场来决定米价。如曾任两广总督的杨应琚所说的,"旧设米行既有多家,又听商人自行投行交易,如或米行等稍有不公,即虑商人舍此适彼,是以尚未敢任意滋弊"。但在1750年代初期,广东省设立了总埠来管理所有的米行,1754年杨应琚到任后发现"今官为设立总埠……垄断把持,粮价转滋腾涌",因而采取措施裁撤了总埠,他还命令官员从市场上购买粮食以充实官仓,而不是征购广西粮船上的粮食③,杨应琚的政策大大减轻了政府对粮食市场的干预。

此后官员们的奏折中一般很少再提及他们对市场的干预,而更多谈到了商人和市场的情况。1759年春天,广东和广西的巡抚都提到了"商贩流通,市谷充裕"④,两广总督李侍尧也谈到"西省谷船先后来东者亦多"⑤,另一位广西按察使还说"各属粮价因民间随时出粜、商贩源源而来,市米充盈,价不加长"⑥。10月中每天甚至有"四五千石至万余石不等"的稻米从广西运来⑦。11月米价稍有上升之后,广东巡抚上奏说"西省商贩又复络绎来东,民食充裕"⑧,即使到了一月,仍然"各属商贩流通,

---

① 《宫中朱批奏折·农业类·雨雪粮价》乾隆十二年二月二十八日:41匣。
② 《宫中朱批奏折·农业类·雨雪粮价》乾隆十二年三月二十四日:41匣。
③ 乾隆28年6月11日,杨应琚奏折,台北故宫宫中档第015160号。感谢魏丕信提醒我注意到这份奏折并让我分享他的详稿。
④ 《宫中朱批奏折·农业类·雨雪粮价》乾隆二十四年三月二十八日:81匣。
⑤ 同上。
⑥ 同上。
⑦ 《宫中朱批奏折·农业类·雨雪粮价》乾隆二十四年九月初八:81匣。
⑧ 《宫中朱批奏折·农业类·雨雪粮价》乾隆二十四年十月二十日:80匣;乾隆二十四年十一月二十日:89匣。

市米充裕"①。从这些奏报中我们可以清楚地看出,到1750年代的后期,广西和广东之间的商业活动已经十分活跃,绝大部分的粮食运输都是由商人经营的。

1744—1765年这22年间各类官员的奏折②,给我留下了关于乾隆初期官员们努力解决广州城市人口粮食供应问题的深刻印象,他们派遣专员赴广西采购稻米,与暹罗商人议定从该国购买大米,以及维持常平仓的粮食库存。20年后(1765),粮食流动似乎已经成为了更日常的例行事务,效率更高的市场机制逐渐取代了政府工作,奏折中提到越来越多的是广西米船将稻米运往广东,而越来越少谈及政府使用常平仓发放赈济或平稳物价。

衡量18世纪粮食市场效率提高的一个简单办法是看月度米价波动的情况,当市场效率较低时,收获量中不大的变化都会导致米价上下波动,而如果市场能够有效地将稻米从盈余地区运送到短缺地区,那么即使本地的收获量有较大的波动,市场价格也会保持相对稳定。从表8.3中我们可以看到,虽然整个18世纪米价的总体趋势是上升的,但米价与平均值的差距(标准差和变异系数)则稳步减小,因此米价在18世纪是逐渐趋于稳定的。③ 米价波动的减小主要归功于两方面的原因,一是跨年度的大量粮食储备(见第七章),二是粮食市场的整合,使得岭南地区形成了一个一体化的市场。

与欧洲和美国相比,岭南粮价很低的变异系数表明该地区已经形成了一个有着大量库存和区域内贸易量的非常一体化的市场结构。麦克洛斯基和纳什发现中世纪英国的粮价变异系数为 0.20—0.43,1800—

---

① 《宫中朱批奏折·农业类·雨雪粮价》乾隆二十四年十二月十七日:80 匣。
② 包括已出版的《乾隆朝奏折》从乾隆十六年开始的部分,还有从位于北京的第一历史档案馆搜集的 20 份奏折。
③ 在我的两篇论文中对岭南米价的变动情况进行过完整的分析,"It Never Used to Snow"以及与陈春声合写的"Price Inflation and Its Social, Economic, and Climatic Context in Guangdong, 1707—1800", *T'oung Pao 91*, no.1 (1995): 109—152。

1825 年费城为 0.2—0.26,1825—1914 年纽约为 0.16—0.34,从而得出结论认为从中世纪到近现代时期,粮价的变异系数总体上从 0.3 下降到了 0.24,这主要是运输费用降低的结果。而用同样的标准来衡量的话,18 世纪的岭南则要更为"现代",其市场效率更高于甚至较晚些时候的欧洲和美国。①

表 8.3　月度米价的波动情况

时　　期	均　　值	标准差	变异系数
1707—1720	0.81	0.23	28.0
1721—1740	0.81	0.21	26.0
1741—1760	1.42	0.21	14.9
1761—1780	1.53	0.16	10.5
1781—1800	1.49	0.11	7.1

(资料来源:米价数据来自第一历史档案馆《宫中朱批奏折·农业类·粮价清单》,详细说明可参见 Marks, "Rice Prices, Food Supply, and Market Structure in Eighteenth-Century South China"。)

市场结构与整合　以上所论及的各方面史料——粮价波动情况、米谷的输入和销售、商人活动与粮仓经营,以及粮食短缺时期商人和官府的举措——都表明了岭南市场活动的巨大规模和区域性粮食市场的存在。在全汉升和克劳斯 1975 年关于长江流域米价和市场的研究中,提出了确认"存在大规模、组织良好的米谷贸易"所需要满足的四个条件:

1. 在贸易线路中,大城市的米价应该是最高的;
2. 粮食盈余地区的米价应当低于山区和下游较远地区的米价;
3. 在水路距离接近的地区,米价应该基本一致;

---

① Donald N. McCloskey and John Nash, "Corn at Interest: The Extent and Cost of Grain Storage in Medieval England", *American Economic Review 74*, no.1 (Mar.1984):177.

4. 粮食产区的米价应该比短缺地区的价格更为平稳。①

地图8.3中表明了乾隆年间各府的平均米价,从图中可以看出,广东和广西两省的情况基本满足第一到第三个条件,只有三处例外。首先,广东东部嘉应府的平均米价(每百石193两)要高于下游的潮州府(189两),这一点得到了史料中有关稻米从潮州运往上游嘉应的记载的印证。第二个例外是南宁的米价(124两)要高于下游的浔州(123两),但这只是乾隆统治前20年(1736—1755)的情况,1756年以后,浔州的米价就高于南宁了,这意味着南宁府在1750年代中期以前很可能还没有被整合进岭南的整体市场中。最后一个是桂林和平乐的米价一致(124两),这主要是计算上凑整的结果,桂林米价实际上是略低于下游的平乐的。

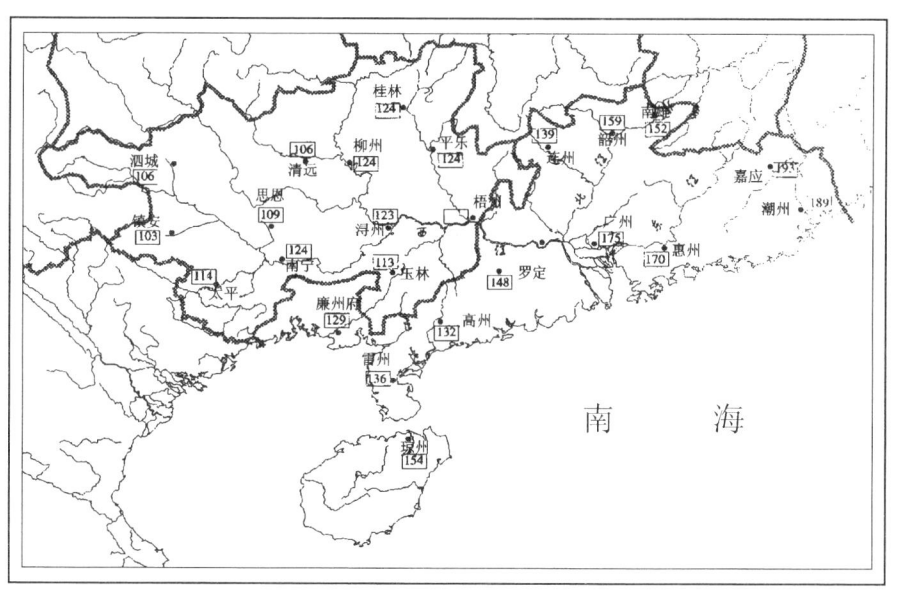

地图8.3　1736—1795年的米价平均值

对米价和米价的差异情况进行相关性分析将有助于我们进一步了

---

① Han-shen Chuan, Richard A. Kraus, *Mid-Ch'ing Rice Markets and Trade: an Essay in Price History* (Cambridge, MA: Harvard University Press, 1975), 42—43.

解岭南的市场情况。① 其结果见地图 8.4,其中每条直线都代表着检验所得出的一个强相关性,这里的"强相关性"指的是广东和广西两省所有各府相关系数最高的那 10% 的府际关系②;虚线则表示广州和梧州之间的弱相关性。

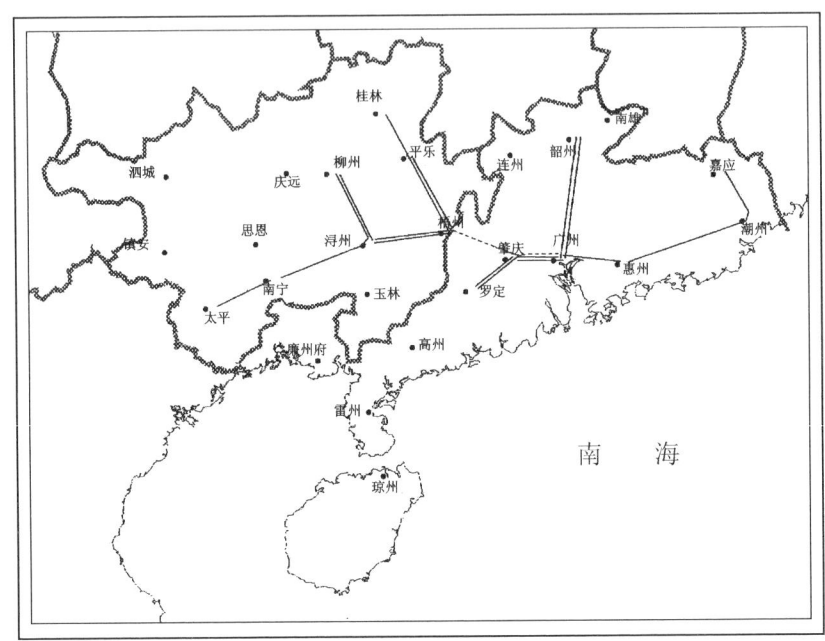

地图 8.4 岭南稻米市场的结构

表 8.4 各府平均粮价对广州平均价的回归

府	到广州距离(公里)	常数	斜率	标准差	可决系数
泗城	1 185	108	−0.013	0.017	−0.001
琼州	595	94	0.342	0.021	0.319
清远	540	77	0.167	0.018	0.131

---

① 关于岭南米价数据完整的描述、分析和评估,可以参见 Marks, "Rice Prices, Food Supply, and Market Structure in Eighteenth-Century South China"。

② 这里选择了排序(相关程度最高的 10%)而不是绝对值(相关系数 0.9 或更高)来作为限制标准,是因为相关性在 0.9 以上的地区很多,会使得地图难以理解。

续 表

府	到广州距离(公里)	常数	斜率	标准差	可决系数
桂林	510	73	0.285	0.022	0.241
平乐	405	72	0.300	0.019	0.307
太平	720	70	0.254	0.023	0.178
思恩	720	69	0.227	0.018	0.220
镇安	810	64	0.217	0.022	0.150
南宁	555	63	0.347	0.024	0.275
柳州	420	62	0.355	0.024	0.293
雷州	560	61	0.428	0.019	0.484
玉林	1 005	56	0.328	0.016	0.426
嘉应	700	51	0.807	0.027	0.618
南雄	368	50	0.584	0.019	0.613
浔州	420	50	0.420	0.019	0.470
梧州	240	48	0.453	0.020	0.473
连州	368	46	0.531	0.023	0.485
潮州	560	45	0.821	0.028	0.599
惠州	123	40	0.740	0.019	0.738
廉州府	840	36	0.486	0.020	0.543
高州	525	28	0.594	0.026	0.484
韶州	280	24	0.773	0.014	0.837
肇庆	88	14	0.897	0.024	0.719
罗定	210	14	0.761	0.021	0.700

表8.4中的简单回归结果表明了市场整合的程度:回归线的斜率越趋近于1.0,相关性就越强,市场整合程度也就越高。布兰德曾指出回归产生的其他数据也可以用于分析市场整合的程度,斜线的截距(表中的"常数"项)就反映着稻米的运输成本,随着距离的增加,运输费用也在增

加,即表中回归方程的常数项在增加①。如表 8.4 所示,常数项的确是随着该地区到广州的距离而变化的,只有三个例外:琼州、玉林和雷州,这些地区的海路距离广州很近,其运输费用较高很可能是因为天气和海盗增加了海路运输的风险所致。

以上统计分析印证了史料中的相关说法,即岭南地区有一个以广州为中心的主要粮食市场,以及一个以梧州为中心的次重要的市场。但其中仍然有两点模糊之处,即广东东部的潮州和嘉应以及广西西部的几个府到底在多大程度上被整合进了这个区域市场呢?我们首先来看后者,1738 年,广西巡抚(杨超)曾奏桂林等地的稻米并不仅销往广州,还溯西江而上运往贵州,往往齐赴一处争运,为了减轻市价上涨的压力,他建议将输出市场分开,西部二府的稻米专运贵州,而东部五府专供广州。② 前文的统计计算也表明直到 1760 年代,南宁才被整合进了岭南市场,因此我们有理由相信从广西西部输出的稻米并没有运到广东,而是销往了贵州。

同样也有理由认为广东东部的地区也没有被整合进岭南市场,如前所述,潮州和嘉应的米价要高于作为岭南粮食市场中心地的广州,我用各种统计方法都无法发现广州和潮州的米价有着强相关性,惠州和嘉应的米价倒有强相关性(因此地图 8.4 中的线通过潮州连接着惠州和嘉应),但这并不适用于广州。

其他的文献史料也表明潮州和广州之间只有很弱的市场联系,在 1748 年和 1749 年,广州降雨量逐渐超过了正常年份的情况,而福建正在遭遇旱灾,整个广东的米价都在下降,只有潮州出现了上升。在 1768 年相反的气候条件下,广东东部包括潮州遭遇了旱情,各地米价都在上涨,而潮州则出现了下降。其他一些史料则表明输入广东东部的稻米主要

---

① 关于这方面的探讨可以参见 Loren Brandt, *Commercialization and Agricultural Development: Central and Eastern China, 1870—1937* (Cambridge University Press, 1989), ch.2.
② 转引自《大清高宗实录》卷 83:43a—b。

来自于福建南部、台湾,以及东南亚地区,有些也来自琼州转运来的粮食。① 因此,与潮州的米价变动更为相关的不是广州,而很可能是福建南部和台湾地区。因此,潮州和嘉应也没有被完全整合进岭南的市场。

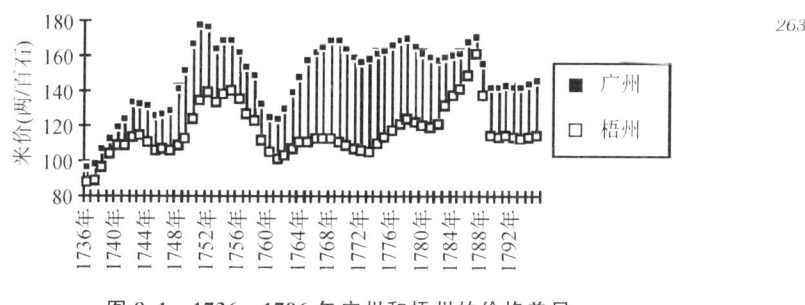

图 8.1　1736—1796 年广州和梧州的价格差异

总体而言,18 世纪的岭南地区,已经形成了有一个大量稻米流通的、相当一体化的市场,它连接着广西的西江盆地和珠江三角洲,到 1760 年代,甚至广西西部的米价也在随着广州的市场需求而变动。仔细观察广州和梧州这两个地区,我们会发现虽然史料中记载了大量的稻米从梧州运往广州,但两地的米价并不是高度相关的。图 8.1 比较了这两个城市的平均米价变动情况,从中可以看出两地米价的差异情况,在 1758—1762 年间两地的价格差异有所扩大,此后 20 年间基本维持了这样的情况,只有在 1780 年代末由于旱灾和饥荒才使得两地的价差有所缩小。

因为没有任何史料表明当时的运输费用有所上升,那么对于价差扩大的一个可能性解释就是买主垄断的利润。在广西的稻米产区和广东之间有一段海拔较低的山脉将二者隔开,而西江则穿越这一带山区,梧州跨西江两岸,正处于广西和广东的交界之处,而且只面对广州这一个更高级的市场。一旦商品(如稻米)从广西各地通过桂江、浔江和郁江汇集到梧州这一集散地,都会被运到广州这个唯一的最终市场。这样的地理位置使得梧州的销售商们只能把货物卖给来自广州和佛山的商人,而

---

① Viraphol, *Tribute and Profit*, 82.

后者们早已在梧州建立了自己的会馆,这种买主垄断可以解释为什么1762年以后梧州的米价仍然较低,而广州的米价则涨回了原来的高位,而这种垄断在为广州米商创造巨大利润的同时,也相对压低了广西的粮价。

水路运费的相关史料也印证了这一结论,1758年广西新任巡抚在奏折中建议将广西东部的粮食仓储转移到云南,同时也列出了运费情况。① 固定费用包括大米装袋的成本(每两袋一石,每个袋子0.15两)和装卸费用每袋0.01两,以及水路运输(向上游)是每百里0.03两,因此固定费用合计是每石0.34两。假设这种收费标准是整个岭南都通行的,那么我们就可以粗略计算一下商人们的利润情况。② 如表8.5所示,从广西运到广州的估计利润通常要高于从广东本地购进稻米的利润。

梧州-广州的这一联系可以看作施坚雅模式在岭南大区的一个重要的例外情况,由于是树状而不是网状的市场等级结构(如第五章所述),处于较低等级市场的商人除了将商品卖给更高一级的中心市场以外别无选择;而地理和政治的条件赋予了广州和佛山的米商对下一级的市场所拥有的超经济的权力。当然,这一情况并不对施坚雅模式构成冲击,而只是因岭南地区的地理条件而对其进行了一点修正。毫无疑问的是,稻米从广西顺流而入广东市场,把珠三角种植经济作物的农户和西江盆地种植粮食作物的农户联系了起来。

市场与环境 商人们通过从梧州而不是从广东省内其他地区购买稻米的方式,不仅为他们获得了巨大的经济利益,而且对土地利用的模式和环境也造成了重要的影响。如果没有梧州垄断利润保障的话,广东的商人也很可能会寻找别的途径来满足广州的市场需求,但现实是高额

---

① 《乾隆朝奏折》卷33:800—801(乾隆三十三年九月十六日)。
② 利润估计 = 广州米价 - (地点X的平均米价 + 运费)。顺流而下到广州的运费可能要略低一些,因为顺流比逆流的运费更低,而且从南宁溯江到贵州的船只也要小于顺流下至广州的船只。

的利润把商人们带到了梧州,也刺激了广西西江盆地的稻米输出,促使该地区的种植模式也发生了改变。如同珠三角转变成专事蚕桑和甘蔗等经济作物一样,稻米也成为了西江盆地的经济作物。岭南的地理特点使得来自广州的商人们主导了梧州的市场,进而既刺激了西江盆地稻米输出经济的发展,也抑制了付给粮农的价格。

表 8.5 米商在广州的利润估计(每百石米)

府	到广州距离(公里)	平均价	运输成本	调整价格	利润估计
广州		175			
南雄	368	152	11.3	163.3	11.7
韶州	280	159	8.7	167.7	7.3
惠州	123	170	4.0	174.0	1.0
潮州	560	189	17.1	206.1	−31.1
肇庆	88	172	2.9	174.9	0.1
高州	525	132	16.1	148.1	26.9
雷州	560	136	17.1	153.1	21.9
廉州府	840	129	25.5	154.5	20.5
琼州	595	154	18.2	172.2	2.8
罗定	210	148	6.6	154.6	20.4
连州	368	139	11.3	150.3	24.7
嘉应	700	193	21.3	214.3	−39.3
桂林	510	124	15.6	139.6	35.4
平乐	405	124	12.5	136.5	38.5
梧州	240	127	7.5	134.5	40.5
浔州	420	123	12.9	135.9	39.1
南宁	555	124	17.0	141.0	34.0
太平	720	114	21.9	135.9	39.1
柳州	420	124	12.9	136.9	38.1
清远	540	106	16.5	122.5	52.5

续 表

府	到广州距离(公里)	平均价	运输成本	调整价格	利润估计
思恩	720	109	21.9	130.9	44.1
泗城	1 185	106	35.9	141.9	33.1
镇安	810	103	24.6	127.6	47.4
玉林	1 005	113	30.5	143.5	31.5

(资料来源:同图8.1。)

岭南地区一体化市场的发展也可以从生态的角度进行解释。从珠江三角洲河口到北部的山区,各种生命体的生态群落通过食物链连接起来:生产者用太阳能将环境中的无机物(主要是矿物质)转化为有机物,消费者则直接以这些有机物或者其他元素为食,而分解者如昆虫、真菌和细菌,则把这些有机物转化为无机物,从而又开始新一轮的循环。能量于是通过生产者、消费者和分解者,从一个等级被传递到下一个等级,形成了一条食物链或营养链。绝大部分的能量都是在一个生态系统内部循环流动,但也有一些能量的确会流出系统的边界,而这些跨系统的能量流动就构成了衡量系统稳定性的标准:如果流出系统的能量多于流入的能量,那么系统就会恶化或发生改变。在一个可持续的生态系统中,损失的能量总会得到补充,主要通过太阳能,也有一些能量是从其他系统转变而来(如腐蚀和淤积)。

从这一点来看,无论是通过市场还是政府实现的岭南地区人口的食物供应,都促进了能量在生态系统之间的流动。生态系统之间的联系——例如广西江河流域和珠江三角洲之间——在以前可能是可以忽略不计的,而到了18世纪时,市场开始把这些原本关联很弱的生态系统整合进了一个更大、更为一体化的系统。岭南地区原先是一些相互嵌套的闭锁的生态系统,而一个一体化的稻米市场的发展可能打破了系统之间的边界,创造出了一个新的、更大而缺乏多样性的生态系统。随着珠三角地区专门从事桑基鱼塘生产,而一些珠三角边缘的县则专门从事甘蔗种植,广西西江盆地的绝大部分农民专门生产稻米以供输出,这些地区都各自通过市场与更大的、商业化的整体相联系,而岭南生态系统的多样性也就随着这一一体化的粮食市场的产生而趋于减少。

米价、产量和气候:经济和人口上的意义

稻米从广西等粮食盈余地区向广州和珠三角地区为中心的粮食短缺地区流动,不仅是因为政府官员的命令甚至安排运输,而且是因为米价通过市场机制传递着信号。价格总是一套复杂的供求关系的扼要表达,米价也体现和表达着各个时间点上食物的供求关系,因此,我们通过一段较长时间的米价序列,可以看出粮食供求平衡的变动情况①,也可以从中了解人们和他们的食物供应系统是怎样嵌入在一个更广阔生态系统中的。

对粮食的需求当然因人口规模和消费偏好而异,当米价走高时人们可能会转向以甘薯为食(反之亦然)②。但在短期内,对稻米的需求是相对缺乏弹性的③;当需求量不变时,影响米价波动的因素则主要是产量变动而导致的供给的变化。如果遭遇歉收,稻米供应紧张,米价就会走高;

---

① 价格也可能反映着对货币的供求情况,由于中国是一个复本位制货币国家,我们也应该把铜钱和白银的兑换率考虑在内。在18世纪的大部时间里,兑换率是相对稳定的,只是到了19世纪以后出现了迅速的恶化。参见 Lin Man-houng, *Currency and Society: The Monetary Crisis and Political-Economic Ideology of Early Nineteenth Century China* (Harvard University Ph.D. dissertation, 1989)。
② 1756年丰收后,广东巡抚曾上奏说"通省番薯芋头价俱极贱,小民日得数文即可果腹,尤为年来未有之事",《乾隆朝奏折》卷15:237(乾隆二十一年八月二十四日)。甘薯价格的下降可能主要是稻米丰收而不是甘薯本身的原因造成的,因为随着稻米价格的下降,那些主要吃甘薯的人们会转向以稻米为食,《乾隆朝奏折》卷15:237—238(乾隆二十一年八月二十四日)。
③ Slicher van Bath 在研究前近代欧洲粮食价格时曾谈到"对农产品尤其是粮食需求是相当固定的,因为人体对食物的容量有限,人们不会因为粮价下降而多吃面包。在面包上省下的钱可以用到别的方面,穷人可以买些比较昂贵的食物……或者工业制成品……当粮食缺乏时,每个人都害怕吃不饱,因此人们通常都愿意花高价购买粮食。"B. H. Slicher van Bath, *The Agrarian History of Western Europe, A.D. 500—1800*, Olive Ordish, trans. (London, E. Arnold, 1963): 118—119。

而丰收则可能压低米价。

图8.2总结了18世纪广东省粮食产量与米价的关系。① 将官方对收成等级的估计与米价进行相关性分析②,其结果表明二者存在反向的相关关系(见表8.6):较高的收成产量往往容易压低米价,而歉收则会抬升米价。

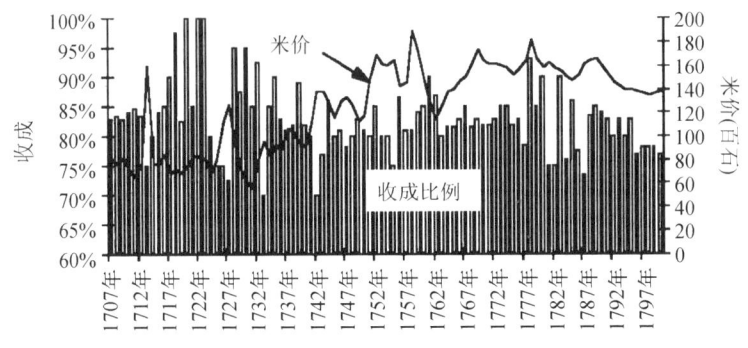

图8.2 1707—1800年的收成与米价

(资料来源:米价数据见表8.3;收成情况参见第六章的"产量"和"1707—1800年广东省的收成分级"部分。)

统计计算虽然验证了产量与米价之间的反向关系,但这种关系在18

---

① 图8.2中所示数据均为平均值:米价是广东省十个府和三个直隶州所报告米价的平均值,收成等级也是早稻和晚稻收成的平均值。由于广东绝大部分地区的稻米都是一年两熟,因此可以较容易地区分一年一熟和一年两熟的地区,图8.2中的柱状图所示即为两熟的地区,感谢Mark Elvin帮助我对这些地区进行区分。
② 收成序列与米价序列的相关性分析提出了两个方法上的问题,首先,必须剔除米价序列的趋势性,虽然我们可以假设18世纪米价因人口增长而呈现类似线形的变动趋势($y = 1.026x + 76.493$; $R^2 = 0.613$),而实际的趋势线则是曲线($y = 82.571 - 1.116x + 0.079x^2 - 0.001x^3$; $R^2 = 0.775$)(该曲线是用Statview软件包的标准统计工具计算所得的),影响这一趋势线的因素包括人口的增长、货币兑换率的变动以及政府有关常平仓储藏情况的政治决策,但最重要的还是稻米一体化市场的形成,它连接着广西腹地的大量稻米产出和广东不断增长的粮食需求,剔除趋势性的工作消除了这些因素对米价波动的影响,使得我们可以单独考察各年产量和米价的关系。其次,如果收成影响着米价,那么每次歉收所产生的影响将在下一年的米价中表现出来,所以就不能使用同一年份的产出和米价进行相关性分析,为了就产量对米价的影响进行精确的考察,合适的方法是用产出与下一年的米价进行相关性分析。因此,这里的相关性分析结果采用的是产出序列和去除了趋势线的下一年度的物价序列而得出的。

世纪是逐渐趋于减弱的,这一非常重要的历史性的发展,主要是一体化稻米市场不断扩张的结果。直到 1750 年代中期,政府仍然通过对米行的约束来控制稻米贸易,滋生了腐败和利润,也束缚了稻米市场的发展,但到了 1755 年前后,如前所述,两广总督杨应琚废止了总埠的管理系统,使得米市更为开放,降低了米价,增加了从广西输入的稻米数量。从此以后,广东的歉收往往造成广西米价的上涨,而大量的稻米输入也削弱了广东本地产量与米价之间的关联性,当然,虽然被削弱了,这种收成与米价的反向关系仍然是存在的。

表 8.6　产量与米价的相关性

时　　期	相　关　系　数
1707—1800	-0.353
1707—1731	-0.413
1731—1758	-0.275
1762—1778	-0.203
1778—1800	-0.157
1762—1800	0.223

(资料来源:第一历史档案馆粮价与收成清单奏折。)

这种反向的相关关系非常浅显,所有人也都明白,官员的奏折中也常常提到这一点。例如,在 1756 年,两广总督奏报早稻收成"均系九分以上",他提到前两年的收成较低,有的县还在六分以下,"较之往年实为丰稔,现在仓箱充裕,粮价日平"[1]。广东巡抚也提到"通省米粮平减,无一乡一隅之缺,实数年来未有之盛"[2]。

既然清朝的官员了解农业经济的运行原理而且手头也拥有大量的米价数据、收成情况和粮仓报告,甚至还有人口数字,那么奇怪的是当时

---

[1] 《乾隆朝奏折》卷 14:647(乾隆二十一年六月十七日)。
[2] 《乾隆朝奏折》卷 14:650(乾隆二十一年六月十七日)。

为什么没有任何官员像我现在这样,尝试去考察稻米产量与米价之间的数学关系呢?[①] 官员们既然规律性地搜集和汇报着收成和米价数据,又为什么没有人通过预测米价走势来提高政府的工作效率呢?

表 8.7 乔治·金定律

产量(%)	预测价格者	
	金	布尼亚田
100	≈1.00	≈1.00
90	1.30	1.28
80	1.80	1.69
70	2.60	2.33
60	3.80	3.43
50	5.50	5.53

这个问题并非随意而发,事实上,欧洲人曾经试图不止是发现收成规模与粮价的关系,而且要将其用数学方式表达出来。乔治·金(George King,1650—1710)是一位对经济活动和人口变化有极大兴趣的英格兰人,他曾经试图发现粮食歉收与谷物价格之间的某种固定关系。"乔治·金定律"指出当粮食产量低于正常值时,每10%的变化都会带来谷物价格几何级数的增长。后来的经济学家(杰文斯和布尼亚田)[②]对金所观察到的这种粮食产量与价格的关系进行了修正,并用数学方程

[①] 最有可能这样做的是康熙最信任的官员李煦和康熙皇帝本人,如前所述,早在 1693 年,康熙就命令李煦详细汇报气候、收成和米价了;后来到了 1715 年,康熙皇帝又派李煦考察在苏州试种二季稻的情况,当李煦汇报说晚稻的收获不甚成功时,康熙提醒他这两季稻的种植时间都太迟了,在此后的几年中,试验收到了良好的效果,李煦详细地汇报了具体收成情况,既有种子—产量比率,又有亩产数字资料。参见 Jonathan D. Spence, *Ts'ao Yin and the K'ang-hsi Emperor : Bondservant and Master*(New Haven:Yale University Press, 1966), 278—281。
[②] 关于"金氏定律"的探讨,可以参见 Slicher van Bath, *The Agrarian History of Western Europe*, 119; Wilhelm Abel, *Agricultural Fluctuations in Europe from the Thirteenth to the Twentieth Centuries*(New York: St. Martin's, 1980), 1—13; and E. A. Wrigley, "Some Reflections on Corn Yields and Prices in Pre-Industrial Economies", in E. A. Wrigley, *People, Cities, and Wealth*(New York: Basil Blackwell, 1987), 92—130。

式表达为 $y = a/(x-b)^2$，其中 y 表示粮价指数，x 为收获量相当于正常收成的百分比，a 和 b 是常数。①

表 8.7 中展现了这些方程的计算结果，例如，相当于正常产量 90% 的收获量会导致谷物价格上涨为正常价格的 130%，而相当于正常产量 50% 的收获量则会导致价格接近于正常水平的五倍。这些方程模拟的结果都认为谷物价格波动的比例会大于产量变化的比例。其原因，据巴斯(Slicher van Bath)认为，在于"很小的丰收会导致粮价大幅下降，而一点点的短缺也会拉高粮食价格"②。

乔治·金对收成规模和粮食价格数学关系的洞察，不仅启发了一些关于欧洲农业史的经典研究(如巴斯 Slicher van Bath 和埃倍尔 Wilhelm Abel)，而且促使里格利在最近对欧洲收成和粮价关系进行了重新验算。在他的论文中，里格利使用金氏定律对大量问题进行了验算，包括消费与粮食销售、贮藏对粮价的影响、粮价上涨对农民和消费者的各种影响、农民种植模式选择的风险、产量与价格序列以及劳动力边际生产力递减等。③ 虽然里格利将自己的研究称之为是"试探性的(speculative)"，但他的确强调指出了产量问题对于理解欧洲经济史的变迁有着极其重要的意义。因此，很显然现代学者们已经使用金氏定律对欧洲的经济和人口史进行了考察，那么金氏定律在 18 世纪的岭南又会怎样呢？

乔治.金定律在中国产量估算中的应用　虽然中国的官员没有用数学模型对产量规模与米价的关系进行计算，但这并不意味着这样的模型就不能用于农业史的研究中。问题在于：金氏数学模型在 18 世纪广东的实际

---

① 具体的方程如下：杰文斯(Jevons)，$y = 0.824/(x - 0.12)^2$；布尼亚田(Bouniatian)，$y = 0.757/(x - 0.13)^2$。布尼亚田的方程更为贴近现实，并被后来的一些研究所使用，关于其原因可以参见 E. A. Wrigley, Some Reflections on Corn Yields and Prices in Pre-Industrial Economies, 92—130。

② Slicher van Bath, *The Agrarian History of Western Europe*, 118—119。

③ Wrigley, "Some Reflections on Corn Yields and Prices in Ore-Industrial Economics", 92—130。里格利将金氏定律能够为人们所知归功于经济学家戴维南特(Davenant)，后者在乔治.金未刊稿的基础上发表了多项研究。

米价中究竟有多高的适用程度？表8.8中列出了五个时间段的计算结果。

这些数据表明广东省的粮食歉收并没有导致金氏定律所预测的那种粮价大幅上升。例如，在前两个时期，27%和21%的歉收仅导致了米价上涨61%和45%，而没有像金氏定律所预测的那样高达80%—160%。当然，18世纪的岭南不是英国，虽然产量和米价的关系大致都适用，但具体的比例情况则有所不同；18世纪岭南的粮价的确对产量变动很敏感，但却远没有英国那样激烈。而且，在1761年以后，米价的变动较以前的时期更小，也更不同于英国的情况。这也令我们回想起在整个18世纪，广东只经历过三次连续两年的歉收（见第七章）。

表8.8 米价随收获的丰歉而变动

年份	收成(%)	米价
1723	100	79
1726	73	127
变化幅度	−27%	61%
1739	89	95
1742	70	138
变化幅度	−21%	45%
1758	81	189
1761	90	128
变化幅度	11%	−32%
1776	83	156
1777	78	165
变化幅度	−6%	6%
1784	90	151
1787	73	162
变化幅度	−19%	7%

（资料来源：同表8.6。）

这一纪录在英格兰看来是颇不平常的,因为根据霍斯金斯重建的英国作物收成历史,在18世纪的前60年中,英国已经发生了四次连续两年以上的粮食歉收,期间粮价比正常价格上涨了25%—50%,而且他指出此后40年的情况也还是一样。① 总而言之,英国18世纪很可能经历了六次甚至六次以上的至少持续两年歉收,是广东的两倍。欧洲其他国家的情况也大同小异,法国18世纪经历了16次大饥荒,这还不算无数地区性的饥荒事件;德国和意大利的饥荒年份也远多于丰收的年份。② 相比较而言,18世纪岭南所经历的粮食歉收不仅少于英国(以及其他欧洲国家),而且歉收时期岭南的粮价也没有金氏定律所预测的那么高。

是什么造成了岭南和英国收成与粮价关系的不同呢?我考察过气候对收成的影响,但气候似乎并不是这一问题的原因。我们已经知道,北半球的气温变化是非常一致的,因此英国和中国在当时都在经历差不多的气温变化。因此我们只能在两国不同的食物生产、分配和消费制度中寻找原因,这包括每年收获的作物量、市场的一体化程度和效率,以及政府和私人的粮食储备行为。

最重要的因素可能是岭南地区的农民每年收获两季作物。岭南的温暖气候虽然是复种的必要条件,但并不是充分条件:农业技术的改进和大量劳动力的供应推动了双季种植的推广,随着复种这一革新的实现,岭南农民在两年中有四次收获,显著降低了丧失全年产出的风险。

在收获量非常依赖降雨而粮价对降雨十分敏感的地区,农民和政府官员都采取了各种可能的手段平缓气候对粮食产量和市场供应的影响。18世纪后半期,因为干旱天气频发,农民们修建了灌溉设施来减轻干旱的影响;在发生过量的降雨时,不会对这些有灌溉设施的水田产生多大的影响,但可以提高旱天的产出。在乾隆年间,政府也大力提倡和支持

---

① Hoskins, "Harvest Fluctuations and English Economic History", 16. 连续的歉收年份分别是 1707—1711 年、1727—1728 年、1739—1740 年和 1756—1757 年。
② Braudel, *The Structures of Everyday Life*, 74.

水利建设,史料表明在 18 世纪,水浇地面积有了成倍的增长。

粮食供应不仅通过灌溉设施和对产量的良好控制机制而有所增长,还通过政府和私人的储备得到了保障。如第七章所述,清政府通过常平仓和赈灾系统在春季早稻收获之前以低价出售稻米和对旱涝灾害地区提供赈济,降低了旱涝灾害导致的粮食短缺的恶性影响。显然,政府对粮食市场的大规模介入,使得米价在灾害年份不至于被抬升得过高。除了复种技术和政府积极介入粮食供应以外,到了 18 世纪中期,岭南一体化的粮食市场也开始形成,将经济发达但粮食长期不足的珠三角地区和广西的腹地粮食产区连接了起来。① 所有这些因素——以灌溉工程为代表的技术改进、政府的粮仓系统和高效的市场机制——的共同作用降低了气候变化对于岭南农业产量和稻米价格的影响。

到了 18 世纪中期,岭南一体化稻米市场的形成对将粮食从腹地运至城市发挥了越来越大的作用。当时,广东省出产大米的 20%—28% 都进入了市场,而广东用于种植粮食的耕地面积大约为总耕地的 40%。18 世纪初因政府官员寻求广州粮食供应而启动了粮食贸易,但到 1760 年代时,整个粮食市场已经很少有政府的干预了,市场和商人而不是政府和官员有效地保障了粮食的充足供应以及相对较低而稳定的米价。

这一发现对于中国帝制晚期的经济和人口史均有着重要的意义,如埃贝尔对拉布鲁斯和阿什顿关于欧洲经济史研究的总结中所说的"在工业社会以前,经济衰退往往与高粮价相伴而行,而经济增长则常常伴随着低粮价"②。由于对粮食的需求相对缺乏弹性,而非农业经济的规模相对较小,拉布鲁斯和阿什顿认为高粮价会从工业部门攫取财富,从而造

---

① 参见 Marks, "Rice Prices, Food Supply, and Market Structure in Eighteenth-Century South China".
② Abel, *Agricultural Fluctions*, 176. 埃贝尔只选取了阿什顿表述中间的一句:"一些史料趋向于这一相关性……但这还需要更多的证据", Andrew Appleby 在他的经典研究中也有相同的观点,参见 *Famine in Tudor and Stuart England* (Stanford: Stanford University Press, 1978), 14—15。

成衰退,反之亦然。从直觉来看,这是合乎逻辑的,果真如此的话,至少在广东省,从 1760 年代直到世纪末平稳的米价为广州及其周边的非农业经济,尤其是丝织业的发展提供低廉的粮食价格,也因此维持了这些产业的低工资。这种情况在整个中国是否适用尚有待证明,但这至少是一个十分有趣的假说,尤其是在经济活跃的乾隆时期。①

粮价也是理解中国人口史的一个相关因素。李中清等学者借鉴欧洲人口史统计学者的研究,指出在中国东北的辽宁,"几乎所有家庭都会因粮价较高而减少生育,而在粮价较低时多生育孩子"。他们还进一步指出,"如果所有中国农民都根据经济条件而控制生育,那么 18 世纪和 19 世纪的人口增长或许是当时经济显著发展的一个反映"②。与拉布鲁斯和阿什顿一样,从这一研究中也可以推导出岭南低廉而稳定的粮价和 18 世纪后半期人口的增长有着某种因果关系。

结　论

一体化稻米市场的发展对环境有着两方面的影响:一方面,通过促进区域性农业生产的专业化(如珠三角丝区和西江稻米输出区),市场的力量使得岭南生态系统更趋于单一化;另一方面,到 18 世纪后半期,一个规模巨大、有着充足仓储的一体化米市的形成,削弱了气候变化对米价的影响,进而促进了人口的增长。和 18 世纪前半期的政府一样,商人和市场也将稻米从岭南的稻米盈余地区转运到粮食短缺的地区。市场或许相对于政府的效率要更高一些,但这并不同于古典经济学家们所说

---

① 参见 Susan Naquin and Evelyn Rawski, *Chinese Society in the Eighteenth Century* (New Haven: Yale University Press, 1987), ch.4。
② James Lee, Cameron Campbell, and Guofu Tan, "Infanticide and Family Planning in the Late Imperial China: The Price and Population History of Rural Liaoning, 1774—1873", in Thomas Rawski and Lillian Li, eds., *Chinese History in Economic Perspective* (Berkeley and Los Angeles: University of California Press, 1992), 167—168、175。

的看不见的手的作用,来自佛山和广州的米商在梧州市场购进稻米(部分的原因在于岭南地区的特殊地形),并不仅仅是为西江盆地的农民提供了粮食的需求,而且还压低了他们的粮食价格。于是,广西最好的耕地大多变成了水稻单一作物的产区,珠三角的农民也因此又有了粮食的保障。

随着市场重要性的增加,18 世纪的米价增长日趋平稳。18 世纪前期政府的介入有时会导致米价涨跌的加剧①,而 18 世纪后半期的市场力量则倾向于熨平米价波动,减轻气候突变对米价的冲击。虽然 18 世纪岭南的农业经济还远不能完全避免气候的波动,但政府经营的粮仓系统和市场力量的确有效保障了粮价的稳定,使其波动的程度明显低于同时期的欧洲国家。这些因素并未持续到 19 世纪,但在 18 世纪期间,已经推动了经济和人口的发展,而随着人口的持续上升,其对土地的压力也在随之增加。

---

① 相关的统计证据可以参见 Marks and Chen, "Price Inflation and Its Social, Economic, and Climate Context in Guangdong"。

第九章 "人民日益增盛而地亩不加垦辟":18世纪的土地开垦

如果农业的商业化是推动岭南土地利用模式发生改变的力量之一,那么另一个重要的力量就是人口的增长。在1700年以及此后的一段时间里,岭南地区的人口总量、耕地面积以及二者之间的关系都进入了一个新的阶段。在此之间的两个阶段——1200年前后的南宋和1600年前后的明朝——岭南地区的人口和耕地面积均达到了后来1700年的水平(图9.1),但南宋和明朝的人口都在达到顶峰之后遭遇了战争导致的严重的人口损失和土地撂荒,而18世纪早期的人口和耕地总数都已经超越了明朝中期的水平,情况又将怎样呢?

由于宋朝和明朝的人口和耕地面积与1700年相接近,17世纪中期危机之后的恢复开始时和以前的情况也基本一样,清朝初年人们首先恢复生产的耕地是质量最好也最容易恢复开垦的那些土地,其中大部分当然也是以前宋朝和明朝居民曾经耕种过的。事实上,广西有比广东更多未开垦过的新地,对于两省的这些差别,本章后面会进行分析,但对于1700年以后出生的人们来说,无论他们生活在岭南的哪个地区,要找到新的适宜耕种的土地都非常困难了。人们开始深入山区、烧掉树林、修筑水坝,在珠江三角洲为形成新的沙坦而修筑的堤坝很快就阻断了河流的正常流向。在18世纪,人们不断开垦新的土地种植粮食,而这也导致了对环境更大规模的重塑。

中国人将这种重塑称之为"开垦",并认为这是一种良好的行为。政府鼓励并为这些土地的开垦活动提供资金和专业的技术支持,并为各种不同的开垦情况设定具体的政策。在清朝初年,新的统治者希望能够尽快使土地恢复生产,从而为巩固满族统治的军事行动提供税收的基础,当时的问题并不在于人多地少,而恰恰相反,是怎样使农业恢复生产。

但到了康熙后期尤其是雍正时期,官员们开始感到了人口对土地的压力并逐渐关注起了帝国的粮食供应问题。对于雍正皇帝而言,问题在于人口数量超过了耕地面积所能支撑的程度,他的解决方案也很简单:增加耕地。他的办法主要集中在粮食问题的供给面,在土地开垦政策方面做出了很大的调整,由于雍正时期的土地开垦政策十分关键,我将在后文再进行详细探讨。此后的乾隆皇帝认为粮食问题并不存在根本性的供需失衡,而关键在于改进已有粮食的分配,因而如第八章所述,他主要关注的是粮价、常平仓系统和粮食市场,将其视为解决问题的关键。

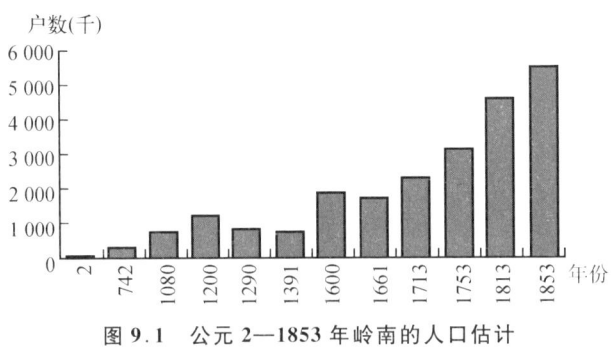

图9.1 公元2—1853年岭南的人口估计

人口增长

随着1683年台湾的收复和沿海对外贸易的重新开放,岭南(以及中国的其他地区)进入了一段超过150年的相对和平时期。由于人们的生活日渐远离各种危机,而对稳定和繁荣的信心日增,农民可以正常生活和耕种,人口也得到了恢复和增长。

清朝政府没有像明朝那样对人口或土地进行普查,因此几乎没有数据可以用来估算清朝的人口规模和分布情况。但使用后来的两个比较可靠的人口数字(1776年后数年和1953年),以及对19世纪末人口增长情况的估计,再假设年均人口增长率与经济和社会条件同步,我们就可以估算一下1673—1953年每20年间隔的人口数量(见表9.1)。①

---

① 表9.1中的估算首先以1953年(中国第一次现代化的人口普查)和1673年(第四章末曾讨论过)人口数据为基础,再根据官方的报告估算中间点1773年的人口数据。何炳棣在 *Studies on the Population of China, 1368—1953* 一书第47—50页中所指出的,乾隆皇帝因赈灾过程中发现的人口数据问题曾在1776年以后严格命令清查全国人口,而从报告中也可以看出1776年广东和广西的人口较往年报告有了大幅的增加。但我们尚不能确知1776年两广报告的数据是确实调查的结果还是官员们的估计,因此我选择了1782年的数字,因为这一年的人口增长较之前和之后几年更多,很可能是因为新任的广东巡抚尚安对官员们施加了压力,严格要求他们清查人口和里甲登记系统的结果。从1782年,我们就可以再回推出1773年人口的估计值。

1673、1773和1953这三个时间点出发,我再根据预设的年增长率以每20年一个时间间隔对各时点的人口进行估算。广东1693—1733年间增长率较高对应这一时期较低的粮食价格,而1733—1753年人口增长率较低则与这一时期粮价上涨相对应;我设定1753—1813年间人口增长率较高,此后逐渐放缓直到19世纪中期动乱中断了人口的增长。1873年、1893年和1913年的人口数据是根据1930年代中央农业试验所和金陵大学农业经济系的调查所推算出的,关于这次调查的探讨,可以参见章有义编《中国近代农业史资料第三辑》(北京:三联书店,1957)第908页和 Perkins, Agricultural Development in China, 209—210。直到20世纪之前,广西的人口增长率一直低于广东,1933年以前的增长率是根据中央农业试验所的调查所推算的,我假设1933—1953年的人口增长率为较高的1.4%,是因为日军侵华导致了大量人口的内迁。读者们会发现我的人口估算值既不同于政府官方的报告,也不同于珀金斯在《中国农业的发展》(英文版第214页)中的估算,官方的报告尤其是19世纪的报告比我的估计要高得多,主要是因为这些报告都是人为估计而不是从头开始一年一年累加的[参见 G. William Skinner, "Sichuan's Population in the Nineteenth Century: Lessons from Disaggregated Data", *Late Imperial China* 7, no.2(Dec.1986):1—79]。而我与珀金斯的差别只是表面现象,珀金斯也是从中央农业试验所的调查数据回推到1851年广东人口为2170万,比我的估算低约200万,造成这种差别的原因在于珀金斯忽略了民国时期将廉州府和另一小块广东地区划入了广西的钦州,这一部分的人口约为200万。关于广西省人口的研究,可以参考黄贤林等主编《中国人口——广西分册》(北京:中国财政经济出版社,1988)第47,50页。对珀金斯而言,全国的人口总数是不变的;而对我而言,广东和广西的人口总数也是不变的。

表 9.1 1673—1953 年的人口与耕地估计值

年份	人口（百万）		耕地（百万亩）		耕地占总面积百分比		人口密度（每平方公里）		人均亩数	
	广东	广西	广东	广西	广东	广西	广东	广西	广东	广西
1673	7.0	2.7	30.0	7.5	9	2	31.2	12.2	4.3	2.8
1693	7.9	2.8	33.0	8.9	10	3	35.2	12.6	4.2	3.2
1713	9.6	3.3	37.0	10.3	11	3	42.7	14.9	3.9	3.1
1733	11.7	3.9	40.0	13.3	12	4	52.1	17.6	3.4	3.4
1753	13.2	4.3	43.0	16.3	13	5	58.7	19.4	3.3	3.8
1773	15.2	4.9	45.0	19.3	14	6	67.7	22.1	3.0	3.9
1793	17.1	5.5	47.0	22.3	14	7	76.1	24.8	2.7	4.1
1813	19.3	6.2	49.0	25.3	15	8	85.9	27.9	2.5	4.1
1833	21.3	6.7	51.0	28.3	15	9	94.8	30.2	2.4	4.2
1853	23.5	7.1	53.0	31.1	16	9	104.6	32.0	2.3	4.4
1873	24.5	7.2	53.0	31.2	16	9	109.0	32.4	2.2	4.3
1893	27.1	8.0	53.5	33.8	16	10	120.6	36.0	2.0	4.2
1913	30.0	10.8	53.5	36.5	16	11	133.5	48.6	1.8	3.4
1933	33.8	12.7	54.0	38.4	16	12	150.4	57.2	1.6	3.0
1953	35.9	16.8	54.0	41.8	16	13	159.8	75.7	1.5	2.5

以上估算表明，广东人口在 1673—1773 年这一个世纪中翻了一番，到 1913 年又翻了一番；而广西的人口增长率开始时较低，经过 1673—1793 年这 120 年的时间才翻了一番，但后期的增长快于广东，从 1793—1913 年也翻了一番。根据已有关于清代和民国时期的人口情况研究来看，以上估算似乎是比较合理的。

耕地面积

对耕地面积的估算方式与人口相似，但不确定性要大得多，对此后文还将详细阐述,这里只做一个简单的介绍。由于没有对耕地进行调查,清代统治者只是采用了明朝 16 世纪末的耕地和税收调查数据来作为他们征税的"原额",我认为广东在 1693—1713 年间达到了原额的耕地面积,而广西则在 1713—1733 年间也达到了原额水平(具体原因将在后文详述)。如果明朝的原额比较精确而我对土地达到原额的时间估计也比较合理,那么我们就有了初始的耕地数据。但是我们仍然没有足够的史料重建这一时间序列中各点的耕地数,和 1776 年有较可信的人口数据不同,自康熙 1713 年推行"永不加赋"的政策之后,再也没有官员对耕地亩数进行过有意义的奏报,事实上,政府也不再有必要去奏报耕地的增加量。广东和广西两省官员各自报告的耕地亩数从未超过 3 300 万亩和 1 000 万亩,因而,问题在于怎样在没有任何中间点可作参考的情况下,来估算从清初直到 1953 年的耕地亩数。

对于广东,我采用的是刘大中和叶孔嘉对 1933 年的估算①,并通过中央农业试验所调查的指数②回推到了 1853 年;对于此前的年份,我假设 1773 年之前每年的耕地开垦率要高于 1773—1833 年,这样推算出的具体数据见表 9.1。我所重建的耕地量应该不会过高,以上推算出从 1733—1793 年的新增耕地差不多是官员奏报土地开垦数的十倍。但对于广西,我认为刘大中和叶孔嘉对 1933 年的估算过高了,因而主要依据的是解放后中国政府统计的 4 180 万亩来对以前的年份进行推算。

比较广东和广西两省各年份的估算值,我们可以发现由岭南地区的农业商业化及其带来的土地利用模式的改变而造成的一些差异。1673—1853 年广东的耕地亩数仅增加了 75%,而广西则增加了三倍。1673—1853 年间,广东人口密度大幅增加,人均耕地亩数下降了约

---

① Ta-chung Liu and Kung-chia Yeh, *The Economy of Mainland China: National Income and Economic Development, 1933—1959* (Princeton: Princeton University Press, 1965), Appendix A.
② 广东 1873 年、1893 年和 1913 年的指数分别为 101、101 和 102,广西为 105、117 和 123,参见章有义编《中国近代农业史资料·第三辑》,第 908 页。

50%；而广西的人均耕地面积则有所提升，反映出稻米生产的扩大以供应市场销售的结果。换言之，广东农业经历了一个经济作物集约化生产的过程，而广西则在加强对已有耕地利用程度的同时又开垦了更多新的土地。

农业的集约化

农业生产的集约化程度可以通过18世纪作物种植方式的改变来进行衡量。在18世纪初，位于广东省各河流下游地区和珠三角地区的粮食作物种植区，甚至包括北部山区①，大都采用了复种生产方式②，或者是双季稻，或者是稻麦轮作；而东部的"惠潮二府，种麦最多"③。与之相比，"广西地方田禾止栽种一次，上年收成稍薄，幸春间二麦杂粮丰收，接济民食"④。而以小麦为套种作物的地区仅占广西耕地面积的10%⑤，然后是靠近广东的稻米输出地区如梧州、玉林等府⑥；广西北部原本每年仅收获一季水稻。这些情况也逐渐发生了改变，1735年的广西官员奏折中就提到"平乐、昭平等处州县各官于上年冬月散给麦子，教民播种，现各具报丰收；西省原属产米之乡，又有春麦接济，民食充足"⑦。18世纪早期，广东省绝大部分地区都采用了轮作复种生产，而广西绝大部分地区每年只出产一季稻米，部分地区在1730年代也套种了一些小麦。

到了18世纪的中期，史料明确记载了农业生产的更趋集约化。广西

---

① 参见《康熙朝奏折》第1770号(康熙五十四年四月二十七日)；《雍正朝奏折》卷11：331—332(雍正六年九月十一日)。
② 关于16和17世纪的种植方式，第三章已进行过探讨。
③ 《雍正朝汉文朱批奏折》卷14：738(雍正七年三月初三)。
④ 《康熙朝奏折》，第2989号(康熙六十一年五月二十七日)。
⑤ 《雍正朝汉文朱批奏折》卷10：48—49(雍正五年六月二十四日)。
⑥ 同上。
⑦ 《雍正朝奏折》卷24：507—508(雍正十三年闰四月初九)。

西部的思恩、泗城和镇安"濒临河荡溪沟及引源接流可资灌溉者,悉垦成水田"①,而小麦种植也推广到了 76 个县②。广东省的官员也开始关注农业轮作的方式,试图将小麦作为套种作物引入一些新的地区,"粤东通省地方高低燥湿不同,有宜种早晚禾稻两次者,有宜种春麦一造秋禾一造者,农民各就土性所宜分别栽种"③。显然,官员们经过了一段时间才意识到"其地不甚相宜者,皆不种植。惟惠州府永安一县,虽地土不宜,间有零星栽种,难成分数,今春晴雨调匀,所种二麦亦收成五分(逐加查核通算二麦收成计七分之数)"④。这些尝试的失败使得两广总督杨应琚认识到原因,"其种二麦者,因天气较暖"⑤。而令人吃惊的是,当时广东的一些海拔较高的地区(永安、乐昌、清远、开平等地)因气温较冷而无法种植冬小麦;而本属于热带的地区如北部湾的钦州和海南岛也没有种植小麦。

到了 18 世纪末,岭南各处耕地的种植模式都变得更为集约化了。广东"地广人稠,早晚禾稻外兼植二麦,其南海等五十八州县厅于二麦土性相宜种植较多"⑥,广西不仅将小麦种植又多推广了两个县(共计 78 个县)⑦,而且在桂林开始了双季甚至三季稻的种植。1779 年,广西布政使上奏"臣查察粤西农务,低田多籍水坝盘车,不劳人力……现今早稻结实颗粒饱满月内即可一律丰收。中晚二禾亦俱茂密青葱"⑧。同月稍后,广西巡抚奏报了桂林的情况"中禾有十分之七八已经大半出穗,晚禾有十分之二三长发茂盛"⑨。

---

① 《乾隆朝奏折》卷 1:836(乾隆十六年十一月初三)。
② 《乾隆朝奏折》卷 3:108(乾隆十七年五月二十日),在这 76 个县中有 42 个是"汉州县",34 个为"土州县"。
③ 《乾隆朝奏折》卷 5:371(乾隆十八年五月十六日)。
④ 《乾隆朝奏折》卷 8:106—107(乾隆十九年四月二十五日)。
⑤ 《乾隆朝奏折》卷 14:178(乾隆二十一年四月十三日)。
⑥ 《乾隆朝奏折》卷 63:635—636(乾隆五十二年三月十五日)。
⑦ 《乾隆朝奏折》卷 17:443(乾隆二十八年四月十三日)。
⑧ 《乾隆朝奏折》卷 48:99—100(乾隆四十四年六月初九)。
⑨ 《乾隆朝奏折》卷 48:232—233(乾隆四十四年六月二十三日)。

进入 18 世纪后,岭南农民越来越密集地对土地进行着开发,到 18 世纪中期时,小麦的套种已经推广到了广西和广东的绝大部分地区;而到 18 世纪末,包括桂林的很多地区除了小麦以外还种植双季稻。造成这种农业生产日益集约化的原因很简单,首先,人口不断增长和人口密度增加(广东 18 世纪的人口密度增加了一倍,从每平方公里 40 人增加到了 80 人,参见表 9.1),产生了大量的劳动力可以投入到土地当中[①];其次,商业化(如第五章中所谈到的因棉纺织业和丝织业而发生的土地利用模式的改变)推动了腹地地区尤其是广西的农户们去种植水稻,以销售到广州和珠三角地区的市场;最后,气候相对于 17 世纪逐渐回暖,使得农户们可以将水稻种植和收获的时间向早春和暮秋推移。这些方面的原因,综合起来终于在 19 世纪形成了岭南地区高度集约化的农业生产模式。

对于欧洲人而言,中国农民开发和利用土地的能力是令人吃惊的,尤其是与当时欧洲大部分地区相对"落后"的技术相比。法国农医学家皮埃尔·普瓦沃曾提出疑问,"究竟是怎样的技术才能使土地养活得了这么多人口"?他花费了大量的时间考察 1720 年代亚洲各地的农业生产,其间在广州也停留了好几个月[②]。

> 中国人是不是有什么秘密的技艺以增加粮食产量,提供人类营养之所需呢?为了解答这个疑惑,我曾去过田间与农民交谈,他们大都友善、有礼貌,而且知识渊博。我跟随并仔细观察他们的各项农活,发现他们的秘诀也就只是合理地施肥、犁地较深、及时播种和因土质不

---

① 农业集约化生产由人口密度增加而驱动的思想最早是 Ester Boserup 提出的,*The Conditions of Agricultural Growth: The Economics of Agrarian Change under Population Pressure* (New York: Aldline, 1965)。岭南的证据支持了 Boserup 的观点,但也仅就这一点而言,因为除此之外,我认为商业化也推动了集约化的发展,而气候变化也为更集约化的生产创造了条件。

② 关于 Pierre Poivre 更多的介绍可以参见 Grove, *Green Imperialism*, ch.5。感谢 Grove 教授提醒我注意到普瓦沃。

同而种植合适的作物,而最重要的是不同种类作物的轮作。①

令普瓦沃印象最为深刻的是当地农民复种生产的连续性而没有休耕期:

> 有一点必须指出,而且也是欧洲人也很难想象的,他们并不让土地休耕……因而每年出产两季作物,而在更靠南方一些的地区,则每两年出产五季,而不需要任何休耕期。

保持作物连续生产的原因在于大量地施肥:

> 他们常用的是草木灰,添加一些食盐、石灰和各种动物粪便,而最重要的是不同于我们在河中小便,他们家家户户都把尿储存起来并用于施肥:一句话,由大地创造出的每件东西都被小心翼翼地重新送还给了土地。②

除了大量施肥和没有休耕期以外,普瓦沃还谈到了人们对土地的精耕细作:

> 即使是陡峭的山峰,也被人们改造成了耕地……在广州……你会看到很多山岭被开垦成了梯田,用于生产各种谷物,甚至有的还被用于种植水稻,令人羡慕的还不仅于此,你还会看到河流、沟渠或从山脚下流出的泉水通过只需两人操作的简单机械,就可以被引上到梯田中很高的地方。③

普瓦沃所描绘的这幅图景体现出了岭南地区尤其是广州附近高度集约化的农业生产,这里的农户施加充分的肥料,建设水利设施,尤其是投入大量的人工以保持在同一地块上每年能生产出两季到三季的

---

① Pierre Poivre, *Travels of a Philosopher*, or, *Observations on the Manner and Arts of Various Nations in Africa and Asia*, translated from the French (London, 1769), 146.
② 同上书,第153页。
③ 同上书,第159页。

作物。

如果像博斯拉普所说的，人口密度是农业集约化的驱动力，那么人口密度的变化就可以作为岭南各地农业生产情况的一个大致的指示器。全省人口密度对于我们的研究来说过于粗糙了，只能体现出人口和土地变动趋势的粗略情况；而分解到县级层次的人口和耕地数据又根本没有，因此我们只能用《大清一统志》中1391年和1820年的人口数字，从府级层面考察人口的变动情况。我认为1820年的数字对广东和广西两省的人口规模都高估了约10%，但各府人口占总人口的比例大致应该是合理的，因而可以和1391年的数字进行一个比较（见表9.2）。

从表中可以看出，人口比例有所扩大的地区在广东包括东部（惠州府）和西南部沿海地区（高州府），在广西为西江以北和以南地区（平乐、玉林）以及最西面的地区（南宁、太平、思恩、泗城和镇安）。广东人口比例下降最严重的是雷州半岛和海南岛，而广西则是桂林和梧州。前文已经讨论过了雷州和海南岛的相对"不发达（underdevelopment）"问题，而桂林和梧州地位的下降则令人有些困惑，我认为这两府人口增长速度的下降可能是因为它们的开发较广西其他地区要早得多，1400—1800年人口翻了一番多，在明代就已经差不多住满了。

表 9.2 1391—1820 府际人口变化

府别	人口占全省比例(%)			人口密度(平方公里)		
	1391	1820	变化	1391	1820	增长倍数
广东						
广州	34	29	−5	58	310	5.3
南雄	2	2	−1	21	101	4.9
韶州	3	5	2	7	64	9.8
惠州	4	10	6	4	73	17.2
潮州	7	16	9	16	151	9.3
肇庆	15	12	−3	26	135	5.1

续 表

府别	人口占全省比例(%)			人口密度(平方公里)		
	1391	1820	变化	1391	1820	增长倍数
广东						
高州	4	11	7	8	150	19.3
雷州	16	3	-12	64	84	1.3
廉州府	2	2	0	5	27	5.9
琼州	12	6	-5	11	38	3.5
罗定	1	3	3	3	98	33.7
连州	n.a.	n.a.	n.a.	n.a.	32	n.a.
嘉应	n.a	n.a	n.a	n.a	146	n.a
广东						
桂林	27	14	-13	16	43	2.6
平乐	3	12	9	2	43	22.9
梧州	21	9	-12	25	57	2.3
浔州	6	9	3	7	52	7.4
南宁	6	11	5	7	63	9.6
太平	2	4	2	2	19	8.8
柳州	17	13	-5	15	54	3.7
清远	8	6	-2	5	19	4.0
思恩	2	7	5	2	31	17.7
泗城	2	4	2	2	19	11.6
镇安	2	4	2	8	80	10.2
玉林	3	8	4	4	53	12.6

虽然广州府在1391—1820年间人口占全省比例有所下降,但其人口规模已经非常之大,每平方居住人口有300左右,几乎是居人口密度第二位的高州府的两倍(潮州和嘉应的人口密度与高州相当,但在实质上并不属于岭南这个大区域)。读者们应该还记得,珠江三角洲和西南

沿海地区已经日益专业于桑蚕和甘蔗种植。在广西,人口密度最高的地区是右江和西江的南部和西南部,从南宁到梧州一线。浔州、南宁和玉林等府在明朝初年还是人口稀少的地区,到 1820 年时,其人口密度已经超过了桂林。简言之,广西人口密度最高的地区基本集中在为广州输出稻米的几个府,人口密度增长在十倍以上的地区也正是那些开垦大量新耕地的地区。

从明朝到清朝的人口和耕地数据向我们展示了农业生产日益集约化的过程。和集约化一样,农民和政府对新土地的开垦也都只是故事的一个部分而已。农业生产的集约化带来了土地利用方式的变化,而土地开垦则带来了土地覆被的变化。这包括彼此独立而又相关的两个进程:人们利用土地方式的变化,以及土地覆被从森林到农田的变化。① 土地利用的变化主要是农业集约化所驱动的,而土地覆被的变化则是有关土地开垦的政府政策和规划的结果,是政府就人口增长对土地压力问题所作出的反应。

清初的土地开垦政策与结果

在 1683 年和平重新降临岭南地区之前,政府的土地开垦政策对恢复农业生产几乎没有发挥什么作用。如第四章所述,大部分的土地开垦工作都是农家自行开展的,这并不是说政府没有土地开垦政策或者政府的政策没有对土地耕种产生影响,只是因为战争和叛乱的环境抵消了政策的效果。无论如何,对顺治时期和康熙时期的土地开垦政策做一个简

---

① 土地利用(land use)与土地覆被(land cover)变化的差别问题是由 Meyer 和 Turner 所提出的,"土地转变(land transformation)问题可以被划分为相互关联的两个部分……土地利用的变化和土地覆被的变化,过去对于这方面的研究是彼此分离的……土地利用包括定居地、耕地、草场、牧场等,任何一个土地利用问题或者是一种用途向另一种用途的转变,或者是同一种利用方式的集约化……土地覆被的变化包括两种类型,转变或是修正,前者是从一种植被到另一种植被的转变,如从草地变为庄稼地;后者则是一种植被种类内部的修正,如使森林变得稀疏或者改变森林的树种"。William. B. Meyer and B. L. Turner II, *Changes in Land Use and Land Cover: A Global Perspective* (New York: Cambridge University Press, 1994), 5.

要的总结,可以为我们理解雍正时期和乾隆时期的政策情况提供一个有用的背景,而雍、乾时期的政府政策则成功地将一些新的土地纳入了农业耕地。

顺治年间的土地开垦政策是在战争、疾疫和饥荒导致人口减少的背景下被推行的。我们已经了解了岭南17世纪中期遭受破坏的情况,而在中国的其他地区,如华北的河北、山东和西部的四川都遭受了更为严重的摧残,有50%—70%的人口损失和相同比例的土地被抛荒。这些荒地有的是有主的土地,有的则是无主的荒地,清政府最初想把很多游民安置到有主的土地上去,但遭遇了失败,因为这些农民希望变成土地的所有者而不是佃农,于是顺治皇帝迅速改变了政策,鼓励农民迁移到无主的土地上去耕种,在那里农民可以登记为正常的居民而不再是流民,同时拥有"永准为业"的耕种权(但并不一定是所有权),并豁免一定年数的税收。为了鼓励官员们努力推进土地开垦,清政府下令地方官员奏报本地开垦的土地亩数;而为了鼓励大地主们恢复生产,政府则特别规定"文武乡绅垦五十顷以上者,现任者纪录,致仕者给匾旌奖"。尽管有了这些激励措施,农民和地主们仍然对政府的意图抱有怀疑,因而尽可能地瞒报土地以逃避税收。农民们害怕的不仅是赋税,更害怕强迫劳役,而地主们则想尽办法以躲避税收。为了揭开被瞒报的土地,清政府在1658年对土地丈量单位(亩)进行了标准化,同时在山东和河南进行了土地的测量,然而这种测量遭到了地方精英们的抵制,同时所耗费的时间和金钱过多,因此此后再也没有开展过。①

1661年顺治帝死后,继位的皇帝康熙年少,其辅政大臣们认为顺治时期过于宽松,因而采取了铁腕治国的政策。当时需要大量的税收和其他资源以供进攻郑成功的军费开支,而民间大量瞒报土地以躲避税收,

---

① 本段是对彭雨新《清代土地开垦史》第2—34、36—39页内容的缩写,亦可参见郭松义,"清初封建国家垦荒政策分析",《清世论丛》第二辑(1980),第111—138页。

因而辅政大臣们严令地方官员彻查所有被隐瞒的土地,并在四年以内上报。此后奏折中开垦土地的数量开始上升,在限期之前的1665年有了大幅的增加(见表9.3)。虽然这些奏折中有很多都报告了真实的土地数量并带来了税基的扩大,但有些报告则是官员虚造亩额,而将虚粮摊在现征的民赋额上,导致老百姓交不起重粮,很多人因此而选择了逃亡。最后的结果是政府作出了退步,在经过进一步的调查以后,从税收登记册上撤销了那些虚报的土地。①

表9.3 1663—1669年各省和各年奏报的土地开垦数

	数量(百亩)
省别	
湖广	27 870.07
河南	26 041.00
广东	10 747.66
江西	5 670.45
云南	3 659.00
山东	3 352.60
贵州	695.15
年度别	
1663	1 918.89
1664	4 302.50
1665	36 911.66
1666	20 842.12
1667	3 190.50
1668	122.60
1669	10 747.66

(资料来源:彭雨新,《清代土地开垦史》,北京:人民出版社,1965年,第46页。)

---

① 彭雨新,《清代土地开垦史》,第45—47、49—50页。

第四章曾讨论过 1662 年沿海地区的迁界禁海,这也是当时的铁腕政策之一。如前所述,八年以后,广东的政策逐渐放松,而其他地区则要等到 1683 年以后。根据彭雨新的研究,在禁令取消时,迁界 22 年间沿海广东、福建、浙江各省抛荒土地近九百万亩土地被重新开垦①;在广东省,1669 年约有一百万亩土地被收回用于耕种(见表 9.3 数据)。

康熙年间私人开垦土地的数量持续增加,而鉴于虚假报告的问题,清政府决定以 1581 年调查所得亦即《赋役全书》中所登记的耕地数字作为税基。② 这类登记资料大多没有保存下来,而明朝末年的数据则因被记载进了地方志当中,于是得以保留下来并成为了税收依据的"原额"。清代原额应当距离 1581 年的数据相差不远,大致可以反映明朝末年和 18 世纪早期的耕地规模和分布情况。③ 在广东的大部分地区,开垦的土地在 17 世纪末或 18 世纪初就达到了原额的亩数,而在广西的一些府,直到 1720 年代还有关于荒地的奏报。我们可以假设中国大部分地区在 1713 年恢复了原额的耕地规模,因为在这一年康熙宣布了他的"永不加赋"诏令。

人口压力和土地开垦

从史料中可以看出,在岭南地区耕地规模达到原额水平和赋税固定下来的同时,不断增加的人口也正在耗尽这里较易开垦的耕地。18 世纪初,人们开始向其他省份尤其是四川和广西迁移。雍正年间的《往川人民告帖》曾说到:

---

① 彭雨新,《清代土地开垦史》,第 61 页。
② 参见 Wang, *Land Taxation in Imperial China*, 21—22; 以及 Peter Perdue, *Exhausting the Earth: State and Peasant in Hunan 1500—1850* (Cambridge: Harvard University Press, 1987): 74—75。
③ 关于湖南省原额计算方法的介绍,可以参见彭雨新《清代土地开垦史》第 67 页和 Peter Perdue, *Exhausting the Earth*, 74—76。就我了解的情况,广东和广西两省并没有类似的详细介绍。

> 我等祖父因康熙三十年间广东饥荒,逃奔他省,走至四川,见有空闲土地,就在四川辛苦耕种,置有家业。从此回家携带家口,随着亲戚结伴同去,往来贸易,见四川田土易耕,遂各置家业。从此我等来去四川,至今四十来年。①

与此类似,1720年代的广州将军也注意到"粤省连年颇非荒歉,何致纷纷飘流川省。细推其故,只缘川省流于地,粤省满于人。川地米肉多贱于粤,所以无识愚民趋利日至众多"②。其他则从广东迁移到了广西,例如长乐县800名徐氏宗族中,在18世纪有157人移居外地,其中51人去了广西。③

官员们并非不知道人地关系的紧张问题,广西提督韩良辅就曾提到"圣祖仁皇帝爱育黎元,深恩厚泽至六十余年,天下人民较诸康熙初年不啻倍之","夫人民日益增盛,而地亩不加垦辟"④。数年之后,阿克敦奏称"盛世户口滋蕃,惟垦荒可以足食"⑤。虽然这些是在雍正皇帝继位之后的奏折,但据彭雨新的研究,康熙时代的官员们乃至康熙帝自己就已经对人口增长问题进行过评论了。⑥

有意思而且很重要的是新的雍正皇帝把人口增长和耕地总量联系了起来,下令由政府组织开垦新的土地,他的谕旨中提到了"将来户口日滋,何以为业? 惟开垦一事于百姓最有裨益"⑦。在他统治的13年中(1723—1735),大量的奏折都是关于土地和土地开垦的,这在清代的记录中是比较特别的。雍正朝的粮食开垦活动之所以重要,不仅仅因为开垦了大量的耕

---

① 转引自陈春声《市场机制与社会变迁——18世纪广东米价分析》(1992),第152页。
② 同上书,第153页,在这样的情况下,这些"愚民"又究竟有多愚呢?
③ 转引自陈春声《市场机制与社会变迁——18世纪广东米价分析》(1992),第155页。
④ 《雍正朝奏折》卷2:582—583(雍正二年闰四月十七日)。
⑤ 《雍正汉文朱批奏折》卷10:101—103(雍正五年七月初一)。
⑥ 彭雨新,《清代土地开垦史》,第71页。
⑦ 《大清世宗实录》卷6:25,台北:新文丰出版公司,1978。亦可参见宋希庠《中国历代劝农考》,上海:正中书局,1936,第75页。

地,还因为这揭示出了 18 世纪初期岭南人口与土地的关系。

雍正皇帝与土地开垦

雍正皇帝运用智谋战胜了他的诸多兄弟,在 45 岁时登上了皇位(当时的一些人则断言他是篡位的),此时他早已成年,对如何管理国家也有着自己一整套的想法,其中很多都是对在他看来属于他父亲统治缺点的修正。或许是因为他认为康熙帝的态度和政策过于宽松而导致了很多问题的出现,尤其是人口增长而耕地没有得到相应增加,雍正皇帝采取了更为激进的政策,在他即位仅四个月时就发布了垦荒地上谕,为了鼓励"凡有可垦之处,听民相度地宜、自垦自报。地方官不得勒索,胥吏亦不得阻挠",雍正皇帝还延长了旱田赋税的起科年限,"至升科之例、水田仍以六年起科。旱田以十年起科"①。在八个月后的另一份上谕中,雍正又说到"今课农虽无专官……然自督抚以下均兼此任",还命令每个州县衙门"择老农之勤劳俭朴身无过举者,岁举一人,给以八品顶带荣身,以示鼓励"。②

广西 对雍正第二个上谕最早做出回应的地方督抚中,最积极的一个是广西提督韩良辅③。在雍正上谕三个月之后,韩良辅呈上了一份热情洋溢的奏折,谈到"粤西土旷人稀,一望皆深篁密箐,为民上者不察遂以为荒瘠而不顾,夫篁箐既密且深,则其地非硗确斥卤可知矣"④。

---

① 《大清世宗实录》卷 6:25。
② 在谈到选择老农一人进行奖励时,雍正先咏叹道"农民勤劳作苦,手胼足胝,以供租赋,养父母、育妻子,其敦庞淳樸之行,虽宠荣非其所慕,而奖赏要当有加"。同上引第 25—26 页。
③ 我未能找到韩良辅的传记,因而无法提供更多关于他的介绍(韩良辅,字翼公,陕西甘州人。康熙二十九年中式武举第一,三十年选二等侍卫,后出任陕西延绥游击、宜君参将、神木副将;雍正元年迁天津总兵,擢广西提督,累官至广西巡抚,后坐前官提督时奉议土民罗文刚抗阻汛未早捕治事被夺官,雍正七年卒。可参见《清史稿》列传八十六,译者注)。
④ 《雍正朝奏折》卷 2:582—583(雍正二年闰四月十七日)。韩良辅认为广西土地有潜在肥力的证据是"篁箐既深且密,则其地非硗确斥卤可知",因此他认为如果能将这些竹林砍伐改造成耕地,一定会颇具肥力。但也许韩良辅后来并没有这样做,每个在南加州生活的居民都知道这是一件几乎不可能完成的任务。

在韩良辅的奏折中,提到了他认为的广西大量土地未被开垦的六个原因:

> 山溪险峻,瑶、僮杂处其间,所垦之田与村庄稍远,便虑成熟之后被人所盗割,徒劳工费,一也;民性朴愚,但取滨江及山水自然之利,不知陂渠塘堰之术,二也;不得高卑所宜杂粮之种,三也;不识各省深耕易耨之法,四也;出产只有米谷,纳赋非银不可,且差徭随田而起,恐贻后日之累,五也;良懦垦熟,豪矜猾吏每每指为祖业,恃势霸占,强弱不敌,六也。

因而他建议:

> 宜遴选大员专司其事,督率守令逐渐料理,先购宜植之种兼雇教耕之人,然后相度肥饶空旷之地约可容聚数十家守望相助者,为之搭建茅舍,招徕贫民聚居,又贷之以牛种,教其兴行陂塘井堰之利。至于相近协营之处则查出余丁,亦酌做屯种之意,广为播种,严彼冒占之禁,宽以陞科之期,使民知有利无害,皆奋兴从事……将见人稠地辟,烟瘴渐销,衣食足而礼义兴,边徼尽成乐土矣。①

在对韩良辅奏折的朱批中,雍正皇帝赞扬道"此奏之可嘉不可尽述,此开垦一事,李绂可与韩良辅谐同料理,尔等可一德一心,成此美政"。当时,李绂因漕粮事有功刚被擢升广西巡抚,此后又担任这一职务一年多一点的时间②,接到雍正的诏谕后,他随即在奏折中写到他将和韩良辅"同心合志,勉力奉行"③,并且在随后的另一份奏折中重新框定了韩良辅

---

① 从17世纪中期军事征服华南以来,满族人一直很担心疟疾问题,1650年桂林的驻军大批死于这一疾病。直到1724年时,这一问题仍然十分严重,在雍正二年闰四月十七日的奏折中(《雍正朝奏折》卷2:584),韩良辅曾建议缩短广西疟疾疫情地区官员的三年任期,以减少官员染病的可能性。
② Hummel, *Eminent Chinese*, 455—457.
③《雍正朝奏折》卷2:837(雍正二年七月初三)。

的土地开垦计划安排。①

在韩良辅这边,就立即开始着手推行垦荒的计划,1724年的奏折即体现了韩良辅的谨慎和小心,他并没有在全省范围推行他的政策,而是"不敢漫为渎陈,惟马平一县系臣驻箚亲知灼见之地,其查出荒芜田地,谨绘总图一幅",雍正批示他"图留览,总与巡抚商酌而行"②。我们有理由相信,无论韩良辅的计划取得了多少进展,他都是对其颇为负责的。然而由于没有看到任何这方面的史料,因此第一次由政府发动的广西土地开垦工作很可能收效甚微。

在接替李绂担任广西巡抚之后,韩良辅并不愿意承担雍正皇帝所委托的垦荒任务失败的责任,他将广西土地开垦的失利归咎于邻省广东。在1726年末或1727年初的奏折中,韩良辅抱怨广东地广人稠,本处之人惟知贪射重利,多种龙眼、甘蔗、烟叶之属,以致民富而米少,所需一半的粮食需求都专仰给于广西之米。③ 这一市场需求导致了广西农业作物的单一化,以至于农民们不愿意去开垦那些无法种植水稻的土地,雍正皇帝似乎对韩良辅的这一逻辑表示赞同,在1727年初命令广东和福建的官员去劝服那些种植经济作物的农民恢复粮食生产。④

广东和福建的巡抚杨文乾、常赉并没有轻视这项指责,而是由常赉写了一封奏折进行反驳。⑤ 在奏折中,常赉不仅承认了韩良辅所指斥的农业专业化趋势,而且对此提出了辩护,认为正是农业专业化创造了更大的财

---

① 《皇朝经世文编》卷34:34a—36a。在李绂的奏疏中虽然也提到了康熙年间人口加倍和土地开垦的努力,以及在广西可以栽种北方的高粱粟米等作物,但其核心内容几乎是完全照抄韩良辅的奏折,令人奇怪这究竟是一种无耻的抄袭还是当时官员行文的规范要求。
② 《雍正朝奏折》卷3:155(雍正二年九月初八)。
③ 我未能找到韩良辅的奏折,但从其他史料中可以推测出其中的内容,如雍正5年4月13常赉的奏折(《雍正朝奏折》卷8:25—26),以及雍正五年二月谕旨中的一些话,见宋希庠《中国历代劝农考》,第76页。
④ 宋希庠,《中国历代劝农考》,第76页。
⑤ 《雍正朝奏折》卷8:25—26(雍正五年四月十三日)。从当时广东的情况和一个月前常赉与杨文乾还一起致力于海关的工作来看,奏折的内容应该是经过两人商议的,亦可参见《清史列传》(台北:中华书局,1964)卷13:43a中的杨文乾传。

富,并且建议雍正皇帝进一步开放对外贸易,以实现更多的专业化和创造更大的财富。常赉的奏折毫无疑问破坏了韩良辅推托责任的企图,因为雍正的批示中提到他从杨文乾和两广总督那里也得到了类似的信息。

到了雍正五年年中,雍正帝显然已经和韩良辅一样对官员们非常失望了,他们既不能有力地推进土地开垦,也不能彻查和上报那些虽然开垦但仍被隐匿以逃避租税的土地。为了解决后一个问题,雍正帝下令各省督抚追查隐匿地亩,为了鼓励田地主人自动呈报,雍正还"特沛宽大之恩,准各省官民自行出首,将从前侵隐之罪,悉从宽免,其未纳之钱粮,亦不复追究"①。

广东 1727年7月,雍正帝收到了另一位地方官员阿克敦的奏折,他在1726—1728年间曾担任广东和广西两省的多项官职,奏折中列出了广东土地开垦计划的多项障碍,也提出了他的解决方案,其方案在五年后取得了一些成效。阿克敦奏折在连篇累牍地提到了广东土地开垦不足和已开垦而被隐匿土地的各种原因②之后,对于前者,提出了六条建议,对于后者,他又重提顺治和康熙时期的政策,建议对官员增加激励以揭发隐匿的土地。③ 从这封奏折之后很少有关于广东开垦土地的奏报这一点来看,官员们劝说土地主人报告开垦实数的工作并不成功,雍正皇帝也没有对阿克敦的建议予以多少支持。

阿克敦所遭遇的只是广东政府发起的诸多土地开垦工作的最近一次失败而已,下一个流产的计划发生在1729年,这一次之所以值得提起,一方面是因为其中包含了当时广东的诸多情况,另一方面也可以为后来广西的开垦项目提供一个背景和比较。1729年初,新任的广东布政使王士俊向雍正皇帝请求允许在广东套用当时土地开垦模范地区直隶和云南的经验,王士俊认为当时的广东还有大量土地可供开垦,因此请

---

① 《大清会典事例》卷166:7a,台北:启文出版社,1964。
② 《雍正朝汉文朱批奏折》卷10:101—103。
③ 关于顺治时期的激励措施,参见彭雨新《清代土地开垦史》,第30—31页,康熙时期的措施见第43—45页。

求能开展新的土地开垦运动:

> 粤东幅员辽阔,生齿殷繁,奈逐末者多,力田者少,以致每年本省所收之米麦不敷民食。岁当丰稔,买谷犹仰籍于粤西;偶值灾荒,穷黎即束手而无策。臣抵粤历今四载,每因公务往来,目击各府之荒地无处不有,而肇、高、雷、廉等府为尤甚。即备询父老,或云不通水道,小民无力开渠;或云原欲垦荒,一时苦无农具。此粤东之田地所以每致抛废而粤东之粮米所以每致缺乏也。①

直隶成为模范省是因为数年之前成功地在华北平原实现了灌溉和稻米种植。在雍正的弟弟、怡亲王胤祥的指挥下,有近六十万亩土地实现了灌溉和稻米种植,由南方有经验的农民教授当地农户水稻的种植技术,为了鼓励农民,政府还承诺对种植水稻的农户征收较低的赋税,对有罪人员能捐输该项工程的可以抵罪。②

云南成为模范省,则是因为另一位雍正帝的宠臣——云贵总督鄂尔泰开垦边地的功劳。雍正准许作为捐纳的回报,滇黔两省有功名的官生可以拥有土地开垦权并雇佃农从事开垦。③ 而以授予土地的方式作为交换,劝诱捐纳获得功名的士绅从事开垦,也是直隶和云南两个模范省的共同点。

广东布政使王士俊知道不能把直隶和云南的经验简单直接地用到广东,因此他提出以一年为试验期,"是非暂开事例,不分省分许一切旗民赴粤捐纳"④。雍正皇帝也认为广东的情况不同于云贵边疆地区和干旱的华北平原,因而并没有批准这一奏请。

但王士俊的奏折的确使雍正皇帝关注了垦田问题的另一些方

---

① 《雍正朝奏折》卷12:599(雍正七年三月初三)。
② 参见彭雨新《清代土地开垦史》第98—99页,以及 Pei Huang, *Autocracy at Work: A Study of the Yongcheng Period, 1723—1735* (Bloomington: Indiana University Press, 1974), 239—240。
③ 《大清会典事例》卷166:6a—7a。
④ 《雍正朝奏折》卷12:600(雍正七年三月初三)。

面——隐匿的耕地。为了确认广东有大量土地可供开垦,王士俊曾下令进行逐县的勘察,而发现只有20%—30%的已开垦土地得到了呈报①(后文将谈到,我认为实际上只有10%的耕地是被呈报的)。王士俊的工作显然给雍正留下了深刻的印象。一个月后,雍正下令各省的督抚都对辖下开垦的土地进行彻查,并提出对开垦者出借种子、耕畜和其他农具的计划(所有这些都应在三年内归还)。② 对此,王士俊提出了用各省存留的"火耗"来作为出借农具的本金,得到了雍正皇帝的批准。③ 由于缺乏进一步的史料,我们不清楚这次由政府发起的政策是否对广东土地开垦产生了积极的效果。

广东唯一一次由政府推动而获成功的土地开垦计划是1732年新任总督鄂弥达④所推行的,而这还是开始于一次严重的错误。鄂弥达首先提出了一项与土地开垦有关的计划,请求批准耗费40万两白银修建一项大型的水利工程,被雍正严辞否决。⑤ 经过这次斥责后,鄂弥达将注意力转向了广东日益严重的盗匪问题,早在他刚到任上时就曾上奏"粤东山海交错,素多盗匪……探本穷源……粤东无产无业之民甚多",因而盗匪问题的解决可以和高州、雷州和廉州府等地广人稀地区的土地开垦联系起来。⑥ 在此基础上,鄂弥达形成了他的主要政策主张,在1732年中上奏给雍正皇帝并得到了批准。

鄂弥达发现,广东有大量贫苦而无业的人民,常常要依靠走私贸易、违法采矿或者啸聚山林才能过活,这些都是扰乱社会秩序的根源。他计

---

① 《雍正朝奏折》,卷12:599(雍正七年三月初三)。
② 雍正七年四月,转引自宋希庠《中国历代劝农考》,第77页。
③ 《雍正朝奏折》卷13:703(雍正七年七月二十四日)。
④ 鄂弥达只是广东总督,而不是两广总督。在1730年代初,雍正皇帝将广西划入到鄂尔泰的辖下,后者也就成为了云南、贵州和广西的三省总督,这种管理方式与当时的改土归流有关,后文还将提到。
⑤ 《雍正朝奏折》卷18:560—562(雍正九年七月十五日)。
⑥ 《雍正朱批谕旨》1738年(台北:文源书局,1965),鄂弥达奏折(雍正九年二月初十)第一部分19a—20b。

划将这些无业贫民尤其是人口过多的潮州和惠州等府的贫民重新安置到广州府西部和肇庆府地广人稀的地区。他的办法是"谕令有力商民召集惠州、潮州等处贫民,给以庐舍、口粮、工本。每安插五家编甲入籍,即给地百亩"。在由此而新产生的鹤山县(该处在明清交替之际曾被摧毁),丈出荒地三万三千余亩,据鄂弥达计算,应可以安排佃民一千六百余户;在开平、恩平两县,鄂弥达估计还有荒地一二万亩;此外高州的西部和南部、廉州府以及雷州也还有可垦荒地。为了保护新来佃农在开垦完荒地之后不会被业主所驱逐,鄂弥达建议授予其永佃权。简而言之,这是一项一举三得的政策:贫民得到永佃权,"有力商民"得到 100 亩土地的所有权,而政府则将可能成为盗匪的游民转变成了生产性的租税来源。雍正也认为"贫民如此安插甚好,料理殊属妥协"①。

在此后的两年中,鄂弥达在贯彻他的计划的同时,还将其重新安置的人群扩大到了包括以前的盗匪和遭受自然灾害的无籍贫民在内。这样鄂弥达在就任之后不久,就将盗匪问题和垦荒问题联系了起来,在得到雍正帝批准后立即着手予以解决。在广州和肇庆交界地区的盗匪常年拦截商旅,扰乱了广西沿西江通道的正常贸易和交通,政府的悬赏花红很快抓捕到了 55 名盗匪,经过审讯得知有 44 名"俱系穷民失业,以故群聚私抽",其中 20 人"皆系农民,素知耕种"。因此鄂弥达经雍正帝同意后将他们安置在鹤山县,和其他人一样,每人佃种 20 亩土地,同时令各保长管束,"则伊等可乐业安生,不致重蹈前辙"②。

感于自己垦荒计划的成功,鄂弥达在 1733 年初又提议在新开垦的地区安置 1727 年和 1732 年因台风受灾的灾民。1727 年的台风在晚稻即将收获时袭击了广东东部自潮州直到珠江出海口的地区(详见第六

---

① 《雍正朱批谕旨》1738 年(台北:文源书局,1965),鄂弥达奏折(雍正九年二月初十)第一部分 56a—58b。
② 《雍正朱批谕旨》鄂弥达奏折第一部分 71a—74b、83a—85a(雍正十年九月十九日、雍正十年十二月初一)。

章),很多房屋倒塌,数十人死亡,数千人流离失所,没有粮食的幸存者遍布街道,据鄂弥达的奏折,很多人都迁到了广西、四川和台湾重新安家。1732年的台风也与此类似,"广东民人携老挈幼前往湖南地方,每日或二三百,或四五百名口不等"。针对这种情况,鄂弥达建议派遣官员前往招募这些难民参加垦荒地项目。尽管四川的条件更为优厚(1728年,四川官员被授权以30亩水田或50亩旱田招徕农户,如果家中有兄弟或者儿子适龄,地亩还可以增加),还是有七百多户农民最终选择了返回广东。雍正帝也批准了鄂弥达的这项计划,因而数百户农民被重新安置到了鹤山、恩平、开平等县(这些地区在1640—1660年代都曾遭受过佃农和奴仆起义的打击,见第四章)。①

到1735年初,鄂弥达已经有足够的信心去向雍正皇帝汇报他的成果了,在三个主要的安置县中,有超过20万亩的土地被7 760户佃农所开垦;而在雷州半岛,还有另外2 500多户农民开垦了63 000亩的土地。②这一项目的成功还引来了雍正皇帝进一步的扶助,在1734年的上谕(这也可能是对鄂弥达某项请求的回复),雍正皇帝说道:

> 粤人惯耕水田,旱田不谙种植,高、雷、廉、琼等处平坡山麓及沿海一带平壤,宜菽宜麦,皆可有秋,止缘居民不晓土膏地脉之宜,一切农具又不适用,以致地有遗利。令山东、河南二省选善种旱田者二十人送粤,教耕布种。③

不止于此,鄂弥达还申请动用政府经费在新开垦地区修建灌溉工程,也得到了批准。④

---

① 《雍正朱批谕旨》鄂弥达奏折第二部分 1a—2b(雍正十一年三月十二日),3b—6b(雍正十一年五月初十),23a—25b(雍正十一年十月初四),50a—51b(雍正十二年五月初四);以及《大清会典事例》卷166:7a。
② 《雍正朱批谕旨》鄂弥达奏折第二部分 50a—51b(雍正十二年五月初四)。
③ 《大清会典事例》卷166:11a。
④ 《雍正朝奏折》卷24:252—253(雍正十三年三月十五日)。

在报告这些成果的同时,广东巡抚杨永斌的另一封奏折(雍正十二年九月初二日奏折——译者注)则降低了我们对广东土地开垦效果的预期。

> 粤东生齿日繁,工贾渔盐樵采之民多于力田之民,所以地有荒芜,民有艰食……臣今查得原报可垦六千八百五十顷外,各属尚有荒地,但或系山深箐密,或系夹砂带卤,开辟实属艰难……更恐硗地薄收……若多垦数十万亩,年丰可得数十万石米谷,即年歉亦必稍有收获,养活多人,不致乏食为匪。

因此杨巡抚的建议是减轻这些土地的税负。而此时的雍正皇帝也了解到了无限制开垦山地的问题,一些山区的土地被开垦之后迅速被雨水所侵蚀,"后因水冲,仅存石骨"①。

广西 广东政府推行土地开垦政策的成功与广西所遭遇的失败形成了鲜明的对比②。差不多就在鄂弥达提出广东开垦方案的同时,广西巡抚金鉷也设计了一个完全不同的计划。和前文所述1729年的王士俊一样,金鉷也奏请在广西实施云南的模式,与王士俊不一样的是金鉷的奏折被批准了,更不一样的则是金鉷并没有像王士俊那样谨慎处理照搬经验可能带来的危险。而云南模式之所以被推广到广西还与当时的云贵总督鄂尔泰有关。③ 鄂尔泰是雍正皇帝最为宠信的三位大臣之一,在1730年代初,雍正皇帝将广西也划入了鄂尔泰的治下,后者于是成为了三省总督,这种安排的原因在于广西和云贵一样属于地广人稀的边疆省份,也面临着很多类似问题如土地开垦和少数民族安抚等。

---

① 《大清会典事例》卷166:10b。
② 这段内容主要来自于罗威廉的研究,William T. Rowe, "The State and Land Development in the Mid-Qing: Guangxi Province, 1723—1737", unpublished paper presented at the 1992 annual meeting of the American Historical Association, 感谢罗威廉教授同意我使用和引用他的论文。
③ 同上引,第5—8页。

接管广西之后,鄂尔泰很快就对全省进行了巡查并向雍正汇报了他的观感。除了对交通和运输进行评测(这毫无疑问与对少数民族的军事行动有关)之外,鄂尔泰还谈到了他所看到的大量未开垦的肥沃土地,同时向皇帝建议应由金𫓧准备一个方案将这些土地纳入农业生产①。

在云南模式中,捐纳功名者可以获得土地的开垦权,再招募佃农将这些土地纳入农业生产,另外政府还为此提供一些启动资金(以三年为期每十亩土地贷给2—3两白银)②。但这些刺激政策并没有带来多大的成效,金𫓧又获准对那些被革去功名或丧失身份后又有功于农垦者,恢复其功名和地位。③毫无疑问,这一措施也是因为在直隶行之有效才被雍正推广到广西的。

金𫓧的奏报声称收效十分显著:到1735年时,有近500 000亩土地被开垦,捐纳的金额也超过了500 000两白银。④然而事实上,这些根本没有发生。正如王士俊当年所预言的,大量旗民蜂拥而至广西,通过捐纳获得土地名义上的开垦权,从而恢复了自己的身份等级,而并不是真的关注广西土地的开垦。

由于声称已经新开垦了大量的土地,金𫓧只好增加那些已经开垦过的耕地的税负。于是,对于金𫓧土地开垦管理问题的抱怨之声,通过出身本地的广西布政使陈宏谋传达到了雍正那里。⑤ 陈宏谋指出了广西土地开垦过程中的五项过失,全都指向了垦荒数字的弄虚作假问题⑥。在陈宏谋奏折的抄件(看上去不是雍正的亲笔)中,皇帝指派新任总督尹继

---

① 《雍正朝奏折》卷15:463—467(雍正十三年八月初一)。
② 《大清会典事例》卷166:8b—9a。
③ 《雍正朝奏折》卷19:301—302(雍正十年一月十二日)、卷23:894—896(雍正十二年十二月十七日)。
④ 参见金𫓧的奏折,《雍正朝奏折》卷19:301—302(雍正十年一月十二日)、卷21:343(雍正十一年四月初二)、卷22:351(雍正十一年十一月十八日)、卷23:107(雍正十二年五月二十七日)。
⑤ 感谢罗威廉提醒我注意该事件的这一方面。
⑥ 《雍正朝奏折》卷21:194—195(雍正十一年三月初一)。

善彻查并汇报此事。不知道尹继善是因为行动缓慢还是为了清查的彻底,他的报告用了两年多的时间才得以完成①。而在此期间,金𬭎还在不断继续报告土地开垦数量的增加,直到1734年年中,金𬭎还不知道他的开垦管理工作正在被调查,仍然自豪地奏报有17 000亩的新垦土地和近十万两的捐纳。②

在他的1734年报告上奏六个月后,金𬭎似乎感觉到了调查活动。在1735年的下一份奏折中,金叙述了广西土地开垦工作的始末和来自地方乡绅的抵制,他控诉乡绅数量虽小,但却紧密控制着当地社会,尤其在农业较为发达的桂林、柳州、浔州和思恩等府,乡绅们还隐匿了大量的耕地,逃避税收。金没有被动地应对乡绅们的指责,而是请求雍正帝准许不仅对乡绅隐匿的土地进行清查,而且建立起新的土地清册。金𬭎认为,由于广西没有鱼鳞图册,因而进行新的普查以建立土地清册,既可以解决乡绅、地主和佃农之间的土地产权纠纷,也可以揭露出那些虚报开垦的土地。③

雍正皇帝并没有立即对金𬭎的奏折进行批示,而两个月后,尹继善的奏折到了。尹继善概述了陈宏谋的各项指控,之后详细地一一予以证实:开垦数字的确被大大虚报了,金𬭎和其他当地官员在奏报土地开垦数量时以荒为熟、以虚为实,大量存在的外省官生捐纳垦荒"有名无实","外省官生人生地疏,从何觅荒招佃? ……请托地方官员从中包揽……久已成熟之田令报垦充数","外省官员自备工本认垦之处非系冒滥,即系欺隐"。④ 而就在尹继善奏折呈递的过程中,金𬭎仍在继续他的垦荒计划,在1735年五月的奏折中又奏称有20 000亩土地开垦和100 000两白银纳捐。⑤

---

① 《雍正朝奏折》卷24:104—108(雍正十三年二月初四)。
② 《雍正朝奏折》卷23:107(雍正十二年五月二十七日)。
③ 《雍正朝奏折》卷23:894—896(雍正十二年十二月十七日)。
④ 《雍正朝奏折》卷24:104—108(雍正十三年二月初四)。
⑤ 《雍正朝奏折》卷24:414(雍正十三年四月二十日)。

由于各种原因,我们无法清楚了解这件事的结果:雍正皇帝在10月突然驾崩,而对垦荒问题未置可否;金𬭎被招至京城谒见新的乾隆皇帝,之后因其他案件而被指控;①而乾隆前期的奏折也没有如雍正时期那样被完整地保存下来。尹继善的奏折很可能在1735年或1736年被转交给了鄂弥达,因为广西又回到了原来的辖区,鄂弥达担任了两广总督,在1737年年中的奏折中,他还向乾隆皇帝就此事进行过奏报。

简单地说,鄂弥达当时并不清楚应该相信谁或者应该怎么去做。一方面是陈宏谋所奏劾未开垦土地的存在,"另一方面是乡绅们也的确"欺隐不少"。而且,鄂弥达发现陈宏谋的指控也不完全属实,"陈宏谋前奏金𬭎捏捐二十余万亩并未开成一亩之处,查借捐止有一十二万,并无二十余万",而且"各属查报新垦成熟者,即郁林一州已有八千余亩,其余州县新垦甚多"。因此,鄂弥达请求说"惟有仰恳特简大臣一员前赴粤西秉公查办,庶有无加派累民,是否应行豁免方有定论"。乾隆皇帝则认为"此事所奏甚属公当。杨超曾到粤西,诸事皆从严厉,而独此事从宽者,并非其本心,乃与金𬭎不合,而又瞻徇陈宏谋情面耳。朕亦不必另遣人前往,卿即往西省办理此事"。② 这封奏折是1737年末递呈的,后来鄂弥达和巡抚杨超曾在清查之后又上奏"清查广西捐垦荒田,分别应征、应减、应豁、各数目科则,及应追工本银数,造册另题"。得旨"如此办理颇觉明晰,知道了"。③

由于未能找到具体的科则另册,我们也就无法知道到底有多少税收

---

① 参见《大清高宗实录》卷18:14b、卷24:2b、卷39:24a—b、卷40:25b—26a。金𬭎是否被召入京也不是很清楚,他很可能只是被命令对其广西苗民问题奏折的混乱做出解释,因为在此之后,他仍然在奏报广西土地的开垦数字(见《大清高宗实录》卷32:7b 和卷40:7a)。同时,时任广西巡抚还参奏金𬭎私借铜务充公银帑,金𬭎被革职。
② 《大清高宗实录》卷45:18b—20b。
③ 同上书,卷55:15b—16a。

得以追回,有多少新开垦的土地,又有多少隐匿的土地被揭露出来。但无论如何,我们能够知道的是地方乡绅主导着广西的地方社会,虽然在一段时间内受到了挑战,但最后还是回归了原来的状况①,有些人可能会缴纳高一些的租赋,而他们的地位并没有被取代。

但是到此,故事还没有结束。雍正年间,各省督抚均按照皇帝的命令推进垦荒,和金铁一样,很多官员都虚报土地开垦数量的增加,从而造成了税负的增加。可以想见,如同广西所发生的那样,乡绅们的利益受到了挑战②,地方民怨沸腾,也引起了上一级官员们的注意,有的还能够上达天听。于是,乾隆即位后第一批着手的措施就包括了对垦荒政策的调整。

垦政的改革始于大学士朱轼在乾隆即位第一个月里所上的一份奏折,朱轼认为土地开垦已经达到了饱和点,"断无可耕之地而任其荒芜者";而且山田硗确、随垦随荒,江岸河边、坍涨无定,因而新垦之后未尽升科,又瘠薄土地,数亩只纳一亩之粮,这些都不应视为欺隐;而政府对开垦的催促往往导致各地在土地数字上弄虚作假,四川、广西和河南等省尤其严重;此外,朱轼还指出税收水平已经因康熙的"永不加赋"而固定,"既有定数,何用苛求",不要孜孜于报垦升科。因此,他认为"不但丈量不可行,即勒令据实自首亦可不必……恳皇上饬令各督抚将报垦之田逐一查明,如系虚捏,即行据实题请开除",这得到了乾隆帝的批示"依议,速行!"③

在采纳朱轼奏折的同时,乾隆对各省督抚发布了一条上谕,禁止虚

---

① 陈宏谋的运气很糟糕,他选择时机的错误激怒了乾隆皇帝。就在鄂弥达奏折称"陈宏谋所奏不确"而鄂弥达和杨超曾最后的清查尚未结束时,陈宏谋肯定又上疏催促此案,乾隆因而谕令"伊不待督抚诸臣议覆,而又为是渎奏,竟俨然似以为不如伊所奏不止者。是诚何心?且伊为粤人,即所言尽是而从之,犹启乡绅挟制朝廷之渐,况未必尽实乎,殊属冒昧之至。著交部严加议处,以为将来之戒"。《大清高宗实录》卷53:14b—15a。
② 罗威廉将陈宏谋视为桂林地方乡绅势力的代表,认为"广西所经历的情况在全国很多地方都存在"。Rowe, "The State and Land Development in the Mid-Qing: Guangxi Province", 23.
③ 朱轼奏折在雍正十三年十月,转引自彭雨新《清代土地开垦史》,第119—120页。

造垦荒数字,他指出:

> 至于河南一省,所报亩数尤多,而闽省继之,经朕访察其中多有未实。或由督抚欲以广垦见长,或由地方有司官欲以升科之多迎合上司之意,而其实并未开垦,不过将升科钱粮飞洒于现在地亩之中。名为开荒,而实则加赋,非徒无益于地方而并贻害于百姓也。①

各省在随后的数年里从账目中豁除了雍正年间大量虚报的土地亩数。例如,河南原报垦额两百万亩中有一半都属虚报,湖北豁除的土地也超过了报垦数的一半,就全国而言,共计豁免的虚捏报垦总额接近四百万亩。② 鄂弥达和杨超曾所汇报的广西数据并没有被记入《清实录》,而《清实录》中所提到的广东省豁免额仅为 43 530 亩(在海南岛)。③

虽然乾隆皇帝终止了他父亲所倡导的由政府积极推行垦荒的政策,但鄂弥达和金𫓧不同的开垦政策已经给广东和广西留下了复杂的影响。在广西,劝诱降补官员捐纳开垦最终被证明是一场彻底的失败;而在广东,鄂弥达的方案则成功地将无业和无地农民重新安置到了新垦地区。金𫓧和鄂弥达的不同方案显然产生了不同的结果,金𫓧所能找到的捐纳开垦者大都是希望恢复自己功名或地位的人,而鄂弥达则通过"有力商民"来招徕佃农,并把他们获授的土地限制在百亩之内,除了土地名义上的所有权以外,这些商民别无所得,而且还必须监督他们的佃农遵守法令的约束。

更为重要的是,广东和广西政府推动的垦荒运动的不同结果,也反映着两省经济和社会条件的差异。在广东,人口增长和经济专业化的发展非常快,以至于无地、无业游民和盗匪成为了严重的社会问题。而广

---

① 《大清高宗实录》卷 4:37a—38a。
② 彭雨新,《清代土地开垦史》,第 124 页。其中根据所得史料汇总的亩数为 380 万亩,但其中并没有包括广西省的数字。
③ 《大清高宗实录》卷 83:3。

东的这些无地无业人民之所以没能自发组织起来从事土地开垦,则既是因为他们缺乏资金、种子和政府的允许,也是由于他们总还有机会在城市边缘地区想办法维持生计。同时,广东经济的发展也产生了一个富有阶层,有充足的资金去投资于土地开垦。

而在人口相对稀少的广西,农业几乎已经成为了供应广东市场的稻米单一作物模式。由于没有人口的压力,也就很少有人会冒险去开垦那些不适合水稻种植的土地。简而言之,在18世纪早期,广西自身的人口和经济状况都还不足以促进新土地的开垦;但广东人口的增加和对稻米需求的扩大,在不久的将来则会推动广西新土地的开垦。

上山入谷

随着1735年末乾隆皇帝的即位,清政府大规模开发土地的政策出现了一次收缩,从朱轼的奏折和乾隆的批示来看,即使是像鄂弥达在广东那样较为温和和成功的土地开发项目也显得太大了。事实上,当1740年新的政策公布时,只有个人或贫苦家庭的零星地块开垦还在政府的鼓励范围之内:

> 各省生齿日繁,地不加广,穷民资生无策……向闻山多田少之区,其山头地角闲土尚多,或宜禾稼,或宜杂植……嗣后凡边省、内地零星地土可以开垦者,悉听本地民夷垦种,免其升科。[1]

"边省"的含义非常广泛,事实上几乎包括了所有的山区省份;而免于税负的"零星地土"规模则因省而异。在广西,稻田一亩以下或旱田三亩以下免税;而"广东所属,如山梁冈陁,地势偏斜,砂砾夹杂,雨过水消,听民试种者,概免升科"[2]。在实际操作中,免税的范围被扩展到

---

[1] 《大清会典事例》卷164,转引自彭雨新《清代土地开垦史》,第125页。
[2] 同上书,第127页。

了广东西南的高州、廉州府和雷州半岛沿海平原地带,而不论其耕种亩数的多少。①

在新的土地政策下,广东北部和东北部山区、广西西部和北部河谷地带,以及西南沿海地区的大片土地都得到了清理和开垦,官员们不断对新开土地的规模进行奏报,有的被录入了不同时期的《清实录》中,这也是我们仅有的一些官方记录。由于很多年份资料的缺失和大量开垦的土地并未得到奏报,这一官方记录应该只是当时所开垦土地的一小部分而已。在广东,据《清实录》1737—1800年的记载,大约开垦了 80 万亩的土地,或者说平均每年有约 1 500 亩开垦的土地被记录在册。② 广西所记录的数量则要少得多,只有 15 万亩,而且主要都是可灌溉的稻田。

1753—1851 年这一个世纪里,官方记录的岭南耕地只增加了 10%,这一数字与各年奏报的开垦量和税负增加额基本一致。但这些数据的不精确性早已为众人所知,这不仅是因为清朝从未进行过土地普查,也和人们瞒报土地以及从耕地亩到税负亩的折算有关(例如,两到三亩旱田的税负等于一亩水田,因而在税负中仅被记为一亩而不是两亩或三亩)。

然而,如果我在本章开始时的估算比清代官方数据更为准确的话,那么清政府官方记录的耕地数字仅相当于 18 世纪和 19 世纪实际开垦土地数量的十分之一。即使我的估算比实际情况高出 10%—20%——甚至 50%——这一问题也依然值得注意。如果 1713—1733 年的耕地面积达到了宋明时期的最高水平,那么此后新增加的耕地都是首次被开垦的,而这绝不是一个小数字:1693—1853 年,广东和广西各有 20 万亩新垦耕地,累计达到了 80 万亩,较期初翻了一番,而这些新增的耕地大多数都是处于边际地位的山区土地。用耕地占岭南土地总面积来计算,耕

---

① 在三年以前的 1737 年,广东巡抚杨永斌就曾疏请对"合浦县、钦州、并各属未复额内难垦税亩"税额减半,参见《大清高宗实录》卷 37:2a—b。
② 陈春声,《市场机制与社会变迁——18 世纪广东米价分析》,第 160—162 页。

地的比重从 1713 年的 7% 上升到了 1853 年的 13%，耕地面积增长了大约 2.5 万平方公里。重要的是，1853 年以后广东的耕地面积没有再继续增加，表明此时的耕地应该已经达到了上限。① 显然，18 世纪的土地开垦会对岭南的环境产生巨大的影响，我将在下一章中详细探讨这一问题。

结 论

随着 18 世纪人口的翻番，岭南农民们的耕作方式也更加趋于集约化，而人口增长对土地的压力也导致了政府垦荒政策的推行。无论是雍正时期的大规模土地开垦政策，还是乾隆时期更为自由放任的政策，都使得在 18 世纪里，大量在历史上从未经开垦过的土地被纳入了农业生产之中。而由于清朝政府垦荒政策的特点（乾隆时期的政策最为重要），18 世纪新增的这 2.5 万平方公里耕地大部分属于山区的零星地块。显然，这些垦荒活动一定造成了大量森林被砍伐，对此下一章将会详细谈到。我们所能思考的只是，如果雍正的政策被一直推行下去，结果又会有哪些不同呢？

随着 19 世纪里人口的继续增长和耕地规模在 1850 年达到了上限，广东走到了一个十分困难的时间点上。农业还能在多大程度上继续集约化以支撑人口的增长？在没有现代化的投入尤其是化肥和杀虫剂的情况下，还能将产量提高多少？在当时的技术条件下，这些土地又能再继续承载多大数量人口的增加？

但是，耕种着越来越小地块的农民所关心的并不是这些问题。对他们而言，随着广东耕地规模达到了最大的限度，在现有的农业技术和产

---

① 在 1980 年代中期，大约有 4,800 万亩耕地，参见吴郁文主编《广东省经济地理》，北京：新华出版社，1985，第 14—17 页。1980 年代耕地总量减少的一个原因是 1949 年以后人口不断增加，城镇化占据了大量耕地。参见 Vaclav Smil, *China's Environmental Crisis: An Enquiry into the Limits of National Development* (Armonk, NY: Sharp, 1992), 56—57.

量水平无法进一步提高的情况下,问题就变成了怎样去夺取邻人的土地。因此,到19世纪中期时,邻里之间对土地、水源和山林的争夺成为了岭南地区的重要问题①,导致了各地宗族之间②以及客家人和本地人之间的长期争执和械斗,甚至广西拜上帝教的传播③,天地会秘密社团的兴起④以及1850年代的大起义⑤。就岭南地区在中国近代史中的重要性而言,生态危机和各种社会运动的同时出现并非偶然,但要详细考察二者之间的关系则已经超过了本书的范围。这里我们只需要说明的是,随着广东省人口密度从1750年代的每平方公里60人增加到1850年代的105人,很多人被迫在耕作以外寻求谋生的出路。然而,对土地的需求所影响到的并不仅仅是人与人之间的关系,18世纪和19世纪的耕地开垦活动也造成了其他物种的危机。

---

① 有关广东东部这类事件的例子,可以参见 Marks, *Rural Revolution in South China*, 60—75。
② 参见 Harry Lamley, "Hsieh-tou: The Pathology of Violence in Southeastern China", *Ch'ing shih wen-t'i* 3(1977):1—39。
③ 参见 Jen Yu-wen, *The Taiping Revolutionary Movement* (New Haven: Yale University Press, 1973)。
④ 参见 Robert Antony, *Pirates, Bandits, and Brotherhoods: A Study of Crime and Law in Kwangtung Province, 1796—1839* (University of Hawaii, Ph.D.dissertation, 1988)。
⑤ 尤可参见 Frederic Wakeman Jr., *Strangers at the Gate: Social Disorder in South China, 1839—1861* (Berkeley and Los Angeles: University of California Press, 1966)。

第十章 "前人之说为诬不可无者"：土地开垦带来的生态后果

岭南农民之所以大量开垦山地，不仅是因为政府对"零星地土"免于升科，也是美洲作物适宜旱田种植和人们逐渐掌握了灌溉技术的结果。因此，在政府的鼓励下，又有着从美洲传入的新作物和经检验证明良好的灌溉设施，农民们终于可以向岭南的边角地区迈进了。广东北部和东北部的河流地区虽然已经开垦有年，但18世纪后半期新建的水坝和水库则为其带来了进一步的发展①；而1751年一位广西官员谈到其辖下广西西部左江沿岸的丘陵地带时，曾说到，"泗城、镇安、思恩三府地方俱处万山之中，其间滨临河荡溪沟及引源接流可资灌溉者，悉垦成水田，栽插禾苗；其山坡旱地亦俱播种旱禾、小米、杂粮"②；1752年，广东巡抚苏昌也提到"查粤东情形，民间于米谷之外广栽芋薯等杂粮，山海贫民大率俱籍以克食故"③。

美洲作物

如苏昌所指出的，到18世纪中叶时，来自美洲的粮食作物已经成为了

---

① 本章后文将详细探讨水利设施的发展历程。
② 《乾隆朝奏折》卷1:836(乾隆十六年十一月初三)。
③ 《乾隆朝奏折》卷4:151—253(乾隆十七年十一月初八)。

农家作物的重要组成部分。早在16世纪,来自美洲的商人就以干薯、花生、玉米和烟草交换中国的丝织品和瓷器以销往欧洲市场。史料中也明确记载了农民很快就将这些作物引进到自己的轮作生产之中,在16世纪初,江南的农民就已经开始种植花生了;到16世纪后期,云南和河南的农民已经开始栽培玉米,而同时的广东和福建则将甘薯引入了农业生产。①

岭南最早关于甘薯的记载见于1580年的《东莞县志》,其中提到一位叫陈益的人从安南将番薯带到国内;其他史料则记载了1584年潮州引入甘薯种植。无论具体时间如何,都肯定是在16世纪初,此后不久,甘薯就在广东各地被广泛种植,到了17世纪后期,已经是"番薯种植遍布天南"②了。而与之相比,据屈大均的记载,玉米则在"岭南少以为食"③。

由于玉米的种植对长江以南丘陵地带的人口迁移和环境变迁都产生了重要的影响④,其在岭南"少以为食"是比较令人费解的。时人给出了一些解释,大多是在赞美甘薯的优点,据屈大均所说"番薯近自吕宋来,植最易,生叶可肥猪,根可酿酒,切为粒,蒸曝贮之,是曰薯粮。子瞻称海中人多寿百岁,由不食五谷而食甘薯"⑤。甘薯种植的传播很快,据17世纪末《农政全书》的作者徐光启所说,在遭遇歉收时,"闽广人赖以救饥,其利甚大"⑥。而且甘薯的产量高于其他作物,"亩收数十石,数口之家止种一亩,纵灾甚,而汲井灌溉,一至岁熟,终岁足食"⑦。而福建巡抚金学曾所颁发的"海外新传七则"中归纳了番薯的好处有三:高产、多用、易活。⑧ 所有这

---

① 关于这一问题的经典研究可以参见何炳棣,"The Introduction of American Food Plants into China", *American Anthropologist* 57 (1955): 191—201。
② 以上史料转引自陈树平"玉米和番薯在中国传播情况研究",《中国社会科学》1980年第3期,193—195页。
③ 屈大均,《广东新语》,卷14。
④ 参见 Ann Osbourne, "The Local Politics of Land Reclamation in the Lower Yangzi Highlands", *Late Imperial China* 15, no.1 (June 1994):1—46。
⑤ 转引自郭松义"玉米、番薯在中国传播中的一些问题",《清史论丛》第7辑,第96页。
⑥ 同上引,第97页。
⑦ 同上引,第102页。
⑧ 同上引,第96页。

些优点也都适用于玉米,因而很可能只是对于南方人而言,玉米味道不如甘薯好吃之故。

而且,种植甘薯"不争肥"、"不劳人工",与旧有稻麦作物互为补充,"凡有间隙,皆可种薯","邑人于沃土种百谷,瘠土则以种苕,无处不宜"。① 在甘蔗种植区和产丝区,由于不和其他作物争地,甘薯的这些特点就有了更重要的意义。随着市场对蔗糖、水果和生丝需求的增加,农民可以在将稻田改种经济作物的同时,在边际位置的土地上种植一些甘薯,在当时作为水果和蔗糖中心的石龙,情况就是如此。②

与甘薯主要为相对贫困的农人提供食物的补充不同,花生主要是作为一种经济作物,被销往市场榨油,花生壳可以喂猪或者倒进鱼塘,也可以被作为甘蔗田的肥料。与甘薯的另一个不同点是,花生的种植通过在土壤中固氮的作用,可以提高那些处于边际上的土壤的肥力。

烟草之不同于所有其他的各种美洲作物,既在于它纯粹是一种经济作物而不能食用,也在于烟草的种植需要大量养分而耗尽了土壤的肥力。与甘薯和花生在16世纪末已经被农民种植不同,烟草在岭南的传播十分缓慢,直到18世纪时才开始成为一种比较重要的作物。由于其较高的市场价值,烟草特别适宜被种植于乾隆皇帝1750年代所鼓励开垦的零星地块上。据1819年的《南雄州志》记载,烟叶"近四五十年日渐增植,春种秋收,每年约货银百万两,其利几与禾稻等。但种烟之地,俱在山岭高阜,一经垦辟,土性浮松,每成水患。然大利所在,趋之若鹜,是惟有土者严禁新垦,庶可塞其流而端其本耳"。③

土地开垦的生态后果

《南雄府志》中简洁的记载重点提到了开垦山地的两项重要的生态

---

① 转引自郭松义"玉米、番薯在中国传播中的一些问题",《清史论丛》第7辑,第102页。
② 屈大均《广东新语》,转引自陈树平"玉米和番薯在中国传播情况研究",第202页。
③ 《南雄州志》(1819)卷9:35a。

后果:森林砍伐带来的水土流失和河床的淤积。开荒种植烟草或甘薯造成了土壤的流失,这些泥土从岭南最北部开始顺流而下,流经了位于珠三角开端的桑园围。和元朝及明朝三角洲截流泥沙形成沙坦一样,18世纪流失的泥土也在为三角洲地区沙坦的形成提供更多的原料。然而,此时新形成的沙坦并不仅仅带来了可耕地面积的扩大,而且开始阻碍三角洲地区河水的流动,增加了洪灾的危险性。

据记载,在1694年和1743年珠三角的两次水患中,沙坦的数量不多,还不至于激起水灾。① 但在1751年,当广东巡抚苏昌奉旨清查时发现,南海、番禺和顺德的38处沙坦中,有一半阻碍水道,因而下令拆毁,然而查办之后,各地争先筑坦之风有增无已②。因而,在珠三角尤其是南海县遭遇严重洪灾后的1765年,广东巡抚奉旨"严禁内河圈筑,不令干碍水道"。在1769年初,广东布政使的奏折中提到"其广州、肇庆、潮州三府属均有围田,夏秋水潦,全赖围堤保障。臣谨饬各州县督率业佃人等乘此农隙之时,通力合作,将堤身加高培厚,以资巩固"。③ 尽管事关洪灾,三年以后又规定"惟确查实无干碍水道者方准承升"④,但违反规定者愈加猖獗。19世纪早期,河道两岸的沙坦密布,在虎门海口形成了一块新生地"万顷沙",东莞和香山两地乡民常常因此发生冲突,后经官方裁定分属东莞和香山两县所有,其中东莞得田67 000亩⑤。

水利控制与灌溉

第二和第三章曾介绍过自唐宋以来,岭南就已经开始修筑水利工

---

① 彭雨新,《清代土地开垦史》,第168页。
② 由于修筑沙坦可以从中获取财富和权力,苏昌的政令引起了不小的骚动,但由于乾隆统治前17年的很多奏折都遗失了,我们也就无法获知当时的全部情形。
③ 《乾隆朝奏折》卷32:486(乾隆三十三年十一月十四日)。
④ 《南海县志》(1835)卷16。
⑤ 王萍,《清季珠江三角洲的农田水利》,第583页。东莞士绅联合申请将其设置屯田,拨归通邑学校公用。

程,并一直持续到了明代。清朝一方面对以前的水利工程进行了维护,另一方面随着18世纪人口的不断膨胀和土地开垦,又开展了新一轮的水利工程建设。新修的水利工程不仅伴随着18世纪的土地开垦活动而展开,而且还将大量被废弃的田地变成了可耕地。珠江三角洲的沙坦显然不能离开堤坝而存在;岭南其他地区的田地也一样需要水利设施,或者保护其免于洪水,或者提供稻田所需的日常灌溉;还有一些地区则需要水塘蓄水以保障农民能够提高复种指数。因此,岭南的水利控制并不仅是某种单一的类型,而是因不同需要而有着多种设计。

从地方志中所列出的各种水利工程的名称,大体可以分为五到六个种类。第一类称之为堤,主要用于城市或者集镇的防洪,始建于宋代,在16世纪中期的广东数量达到最多,清代较明代堤防增加的地区主要是在广州府的番禺县(显然是为了保护广州城)、潮州府的澄海县(在韩江三角洲的汕头附近)和海南岛。而广西则在18世纪新建了好几个堤坝,尤其是在漓江沿岸的平乐、西江沿岸的梧州及郁江和西江交汇处的浔州一带。

与防洪堤相联系的还有围田或基围,主要用以调节珠江三角洲沙田内的水量。珠三角的堤坝始于宋代,如著名的桑园围,不仅可以防洪,而且使得将三水和南海的沼泽排干成为了可能。基围常常被翻译成"polder"(特指荷兰的围海造田),其差别在于岭南围田所排的不是海水,而是淡水。1561年修的《广东通志》中列出了新会和三水基围的名单,而1731年的《广东通志》中并没有列出这一种类的水利设施,到了1822年修《广东通志》时则又恢复了。1561—1822年间,新会和三水的基围数量没有变化,而南海、顺德和新宁县则有所新建。有趣的是,在1561年的《广东通志》中,沙坦是和基围相互区别的,但在此后编修的《广东通志》中则没有再把沙坦当作一种单独的水利设施了。

为了灌溉的便利,堤坝和围田还需要一些管、门、闸等复杂的开关设计来配套,其中"管"应该是土筑堤坝的低洼部分,可以向其中填充泥土以隔离水流;"门"可能是木质结构的,可以提起以放水进入;设计最为复杂的是"闸",由石头垒成,配以木门,可以根据对水量的不同需要而开关。

第二类主要的水利工程包括陂、圳、塘、坑等蓄水设施,由于其各自的名称不同,因而彼此之间很可能存在一些差别。据1731年《广东通志》所作的简单解释,"注水曰塘,积水曰坑"①。陂则是建立在溪流之上的半水坝性质机构,用于将水流推回到蓄水池中,然后再通过水车或人力将其引入田中。陂和塘也是各种方志中记录最多的水利设施。

第三类水利设施是坝和堰。与陂主要建于溪流不同,坝和堰是修筑于河道之上的。坝的修筑是为了部分或全部地阻挡河水的流向,以使其适于灌溉的需要。水坝可以直接将河水导入灌溉,但更多的是配合一系列复杂的沟、涵、渠等水利设施而用以灌溉,后者也就构成了第四类水利设施。例如,在惠州府,长宁和永安县的居民就"作渠导水,不籍陂塘"②。

第五类主要是依托自然的溪流、江河、泉水和井水进行灌溉。例如,在广西郁江沿岸的贵县,1801年修的《广西通志》就明确提到了"贵县滨江……各里田亩并资灌溉"③。在韶州、南宁和梧州的方志中也专门记载了当地居民用水车从河流中提水灌溉田地,有的采用人力的水车,有的则是牛转水车。在一些河流流向不很方便的地区,人们有时还会改变河水的流向。例如,在西南沿海的合浦县,有一条江水的流向于灌溉无益,当地的一位官员就修建水坝改变了它的流向,使其距离耕地较近从而便于取水灌溉。④

虽然岭南有着各种各样因地制宜的水利设施,但它们都不能代表新的技术。事实上,岭南的水利控制和灌溉技术绝大部分都只是传统方式的普及和延伸。从历史的角度来看,岭南的水利设施建设开始于宋代广州和桂林中心区周边的防洪工程,在明代发展成为灌溉工程,但在区域

---

① 《广东通志》(1731)卷15。
② 同上。
③ 《广西通志》(1801)卷24。
④ 《广东通志》(1864)卷115—119,廉州府条目。

上没有多大的变化,而到18世纪则基本是这些工程向周边地区的推广。通过一直在延续编修的方志资料,我们应该可以重建起岭南灌溉工程的时空分布情况。但使用这些数据是必须格外小心,首先,方志中所列出的水利设施往往是不完备的;其次,只有很少的一些记录才明确列出了这些设施的规模和它们所灌溉土地的面积,因此遇到类似韶州和肇庆都有陂的记载时,我们只能认为它们都是同等情况的;第三,在比较前后编订的方志时,我们很难确定它们对于同一个概念的界定是一致的,在1561年修《广东通志》将沙坦列为水利设施,但此后的版本都没有列入,而1822年修《广东通志》中的63个基围在1731年版中没有再被提及;而且,随着时间的迁移,堤和围很可能被连接到了一起,从而在数字上从两个减少成为了一个,而实际上,堤围的总长度却是增加的。

尽管有这些需要提起小心的地方,但方志中列出的水利设施资料基本与我们所知道岭南其他方面的情况相一致,而这种重建也便于我们讲述这个完整的故事。如前所述,防洪堤大多建于16世纪中期以前,此后很少新修;广州府1731—1822年间新增的堤、塘、围,全都位于沙坦形成的南海、顺德和三水等县内;蓄水设施的增加则主要是在边缘地区。广东北部的南雄、韶州在18世纪初被称之为"山田最多"①,而其水利设施则有了两到三倍的增长,分别从1733年的24个和36个,增加到了1822年的73个和71个。这一增长是否意味着到18世纪末时,水田的数量已经超过了旱田数量呢?或许如此。此外,肇庆、高州、雷州和廉州府的水利设施增幅相对较小,但数量上也不少。

18世纪初期的广西水利设施很少,以至于1733年的《广西通志》中都没有专门的"水利"卷,而只是在"山川"卷中提到了一些堤和塘,其中临桂三处,永淳、平乐、宣化(今南宁)、柳城和宜山各两处。到了1801年的《广西通志》时,临桂已经有了26处,宣化25处,宜山11处,

---

① 《雍正朝奏折》卷11:331—332(雍正六年九月十一日)。

其他地区还有数十处。著名的灵渠也在 1714 年、1731 年和 1754 年被整修过三次。①

这些新修的水利设施究竟灌溉了多少土地呢？在上一章中我估计 1753—1853 年这一个世纪里，岭南地区新开垦了 25 000 平方公里的土地，其中大部分都位于山区，而这些地区的水利设施也增加得最多。可惜的是我们仍然无法知道到底有多少土地得到了灌溉②，从现有的数字中，我们只能得到水利设施分布的大概密度情况，以此来作为各地耕地数量的一个近似指标。这一指标当然是有局限性的——例如韶州府的数量虽然很多，但规模显然远远小于东莞的水利工程——但总还可以给我们提供一个灌溉工程在各地分布比例的粗略理解（见地图 10.1a、10.b）。

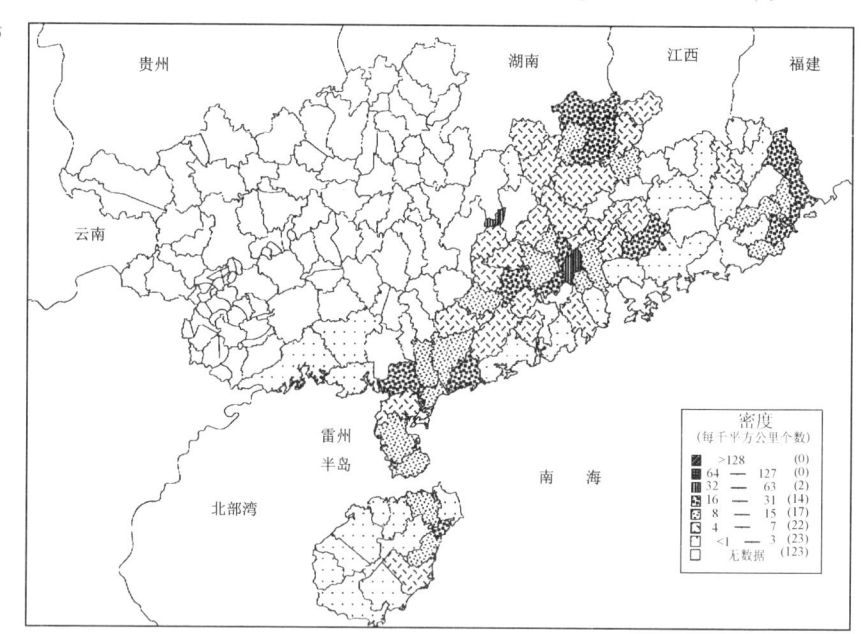

地图 10.1a　1731 年前后水利工程的密度

---

① 《广西通志》(1801) 卷 24。
② 南海县 12 000 顷土地中有 6 500 顷是被灌溉的，顺德的 9 000 顷中有 4 300 顷是有灌溉的。参见王萍《清季珠江三角洲的农田水利》，第 571、574 页。

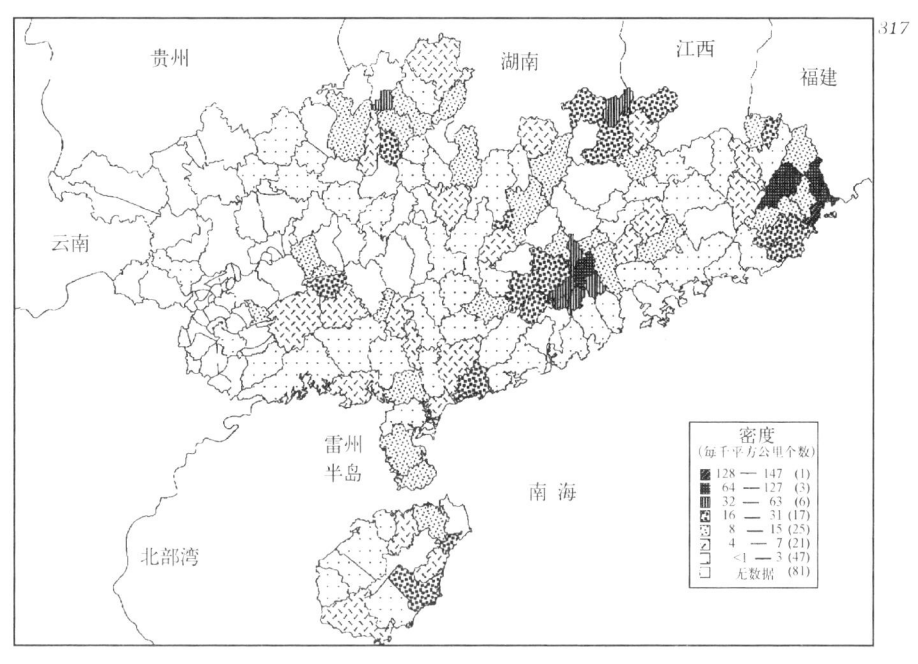

地图 10.1b　1820 年前后水利工程的密度

1820 年前后,水利设施最密集的地区(以每千平方公里的水利设施数为指标)都位于珠江三角洲一带,南海最高(每千平方公里 80 个),其次是三水和顺德(50 个左右);而北部地区如韶州府的仁化、乐昌、曲江等县的排名也很靠前(30—40 个);再其次是其他水利设施数在每千平方公里十个或以下的地区。这一结果基本还属于意料之中,珠三角地区的灌溉和水利控制工程密度最高,而广西的河谷地域和两广的山区灌溉密度则相对较低。

而如果我们将水利设施的数量和耕地面积进行比较,情况就完全不一样了。广西西部和北部边缘地区最高(每千亩土地超过一项水利设施),与之相比,南海和顺德则每千亩耕地不足一项水利设施。这一比较揭示出如果以水利设施为衡量标准的话,并不是边缘地区就一定落后,广西西部的太平府就是岭南较落后地区中水利建设最发达的。从中还可以看出,边缘地区有着很多小型的灌溉和水利控制设施,而珠三角地区的水利设施则规模较大，也比较复杂，也不止服务于一个村庄。①

采伐森林

以上所述人口的增长，土地开垦政策调整而有利于山区零星地块的开垦，美洲粮食作物的普及，以及水利控制和灌溉设施推广到新开垦地区，这些都与18世纪岭南的大量土地开垦有关。土地开垦的另一面就是森林的采伐，然而由于18世纪和19世纪的史料都没有正面讨论过这一问题，因而我们只能通过后来的资料来拼凑出这一故事的完整情况。但到了20世纪，其结果已经非常明显了，林业专家芬泽尔观察到广东北部的山区"大片都是平坦荒芜的山丘，野草丛生"②。1912年，肖尔也写到，岭南只有广东的北江上游和广西的最西部与贵州交界处才存在有森林。而到了1930年代，共产党人躲避敌军时发现广东与江西交界地带的森林还十分茂密。③

如果我们可以通过早期和20世纪的资料来了解18世纪的土地开垦情况的话，那么人们应该还是采用烧荒的方式来除去森林，使山地适宜耕种："在这一过程中，首先用大量用火烧荒，很快，从山顶到山脚下的

---

① 修建和维护这些水利工程需要大量劳动力和资金的投入，这显然超过了单个家庭的能力。在探讨沙坦时，我们已经了解到只有三角洲上最大和最富有的宗族才有足够的能力去投资创立新的土地。当然并不是所有水利工程都是私人修建的，政府也在对此进行投资，方志中只有很少的一些被列为"官有"，那么我们可以假设其他的设施都是私人拥有的。有时候政府也会与私人合作修建水利设施，如广西巡抚曾同意借给清远府的一位乡绅2 400两白银以修建一个水坝、几个水闸和七个埠，以灌溉新开垦的土地，参见《乾隆朝奏折》卷7:371—372(乾隆十九年一月十一日)。在大地主提供资金修建好水利设施之后，一般是佃农们负责出劳动力进行必要的日常维护，具体的事例可以参见《乾隆朝奏折》卷32:486(乾隆三十三年十一月十四日)。
② Fenzel, "On the Natural Conditions Affecting the Introduction of Forestry", 81.
③ Norman Shaw, *China's Forest Trees and Timber Supply* (London: T. Fisher Unwin, 1912), 81—85. Gregor Bentor, *Mountain Fires: The Red Army's Three-Year War in South China, 1934—1938* (Berkeley and Los Angeles: University of California Press, 1992), 93, 103.

土地都被烧得一片荒芜"①。而少数民族还尤其擅长用火:

> 瑶民从舌状的开口处开始放火烧掉整片森林,之后开始在肥沃的土地上——烧荒留下的灰使得土地更为肥沃——种植两到三年的麦子、玉米或甘薯,经过一段时间这种粗放的生产之后……转移到另一块土地上种植谷物和土豆……这样烧荒开辟的土地,可以种植一种特别的稻米,无须梯田和人工灌溉,就可以在陡峭的斜坡上生长,也可以种植甘薯或玉米。②

这种开荒当然不是森林减少的唯一原因,前面的章节中已经提到了伐木业为家具、房屋和造船提供原材料,这些产业显然可以耗尽某些特别种类的树木(如造船所需的铁力木),但这些产业本身还不足以消除整片森林,因此,农业开垦是岭南森林减少的首要原因。

根据1819年因船只搁浅而从海南岛陆路到达广州的罗斯船长的记述,"这些地区缺乏柴火,人们只好用麦秆、干草或牛粪来代替生火"。这些地区并不是没有树木,而是树木太少,"该县……尽管属于山区,但耕作良好,有数丛小松树"。而造成这种森林稀缺的原因当然就是农民烧荒种地,罗斯提到"在难以耕种的山坡上,人们主要种植甘薯,也散种着一些其他蔬菜"③。

19世纪早期,高州府的人们已经不再以木头作为燃料,而改用稻草和牛粪来生火。这当然是能源危机的体现,人们拿以前用作肥料的有机原料来作为燃料煮饭、取暖和照明。④ 读者们可能想知道这种情况到底代表了当时的多少地区。1820年高州的人口密度是每平方公里120人,和肇庆、潮州、嘉应差不多,只相当于广州的一半(见表9.2)。如果我们假设同样人口密度的地区也经历着类似的燃料短缺,那么这一问题在当

---

① Fenzel, "On the Natural Conditions Affecting the Introduction of Forestry", 93.
② 同上引,第92页。
③ Ross, "Journal of a Trip Overland from Hainan to Canton in 1819", 247.
④ 对这一问题的概述可以参见 Adshead, "An Energy Crisis in Early Modern China", 20—28。

时是相当普遍的,而这种情况早在 1800 年就出现了。①

常年的这种刀耕火种使得在 20 世纪初的岭南出现了大片没有森林的草地,芬泽尔所描述的瑶民部落男子在他们转移到新土地时会重新种上树,但汉民们并不这样做。根据植物学家彭德尔顿在菲律宾的类似研究,开垦后的山脚土地一经抛荒,"常常长满杂草,以至于无法耕种"②。经过五到十年,灌木丛开始生长,土壤的肥力也逐渐开始恢复,使得再次烧荒耕种成为可能。但"如果每年都烧掉荒地上的杂草和灌木,树木就不可能得以成长了"③。

而在岭南,至少在 20 世纪时,农民是习惯于每年或每两年烧一次山的,这不仅是为了便于再次耕种,也使得树木无法生长。在广西,斯图尔特发现那里的农民"习惯于在每年的旱季都放火烧自家附近的山坡,这种行为的连续发生毁灭了绝大部分的木本植物,也把原来茂盛的森林变成了满山遍野的草地"④。在广东,芬泽尔也提到了当地居民"每年烧掉山上的杂草"⑤。

联系到前面提到的燃料短缺问题,这种烧荒的做法看上去有些奇怪,因为这样做似乎是在浪费大量可用的资源。对于这两种似乎有些矛盾的情况,很难简单地进行解答。这些烧山的农民很可能有着可替代的燃料,否则他们大可以割这些草来用作燃料。无论实际情况如何,其结

---

① 现在中国农村的燃料短缺当然仍是一个严重的问题,这不仅影响经济的发展,而且还导致了环境的退化。1994 年初我参观梅岭关时,村中的妇女正在山中采蕨以烧火做饭,到了傍晚,整个山谷里弥漫着从数以千计的炉灶中冒出来的令人窒息的烟。这些在岭南最北部曾经森林茂密的山区的人民,将山脚下的生物采摘殆尽,只是为了吃饭、生存。关于 20 世纪早期山东的情况可以参见彭慕兰《腹地的构建》第三章,关于当代中国的情况,可以参见 Smil, *China's Environmental Crisis*, 101.

② Robert Pendleton, "Cogonals and Reforestation with Leucaena Glauca", *Lingnan Science Journal* 12, no.3 (Oct. 1933): 555.

③ 同上引,第 556 页。

④ Albert N. Steward, "The Burning of Vegetation on Mountain Land, and Slope Cultivation in Ling Yuin Hein, Kwangsi Province, China", *Lingnan Science Journal* 13, no.1 (Jan. 1934):1.

⑤ Fenzel, "On the Natural Conditions Affecting the Introduction of Forestry", 42.

果都是一样的:森林的消失和各种活动使得树木无法重新生长。

除了森林的消失以外,周期性的烧荒开垦还造成了一些分水岭蓄积雨水能力的下降和水土的流失。一方面,岭南地区开荒后杂草的迅速生长延缓了土壤的被腐蚀①,在中国其他一些地区,森林被采伐和土地用于耕作之后,土壤大量被腐蚀和淤积到河水中,而岭南的草地则避免了在夏天雨季的大量水土流失。另一方面,有一些地区的水土流失还是比较严重的,原来森林中富含腐殖质的一层土壤消失之后,土地蓄水的能力随即下降,这就是斯特尔特所谈到广西一些河流所发生的情况:

> 在凌云县我们看到即使在旱季,在未被破坏的森林中也有平稳的溪流经过;但与此同时,在附近的耕地和经过烧荒的地区,河床已经几乎都干涸了。我们相信这些山坡地带植被的保存与否对旱季的湿度有着非常大的影响,而且也对人民具有很高的经济价值,因为它可以为冬季和春季作物的种植提供一定的湿度,甚至灌溉,而现在,由于土地的干燥和旱季缺乏降雨,这些都已经不可能了。②

当然,由于旱季土壤中渗透或保有的水量减少,因而在旱季无法汇集成溪流;而在夏季风时期,大量的降雨直接从地表流走而没有渗透入土壤,从而增加了溪流和河水的流量,也增加了洪水发生的可能性。

随之而来的一个问题是,18世纪的农民是否也是这样每年烧山以至于森林无法得到恢复呢?可惜的是我们没有多少关于这一问题的直接史料,仅有的一些说法也是含混模糊的。例如,在1793年斯当东从梅岭关远眺岭南时,曾看到"一片广大无际的平原,由地平线上群山环绕。北边顶端似乎是一块不毛的荒地。从这个高山顶下看,平原上的一些零星小山同这个高山比起来好像只是一些干草堆"③。显然,斯当东看到了烧

---

① Pendleton, "Cogonals and Reforestation", 559.
② Steward, "The Burning of Vegetation", 2—3.
③ Staunton, *An Authentic Account of an Embassy from the King of Great Britain to the Emperor of China*, vol.2:213—214.

荒给这一带山岭留下的伤痕,那些类似于干草堆的山地,所覆盖的已经不再是绿色的森林而是草地。

20世纪,农民们有很多理由去烧山,其中之一是"烧山以后形成的草灰从山上滑下,可以为低处的耕地提供肥料来源"。彭德尔顿的看法则与此不同,因为"这里开凿有丰富的沟渠,会带来水流、腐蚀山上的各种物质,进而防止地势较低的田地遭遇洪水"①。而芬泽尔则认为"农民之所以每年烧掉山上的植被……是因为他们认为这样可以把盗贼、老虎和蛇驱逐出其藏身之所"②。这种解释值得我们重视,而且也可以为我们理解每年烧山以防止树木生长的做法提供一些线索。

盗匪 盗匪确实是18世纪的一个重要问题,而且很可能一直持续了几十年。17世纪中期大危机产生了大量政府所称的匪帮,甚至鄂弥达也还用减轻匪患来证明其垦荒政策的效果。但是与1920年代和1930年代的地方性匪患相比,18世纪的匪帮表面上很可能要平静一些。我们可以从方志中找到大量有关土匪存在的记录,并以此与20世纪的情况进行比较,但这样做很可能于我们考察农民烧山问题毫无意义,因为虽然他们比较倾向躲藏在密林中,但在其他环境中也一样有盗匪出没。老虎就不一样了,它们需要特殊的栖息地——森林,而无法适应草地的环境。

老虎 在各种地方志中,与自然灾害、叛乱和现龙等同时记载的还有大量的虎患事件。例如,1680年,"新安多虎,伤人甚重,年余乃止"③。在此三年以前,还有"连平虎害,伤人百余"④。1723年,西南沿海一带的老虎多次袭击人畜,在茂名造成了37人死亡。⑤ 广西的情况也是一样,

---

① Pendleton, "Cogonals and Reforestation", 557.
② Fenzel, "On the Natural Conditions Affecting the Introduction of Forestry", 42.
③ 《广州府志》(1879)卷80—81,前事略,康熙十九年。
④ 《惠州府志》(1877)卷17—18,郡事,康熙十六年。
⑤ 《肇庆府志》(1833)卷49,雍正元年。

老虎分别曾在1752年的怀集①和1696年的柳城②进入村庄、袭击人畜。对于村民来说,老虎很可能比盗匪要更具有威胁性。

与此相关的是华南虎的习性问题,它们和狮子不同,后者喜欢在草原上活动,而老虎则以森林中的各种动物为食。③ 其关系非常简单:没有森林,就没有老虎。反过来也是一样,岭南有老虎出没的地区,都是森林覆盖的地区,而且森林面积还必须相当大:近年来的研究表明一只成年老虎,因森林中大型动物的数量不同,需要20—100平方公里的森林来作为栖息地。

如果农民和史书编撰者完全没有注意到森林的情况而不对烧荒活动进行记录的话,我们就没有文字资料来了解当时的森林消失过程了。不过他们提到了老虎,尤其记录了老虎伤及村民的情况,我们就可以把老虎当作森林的代表,通过方志中虎患的记录来了解森林的情况。我们可以根据虎患发生的时间、地点制成一个表格,但这只能很模糊地反映当时森林的分布情况。从中国农学家的视角来看,土地开垦、山地的清理和每年一度的烧掉草皮只是为了保障人类的食物需要;但从老虎的角度来看,同样的这些活动则导致了它们栖息地的消失。烧掉作为老虎栖息地的森林,直接导致了老虎食物的减少,从而迫使它们进入村庄寻找食物和袭击村民。

这种情况也就是查尔斯·麦克道格尔所说的"人吃虎"。这种情况较少发生的地区,往往也是自然界猎物(就岭南的老虎而言,主要是鹿)较为充足,同时人类对于自然环境侵蚀比较缓慢的地区。"在一些非人

---

① 《梧州府志》(1770)乾隆十七年条目。
② 《柳州府志》(1764)康熙三十五年条目。
③ Edward O. Wilson 发现虽然老虎和狮子之间可以杂交(如果父亲是老虎则后代称之为虎狮,如果父亲是狮子则后代称之为狮虎),但在野外,它们不会自发地杂交。除了习性的不同(狮子群居而老虎独居)以外,"它们所偏好的栖息地也不同,狮子喜欢待在稀树草原或草地上,而老虎则在森林里"。Wilson, "The Diversity of Life", 39. 假如岭南也有狮子生存的话,那么随着人们烧山开荒的活动加剧,狮子很可能就会取代老虎,那么人们就要面临这种古老的选择了:是要狮子还是老虎?

为因素造成老虎的栖息地消失的地区……老虎死亡的速度与它们栖息地减少的速度大体一致"。而在人类侵入的地区,有时会剩下一片森林作为老虎的最后栖息地,老虎们于是"被挤进了这种处于边际地位的地区……在这里无法获得正常所需要的足够食物,于是它们就袭击牲畜乃至人类来作为补充"①。岭南虎患的记录不仅指出了老虎栖息地的丧失,而且体现了剩下的森林作为最后栖息地,曾经有很多老虎在此聚集。

因此,虎患可以作为森林和人类侵入老虎栖息地的涵义丰富的证据。那么岭南的历史记录又能体现出哪些内容呢?由于20世纪大量的森林砍伐活动,今天,只有极少量的老虎还生存在广东北部边界和广西的山区。② 而在古代,老虎则分布在岭南的很多地区,屈大均曾提到在1700年前后,"高、雷、廉三郡多虎,商旅遇之,辄诟骂以夺虎气,斥之为大虫",而且"雷州之野多鹿"③。其他地区的情况屈大均没有说明,但我们可以从虎患的记载中得到一些信息。在广州府,大部分有关老虎的记录都发生在明朝,少数几个发生在清朝康熙迁界禁海的时期,由于沿海人民内迁,很多沿海的土地抛荒后迅速长出了灌木丛甚至树林,而老虎也随之来到这里。④ 广州府最后一次有关老虎的明确记录是在1690年,此后关于虎患的事件没有再被提及,这很可能意味着这一地区内栖息地的消失和老虎的灭绝。类似的情况也发生在潮州府,这里最后的虎患记录是1708年。高州府(本章开始时曾提到,该府1820年的人口密度仅次于广州府)最后一次老虎伤人的事件是1723年;惠州的虎患最后记录则一直持续到18世纪末;韶州和南雄的最后记录分别是1813年和1815

---

① Charles McDougal, "The Man-Eating Tiger in Geographic and Historical Perspective", in Tilson and Seal, eds., Tigers of the World, 445—446.
② Lu Huoji, "Habitat Availability and Prospects for Tigers in China", in Tilson and Seal eds., Tigers of the World, 71—74,该作者估计这一地区1949年时还生活着4 000只老虎,1981年为150—200只,1980年代中期仅存50—80只。
③ 屈大均,《广东新语》,第531,532页。
④ 《惠州府志》(1877)卷18,康熙六年。

年。广西的虎患记录相对较少,在梧州和浔州,最后一次记录分别是 1752 年和 1777 年。

这些岭南的虎患记录显然是不全面的,一些地区如廉州府和雷州的地方志都没有这种对过去事件的编年记录,自然也就没有了关于虎患的记录;而且,有些老虎生活的地区却没有关于虎患伤人的记载,例如,屈大均曾提到"从化山中多虎"①,这里甚至到 20 世纪初时似乎还有老虎生存②。总而言之,关于虎患的历史记载已经可以清楚地说明整个过程了。在 17 世纪中期危机导致人口大量减少时,岭南很多地区的森林得到了恢复,老虎活动的区域也随之扩大,甚至包括了人口稠密的广州府、珠三角一带。而随着人口的增长,森林日益被人们开垦成耕地,老虎和人类开始发生了接触。到 1700 年时,广州及周边的老虎栖息地可能已经消失,而位于广东和广西山区以及西南沿海地带的森林仍然存在。但随着人口向山区的迁移和不断地烧山垦田,虎患开始在各地频繁发生,最后的虎患记录发生在 19 世纪初广东省的最北部。虎患的记载伴随着老虎栖息地的消失,因此 19 世纪早期虎患记录的消失也就意味着这时广东所有可资作为老虎栖息地的森林都已经被开垦殆尽了。

中国农民积极地消灭老虎栖息地可能与其文化信仰有一定的关系,在人们对自然力量的理解中,虎和龙分别代表着天气的阴阳两个方面:龙意味着带来生命的降雨、春天和产生雨水的东方,而虎则代表着干旱、秋天和产生干旱、寒风的西方。中国的农民相信当龙从睡梦中醒来,腾渊上天时会带来降雨;而当龙不愿意或没有能力出水时就会遭遇干旱,每当此时就需要人们叫醒沉睡的龙,而这时人们常用的办法就是在水中

---

① 屈大均,《广东新语》,第 531 页。
② Shaw 写道在 20 世纪初距离广州 20 英里的地方仍有老虎出没,如果这样的话,这附近仅存的能容纳老虎栖身的地方就是广州东面罗浮山寺庙周围的树林和西面鼎湖山地区,以及北面的从化县。Shaw, *China's Forest Trees*, 90.

拖曳老虎的头骨,以此来叫醒龙去行雨。① 农民们既然认为老虎有害于降雨,自然也就更倾向于去杀死它们了。这种信仰即使没有促使人们去烧毁森林,起码也不会让人们去约束这种行为②,更不用说老虎还很危险了。

从翔实的史料中可以看出,18世纪岭南森林的大片消失、人口和耕地规模相继超过宋明两朝的最高峰,以及1740年代以后政府鼓励开垦山区土地的政策和农民周期性的烧山,基本都发生在同一时期。如果像凌大燮所估计的那样,1700年的森林曾经覆盖了岭南地区一半的土地,而到1937年已经下降到了5%—10%③,那么大部分的森林和动物栖息地的消失应该都发生在18世纪中。

这并不是说整个岭南的森林都在消失,1850年的广西西半部分还保留有大片的森林,广东最北部也还有充足的木料,稍南一些的英德县(大致位于广州和北面南岭山脉的中间位置)④直到20世纪还保持着木材工业的经营。1861年塞缪尔·博内里自广州北上时,在珠三角地区"晚上停靠木筏",经过乐昌县时他记下了"河的左岸是一片墨绿的杉树林,后面是山峰,两边都是树丛"⑤。1925年哈里·弗兰克自湖南经折岭关南下广州时,也惊讶地发现广东最北部山区"山脉连绵,树木繁盛……常绿树林生产出大量有电线杆粗细的木材,人们不辞辛劳地在每根木头的末端都凿一个洞,这样可以把它们拴成一个木筏,顺

---

① 关于祈雨的仪式,可以参见 de Visser, *The Dragon in China and Japan*, 119—120。
② 中国人对老虎一些态度甚至一直持续到了今天,在1994年赵松乔的著作中提到"大型食肉类动物(包括狼、虎和豹)和很多种类的毒蛇从远古以来就对人类和牲畜构成了极大的危害。随着森林和沼泽的清除,使肉类动物和毒蛇的危害逐渐得到了减轻。一些凶猛的动物如老虎,现在已经几近灭绝而被放进自然保护区中。狼则仍然对中国广大草原地区的人畜构成严重的危害。"Zhao, Geography of China, 162.这些狼真可怜。
③ 凌大燮,《我国森林资源的变迁》,第34—35页。
④ 参见 Sir John F. Davis 所观察到的情况,他曾记录阿美士德使团1840年赴北京和回到广州(和当年斯当东的路线一样)的情况, *Sketches of China* (London: C. Knight, 1841), 155—156。
⑤ Samuel Bonnery, *Canton to Hankow*, *Overland* (Canton: Friend of China, 1861), 2,16.

江水而下……大量的小木筏被不断投入水中,打破了水面的沉寂,而在较狭窄的河谷地带,伐木工人们垒起的木头都遮断了道路"。为了不至于错误地描绘出一个森林密布的广东,弗兰克又立即补充说道"即使是这里,仍可看出中国毁林(开荒)的传统习惯,有大片陡峭的山岭都已经是光秃秃的了"①。

岭南的毁林过程到19世纪中期时并未结束,但已十分严重,以至于在人们居住的地区几乎已经没有森林存在了。而且,广东北部山区的森林也被间断地烧荒垦田,看上去有些像中间有孔的瑞士干酪,这使得一些老虎还能在这里苟延残喘到20世纪后期。但是很显然,从1700年开始的人口迅速增长以及由此引起的18世纪至19世纪初的大量开荒,已经严重地改变了环境。

环境变迁

除了森林和动物栖息地的消失,以及一些物种的灭绝以外,18世纪至19世纪初的农业开垦活动还导致了一些其他方面的环境变迁。20世纪的生态学者们发现,热带和亚热带树林的消失会增加水灾和旱灾的发生,还会影响到一些更为广泛的环境模式。没有了树林的遮蔽,雨水会直接落到地面上,对泥土形成更大的冲击力,既冲蚀了土壤,也使得水分从地表流走而不是缓慢渗入地下。树木还会吸收太阳能并且向空气中释放水蒸气,因而它们的消失会增加地表温度,降低空气中的水蒸气含量。②

如果18—19世纪岭南的垦荒和毁林活动也对当地造成了这样的影响,那么这一时期的水旱灾害数量应该会有所增加。根据广东方志中所记载的气候事件,我们可以将1400—1850年间的水旱灾害影响的县数

---

① Harry A. Franck, *Roving through South China* (New York: Century, 1925), 642—643.
② Bruenig, et al., *Ecological-Socioeconomic Analysis and Simulation*, 29—30.

绘制成图 10.1 和 10.2,来看一看事实是否真的是这样。从图中各十年期的数据来看,这一时期的水灾和旱灾数量的确存在着增加的趋势①。

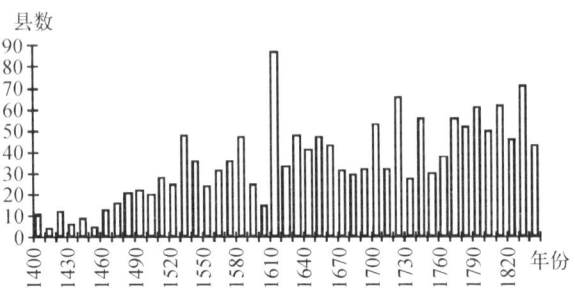

图 10.1　1400—1850 年遭受水灾的县数

(资料来源:根据《广东省自然灾害史料》第 1—61 页数据汇总。)

水灾频率和影响范围的增加要比旱灾更为明显,而且呈现出与岭南开垦历史的相关性,从明代到清代一步步地扩大。1460—1600 年,旱灾的受灾县数为每十年 20 个县左右;清朝初年受灾县数有所下降,此后在 18 世纪中期再度上升至每十年 25 个县左右,最后,从 1760 年以后,每十年受灾县数在 40 个左右。

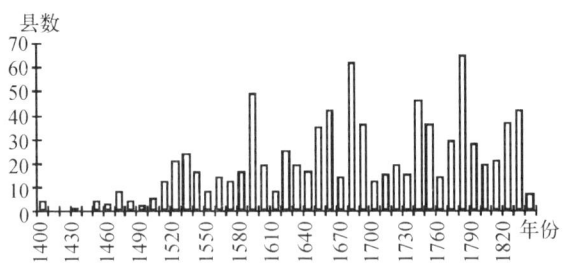

图 10.2　1400—1850 年遭受旱灾的县数

(资料来源:根据《广东省自然灾害史料》第 62—92 页数据汇总。)

---

① 对这些数据的统计分析也表明了其中存在着上升的趋势。对于洪灾,线性趋势方程的斜率为 0.106,可决系数 0.533;对于旱灾,斜率为 0.075,可决系数 0.362。换句话说,这个时间段内的旱涝灾害大体趋势为每十年多影响一个县。

显然,有关洪灾的记录与农业开垦的历程基本是在同步增加的。但二者之间是否真的存在因果关系呢?这种可能性当然是存在的,但也还有另外两种情况需要我们注意和排除。第一,增加的可能不是洪灾发生的次数,而只是对洪灾的记录和报告。15世纪早期的地方志对各类事件的记录并不很全面,因此 1400—1480 年间的灾害数量增加可能只是记录日趋严谨认真的结果;但到 1500 年时,方志的编纂已经非常详细了,因而从此以后,方志记录本身应该不会再对洪水事件的数据产生影响了。第二,读者们可能会说洪水频率的增加也许是岭南气候变化导致降雨增多的结果。但在第六章中我们已经看到,18 世纪后期的气候是趋于较以往更为干燥的,因而这一时期并不存在潮湿化的趋向。因此,我想已有的史料已经可以印证,18 世纪的森林减少是洪水灾害增多的主要原因。①

洪水灾害不仅数量有所增加,而且其破坏强度也在加大。最典型的是 1784 年和 1794 年洪水,导致了桑园围和西江、北江下游一些堤坝的决口。读者们或许还记得,这些堤围已经经历了好几个世纪的洪水考验,但在 1784 年,部分地因为泥土淤积导致了一些河道的抬升,部分则是因为上游径流的加速,洪水漫过了堤围,淹没了西江沿岸和珠三角的诸县。十年之后,洪水再次破坏了堤坝,而 1794 年的这次洪水导致了此后有 20 000 户人家接受赈济,有鉴于此,地方精英们意识到了问题的严重性,并开始维修和抬升堤围的高度。②

如果说开垦荒地导致的洪水主要影响的是岭南本地范围,那么大量森林的消失则会影响到中国其他地区的气候。已经有生态学者们猜想

---

① 降雨量和垦荒面积这两个因素提示我们注意到,为什么降雨没有被土壤所吸收,而是在地表汇入溪流和江河,有时甚至漫过了堤围。关于这一复杂过程的一个例子可以参见 Shen Ts'an-hsin, "Non-Hortunian Runoff Generation in the Humid Regions of South China", in Laurence J. C. Ma and Allen G. Nobel eds., *The Environment: Chinese and American Views* (New York: Methuen, 1981), 143—169。
②《桑园围总志》,明之纲编,同治九年,卷 1:8a—9a。

岭南森林的大片消失,很可能导致进入中国北方内地的水分减少①,但直到最近,这仍然还只是一个有趣的猜想。但张丕远教授所领导的研究组已经搜集和分析了大量有关中国旱灾的历史数据,认为中国的确实是从13世纪开始日趋干燥的。②

代本章结论:物种的绝迹

从岭南地区环境和经济的相互作用与关系来看,18世纪意味着一个转折点。在此之前,人口尚未超过1200—1600年的两次最高峰值,而在这两次峰值的发生时期,还有大约一半的土地仍然覆盖着原始雨林。而当人口和耕地在14世纪和17世纪两次大规模减少约三分之一时,很多森林又得到了恢复。

到了1800年,岭南的人口和耕地已经达到了以往任何时期水平的两倍以上,1853年广东的耕地面积已经达到上限而无法进一步扩大。与耕地面积扩大相伴随的是森林的消失,但其消失速度不是算术级数,而是几何级数的。广东1850年的耕地面积已经基本达到了20世纪的水平,只剩下10%的土地仍有森林覆盖。广西在19世纪和20世纪仍有进一步扩大耕地的空间,而到20世纪时其森林覆盖率也降到了5%以下。森林消失速度快于人口增长速度的原因在于不断地烧山开荒,即使是已经开垦过而只种过一年作物的山区,农民们也要年复一年地烧山以驱逐盗匪、老虎和毒蛇。这样做的结果是老虎数量的迅速减少,到19世纪初时,只有广东北部的南岭地区还有老虎伤人的情况了,这里的老虎已经成为了濒危物种,在仅存的小块森林中勉强维生而已。

与岭南地区消失的另一明星物种——大象相比,老虎种群数量减少

---

① Bruenig et al., *Ecological-Socioeconomic System Analysis and Simulation*, 31.
② Zhang, "Climate Change and Its Impact on Capital Shift during the Last 2 000 Years in China".

第十章 "前人之说为诬不可无者":土地开垦带来的生态后果

所依循的是另一条路径。如爱德华·威尔逊最近所发现的"对于各种濒危物种而言,其结果大致可以分为两类:很多物种都像墨林树蜗牛(Morrean Tree Snail)一样,其灭绝的过程如同一声枪响,而其生存的生态系统并没有发生变化;另一些物种则遭遇了大规模的浩劫,其被屠杀的过程同时也伴随着生态环境的毁灭"①。如本书开始时所提到的,大象的消失类似于"一声枪响"就戛然而止了,被人类猎捕和杀死以获取象牙和以象鼻肉制作菜肴,而环境的变化很小。但是老虎则遭遇了"大浩劫",它们的灭绝也同时伴随着岭南森林的消失。

土地开垦不仅毁灭了老虎栖息地,将其推到了灭绝的边缘,也对其他野生物种造成了巨大的打击。虽然当时没有任何人关注老虎的命运,但到 19 世纪初时,1811 年《雷州府志》的编撰者之一邓启南开始注意到了岭南各类物种的减少问题。无论是因为他先知先觉还是因为当时栖息地和物种的消失已经非常严重了,他的观点都是值得我们注意的。对于很多物种的消失,他曾悲伤地写道:

> 物产因地而生,亦随时而异。执古书以求今物,常者之存十有八九,异者之存十无一二。非地之不宜,时之不同也。考《北户录》谓雷产黑象,《尔雅注》谓徐闻有犦牛,《交州记》谓徐闻有大蜈蚣……及《通志》所载雷州之野多鹿,又产香狸,脐可代麝……皆今日之所无者也。无者不记之,是以前人之说为诬不可无者,而犹记之,是殊时相沿、异世相袭……昔时有之,今时无之者,附记于此,俟博物者考焉。②

这仅仅是留给后代"博物者"的记录而已吗?如果是这样的话,邓启南的语言又是何等地孤独落寞呢?当时有没有其他人能理解他这种失落的感情呢?或者他在当时没有知音者,因而只能在这里为后人们写下这些

---

① Wilson, *The Diversity of Life*, 258.
②《雷州府志》(1811)卷 2:67a—b。

文字呢？作为一名先行者，有没有人继承他的思想呢？他又是哪儿来的信心将来一定会有研究者（博物者），譬如我，来重温他的这段忧伤呢？他记录下这些事件仅仅只是留给我们后人而已吗？或者我们还应该为此做些什么？

结　论

19世纪中期一直被看作是中国历史上的一次转折点,鸦片战争(1840—1842)和太平天国起义(1851—1864)通常被认为是中国近代史的开端。此后,历史学家们所关注的经济发展、现代政府形成和以欧洲资本主义世界为背景的革命运动共同构成了社会的中心。而1850年前后的这段时间,同时也还是岭南经济与环境历史的一个重要转变期。

1850年可以算得上是岭南历史的一个分水岭。如第九章中所述,耕地已经达到了最高的限额,而人口仍然在不断增长。19世纪上半期的气候变冷加剧了这一区域粮食供应的紧张,而人口对土地的压力也导致了大片森林的消失、动物栖息地和生态系统的毁灭,以及未知数量的物种的灭绝。事实上,一些官员可能已经注意到了岭南野生动植物的命运,而这预示着政府可能即将采取一些保护措施。然而,中国在鸦片战争中的战败导致了清政府角色的逐渐转变,从以维护帝国统一和平衡为中心的儒家治国理念,转向了"自强"和与列强相竞争①;而太平天国起义则将精英们的注意力集中到了如何为他们继续主导中国而重建社会基础上。

---

① 参见彭慕兰,《腹地的构建》。

除了这些在19世纪后半期对中国造成巨大冲击同时又标志着近代史开端的社会、政治和思想上的危机,我想我们还需要加上环境的危机。因此,我们要理解近代中国,就不仅需要了解这些社会和政治危机的历史起源,还要注意环境的历史和环境危机产生的原因。

当我们回望前文所述1850年以前的历史时,在岭南的环境和经济史中有五个里程碑式①的事件尤其值得注意。在下面依次对这五个问题进行探讨之后,我将从更宽广的视角来评论岭南环境的变迁,将其与美洲和欧洲的环境史作一个简单的比较,最后以对"我们究竟在描述谁的故事"的思考来结束本书。

第一个重要的里程碑是宋元时期汉族移民对瘴气的逐渐适应。② 汉族人民对疟疾免疫能力的提高和通过水利设施建设而对环境的改变,使得他们能够从北部山区逐渐深入土地更为肥沃的河谷地带,同时也把他们的定居农业带到了这里,并逐渐取代了土著的傣族。由于这些地区的土地肥沃、灌溉方便,汉人得以提高了土地的生产力,从而养活了越来越多的人口。汉族人民突破瘴气的限制而在河谷地带定居的过程,不仅经历了好几个世纪的时间,而且十分有赖于他们水利技术的应用。即便如此,和广东不同,直到18世纪甚至稍后,广西省部分地区的生态环境仍然适宜疟疾的传播,而疟疾在这里也依然对人们构成着一定的威胁。

第二个里程碑式的事件是珠江三角洲的产生。尽管自然的力量在广州南面海湾中部分岛屿的周边形成了一些淤积,但三角洲的绝大部分还是人为创造出来的。对于蒙古入侵者的恐惧使得13世纪的很多汉人逃难来到这些海湾的岛屿上居住,他们拦截下了更多的沉积物,将其逐渐改造成为了肥沃而且便于灌溉的耕地,最终填充了海湾内岛屿之间的

---

① 我发现探讨环境史时所用的一些比喻是非常有趣的,其中很多都来自并反映着一定的农业涵义(英文的"里程碑"一词是 Landmark)。
② 毫无疑问汉族人一定曾经遭遇过其他的致命性热带疾病,但对各种疾病的全面叙述显然超越了本书的范围,而有待于将来更深入的研究。

绝大部分海面。而且,这些泥土沉积最初也是人为的原因而产生的:一方面,北部山区的刀耕火种农业生产、蒙古入侵造成的大量土地抛荒和水利工程的废弃都加剧了水土的流失;另一方面,西江、北江和东江下游的防洪堤也把上游流下来的泥沙直接导入了海湾,并在这里沉淀形成了沙坦。

从珠江三角洲开始并扩展到岭南其他地区的商业化是我要指出的第三个重要的发展。这一进程开始于16世纪中期,并一直持续到了18世纪和19世纪,其间曾被17世纪中期的危机暂时打断过一段时间。岭南的市场分布和各种产品交易当然在16世纪以前就早已存在了,但新市场的形成和数量的增加主要还是明朝前、中期这二百年左右时间里人口不断增长的结果。从约1550年开始,珠江三角洲的农民越来越倾向于将他们的耕地转而用于经济作物尤其是桑树和甘蔗的种植,这些作物主要都不是用于自家的消费,而是为了在市场上进行销售而生产的。当然,绝大部分农户还是会保留一定量的土地去生产稻米和其他粮食作物,在土地利用从粮食作物向经济作物转变的同时,珠三角的农民也开始从市场购买粮食来补足自身的食物需求,这也就把稻米本身变成了一种经济作物。到了18世纪中期,东江和西江上游的农民已经大量向下游的广州-佛山城市区和珠三角地区销售稻米了。这一过程在1644年后曾经中断过一段时间,但随着1684年沿海船运和贸易的重开,岭南经济的商业化又迅速发展了起来。

1700年前后的岭南达到了一个转折点——同时也是第四个里程碑性的事件。在此之前,岭南的人口大体经历过两个波动周期,分别在13世纪初和17世纪中期危机之前两次达到了人口高峰,又都因为战争和外敌入侵而回落,第一次是蒙古人的入侵,第二次是满族的征服。但在17世纪中期危机之后,岭南的人口在1700年就达到了前两次周期的顶峰,并在此后继续增长,再也没有回落到1700年的水平之下过。

人口的不断增长给帝国的政府带来了很多的问题,对雍正皇帝

(1723—1735年在位)而言，问题的关键在于如何增加粮食供应，因而他的政策取向是大力增加耕地，将之前的撂荒的和未经开垦过的大量土地分给私人开垦，而这一政策最终遭遇了失败，因为官员们大量谎报垦荒面积，从而将应属新垦耕地的税负转嫁给了早已开垦的熟地来承担。而在乾隆皇帝(1736—1795)那里，最重要的问题则是如何最有效地分配已有的粮食供应。因此他花费了大量的时间和精力去跟踪米价、仓储供应和收成数量情况，并最终允许了商人和市场替代政府官员来管理岭南的粮食供应。但很明显，这些精力充沛、才干卓越的统治者们都没有把人口的增加本身看作是一个问题；如果说雍正皇帝是一个"生产论者(productionist)"，相信帝国的粮食供应可以通过政府的垦荒政策而得到增加；那么乾隆皇帝更像一个"分配论者(distributionist)"，相信人口增长所带来的粮食需求可以通过市场的力量来供给，将粮食从盈余地区运输到短缺的地区。

最后，华南虎的命运也构成了岭南环境与经济史的一个重要章节。到19世纪早期时，老虎已经在岭南的绝大部分地区绝迹了。当然，华南虎并没有完全灭绝，但大量虎类的栖息地已经遭到了毁灭，因而它们只能在南岭山脉零散分布的一些森林中继续生存。对于老虎而言，清代的土地开垦政策鼓励农民开垦山区零散地块，以及农民在这里栽种烟草和靛青等经济作物，再加上他们的烧山活动，都使得森林的分布更加零碎，也增加了老虎们的不幸。作为一种"明星物种"，华南虎在岭南的日益减少意味着整个生态系统的不断消耗，与之相伴随的是，除老虎以外的更多其他物种也正在不断消失。

以上这些里程碑式的发展本身，当然还不是对岭南环境和经济变迁历史的解释。更为根本性的则是在这些发展的背后，有着三种驱动的力量：气候变迁、人口变动和经济的商业化。

气候对农业和粮食供应的影响对于我们理解帝制晚期中国的经济十分重要。在其关于中国经济长期波动的研究中，施坚雅推测"在一个农产品占据国民总产出大宗的农业社会中,我们有理由相信气候变冷会导致经济的低迷和经济活动的减少",反之亦然。① 这一联系在长期来看是真实的,与拉布鲁斯(Labrousse)关于18世纪法国经济周期的论文略有不同,清代长期气温变化趋势——从1680年的低点逐渐上升到1800年前后达到最高值,随后趋于下降,到1840年达到新的最低点——和岭南地区的经济周期基本是一致的。

而且,这种气候变化与作物产量和谷物价格的联系也有助于我们理解生存理论和人口危机②及其在中国人口史中的应用。无论是古典理论模型(没有包括疫病的影响)还是杜帕契尔(Dupaquier)的修正模型,都以对系统的"气候冲击"开始,而以死亡率的增加结束。③ 本书所述帝制晚期岭南的情况也支持这一人口危机的总体模型:气候冲击的确造成了粮食减产,随后又抬升了谷物价格,有时也造成了死亡率的上升。

但岭南的人民并没有坐视气候变化破坏他们的作物产量和危及他们的生命:他们创造出了无数的技术、社会和经济方法和组织以缓冲气候反复无常的变化。其中最重要的可能是岭南很多地区农民采用了一年两收的轮作生产方式。华南的温暖气候的确是一年生产两季作物的必要条件,但这还不是充分条件:农业技术的改进和人口密度的增加进一步推动了双季作物种植普及,并在18世纪成为了标准的生产方式。随着双季轮作技术的发明和推广,汉族农民实现了两年四收,显著降低了歉收的风险。而且,灌溉工程建设到18世纪末时已经逐渐推广到了岭南的绝大部分地区,政府也在17世纪末建立了全国性的常平仓系统,

---

① Skinner, "Presidential Address", 285.
② 关于这些问题与经济的联系,可以参见 Appleby, *Famine in Tudor and Stuart England*, ch.1.
③ 杜帕契尔认为在古典模型中,"人口危机是由气候冲击造成的粮食歉收而导致的(如1693年的春季多雨,1709年的冬季严寒)";而杜帕契尔修正模型则补充流行病和植物真菌感染作为死亡率提高的原因。Jacques Dupaquier, "Demographic Crises and Subsistence Crises in France, 1650—1725", in John Walter and Roger Schofield, eds., *Famine, Disease and the Social Order in Early Modern Society* (Cambridge University Press, 1989), 189—199.

再加上高效率的稻米市场,都减轻了气候变化对岭南粮食产量和谷物价格的影响。这种气候恶化与农业经济之间的脱钩,代表了前工业文明重要而且独特的成就。

如果古典和杜帕契尔的人口危机模型基本成立,而且岭南农业经济的这种发展方式减缓了气候冲击对于粮食产量和价格的影响,那么岭南人口危机所造成的死亡率就应该低于英国和法国。由于我们缺乏可资比较的中国人口数据,因而无法验证这一假设,但这至少说明早在欧洲之前,岭南就已经在没有产生工业经济的情况下,成功地降低了气候对于死亡率和农业经济的冲击。一方面,这种差异可以被看作是一个了不起的成就;而另一方面,岭南人口从17世纪末开始的稳步增长,也给政府为人口提供粮食供应而敲响了警钟。

人口的增长可以部分地解答岭南环境所发生的变化,尤其是森林的减少。虽然气候的变化可以影响到温带森林和草场之间界限的移动,但过去两千年中的气候变化程度还没有大到足以改变岭南森林覆盖区域的程度。造成主要影响的还是人类的开垦活动,岭南的人口越多,开垦的土地也就越多,而开垦的耕地越多,生态多样性也就越少。

但人口及其增长还不足以完全解释岭南所有人为造成的环境变迁,经济的商业化也是重塑岭南环境的重要力量。珠三角地区农民将稻田改为桑基鱼塘除了影响本地区环境以外,还产生了对粮食的大量需求,从而使得岭南其他地区农地纷纷改种稻米以向市场出售。我们可以想象,如果没有这种经济的商业化,那么珠三角地区的农民就必须自行提供所需要的粮食,或者是只将较少的土地用于经济作物的种植,或者是开垦更多的耕地。事实上,珠三角的农民们可以通过市场输入稻米来满足自身的粮食需求。但处于北江和东江上游以及广西省西江盆地的农民,为了向下游输出稻米,就只好通过种植美洲作物,尤其是在处于边际地位的山地种植甘薯,来满足自身的食物需要。

商业化的影响还体现在地区分工的进程中,如果对岭南各地区进行简单地区分,那么珠江三角洲一带主要是蚕桑业和甘蔗种植,而河谷地带则专业生产稻米以供销售。商业化对环境带来的一个重要影响就是农业生态系统种类的减少,从而导致了生态多样性的丧失。如唐纳德·沃斯特在其他研究中所总结的,专业化和市场体系导致了"同一地区生物种类及其相互之间联系的严重简单化"①。

沃斯特认为这种"严重的简单化"是"资本主义生产模式兴起"的结果,尤其是因为生存导向型的农业向"资本主义农业生态系统"的转变。资本主义的全球化和与之相伴随的欧洲人对其他地区土著居民的影响,的确合并而造就了美洲和很多其他地区环境史中的主要问题。如威廉·克罗农在他关于殖民地美洲的开创性研究中所总结的"资本主义和环境退化相伴而行"②。而同时,克罗农也指出欧洲人将疾病传播到印第安人这件事与资本主义无关,而阿尔弗雷德·克劳斯比则提出了"欧洲人成功的帝国主义中也包含着生态和环境的因素"③。

岭南的环境史和其他一些地区的情况有着很多相似之处。岭南和其他地区生态系统中生物种类的严重简单化从表面来看都是一样的,但岭南的环境变迁是否可以被看作是资本主义兴起过程的一个部分?当然,从16世纪开始,中国被日益卷入了资本主义的全球体系④,因而由商业化和国际市场对丝织品、蔗糖和茶叶的需求而导致的岭南地区的环境变迁,也可以被看作是"资本主义导致的自然变迁"⑤的一个部分。但是,商业化只是岭南经济的一个方面,另一方面,岭南的经济仍然是中华帝国体系的一个组成部分。帝国的官僚体系并不仅仅是记录下我们今天

---

① Worster, *The Wealth of Nature*.
② Cronon, *Changes in the Land*, 161.
③ Alfred W Crosby, *Ecological Imperialism: The Biological Explanation of Europe, 900—1900* (Cambridge University Press, 1986), 135.
④ 关于世界体系论在中国史研究中最好的应用,可以参见 Frances V. Moulder, *Japan, China, and the Modern World Economy* (Cambridge University Press, 1977),这方面的地区性案例研究可以参见苏耀昌《华南丝区》。
⑤ Worster, *The Wealth of Nature*, 57.

所使用的这些史料文献而已,如本书引言中所述,他们还使得中国的经济系统完全不同于欧洲的资本主义。虽然市场和商业化都是一样的,但在中国,用葛希芝(Hill Gates)的话说,是帝国的政府在以"纳贡生产模式(tributary mode of production)"掌控着市场系统。

因此,我认为沃斯特的资本主义模型在岭南的适用性是存在问题的。首先,沃斯特将所有的农业生态系统分为"资本主义的"和"传统的"两类,而将后者的特点总结为"维生策略(subsistence strategies)"①。然而,如果我们以沃斯特所考察的菲律宾农民在一块耕地上种植高达40种作物的情况来理解"维生策略"的话,那么岭南的农业系统显然不同于这种传统的维生经济。早在明朝初年,岭南的农民和农业生产就已经实现了专业化,有的种植稻米、麦子,有的种植甘蔗或修筑鱼塘,经常性的交易活动也遍及岭南各地的市场之中。而且,到了18世纪中期,岭南的农业生态系统已经大都实现了高度的商业化,大量的粮食也都通过市场进行流通,而市场的效率也远远高于同时期的英国、法国和美国。

在探讨中国环境变迁的驱动力时,我们必须将市场和商业化与资本主义进行区分,尽管在其他国家和地区,这些概念有着很多类同之处,都可以被纳入到"资本主义生产模式的兴起"之中,但是在中国,市场和商业化并不等同于资本主义的生产模式。更重要的是,导致岭南地区环境变迁的原因并不只是一个,虽然商业化是一个重要的驱动力,但全球性的气候变化和人口的变动也带来了岭南地区经济和环境的变化,而这些都与资本主义生产模式的兴起和传播毫无关系。②

---

① Worster, *The Wealth of Nature*, 56.
② 尽管我认为沃斯特对环境变迁的单一化解释是有问题的,但他在将环境史研究聚焦到人类如何从土壤中获取食物,人类行为开始时是如何以自然环境为条件,而又改变着环境这些问题上是非常正确的。人类所采取的各种形式以及对这一进程的制度化,是否都可以被称之为"生产模式(mode of production)",还存在一定的争论,对沃斯特的批评,可以参见 William Cronon, "Modes of Prophecy and Production: Placing Nature in History", *Journal of American History* 76, no.4(Mar. 1990): 1121—1131.

环境史还为我们提供了另一个可资比较的背景,欧洲人与美洲、澳洲和大洋洲土著民族的遭遇可以和汉族进入岭南以后与少数民族居民的遭遇进行比较。阿尔弗雷德·克劳斯比试图解答的一个问题就是为什么在欧洲人与"新欧洲"(美国人、澳大利亚人和新西兰人)地区人口之间的生物交换(biological exchange)都是单方向的,欧洲的疾病、杂草和动物压倒性地占据了殖民地,而不是相反的情况。

但是在岭南,并不是土著的傣族人惧怕汉人带来的疾病,而是相反。当然,汉人最后取代了对疟疾有免疫能力的傣族人,但这一进程用了非常长的时间,而且与汉人对疟疾的适应和通过水利设施改造了当地的环境有关。克劳斯比指出欧洲人曾试图在欧亚大陆和非洲进行扩张,如十字军东征时占领的"圣地(Holy Land)"和黎凡特(Levant),以及非洲的热带地区,也都遭遇了疟疾和其他"微小的敌人……各种各样的细菌、蠕虫、昆虫、锈菌、霉菌以及其他你所知道的蚕食人类的生物体"。① 汉人和欧洲人在热带遭遇的区别在于,汉族人保持了原本有害的环境并最终在这里定居了下来,而欧洲人则必须等到奎宁的研制成功才最终征服了热带地区。②

而且,不仅汉族人没有像欧洲人那样通过向土著民族散布致命性的疾病来趟平自己进入岭南的道路,来自中国北部的农作物和牲畜也没有那样轻易地就进入岭南生态系统而取代当地的土著。事实上,水稻尽管在后来成为了主导性的作物,但这是汉人重塑当地环境以后才发生的;猪成为了农业经济的重要组成部分,但它们也是被圈养而不是被放养在森林里拱土觅食。因此,汉族人在岭南的定居过程完全不同于克劳斯比所研究的欧洲人向"新欧洲"的扩张,其原因在于:岭南并不是完全处于同一气候区,而且位于亚欧大陆内部而不是像美洲和澳洲那样远离亚欧

---

① Crosby, *Ecological Imperialism*, 7.
② 参见 Daniel R. Headrick, *The Tools of Empire: Technology and European Imperialism in the Nineteenth Century* (New York: Oxford University Press, 1981), 58—95。

大陆,其生态系统也较华中和华北地区更为复杂。①

以上我们可以看到岭南经济和环境变迁的过程与一些环境史中的重大议题之间的关系,在结束这个话题之前,我再对环境史学研究中有关中国的看法作一点评论,澄清一些认识上的误区。由于欧洲和美洲资本主义农场经营对生态环境造成了破坏性的后果,历史学家们往往向亚洲尤其是中国寻求一些可持续发展的经验,他们常常会举出珠江三角洲的桑基鱼塘或者水稻种植,来作为农业可持续发展的范例。最近的一次是克劳斯比在哀叹现代农业造成水土流失时所说的"与之形成鲜明对比的是,在中国南方的传统水稻种植系统,其生产不仅是可持续的,而且稻米、蔬菜、藻类、牡蛎、鱼类、猪、鸡、鸭和青蛙都有令人惊叹的生产量"②。

尽管岭南农业生态系统中的物种和北美的小麦、玉米或大豆单一作物生产有着很大的不同,但这并不能说明岭南的农业生态系统更加具有可持续性。桑基鱼塘的组合的确是一项降低系统内部能量和营养损耗的非常了不起的方法,水稻生产也主要依靠水流灌溉来输送营养,看上去的似乎更符合生态学的思想。但是,这些观点都忽略了耕种这些农业生态系统的农民们所需要的食物和能量问题。

如书中所述,岭南尤其是珠三角地区农民的食物需求,把整个岭南地区——大小与法国相当——转变成了漏斗形的经济模式,从岭南各地生产的粮食都被集中到了一个人口密集的中心区。18世纪中期时,市场系统已经把整个岭南连接成了一个农业生态系统的总体。因此,仅从耕种模式这一个角度来看这个生态系统是不完整的,整个的画面应该是如果没有不断增加的外部输入,系统总体就不是可持续的。理论上来说,广西就是因为向珠三角输送粮食而被耗竭的。

因此,岭南的环境史对于我们理解全球环境变迁是十分重要的。但

---

① Crosby, *Ecological Imperialism*, ch.11.
② Alfred W. Crosby, "An Enthusiastic Second", *Journal of American History* 76, no. 4 (Mar.1990): 1107.

对于中国呢？在中国的历史上是否存在着范围更广的环境危机呢？如果存在的话，又是否也像岭南那样，在19世纪中显现了出来呢？岭南环境变迁的过程又能在多大程度上代表着中国其他地区的情形呢？这些都是非常庞大的问题，或许将成为其他研究著作的主题，在这里我只能对此一笔带过。事实上，岭南是汉人定居最迟的地区之一，因而其开发也较其他地区要晚一些；另一方面，由于其地理位置的优越性，岭南地区在16世纪中期以后迅速发展了起来，到18世纪时已经在财富和能力上超过了中国的其他地区。

然而，还很少有关于帝制晚期中国环境史的研究可以支持我们将岭南和其他地区进行比较。濮德培关于湖南的研究，奥斯本关于长江下游地区的研究，萧邦齐关于湘湖（也位于长江下游）地区的研究表明，这些地区也都经历了与岭南类似的土地短缺、森林砍伐、丘陵地带水土流失和低地地区洪水等问题，而且这些问题也都是在19世纪中期变得十分严重的。① 如果说有什么不同的话，那就是长江流域的丘陵地带水土流失和低地地区的泥土淤积和洪水灾害要比岭南更为严重。奥斯本的研究描述了丘陵地带的土地开垦是怎样加重了低地地区的泥土淤积问题，进而使得政府涉足其中试图解决这一问题的。濮德培和萧邦齐分别考察了洞庭湖和湘湖是如何开始被泥土淤积的，而与岭南的情况非常相似的是，农民也都在冲击形成的新土地上开垦耕地。这两个湖对于长江的蓄洪有着十分重要的作用，这和岭南西江、北江和东江的洪泛平原一样——直到防洪堤坝修筑之后将泥沙送入珠三角为止，而在我们这里，一些泥沙被截留形成了新的沙坦，扩大了珠江三角洲的面积，也阻断了河水汇入大海。通过以上简单的比较可以看出，长江流域所面临的环境问题及其发生的事件都和岭南十分相似，这表明类似的影响力量也对中

---

① Peter Perdue, Exhausting the Earth; Osborne, "The Local Politics of Land Reclamation in the Lower Yangzi Highlands", 1—46; keith R. Schoppa, *Xiang Lake-Nine Centuries of Chinese Life* (New Haven: Yale University Press, 1989).

国不同的地区都发生过作用。

当然,我们还需要更多关于中国环境史的研究才能断定,到19世纪中期时中国是否已经出现了更为广泛的环境危机。我想很可能发生了这一范围广阔的环境危机,而且驱动着岭南环境变化的力量——气候变迁、人口变动和经济的商业化——也很可能在影响着帝制晚期中国更多地区的环境变迁史。

最后,如果历史是在叙述故事(我想应该是这样),那么问题就在于我是从谁的视角、讲述着谁的故事呢?在我写作本书时,我非常清楚地意识到,通过搜集到的资料,我可以从三个不同的视角来讲述岭南环境变迁的故事。其中的两个——汉人和少数民族土著——是非常明显的,我也试图传达一些属于他们的故事。

对于汉族人而言,这个故事讲述着他们是如何通过不断努力而取得成功,将一片新的地区转变成为了在遥远而仁爱的皇帝统治下的定居社会所规制并耕种的土地。当然这个故事并非对所有的汉人都一样,对于珠江三角洲的农民、佛山的织工、南雄的烟农和广州的总督而言,他们眼中的世界各不相同,但他们所有人都认同一点,就是这种表现为农业耕地产生、维护和扩大的环境变迁是正确的行为。或者应该说,他们中的绝大部分人都认同这一点,因为至少有一个人,19世纪初《雷州府志》编著者之一的邓必南,就逐渐认识到了这些环境变迁所带来的后果,并为曾经在岭南生活过的很多物种的消逝而感到悲伤。

对于少数民族土著而言,故事就大不相同了。无论他们是低地地区的傣族农夫还是从事刀耕火种的黎族居民,汉人的迁入都给他们与环境依存的方式带来了巨大的冲击。尽管汉族与少数民族的遭遇一般都以汉族取代他们获得土地而告终,但这一过程是十分缓慢的,尤其是傣族还有着他们强有力的同盟军——疟疾,从而把汉人牵制了好几个世纪。但随着汉族居民逐渐适应了岭南的水土,并且控制住了西江、北江和东江下游的灌溉,疟疾的威胁也逐渐减弱了。尽管少数民族对汉人的移入进行了抵制,但最终,他们或者像大部分傣族农民那样接受了汉族君主的统治;或者逃到了岭南更边远的地区,如黎族从西南沿海地区和海南岛的沿海平原地区退到了岛屿中央的山区,苗族则退到了广西的更西部,在那里继续他们的刀耕火种农业生产。这长达数百年的对岭南的改造,在汉族历史记载中是水稻农业的胜利,而在黎族、傣族和苗族那里,则是他们失去赖以为生的土地的过程。

除了这两个根本性的群体以来,我们还可以补充另一类人群,如瑶族等非汉族的迁入者,他们同时遭遇了土著民族和汉族。但我讲述本书故事所采取的第三个视角则是隐藏在森林中的老虎,要描述岭南这种非人类居住者的故事或者视角是比较困难的。我曾经思考过,本书中这些环境和经济的变迁,如果从老虎视角来看,又会是怎样呢?

如果我能用发生在人类的大屠杀来推断人类所造成的老虎数量的减少,那么最简单的回答应该是虎类的消亡(tigricide)。如同岭南有着人口变迁史一样,老虎的数量也有着一个变迁的过程。今天仅有极少量的华南虎还在南岭山脉零散的森林中生存,但在公元 2 年岭南人口大约仅有 50 万左右时,这里曾经生活着数万只老虎。随着岭南的人类不断攫取生态系统中的能量以维系自身人口的不断增长,老虎的栖息地和食物供应逐渐减少,从而也导致了虎类数量的不断下降。要将老虎推向灭绝的边缘,人类并不需要消除岭南所有的森林,而只要把老虎的栖息地切割成非常小的小块就可以了,因为要维持一个老虎的最小可生存种群,需要大约 500 平方公里的森林。①

在岭南生活的汉族和少数民族都参与过破坏和分割老虎栖息地的活动。直到 1700 年前后,人口仍然会有周期性的下降,从而也为老虎提

---

① John Seidensticker 将印尼虎的灭绝归因于其栖息地过度分割和保留地少于 500 平方公里。参见 Seidensticker, "Large Carnivores and the Consequences of Habitat Insularization"。Allan Rabinowitz 在 "Estimating the Indochinese Tiger Panthera tigris corbetti Population in Thailand"(Biological Conservation 65, 1993: 213—217) 中曾使用过 Seidensticker 的研究和自己的田野调查。

供了一些机会,能从人类那里收回一些栖息地,于是老虎的数量也就能有所反弹。但从 1700 年以后,人口持续增长,再也没有下降到能减轻老虎生存压力的规模上。到了 18 世纪中期,清政府决定放弃大规模土地开垦的政策,而鼓励单个农家开垦山区的小块零散土地,这进一步导致了农民对老虎栖息地的分割。当他们烧掉山岭,"把盗贼、老虎和蛇驱逐出其藏身之所"时,老虎所剩无几的栖息之地也就随之灰飞烟灭了。

森林的消失导致了鹿和野猪等动物的减少,从而使得老虎陷入了食物的短缺。和食物短缺会导致人类生育策略变化和生育率下降一样,我们也可以想象幼虎出生数量的减少和难以长大的情形。这种食物的短缺是否导致了老虎之间竞争的急剧呢?它们是否会突破原来的领地界限而染指其他老虎的势力范围呢?我们不知道。但老虎显然和处于食物链顶端的其他动物,比如人,就食物和土地产生了竞争,导致了老虎袭击村庄、衔走猪和小孩,而谁会被衔走只是取决于谁距离虎吻更近一些而已。

尽管汉人经历了虎患和少数民族起义的威胁,我并不打算将老虎的抵抗归咎于汉人对其栖息地的侵蚀。而当我们想象在老虎的眼中,定居农业的建立和扩张会有怎样的涵义时,我必须后退一步,重申这一故事的人类立场。因为只有我们人类可以想象其他物种是如何遭遇我们的,并且将它们(以及我们)的世世代代联系起来进行一个完整的叙述。而通过这样做,我们可以把我们的历史和其他物种的历史联系起来,并且意识到物种是可能会被灭绝的(如邓必南在两个世纪以前所警告的那样),如果其他物种在我们的手中灭绝,那么这不仅会贬低我们的人性,而且会枯竭我们的历史。

参考文献

档案资料

本书所征引的原始档案资料主要藏于北京的中国第一历史档案馆。米价数据摘自《宫中朱批奏折·农业类·粮价清单》；收获量数据和官员们对气候变化的评论引自《宫中朱批奏折·农业类·雨雪粮价》；其他原始档案还包括：《宫中朱批奏折·农业类·屯垦》，《宫中朱批奏折·农业类·屯垦耕作》，《宫中朱批奏折·刑科题本·盗案》，《内阁·刑科题本·土地债务》，征引以上档案资料时，我在注释中均列明了其农历的日期或档案的卷号。

另外，我也采用了台北故宫博物院的一些档案资料，尤其是《宫中档》和《军机档》中的奏折史料，为便于读者引用，我也都列出了奏折的呈报者、农历日期和分类号。

已出版的原始文献丛书

《大明会典》,1587年修,上海:商务印书馆,1936年；
《大清高宗实录》,台北:新文丰出版公司,1978年；
《大清会典》,1899年修,上海:商务印书馆,1911年；
《大清会典事例》,1875年修,台北:文海出版社,1964年；
《大清圣祖实录》,台北:新文丰出版公司,1978年；
《大清十朝圣训》,台北:文海出版社,1965年；
《大清世宗实录》,台北:新文丰出版公司,1978年；
《宫中档康熙朝奏折》,9卷,台北:台北故宫博物院,1976—1977年；

《宫中档乾隆朝奏折》,75 卷,台北:台北故宫博物院,1982—1986 年;

《宫中档雍正朝奏折》,32 卷,台北:台北故宫博物院,1977—1988 年;

《广东省自然灾害史料》,广州:广东省文史研究馆,1961 年;

《皇朝经世文编》,贺长龄,1827 年辑,台北:文海出版社重印,1972 年;

《皇朝经世文续编》,葛士浚,1888 年辑,台北:文海出版社重印,1972 年;

《皇朝经世文编续编》,盛康,1897 年辑,台北:文海出版社重印,1972 年;

刘恂,《岭表录异》,重刊于《钦定四库全书》卷 138,台北:台湾商务印书馆,1975 年;

《明清佛山碑刻文献经济资料》,广州:广东人民出版社,1987 年;

《清代地租剥削形态》,中国第一代历史档案馆、中国社会学院历史研究所编,北京:新华书店,1982 年;

《清实录广西资料辑录》,南宁:广西人民出版社,1988 年;

乐史,《太平寰宇记》,台北:文海出版社重印,1974 年;

王安国乾隆七年八月二十九奏折,载《历史档案》1985[3]第 17—18 页;

《雍正朝汉文硃批奏折》,第一历史档案馆编,10 卷,南京:江苏古籍出版社,1989 年;

《雍正硃批谕旨》,1738 年辑,台北:文海出版社重印,1965 年;

王存主编,《元丰九域志》,北京:中华书局重印,1984 年;

李吉甫编,《元和郡县图志》,北京:中华书局重印,1983 年;

《中国历代食货志 三编》,台北:学海出版社,1972 年;

周去非,《岭外代答》,1178 年编,重刊于《钦定四库全书》卷 138—139,台北:台湾商务印书馆,1975 年。

地方志

《潮州府志》,清乾隆二十七年(1762);

《潮州府志》,清光绪十九年(1893);

《潮州志》,约 1407 年,重刊于《永乐大典本地方志汇刊》卷 3,京都:中文出版社,1980;

《高州府志》,清道光七年(1827);

《高州府志》,清光绪十六年(1890);

《广东通志》,明嘉靖四十年(1561);

《广东通志》,明万历三十年(1602);

《广东通志》,清道光二年(1822);

《广东通志》,清同治三年(1864);

《广东通志》,清雍正九年(1731);

《广西通志》,清雍正十一年(1733);
《广西通志》,清嘉庆六年(1801);
《广州府志》,清康熙十二年(1673);
《广州府志》,清乾隆二十四年(1759);
《广州府志》,清光绪五年(1879);
《广州志》,约1407年,重刊于《永乐大典本地方志汇刊》卷3,京都:中文出版社,1980;
《桂林府志》,清光绪三十一年(1905);
《海丰县志》,清乾隆十五年(1750)修,同治十二年(1873)补刻,民国二十年(1931)铅印本;
《惠来县志》,清雍正九年(1731)刻本,同治五年(1866)补刻,民国十九年(1930)重印;
《惠州府志》,明嘉靖三十五年(1556);
《惠州府志》,清康熙二十七年(1688);
《惠州府志》,清光绪三年(1877);
《嘉应州志》,清咸丰三年(1853);
《雷州府志》,清道光十六年(1811);
《廉州府志》,清道光十三年(1833)
《连州志》,清同治九年(1870);
《柳州府志》,清乾隆二十九年(1764);
《桑园围总志》,明之纲辑,1870年;
《南海县志》,清道光十五年(1835);
《南海志》,元大德八年(1304),重刊于《宋元方志丛刊》卷8,北京:中华书局,1990;
《南宁府志》,清乾隆七年(1742);
《南宁志》,约1407年,重刊于《永乐大典本地方志汇刊》卷4,京都:中文出版社,1980;
《南雄州志》,清嘉庆二十四年(1819);
《庆远府志》,清道光九年(1829);
《钦州志》,清道光十四年(1834);
《琼台志》,明正德十六年(1521),重刊于《天一阁藏明代方志选刊》卷60—62,上海:古籍书店,1982年;
《琼州府志》,清道光二十一年(1841);
《韶州府志》,清同治十三年(1874);
《翁源县志》,明嘉靖三十六年(1557),重刊于《天一阁藏明代方志选刊》卷63,上海:古籍书店,1982年;

《梧州府志》,清乾隆三十五年(1770);
《梧州志》,约 1407 年,重刊于《永乐大典本地方志汇刊》卷 4,京都:中文出版社,1981;
《香山县志》,清乾隆十五年(1750);
《新安县志》,清嘉庆二十四年(1819);
《新会乡土志》,香港:广州学会,1970 年重刊晚清本;
《新会县志》,清道光二十一年(1841);
《浔州府志》,清道光六年(1826);
《阳江志》,民国十四年(1925);
《玉林府志》,清光绪二十年(1894);
《肇庆府志》,清道光十三年(1833);
《镇安府志》,清光绪十八年(1892)。

史书

《汉书》,北京:新华书局,1974 年;
《明史》,北京:新华书局,1974 年;
《宋史》,北京:新华书局,1974 年;
《新唐书》,北京:新华书局,1974 年;
《元史》,北京:新华书局,1974 年。

地图

本书中的地图大体可以分为两类,一类是展示岭南在中国整体中相对地理位置的概况图,一类是表明人口中心和水系分布等问题的具体地图,均是以 World Data Bank 中直角坐标软件地图为地图绘制的。所有府级和县级的人口密度等具体地图,都是使用 GIS 地理信息系统软件进行统计分析和地图绘制的,最初使用的软件是 ARC/INFO,以后增加了 MAPInfo v.3.0。书中 1820 年前后县级分界地图是以中国时空项目(CITAS)所提供的资料为基础绘制的,同时本书中的地图绘制主要参考了以下一些资料来源:

广东图,1866 年;
广西,1924 年;
广西全省地域图说,1866 年;
广西舆地全图,1898 年;
皇朝中外一统舆图,1863 年;
广东,1898 年;

清代一统地图,台北:"国防研究院",1966 年重印;

清乾隆内府舆图,北京:故宫博物院,1933 年重刊 1760 年地图;

中国近五百年旱涝分布图集,中央气象局编,北京:科学出版社,1981 年;

中国历史地图集,谭其骧主编,8 卷,上海:地图出版社,1975—1982 年;

中华民国形势图,1917 年;

中华民国析类分省图,1931 年。

二次文献

Abel, Wilhelm. *Agricultural Fluctuations in Europe from the Thirteenth to the Twentieth Centuries*. New York: St. Martin's, 1980.

Adshead, S. A. M. "An Energy Crisis in Early Modern China." *Ch'ing shih wen-t'i* 3, no. 2 (Dec. 1974): 20—28.

Allaby, Michael. *Dictionary of the Environment*. New York: New York University Press, 1989.

Anderson, E. N. *The Food of China*. New Haven: Yale University Press, 1988.

Antony, Robert. *Pirates, Bandits, and Brotherhoods: A Study of Crime and Law in Kwangtung Province, 1796—1839*. University of Hawaii, Ph.D. dissertation, 1988.

Appleby, Andrew. "Epidemics and Famine in the Little Ice Age." *Journal of Interdisciplinary History* 10, no. 4 (Spring 1980): 643—64.

Famine in Tudor and Stuart England. Stanford: Stanford University Press, 1978.

Archeological Discovery in Eastern Kwangtung: The Major Writings of Fr. Rafael Maglioni (1891—1953). Hong Kong: Hong Kong Archeological Society, 1975.

Aston, Trevor, ed. *Crisis in Europe, 1560—1660*. New York: Doubleday, 1967.

Atwell, William S. "International Bullion Flows and the Chinese Economy circa 1530—1650." *Past and Present* 95 (May 1982): 68—90.

"Notes on Silver, Foreign Trade, and the Late Ming Economy." *Ch'ing shih wen-t'i* 3, no. 8 (1977): 1—33.

"A Seventeenth-Century 'General Crisis' in East Asia?" *Modern Asian Studies* 24, no. 4 (1990): 661—82.

"Some Observations on the 'Seventeenth-Century Crisis' in China and Japan." *Journal of Asian Studies* 45, no. 2 (Feb. 1986): 223—44.

Balazs, Etienne. *Chinese Civilization and Bureaucracy*. New Haven: Yale University Press, 1972.

Banister, Judith. *China's Changing Population*. Stanford: Stanford University Press, 1987.

Bartlett, Beatrice S. *Monarchs and Ministers : The Grand Council in Mid-Ch'ing China , 1723—1820* . Berkeley and Los Angeles: University of California Press, 1991.

Bartlett, H. H. "Fire, Primitive Agriculture, and Grazing in the Tropics." In William L. Thomas, ed. *Man's Role in Changing the Face of the Earth*. Princeton: Princeton University Press, 1955.

Bates, Marston. "Ecology of Anopheline Mosquitoes." In Mark Boyd, ed., *Malariology*. Philadelphia: Saunders 1949.

Beattie, Hillary. "The Alternative to Resistance: The Case of T'ung-ch'eng, Anhwei." In Jonathan D. Spence and John E. Wills Jr., eds., *From Ming to Ch'ing : Conquest , Region , and Continuity in Seventeenth-Century China*. New Haven: Yale University Press, 1979.

Benton, Gregor, *Mountain Fires : The Red Army's Three-Year War in South China , 1934—38* . Berkeley and Los Angeles: University of California Press, 1992.

Bernhardt, Kathryn. *Rents , Taxes , and Peasant Resistance : The Lower Yangzi Region , 1840—1950* . Stanford: Stanford University Press, 1992.

Bonnery, Samuel. *Canton to Hankow , Overland* . Canton: Friend of China, 1861.

Boserup, Ester. *The Conditions of Agricultural Growth : The Economics of Agrarian Change under Population Pressure*. New York: Aldine, 1965.

Economic and Demographic Relationships in Development, T. Paul Schultz, ed. and intro. Baltimore: Johns Hopkins University Press, 1990.

Population and Technological Change : A Study of Long-Term Trends. Chicago: University of Chicago Press, 1981.

Bowra, E. C. "The Manchu Conquest of Canton." *China Review* 1 (July 1872—June 1873): 86—96, 228—37.

Boxer, C. R. *The Great Ship from Amacon : Annals of Macao and the Old Japan Trade , 1555—1640* . Lisboa: Centro de Estudos Historicos Ultramarinos, 1963.

South China in the Sixteenth Century. London: Hakluyt Society, 1953.

Boyd, Mark, ed. *Malariology*. Philadelphia: Saunders 1949.

Bradley, Raymond S., and Philip D. Jones, eds. *Climate since A. D. 1500* . New York: Routledge, 1992.

Bradley, R. S. et al. "Secular Fluctuations of Temperature over Northern Hemisphere Land Areas and Mainland China since the Mid-19th Century." In Ye Duzheng et al., eds., *The Climate of China and Global Climate : Proceedings of the*

Beijing International Symposium on Climate. Berlin: Springer, 1987.

Brandt, Loren. *Commercialization and Agricultural Development : Central and Eastern China , 1870—1937* . Cambridge University Press, 1989.

Braudel, Fernand. *Civilization and Capitalism , 15 th—18 th Century*, vol. 1, *The Structures of Everyday Life*, Siân Reynolds, trans. New York: Harper and Row, 1997.

Civilization and Capitalism , 15 th—18 th Century, vol. 2, *The Wheels of Commerce*. Sian Reynolds, trans. New York: Harper and Row, 1984.

Civilization and Capitalism , 15 th—18 th Century, vol. 3, *The Perspective of the World*. Sian Reynolds, trans. New York: Harper and Row, 1984.

The Mediterranean and the Mediterranean World in the Age of Philip II. Sian Reynolds, trans. New York: Harper and Row, 1972.

Bray, Francesca. *Science and Civilization in China*, vol. 6, part 2, *Agriculture*. Cambridge University Press, 1984.

The Rice Economies : Technology and Development in Asian Societies. Berkeley and Los Angeles: University of California Press, 1994.

Brim, John A. "Village Alliance Temples in Hong Kong." In Arthur P. Wolf, ed. , *Religion and Ritual in Chinese Society*. Stanford: Stanford University Press, 1974.

Brown, Dee. *Bury My Heart at Wounded Knee*. New York: Holt, Rinehart, & Winston, 1970.

Bruce-Chwatt, L. J. "History of Malaria from Prehistory to Eradication." In Walther H. Wernsdorfer and Sir Ian McGregor, eds. , *Malaria : Principles and Practice of Malariology*. Edinburgh: Churchill Livingstone, 1998.

Bruenig, E. F. et al. *Ecological-Socioeconomic System Analysis and Simulation: A Guide for Application of System Analysis to the Conservation , Utilization , and Development of Tropical and Subtropical Land Resources in China*. Bonn: Deutsches Nationalkomitee für das UNESCO Programm Der Mensch und die Biosphäre, 1986.

Chang, Hsin-pao. *Commissioner Lin and the Opium War*. New York: Norton, 1970.

Chang, K. C. *Food in Chinese Culture : Anthropological and Historical Perspectives*. New Haven: Yale University Press, 1977.

Chang, Kwang-chih. *The Archeology of Ancient China* , 4th edition. New Haven: Yale University Press, 1986.

Chao, Kang. *Man and Land in Chinese History : An Economic Analysis*. Stanford: Stanford University Press, 1986.

"Qing zhong qi yi lai liangshi mou chan zhi biandong" (Changes in per mu harvest yields from the mid-Qing on). *Han xue yanjiu* 10, no. 2 (1992): 371—98.

Chaudhuri, K. N. *The Trading World of Asia and the English East India Company 1660—1960*. Cambridge University Press, 1978.

Chen Binyi, editor in chief. *Zhongguo ziran dili* (The natural geography of China), vol. 4, *Dibiao shui* (Surface water). Beijing: Kexue chuban she, 1981.

Zhongguo ziran dili (The natural geography of China), vol. 10, *Lishi ziran dili* (Historical geography). Beijing: Kexue chuban she, 1982.

Chen Chunsheng. "Qingdai Guangdong de yin yuan liutong" (The circulation of silver dollars in Guangdong during the Qing). *Zhongguo qianbi* 1 (1985): 46—53.

"Qingdai Guangdong de zhi qian zhu yu liutong" (The production and circulation of money in Guangdong during the Qing). *Zhongshan daxue yanjiu sheng xue kan* 4 (1984): 81—89.

"Qingdai Guangdong yin qian bi jia" (The copper-silver ratio in Guangdong during the Qing). *Zhongshan daxue xue bao* 1 (1986): 99—104.

Qingdai Qianlong nianjian Guangdong de mi jia he mi liang maoyi. Zhongshan University, M.A. thesis, 1984.

Shichang jizhi yu shehui bianqian: shiba shiji Guangdong mi jia fenxi (Market structure and social change: An analysis of eighteenth-century Guangdong rice prices). Xiamen University, Ph.D. thesis, 1988.

Shichang jizhi yu shehui bianqian—18 shiji Guangdong mi jia fenxi (Market structure and social change: An analysis of 18th-century Guangdong rice prices). Guangzhou: Zhongshan daxue chuban she, 1992.

Chen Guanghui. *Zhongguo gudai dui wai maoyi shi* (A history of foreign trade in ancient China). Guangzhou: Guangdong renmin chubanshe, 1985.

Chen Jiaqi. "Ming Qing shiqi qihou bianhua dui tai hu liuyu nongye jingji de yingxiang" (The influence of climate change during the Ming and Qing upon the agricultural economy in the Lake Tai region). *Zhongguo nongshi* 3 (1991): 30—36.

Chen Lesu. "Zhujigang shi shi" (A history of Zhujigang). *Xueshu yanjiu* [Guangdong] 6 (1982): 139—51.

Chen Shuping. "Yumi he fanshu zai Zhongguo juanfan qingkuang yanjiu" (A study of the circumstances of the introduction of maize and sweet potatoes into China). *Zhongguo shehui kexue* 3 (1980): 187—204.

Chen Weiming. "Song dai Lingnan zhuliang yu jingji zuowu de shengchan jingying" (The production and management of main crops and industrial crops in Lingnan during the Song). *Zhongguo nongshi* 1 (1990): 20—31.

Chen Yundong. *Kejiaren* (The Hakka). Hong Kong: Lianya chuban she, 1978.

Chen Zhiping. "Shilun Kangxi chunian dongnan zhu sheng de 'shu huang'" (On the crisis of overproduction in the southeast during the early years of the Kangxi reign). *Zhongguo shehui jingji shi yanjiu* 2 (1982): 40—46.

Chou Yuanhe. "Qing dai renkou yanjiu" (Study on population during the Qing). *Zhongguo shehui kexue* 2 (1982): 161—88.

Ch'uan, Han-shen, and Richard A. Kraus. *Mid-Ch'ing Rice Markets and Trade : An Essay in Price History*. Cambridge, MA: Harvard University Press, 1975.

"Course of the Chu Kiang, or Pearl River." *China Repository* 20, no. 2 (Feb. 1851): 105—111, and 20, no. 3 (Mar. 1851): 113—22.

Cressey, George B. *China's Geographic Foundations*. New York: McGraw-Hill, 1934.

Cronon, William. *Changes in the Land : Indians, Colonists, and the Ecology of New England*. New York: Hill & Wang, 1983.

"Modes of Prophecy and Production: Placing Nature in History." *Journal of American History* 76, no. 4 (Mar. 1990): 1122—31.

"A Place for Stories: Nature, History, and Narrative." *Journal of American History* 78, no. 4 (1992): 1347—76.

"The Uses of Environmental History." *Environmental History Review* 19, no. 3 (fall 1993): 1—21.

Crosby, Alfred W. *Ecological Imperialism : The Biological Expansion of Europe, 900—1900*. Cambridge University Press, 1986.

"An Enthusiastic Second." *Journal of American History* 76, no. 4 (Mar. 1990): 1107—10.

Csete, Anne. *A Frontier Minority in the Chinese World : The Li People of Hainan Island from the Han through the High Qing*. State University of New York at Buffalo, Ph.D. dissertation, 1995.

"Qing Management of a Multi-Ethnic Society: The Case of Han—Li Conflict on Hainan in 1767." Paper presented at the Asian Studies annual meeting, Washington, DC, April 7, 1995.

Cushman, Jennifer Wayne. *Fields from the Sea : Chinese Junk Trade with Siam during the Late Eighteenth and Early Nineteenth Centuries*. Ithaca: Cornell University Press, 1993.

Dampier, William. *A New Voyage Round the World*. New York: Dover,

1968.

Daniels, Christian, and Nicholas K. Menzies. In Joseph Needham, ed., *Science and Civilization in China*, vol. 6, part 3, *Agro-industries and Forestry*, Cambridge University Press, 1996.

Davis, John Francis. *Sketches of China; partly during an inland journey of four months, between Peking, Nanking, and Canton; with notices and observations relative to the present war*. London: C. Knight, 1841.

"Description of the City of Canton." *Chinese Repository* 11, no. 4 (Aug. 1833): 145—60; 11, no. 5 (Sept. 1833): 193—211; 11, no. 6 (Oct. 1833): 241—64; 11, no. 7 (Nov. 1833): 289—308.

deVisser, M. W. *The Dragon in China and Japan*. Amsterdam: J. Muller, 1913.

deVries, Jan. *The Economy of Europe in an Age of Crisis, 1600—1750*. Cambridge University Press, 1976.

"Measuring the Impact of Climate on History: The Search for Appropriate Methodologies." In R. I. Rothberg and T. K. Rabb, eds., *Climate and History: Studies in Interdisciplinary History*. Princeton: Princeton University Press, 1981.

Domrös, Manfred, and Peng Gongping. *The Climate of China*. Berlin: Springer, 1988.

du Halde, Jean Baptiste. *The General History of China*. London: J. Watts, 1741.

Dunstan, Helen. *An Anthology of Chinese Economic Statecraft, or, The Sprouts of Liberalism* (unpublished manuscript).

"The Late Ming Epidemics: A Preliminary Study." *Ch'ing shih wen't'i* 3, no. 3 (Nov. 1975): 1—59.

Dupâquier, Jacques. "Demographic Crises and Subsistence Crises in France, 1650—1725." In John Walter and Roger Schofield, eds., *Famine, Disease and the Social Order in Early Modern Society*. Cambridge University Press, 1989.

Eddy, John A. "Climate and the Changing Sun." *Climatic Change* 1 (1977): 173—90.

Edwards, C. A. et al., eds. *Sustainable Agricultural Systems*. Ankeny, Iowa: Soil and Water Conservation Society, 1990.

Ellsaesser, Hugh W. et al. "Global Climatic Trends as Revealed in the Recorded Data." *Reviews of Geophysics* 24, no. 4 (Nov. 1986): 745—92.

Elvin, Mark. *The Pattern of the Chinese Past*. Stanford: Stanford University Press, 1971.

Elvin, Mark, and Liu Ts'ui-jung, eds. *Sediments of Time: Environment and Society in China*. Cambridge University Press, forthcoming.

Fan I-chun. *Long-Distance Trade and Market Integration in the Ming-Ch'ing Period, 1400—1850*. Stanford University, Ph.D. dissertation, 1992.

Faure, David. *The Rural Economy of Pre-Liberation China: Trade Increase and Peasant Livelihood in Jiangsi and Guangdong, 1870 to 1937*. Hong Kong: Oxford University Press East Asian Monographs, 1989.

——. "What Made Foshan a Town? The Evolution of Rural—Urban Identities in Ming-Qing China." *Late Imperial China* 11, no 2 (Dec. 1990): 1—31.

——. "The Yao Wars and the Rise of Orthodoxy from the Mid-Ming to the Early Qing." *Association for Asian Studies, Inc. Abstracts of the 1995 Annual Meeting*, 107.

Faust, Ernest Carrol. "An Inquiry into the Prevalence of Malaria in China." *China Medical Journal* 40, no. 10 (Oct. 1926): 938—37.

——. "Mosquitoes in China and Their Potential Relationship to Human Disease." *Journal of Tropical Medicine and Hygiene* 32, no. 10 (May 1929): 133—37.

Fay, Peter Ward. *The Opium War, 1840—1842*. Chapel Hill: University of North Carolina Press, 1975.

Fenzel, G. "On the Natural Conditions Affecting the Introduction of Forestry as a Branch of Rural Economy in the Province of Kwangtung, Especially in North Kwangtung." *Lingnan Science Journal* 7 (June 1929): 37—97.

——. "Problems of Reforestation in Kwangtung with Respect to the Climate." *Lingnan Science Journal* 9, nos. 1—2 (June 1930): 97—113.

Fielde, Adele. *A Corner of Cathay*. New York: Macmillan, 1894.

Fiennes, Richard. *Man, Nature and Disease*. London: Weidenfeld and Nicolson, 1964.

Flynn, Dennis O., and Arturo Giráldez. "Born with a 'Silver Spoon': The Origin of World Trade in 1571." *Journal of World History* 6, no. 2 (1995): 201—21.

Fong Kin-lan. "Geological Reconnaissance along the North River of Kwangtung." *Lingnan Science Journal* 8 (Dec. 1929): 701—30.

Franck, Harry A. *Roving through South China*. New York: Century, 1925.

Fu Lo-shu. *A Documentary Chronicle of Sino-Western Relations (1644—1820)*. Tucson: University of Arizona Press, 1966.

Fu Tongxin. "Ming Qing shiqi de Guangdong shatian" (The alluvial fields of Guangdong in the Ming and Qing). In *Ming Qing Guangdong shehui jingji xingtai yanjiu*. Guangzhou: Guangdong renmin chuban she, 1985.

Fu Yiling. *Ming Qing nongcun shehui jingji* (Rural society and economy during the Ming and Qing). Xiamen: Shiyong shuju, 1961.

Fuchs, Walter. *The Mongol Atlas of China*. Beijing: Fu Jen University, 1946.

Fuson, C. G. "The Peoples of Kwangtung: Their Origin, Migrations, and Present Distribution." *Lingnan Science Journal* 7 (June 1929): 5—19.

Galloway, Patrick. "Annual Variations in Deaths by Age, Deaths by Cause, Prices, and Weather in London, 1670—1830." *Population Studies* 39 (1985): 487—505.

"Basic Patterns in Annual Variations in Fertility, Nuptiality, Mortality, and Prices in Pre-industrial Europe." *Population Studies* 42 (1988): 275—303.

"Long-Term Fluctuations in Climate and Population in the Preindustrial Era," *Population and Development Review* 12, no. 1 (Mar. 1986): 1—24.

Gardella, Robert. *Harvesting Mountains : Fujian and the China Tea Trade, 1757—1937*. Berkeley and Los Angeles: University of California Press, 1994.

Gates, Hill. *China's Motor : A Thousand Years of Petty Capitalism*. Ithaca: Cornell University Press, 1996.

Ge Jianxiong. *Zhongguo renkou fazhan* (The development of China's population). Fuzhou: Fujian renmin chuban she, 1991.

Geertz, Clifford. *Agricultural Involution : The Processes of Ecological Change in Indonesia*. Berkeley and Los Angeles: University of California Press, 1963.

Goldstone, Jack A. "East and West in the Seventeenth Century: Political Crises in Stuart England, Ottoman Turkey, and Ming China." *Comparative Studies in Society and History* 30, no. 1 (1988): 103—42.

Revolution and Rebellion in the Early Modern World. Berkeley and Los Angeles: University of California Press, 1991.

Gong Gaofa and Jin Weimin. "Woguo zhiwu wu shiqi de dili fenbu" (On the geographic distribution of phenodate in China). *Dili xuebao* 38, no. 1 (Mar. 1983): 30—40.

Gong Gaofa, Zhang Jinrong, and Zhang Peiyuan. "Ying yong shiliao feng qian jizai yanjiu Beijing diqu jiang shui liang dui dong xiaomai shoucheng de yingxiang" (The use of documentary sources to study the effect of the amount of water on the harvest yields of winter wheat in the Beijing area). *Qixiang xuebao* 41, no. 4 (Nov. 1983): 444—51.

Great Britain Naval Intelligence Division. *China Proper*, vol. 1, *Physical Geography, History, and Peoples*. Geographical Handbook Series. London, 1941.

Grove, Jean. *The Little Ice Age*. London: Methuen, 1988.

Grove, Richard. *Green Imperialism : Colonial Expansion, Tropical Island Edens and the Origins of Environmentalism, 1600—1860*. Cambridge University Press, 1994.

Groveman, Brian S., and Helmut E. Landsberg. "Simulated Northern Hemisphere Temperature Departures." *Geophysical Research Letters* 6, no. 10 (Oct. 1979): 767—69.

Gu Yanwu. *Tianxia junguo li bing shu* (The strategic advantages and disadvantages of all countries in the world), 1879 ed. Shanghai: Shangwu yinshu guan, 1936.

Guangdong lishi xuehui, ed. *Ming Qing Guangdong shehui jingji xingtai yanjiu* (Studies in the social and economic formations of Ming and Qing Guangdong). Guangzhou: Guangdong renmin chuban she, 1985.

Guangdong sheng zhiwu yanjiuso, ed. *Guangdong zhipei* (The botany of Guangdong). Beijing: Kexue chuban she, 1976.

Guangdong yinhang. *Guangzhou mi ye* (The rice industry of Guangzhou). Guangzhou. 1936.

Guangxi nongye jingji shi gao (Draft history of the agricultural economy of Guangxi). Nanning: Guangxi minzu chuban she, 1985.

Guldin, Gregory Eliyu. "Urbanizing the Countryside: Guangzhou, Hong Kong, and the Pearl River Delta." In Gregory Eliyu Guldin, *Urbanizing China*. New York: Greenwood, 1992.

Gumilev, L. N. *Searches for the Imaginary Kingdom of Prester John*, R. E. F. Smith, trans. Cambridge University Press, 1987.

Guo Songyi. "Qing chu fengjian guojia ken huang zhengce fenxi" (An analysis of feudal land reclamation policies at the beginning of the Qing). *Qingshi luncong* 2 (1980): 111—38.

———. "Qingdai de liangjia maoyi" (Qing rice prices and trade). *Pingjun xuekan*, no. 1 (1985): 289—314.

———. "Yumi, fanshu zai zhongguo juanfan zhong de yi xie wenti" (A few questions about the introduction of maize and sweet potatoes into China). *Qingshi luncong*, 7 (1986): 80—99.

Hameed, S., et al. "An Analysis of Periodicities in the 1470 to 1974 Beijing Precipitation Record." *Geophysical Research Letters* 10, no. 6 (June 1983): 436—39.

Han Maoli. "Song dai Lingnan diqu nongye dili chutan" (A preliminary investigation of the agricultural geography of Song-era Lingnan). *Lishi dili* 11 (1993): 30—40.

Hansen, James, and Sergei Lebedeff. "Global Surface Air Temperatures: Update through 1987." *Geophysical Research Letter* 15, no. 4 (Apr. 1988): 323—26.

"Global Trends of Measured Surface Air Temperature." *Journal of Geophysical Research* 92, no. D11 (Nov. 20, 1987): 13,345—72.

Harrison, C. J. "Grain Price Analysis and Harvest Qualities, 1465—1634." *Agricultural History Review* 19 (1969): 135—55.

Hartwell, Robert M. "Demographic, Political, and Social Transformations of China, 750—1550." *Harvard Journal of Asiatic Studies* 42, no. 2 (Dec. 1982): 365—442.

"Societal Organization and Demographic Change: Catastrophe, Agrarian Technology, and Interregional Population Trends in Traditional China." Paper presented at the 2ème Congrés international de démographie historique, Paris, June 4—5, 1987.

He Ge'en. "Tang dai Lingnan de xushi" (Tang-era markets in Lingnan). *Shihuo banyuekan* 5, no. 2 (Jan. 1937): 35—37.

Headrick, Daniel R. *The Tools of Empire : Technology and European Imperialism in the Nineteenth Century*. New York: Oxford University Press, 1981.

Hinsch, Bret. "Climatic Change and History in China." *Journal of Asian History* 22 (1988): 131—59.

Ho, Ping-ti. "The Introduction of American Food Plants into China." *American Anthropologist* 57 (1955): 191—201.

Ho Ping-ti (He Bingti). "Nan Song zhi jin tudi shuzi de kaoshi he pingjia" (A critique and assessment of land statistics from the Southern Song to the present). *Zhongguo shehui kexue* 2 (1985): 133—65, and 3 (1985): 125—60.

Studies on the Population of China, *1368—1953*. Cambridge, MA: Harvard University Press, 1959.

Hoffman, William E. "Preliminary Notes on the Fresh-Water Fish Industry of South China, Especially Kwangtung Province." *Lingnan Science Journal* 8 (Dec. 1929).

Hoskins, W. G. "Harvest Fluctuations and English Economic History, 1480—1619." *Agricultural History Review* 12 (1964): 28—46.

"Harvest Fluctuations and English Economic History, 1620—1759." *Agricultural History Review* 16 (1968): 15—31.

Hou Wenhui. "The Environmental Crisis in China and the Case for Environmental History Studies." *Environmental History Review* 14, nos. 1—2 (Spring-Summer 1990): 151—58.

Hsü, Immanuel C. Y. *The Rise of Modern China*, 3rd edition. New York: Oxford University Press, 1983.

Hsü, K. J. "Origin of Sedimentary Basins of China." In X. Zhu, ed., *Chinese Sedimentary Basins*. Amsterdam: Elsevier, 1989.

Hu Chunfan et al. "Shilun Qing qianqi de juanmian zhengce" (On the tax remission policy during the Qing). In *Qing shi yanjiu ji*, no. 3. Chongqing: Sichuan renmin chuban she, 1984.

Hua Linfu. "Tangdai shuidao shengchan de dili buqu ji qi bianqian chutan" (A preliminary investigation of the regions of wet rice production in the Tang). *Zhongguo nongshi* 2 (1992): 27—39.

Huang, Pei. *Autocracy at Work : A Study of the Yung-cheng Period, 1723—1735*. Bloomington: Indiana University Press, 1974.

Huang, Philip C. C. *The Peasant Economy and Social Change in North China*. Stanford: Stanford University Press, 1985.

The Peasant Family and Rural Development in the Yangzi Delta, 1350—1988. Stanford: Stanford University Press, 1990.

Huang, Ray. "Chia-Ch'ing." In Frederick W. Mote and Denis Twitchett, eds., *The Cambridge History of China*, vol. 7, *The Ming Dynasty, 1368—1644*, part 1. Cambridge University Press, 1988.

Taxation and Governmental Finance in Sixteenth-Century Ming China. Cambridge University Press, 1974.

Huang Jia-you and Wang Shao-wu. "Investigations on Variations of the Subtropical High in the Western Pacific during Historic Times." *Climatic Change* 7 (1985): 427—40.

Huang Jianlin et al., eds. *Zhongguo renkou-Guangxi fen ce* (China's population-the Guangxi part). Beijing: Zhongguo caizheng jingji chuban she, 1988.

Huang Juzhen. "Qingdai qianqi Guangdong de dui wai maoyi" (Foreign trade of Guangdong in the early Qing). Paper presented in Shenzhen at the 4th International Conference on Chinese Social and Economic History, 1987.

Huang Shansheng. "Qing dai Guangdong maoyi ji qi zai Zhongguo jingji shi shang zhi yiyi-yapian zhi yu zhi qian" (The Qing-era foreign trade of Guangdong prior to the Opium War and its significance in China's economic history). *Lingnan xuebao* 3, no. 4 (1934): 157—96.

Huang Tisong et al. *Guangxi lishi dili* (Historical geography of Guangxi).

Guilin: Guangxi minzu chuban she, 1984.

Huda, A. K. Samsul, et al. "Contribution of Climatic Variables in Predicting Rice Yield." *Agricultural Meteorology* 15 (1975): 71—86.

Hughs, J. Donald. "Mencius' Prescriptions for Ancient Chinese Environmental Problems." *Environmental History Review* 13, nos. 3—4 (Fall-Winter 1989): 15—27.

Hummel, Arthur. *Eminent Chinese of the Ch'ing period, 1644—1912*. Washington, DC: U.S. Government Printing Office, 1943—1944.

Huntington, Ellsworth. *Climate and Civilization*. New Haven: Yale University Press, 3rd revised edition, 1924.

Hyams, Edward. *Soil and Civilization*. New York: Harper Colophon, 1976.

International Rice Research Institute. *Proceedings of the Symposium on Climate and Rice*. Los Banos, Philippines: IRRI, 1974.

Rice Research and Production in China. Los Banos, Philippines: IRRI, 1979.

Jacoby, Gordon C., and Rosanne D'Arrigo. "Reconstructed Northern Hemisphere Annual Temperature since 1671 Based on High-Latitude Tree-Ring Data from North America." *Climatic Change* 14 (1989): 39—59.

Jen Yu-wen. *The Taiping Revolutionary Movement*. New Haven: Yale University Press, 1973.

Jiang Tao. *Zhongguo jindai renkou shi* (History of China's population in modern times). Yangzhou: Zhejiang renmin chuban she, 1993.

Jiang Yanyu. "Guangxi Han dai nongye kaogu gaishu" (An overview of Han-era agricultural archeology in Guangxi). *Nongye kaogu* 2 (1981): 61—68.

Jiang Zulu. "Ming dai Guangzhou de shangye zhongxin diwei yu dongnan yi da bu hui de xingcheng" (The centrality of the commerce of Guangzhou during the Ming and the formation of the southeast as a single [market]). *Zhongguo shehui jingji shi yanjiu*, no. 4 (1990): 19—29.

Jing Junjian. "Lun Qing dai juanmian zhengce zhong jian zu guiding de bianhua" (On the changes in the rent reduction stipulations in the tax remission policy in the Qing). *Zhongguo jingji shi yanjiu* 1 (1986): 67—80.

"Qing dai mintian zhu dian guanxi zhengce de lishi diwei" (The historical position of the policies regarding the landlord-tenant relationship in the Qing). *Zhongguo jingji shi yanjiu* 2 (1988): 58—71.

Johnson, Graham. "Open for Business, Open to the World: Consequences of Global Incorporation in Guangdong and the Pearl River Delta." In Thomas P. Lyons and Victor Nee, eds., *The Economic Transformation of South China: Reform and Development in the Post-Mao Era*. Ithaca: Cornell University Press, 1994.

Kane, R. P. "Spectral Characteristics of the Series of Annual Rainfall in England and Wales." *Climatic Change* 4 (1988): 77—92.

Kane, Sally, John Reilly and James Tobey. "An Empirical Study of the Economic Effects of Climatic Change on World Agriculture." *Climatic Change* 21 (1992): 17—35.

Kato Shiguru. "Qingdai cunzhen de dingqi shi" (Qing-era village periodic markets), Wang Xingrui, trans. *Shihuo banyuekan* 5, no. 1 (Jan. 1937): 44—65.

Katz, Richard W. "Assessing the Impact of Climatic Change on Food Production." *Climatic Change* 1 (1977): 85—96.

Kessler, Lawrence D. *K'ang-shi and the Consolidation of Ch'ing Rule*, 1661—1684. Chicago: University of Chicago Press, 1976.

King, Frank H. H. *Money and Monetary Policy in China*, 1845—1895. Cambridge: Harvard University Press, 1965.

Kishimoto-Nakayama, Mio. "The Kangxi Depression and Early Qing Local Markets." *Late Imperial China* 10, no. 2 (Apr. 1986): 227—56.

Kondo, Junsei. "Volcanic Eruptions, Cool Summers, and Famines in the Northeastern Part of Japan." *Journal of Climate* 1 (Aug. 1988): 775—88.

"Kwangtung tung-chi, or a General Historical and Statistical Account of the Province of Canton." *China Repository* 12 (June 1843): 309—27.

Ladurie, Emmanuel Le Roy. *Times of Feast, Times of Famine : A History of Climate since the Year 1000*. Barbara Bray, trans. Garden City: Doubleday, 1971.

Latham, A. J. H., and Larry Neal. "The International Market in Rice and Wheat, 1868—1914." *Economic History Review* 36, no. 2 (May 1983): 260—80.

Lamb, H. H. *Climate, History and the Modern World*. London: Methuen, 1982.

"Volcanic Dust in the Atmosphere: With a Chronology and Assessment of Its Meteorological Significance." *Philosophical Transactions of the Royal Society of London*, series A, 266 (July 1970): 425—50.

Lamley, Harry. "Hsieh-tou: The Pathology of Violence in Southeastern China." *Ching shih wen-t'i* 3 (1977): 1—39.

Lao Tong. *Jiuhuang beilan* (A guide to famine preparedness). In *Lingnan yishu*, vol. 58, *Baibu congshu jicheng*, 93. Taibei: Yiwen chuban she, 1968.

Lattimore, Owen. *Studies in Frontier History : Collected Papers 1928—1958*. Paris: Mouton, 1962.

Lee, James, Cameron Campbell, and Guofu Tan. "Infanticide and Family

Planning in Late Imperial China: The Price and Population History of Rural Liaoning, 1774—1873." In Thomas Rawski and Lillian Li, eds., *Chinese History in Economic Perspective*. Berkeley and Los Angeles: University of California Press, 1992.

Leemy, Frank. *The Changing Geography of China*. Cambridge: Blackwell, 1993.

Leung, Angela Ki Che. "Organized Medicine in Ming-Qing China: State and Private Medical Institutions in the Lower Yangzi Region." *Late Imperial China* 8, no. 1 (June 1987): 134—65.

Li Diaoyuan. *Yuedong biji* (Sketches of Guangdong). Shanghai: Huiwentang, 1915.

Li Guanchang. "Song dai de Guangxi shehui jingji" (Society and economy in Guangxi during the Song). *Guangxi shifan xueyuan xuebao* 4 (1981): 75—84.

Li Hua. "Ming Qing shidai Guangdong nongcun jingji zuowu de fazhan" (The development of village industrial crops in Guangdong in Ming and Qing times). *Qingshi yanjiu* 3 (1984): 135—49.

"Qing chao qianqi Guangdong de shangye yu shangren" (Guangdong markets and merchants in the early Qing). *Xueshu yanjiu* 2 (1982): 39—44.

Li Pengnian. "Luelun Qianlong nianjian cong Xianluo yun mi jinkou" (On the importation of rice from Siam in the Qianlong period). *Lishi dang'an* 3 (Aug. 1985): 83—90.

Li Wenzhi. *Ming Qing shidai fengjian tudi guanxi de songjie* (The loosening of feudal land relations in the Ming and Qing). Beijing: Zhongguo shehui kexue chuban she, 1993.

Li Wenzhi, ed. *Zhongguo jindai nongye shi ziliao* (Source materials on modern Chinese agriculture), 3 vols. Beijing: Sanlian shudian, 1957.

Li Xiaofang. "Supplement to the Preliminary Standard Classification System for Land Evaluation in China." In Kenneth Puddle and Wu Chuanjin, eds., *Land Resources of the People's Republic of China*. New York: United Nations University, 1983.

Li Zhuanshi, Li Minghua, and Han Qiangfu, eds. *Lingnan wenhua* (Lingnan culture). Shaoguan: Guangdong renmin chuban she, 1993.

Liang Fang-chung. *The Single-Whip Method of Taxation in China*. Wang Yü-ch'uan, trans. Cambridge: Harvard University Press, 1956.

Liang Fangzhong. *Zhongguo lidai hukou tiandi tianfu tongji* (China's historical population, land, and tax statistics). Shanghai: Renmin chuban she, 1980.

Liang Tingnan. *Yue hai guan zhi* (Guangdong maritime customs gazetteer).

In *Jindai Zhongguo shiliao congkan xuji*, vols. 181—84. Taibei: Wenhai chubanshe, 1975.

Liang Xizhe. *Yongzheng di* (The Yongzheng emperor). Changchun: Jilin wenshi chuban she, 1993.

Lin, Man-houng. *Currency and Society : The Monetary Crisis and Political-Economic Ideology of Early Nineteenth Century China*. Harvard University, Ph.D. dissertation, 1989.

Lin Yutang. The *Gay Genius : The Life and Times of Su Tungpo*. New York: John Day, 1947.

Ling Daxie. "Wo guo senlin ziyuan de bianqian" (Changes in the forest cover of China). *Zhongguo nongshi* 2 (1983): 26—36.

Lippit, Victor. *The Economic Development of China*. Armonk, N.Y.: Sharpe, 1987.

Little, Daniel. *Understanding Peasant China : Case Studies in the Philosophy of Social Science*. New Haven: Yale University Press, 1989.

Liu, Ta-chung, and Kung-chia Yeh. *The Economy of Mainland China : National Income and Economic Development, 1933—1959*. Princeton: Princeton University Press, 1965.

Liu Wei. "Qing dai liangjia zouzhe zhidu qianyi" (A simple look at the grain-price memorial system in the Qing). *Qing shi yanjiu tongxun* 3 (1984): 16—19.

Liu Xiwei and Liu Panxiu. "Liu chao shiqi Lingnan diqu de kaifa" (The development of the Lingnan region during the Six Dynasties period). *Zhongguo shi yanjiu* 1 (1991): 3—13.

Liu Zhengdeng. *Zhongguo renkou wenti yanjiu* (Studies on questions of China's population). Beijing: Xinhua shu dian, 1988.

Liu Zhiwei. "Lineages on the Sands: The Case of Shawan." In David Faure and Helen F. Siu, eds., *Down to Earth : The Territorial Bond in South China*. Stanford: Stanford University Press, 1995, pp. 21—43.

"Zongzu yu shatian kaifa-Panyu Shawan He zu de ge'an yanjiu" (Lineages and the beginnings of alluvial fields-a case study of the He lineage of Shawan, Panyu county). *Zhongguo nongshi* 4 (1992): 34—41.

Liverman, Diana. "Forecasting the Impact of Climate on Food Systems: Model Testing and Model Linkage." *Climatic Change* 11 (1987): 267—85.

Lough, J. M., H. C. Fritts, and Wu Xiangding. "Relationships between the Climates of China and North America of the Past Four Centuries: A Comparison of Proxy Records." In Ye Duzheng et al., eds., *The Climate of China and Global*

Climate : Proceedings of the Beijing International Symposium on Climate. Berlin: Springer, 1987.

Lu Huoji. "Habitat Availability and Prospects for Tigers in China." In Ronald L. Tilson and Ulysses S. Seal, eds., *Tigers of the World : The Biology, Biopolitics, Management, and Conservation of an Endangered Species*. Park Ridge, N. J.: Noyes, 1987.

Luo Bingdong. "Qing dai qianqi Guangxi nongye jingji de fazhan yu bianhua" (The development and change of the agricultural economy in Guangdong during the early Qing). *Guangxi daxue xuebao* 2 (1980): 65—70.

Luo Hongxing. "Ming zhi Qing qianqi Foshan zhitieye chutan" (A preliminary investigation of steel production in Foshan from the Ming to the early Qing). *Zhongguo shehui jingji shi yanjiu* 4 (1983): 44—54.

Luo Shiming and Chun ru Han. "Ecological Agriculture in China." In C. A. Edwards et al., eds., *Sustainable Agricultural Systems*. Ankeny, IA: Soil and Water Conservation Society, 1990.

Luo Xianglin. *Kejia yanjiu daolun* (On the study of the Hakka). Beijing: Jiwen shuju, 1933.

Luo Yixing. "Shi lun Qing dai qian zhong qi Lingnan shichang zhongxin de fenbu tedian" (On the differences in marketing systems in Lingnan during the early and middle Qing). Paper presented at the Fourth International Conference on Qing Social and Economic History, Shenzhen, 1987.

Lyons, Thomas P., and Victor Nee, eds. *The Economic Transformation of South China : Reform and Development in the Post-Mao Era*. Ithaca: Cornell University Press, 1994.

Maegraith, Brian. *Adams and Maegraith : Clinical Tropical Diseases*, 9th ed. Oxford: Blackwell Scientific, 1989.

Mao Ze. *Qingdai yapian zhan qian (1644—1840) Guangzhou maoyi yu zhongyang ji difang caizheng de guanxi* [Foreign trade at Guangzhou before the Opium War (1644—1840) and the relationship between central and local governmental finances]. Taibei: Donghai University, Ph.D. dissertation, 1979.

Mao Zedong. "The Chinese Revolution and the Chinese Communist Party." In *Selected Works of Mao Tse-tung*. Beijing: Foreign Languages Press, 1967.

Marks, Robert B. "'It Never Used to Snow': Climatic Variability and Harvest Yields in Late Imperial South China, 1650—1850." In Mark Elvin and Liu Ts'ui-jung, eds., *Sediments of Time : Environment and Society in China*. Cambridge University Press, forthcoming.

"Rice Prices, Food Supply, and Market Structure in Eighteenth-Century South China." *Late Imperial China* 12, no. 2 (Dec. 1991): 64—116.

Rural Revolution in South China : Peasants and the Making of History in Haiteng County, 1570—1930. Madison: University of Wisconsin Press, 1984.

Marks, Robert B., and Chen Chunsheng. "Price Inflation and Its Social, Economic, and Climatic Context in Guangdong, 1707—1800." *T'oung pao* vol. 81, no. 1 (1995): 109—52.

Mazumdar, Sucheta. *A History of the Sugar Industry in China : The Political Economy of a Cash Crop in Guangdong, 1644—1834*. University of California at Los Angeles, Ph.D. dissertation, 1984.

McCloskey, Donald N., and John Nash. "Corn at Interest: The Extent and Cost of Grain Storage in Medieval England." *American Economic Review* 74, no. 1 (Mar. 1984): 174—87.

McDougal, Charles. "The Man-Eating Tiger in Geographic and Historical Perspective." In Ronald L. Tilson and Ulysses S. Seal, eds., *Tigers of the World : The Biology, Biopolitics, Management, and Conservation of an Endangered Species*. Park Ridge, NJ: Noyes, 1987.

McNeill, J. R. *The Mountains of the Mediterranean : An Environmental History*. Cambridge University Press, 1992.

"Of Rats and Men: A Synoptic Environmental History of the Island Pacific." *Journal of World History* 5, no. 2 (1994): 299—349.

McNeill, William H. *Plagues and Peoples*. New York: Doubleday, 1976.

Menzies, Nicholas K. *Forest and Land Management in Imperial China*. New York: St. Martin's, 1994.

"Strategic Space: Exclusion and Inclusion in Wildland Policies in Late Imperial China." *Modern Asian Studies* 26, no. 4 (1992): 719—33.

"A Survey of Customary Law and Control over Trees and Wildlands in China." In Louise Fortman and John W. Bruce, eds., *Whose Trees? Proprietary Dimensions of Forestry*. Boulder, CO: Westview, 1988.

Meyer, William B., and B. L. Turner II. *Changes in Land Use and Land Cover : A Global Perspective*. Cambridge University Press, 1994.

Meyerhoff, Arthur A., et al. *China : Stratigraphy, Paleogeography, and Tectonics*. Boston: Kluwer Academic, 1991.

Ming Qing Guangdong sheng shehui jingji yanjiu hui, ed. *Ming Qing Guangdong shehui jingji yanjiu* (Studies in the society and economy of Guangdong during the Ming and Qing). Guangzhou: Guangdong renmin chuban she, 1987.

Mo Naiqun, ed. *Guangxi nongye jingji shi gao* (Draft history of the agricultural economy of Guangxi). Nanning: Guangxi minzu chuban she, 1985.

Molineaux, L. "The Epidemiology of Human Malaria as an Explanation of Its Distribution, Including Some Implications for Its Control." In Walther H. Wernsdorfer and Sir Ian McGregor, eds., *Malaria: Principles and Practice of Malariology*. Edinburgh: Churchill Livingstone, 1988.

Morita Akira. *Shindai suirishi kenkyu* (Studies on the history of water control in the Qing). Tokyo: Aki shobo, 1974.

Morse, Hosea Ballou. *The Chronicles of the East India Company Trading to China, 1635—1834*. Taibei: Chengwen Reprint, 1966.

Moseley, George. *The Consolidation of the South China Frontier*. Berkeley and Los Angeles: University of California Press, 1973.

Moulder, Frances V. *Japan, China, and the Modern World Economy*. Cambridge University Press, 1977.

Munakata, K. "Effects of Temperature and Light on the Reproductive Growth and Ripening of Rice." In International Rice Research Institute, *Proceedings of the Symposium on Climate and Rice*. Los Banos, Philippines: International Rice Research Institute, 1974.

Murphey, Rhoads. "Deforestation in Modern China." In Richard P. Tucker and J. F. Richards, eds., *Global Deforestation and the Nineteenth-Century World Economy*. Durham: Duke University Press, 1983.

Naquin, Susan, and Evelyn S. Rawski. *Chinese Society in the Eighteenth Century*. New Haven: Yale University Press, 1987.

Needham, Joseph. *Science and Civilization in China*, vol. 4, part 3, *Physics and Physical Technology: Civil Engineering and Nautics*. Cambridge University Press, 1971.

Science in Traditional China. Hong Kong: Chinese University Press, 1981.

Ng Chin-keong. *Trade and Society: The Amoy Network on the China Coast, 1683—1735*. Singapore: Singapore University Press, 1983.

Ng Yen Tak, Chu Kime Yee, and Lai Shing Kou. *Rural Spatial Organization: The Case of Qingyuan*. Hong Kong University Occasional Paper No. 8, 1980.

Nishiyama, I. "Effects of Temperature on the Vegetative Growth of Rice Plants." In International Rice Research Institute, *Proceedings of the Symposium on Climate and Rice*. Los Banos, Philippines: International Rice Research Institute, 1974.

Olivercrona, G. W. "The Flood Problem of Kwangtung." *Lingnan Science*

Journal 3, no. 1 (1925).

Oram, P. A. "Sensitivity of Agricultural Production to Climatic Change." *Climatic Change*, 7 (1985): 129—52.

Osborne, Anne. "The Local Politics of Land Reclamation in the Lower Yangzi Highlands." *Late Imperial China* 15, no. 1 (June 1994): 1—46.

Ownby, David Alan. *Communal Violence in Eighteenth Century Southeast China: The Background to the Lin Shuangwen Uprising of 1787*. Harvard University, Ph.D. dissertation, 1989.

Palafox y Mendoza, Juan de. *The History of the Conquest of China by the Tartars*. London, 1671.

Parker, Geoffrey, and L. M. Smith, eds. *The General Crisis of the Seventeenth Century*. London: Routledge and Kegan Paul, 1978.

Parry, M. L., and T. R. Carter. "The Effect of Climatic Variations on Agricultural Risk." *Climatic Change* 7 (1985): 95—110.

Pendleton, Robert. "Cogonals and Reforestation with Leucaena Glauca." *Lingnan Science Journal* 12, no. 4 (Oct. 1933): 555—60.

Peng Shilin and Zhou Shibao. "Guangxi Binyang faxian shiwannian qian de huasheng huashi" (A 100,000-year-old petrified peanut found in Binyang county, Guangxi). *Nongye kaogu* 1 (1981): 17—20.

Peng Xinwei. *Zhongguo huobi shi* (A monetary history of China). Beijing: Renmin chuban she, 1965.

Peng Yuxin. *Qing dai tudi kaiken shi* (A history of land reclamation in the Qing). Beijing: Nongye chuban she, 1990.

Perdue, Peter. *Exhausting the Earth: State and Peasant in Hunan, 1500—1850*. Cambridge, MA: Harvard University Press, 1987.

Perkin, H. J. "Social History." In Fritz Stern, ed., *The Varieties of History: From Voltaire to the Present*. New York: Vintage, 1973.

Perkins, Dwight. *Agricultural Development in China*. Chicago: Aldine, 1968.

Poivre, Pierre. *Travels of a Philosopher; Or, Observations on the Manner and Arts of Various Nations in Africa and Asia*. Translated from the French. London, 1769.

Polanyi, Karl. *The Great Transformation*. Boston: Beacon, 1957.

Pomeranz, Kenneth. *The Making of a Hinterland: State, Society, and Economy in Inland North China, 1853—1937*. Berkeley and Los Angeles: University of California Press, 1993.

Post, John D. *Food Shortage, Climatic Variability, and Epidemic Disease in*

Preindustrial Europe : The Mortality Peak in the Early 1740 s. Ithaca: Cornell University Press, 1985.

The Last Great Subsistence Crisis in the Western World. Baltimore: Johns Hopkins University Press, 1977.

Priestly, M. B. *Spectral Analysis and Time Series*. London: Academic, 1981.

Qing shi lie juan (Qing biographies). Taibei: Zhonghua shuju, 1964.

Qu Dajun. *Guangdong xin yu* (New sayings about Guangdong). Hong Kong: Zhonghua shuju, 1974 edition of early Qing text.

Quan Hansheng. "Lue lun xin hang lu faxian hou de Zhongguo haiwai maoyi" (On China's foreign trade after the beginning of new shipping routes). In *Zhongguo haiyang fazhan shi lunwen ji*, vol. 5. Taibei: Zhongyang yanjiu yuan zhongshan ren wen shehui kexue yanjiu suo, 1993.

"Meizhou baiyin yu Ming Qing jian Zhongguo haiwai maoyi de guanxi" (The connection between American silver and China's foreign trade in the Ming and Qing). *Xin yazhou bao* 16 (Oct. 15, 1991): 1—22.

"Song dai nanfang de xu shi" (Markets in Song-era south China). In Guoli bianyi guan, ed., *Song shi yanjiu ji*, vol. 6. Taibei: Guoli bianyi guan, 1971—86.

Zhongguo jingji shi luncong (Collected essays on China's economic history). Hong Kong: Xinya yanjiu so, 1972.

Rabinowitz, Allan. "Estimating the Indochinese Tiger *Panthera tigris corbetti* Population in Thailand." *Biological Conservation* 65 (1993): 213—17.

Rankin, Mary Backus. "Managed by the People: Officials, Gentry, and the Foshan Charitable Granary, 1795—1845." *Late Imperial China* 15, no. 2 (Dec. 1994): 1—52.

Rawski, Thomas G., and Lillian M. Li, eds. *Chinese History in Economic Perspective*. Berkeley and Los Angeles: University of California Press, 1992.

Reid, Anthony. *Southeast Asia in the Age of Commerce, 1450—1680*, vol. 1, *The Lands below the Winds*. New Haven: Yale University Press, 1988.

Ren Jishun et al. *Geotectonic Evolution of China*. Beijing: Science Press, 1987.

Richards, John F. "The Seventeenth-Century Crisis in South Asia." *Modern Asian Studies* 24, no. 4 (1990): 625—38.

Richardson, S. D. *Forests and Forestry in China*. Washington, DC: Island Press, 1990.

Ross, J. "Journal of a Trip Overland from Hainan to Canton in 1819." *Chinese Repository* 18, no. 5 (May 1849): 225—53.

Rowe, William T. "The State and Land Development in the Mid-Qing: Guangxi Province, 1723—37." Paper presented at the 1992 annual meeting of the American Historical Association.

Sakamoto, C. et al. "Climate and Global Grain Yield Variability." *Climate Change* 2 (1980): 349—61.

Sands, Barbara, and Ramon H. Myers. "The Spatial Approach to Chinese History: A Test." *Journal of Asian Studies* 45, 4 (Aug. 1986): 721—43.

Schafer, Edward H. *Shore of Pearls*. Berkeley and Los Angeles: University of California Press, 1970.

———. *The Vermilion Bird: T'ang Images of the South*. Berkeley and Los Angeles: University of California Press, 1967.

Schoppa. Keith R. *Xiang Lake-Nine Centuries of Chinese Life*. New Haven: Yale University Press, 1989.

Scott, H. Harold. *A History of Tropical Medicine*. Baltimore: Williams and Wilkins, 1939.

Scott, James C. *The Moral Economy of the Peasant: Subsistence and Rebellion in Southeast Asia*. New Haven: Yale University Press, 1976.

Seidensticker, John. "Large Carnivores and the Consequences of Habitat Insularization: Ecology and Conservation of Tigers in Indonesia and Bangladesh." In S. D. Miller and D. D. Everett, eds., *Cats of the World: Biology, Conservation, and Management*. Washington, DC: National Wildlife Federation, 1986.

Shaw, Norman. *China's Forest Trees and Timber Supply*. London: T. Fisher Unwin, 1912.

Shen Ts'an-hsin. "Non-Hortunian Runoff Generation in the Humid Regions of South China." In Laurence J. C. Ma and Allen G. Noble, eds., *The Environment: Chinese and American Views*. New York: Methuen, 1981.

Shepherd, John Robert. *Statecraft and Political Economy on the Taiwan Frontier, 1600—1800*. Stanford: Stanford University Press, 1993.

Shiba, Yoshinobu. *Commerce and Society in Sung China*. Mark Elvin, trans. Ann Arbor: University of Michigan Press, 1970.

Shih Min-hsiung. *The Silk Industry in Ch'ing China*. E-tu Zen Sun, trans. Ann Arbor: University of Michigan Press, 1976.

Siu, Helen. *Agents and Victims in South China: Accomplices in Rural Revolution*. New Haven: Yale University Press, 1989.

Skinner, G. William. "Cities and the Hierarchy of Local Systems." In G. William Skinner, ed., *The City in Late Imperial China*. Stanford: Stanford University Press, 1977.

The City in Late Imperial China. Stanford: Stanford University Press, 1977.

"Differential Development in Lingnan." In Thomas P. Lyons and Victor Nee, eds., *The Economic Transformation of South China : Reform and Development in the Post-Mao Era.* Ithaca: Cornell University Press, 1994.

"Presidential Address: The Structure of Chinese History." *Journal of Asian Studies* 45, no. 2 (Feb. 1985): 271—92.

"Regional Urbanization in Nineteenth-Century China." In G. William Skinner, ed., *The City in Late Imperial China.* Stanford: Stanford University Press, 1977.

"Sichuan's Population in the Nineteenth Century: Lessons from Disaggregated Data. *Late Imperial China* 7, no. 2 (Dec. 1986):1—79.

Slicher van Bath, B. H. *The Agrarian History of Western Europe, 500—1800.* Olive Ordish, trans. London: E. Arndd, 1963.

Smil, Vaclav. *China's Environmental Crisis : An Inquiry into the Limits of National Development.* Armonk, NY: Sharpe, 1992.

So, Alvin. *The South China Silk District : Local Transformation and World-System Theory.* Albany: State University of New York Press, 1986.

Song Xixiang. *Zhongguo lidai quan nong kao* (A study of exhorting agriculture in Chinese history). Shanghai: Zhengzhong shuju, 1936.

Song Yingxing. *Tiangong kaiwu*. Ttrans. by E-tu Zen Sun and Shiou-Chuan Sun as *T'ienkung k'ai-wu : Chinese Technology in the Seventeenth Century*. University Park: Pennsylvania State University Press, 1966.

Spence, Jonathan D. *The Search for Modern China.* New York: Norton, 1990.

Ts'ao Yin and the K'ang-hsi Emperor : Bondservant and Master. New Haven: Yale University Press, 1966.

Staunton, Sir George L. *An Authentic Account of an Embassy from the King of Great Britain to the Emperor of China.* Philadelphia, 1799.

Steward, Albert N. "The Burning of Vegetation on Mountain Land, and Slope Cultivation in Ling Yuin Hsien, Kwangsi Province, China." *Lingnan Science Journal*, 13, no. 1 (Jan. 1934): 1—7.

Struve, Lynn. *The Southern Ming, 1644—1662.* New Haven: Yale University Press, 1984.

Voices from the Ming-Qing Cataclysm : China in Tigers' Jaws. New Haven: Yale University Press, 1993.

Su Guangchang. "Song dai de Guangxi shehui jingji" (The society and economy of Guangxi during the Song). Guangxi shifan xueyuan xuebao 4 (1981): 75—84.

Sun Wenliang, Zhang Jie, and Zheng Quanshui. *Qianlong di* (The Qianlong emperor). Changchun: Jilin wenshi chuban she, 1993.

Tan Bangjie. "Status and Problems of Captive Tigers in China." In Ronald L. Tilson and Ulysses S. Seal, eds., *Tigers of the World: The Biology, Biopolitics, Management, and Conservation of an Endangered Species*. Park Ridge, NJ: Noyes, 1987.

Tan Yanhuan. "Lun Ming Qing shidai Guangxi nongye chanpin de shangpinhua" (On the commercialization of agricultural produce in Guangxi during the Ming and Qing). Paper presented at 1987 Shenzhen Conference on Qing Social and Economic History.

Thomas, William L., ed. *Man's Role in Changing the Face of the Earth*. Chicago: University of Chicago Press, 1956.

Tilly, Charles. *Coercion, Capital and European States, AD 990—1990*. Cambridge, MA: Basil Blackwell, 1990.

Tilson, Ronald L., and Ulysses S. Seal, eds. *Tigers of the World: The Biology, Biopolitics, Management, and Conservation of an Endangered Species*. Park Ridge, NJ: Noyes, 1987.

Todhunter, P. E. et al. "Effects of Monsoonal Fluctuations on Grains in China, part 1, Climatic Conditions for 1961—1975." *Journal of Climate* 2 (Jan. 1989): 5—37.

"Topography of Kwangtung." *The China Repository* 12 (Feb. 1989): 88—93.

Tregar, Thomas. R. *A Geography of China*. London: University of London Press, 1966.

Tsang Wah-moon. *The Centricity of Development of Lingnan in T'ang Dynasty*. Hong Kong: Chinese University of Hong Kong Press, 1973.

Tuan, Yi-fu. *China*. London: Longman Group, 1970.

"Discrepancies between Environmental Attitude and Behavior: Examples from Europe and China." *The Canadian Geographer* 12, no. 3 (1968): 176—91.

Tucker, Mary Evelyn. "The Relevance of Chinese Neo-Confucianism for the Reverence of Nature." *Environmental History Review* 15, no. 2 (Summer 1991): 55—69.

Tucker, Richard P., and J. F. Richards, eds. *Global Deforestation and the Nineteenth-Century World Economy*. Durham: Duke University Press, 1983.

Turner, B. L. et al., eds. *The Earth as Transformed by Human Action:*

Global and Regional Changes in the Biosphere of the Past 300 Years. Cambridge University Press, 1990.

van der Sprenkel, Otto. "Population Statistics of Ming China." *Bulletin of the School of Oriental and African Studies* 15, no. 2 (1953): 289—326.

Van Slyke, Lyman P. *Yangtze: Nature, History, and the River*. Reading, MA: Addison-Wesley, 1988.

Viraphol, Sarasin. *Tribute and Profit: Sino-Siamese Trade, 1652—1853*. Cambridge, MA: Harvard University Press, 1972.

von Glahn, Richard. "Myth and Reality of China's Seventeenth Century Monetary Crisis." Paper presented at the UCLA Center for Chinese Studies seminar, October 1995.

Wakeman, Frederic, Jr. *The Fall of Imperial China*. Boston: Free Press, 1975.

——— *The Great Enterprise*. Berkeley and Los Angeles: University of California Press, 1985.

——— *Strangers at the Gate: Social Disorder in South China, 1839—1861*. Berkeley and Los Angeles: University of California Press, 1966.

Waley, Arthur. *The Opium War through Chinese Eyes*. Stanford: Stanford University Press, 1958.

Wallerstein, Immanuel. *The Modern World System*, vol. 1, *Capitalist Agriculture and the Origins of the European World-Economy in the Sixteenth Century*. New York: Academic, 1977.

Walter, John, and Roger Schofield. "Famine, Disease and Crisis Mortality in Early Modern Society." In John Walter and Roger Schofield, eds., *Famine, Disease and Crisis Mortality in Early Modern Society*. Cambridge University Press, 1989.

Wang Chi-wu. *The Forests of China*. Cambridge, MA: Harvard University Press, 1961.

Wang Daorui. "Qing dai liangjia zoubao zhidu de queli ji qi zuoyong" (The verification and function of the Qing grain-price reporting system). *Lishi dang'an* 4 (1987): 80—86.

Wang, Yeh-chien. "Food Supply and Grain Prices in the Yangtze Delta in the Eighteenth Century." In *The Second Conference on Modern Chinese Economic History*. Taibei: Academica Sinica Institute of Economics, 1989, pp. 423—59.

——— "Food Supply in Eighteenth-Century Fujian." *Late Imperial China* 7, no. 2 (1986): 80—117.

Land Taxation in Imperial China, 1750—1911. Cambridge, MA: Harvard University Press, 1973.

———. "Qing dai de liang jia chenbao zhidu" (The grain-price reporting system in the Qing). *Taibei gugong likan* 13, no. 1 (1978): 53—66.

Wang Gungwu. *Nan Hai maoyi yu Nanyang huaren* (Commerce in the Nan Hai and overseas Chinese in the Nanyang). Hong Kong: Zhonghua shuju, 1988.

Wang Hongyue and Liu Ruchong. "Guangdong Foshan zibenzhuyi mengya de jidian tanlun" (A few points for discussion about the sprouts of capitalism in Foshan, Guangdong). *Zhongguo lishi bowuguan guankan* 2 (1980): 58—79.

Wang Lunghua and Liu Shengli, comps. *Zhongguo nongxue shi (chu gao)* (A draft history of Chinese agronomy). Beijing: Xinhua shudian, 1984.

Wang Pao-kuan. "On the Relationship between Winter Thunder and the Climatic Change in China jn the Past 2,200 Years." *Climatic Change* 3 (1980): 37—46.

Wang Ping. "Qing ji Zhujiang sanjiaozhou de nongtian shuili" (Agricultural irrigation in the Pearl River delta during the Qing). In *Jindai Zhongguo quyu shi yanjiu taolunhui wenji*. Taibei: Academica Sinica Institute of Modern History, 1986.

Wang Qiang, editor in chief. *Zhongguo daozuo xue* (Chinese rice culture). Beijing: Xinhua shudian, 1986.

Wang Shao-wu, Zhao Zong-ci, and Chen Zhen-hua. "Reconstruction of the Summer Rainfall Regime for the Last 500 Years in China." *GeoJournal* 5, no. 2 (1981): 117—22.

Wang Shao-wu and Zhao Zong-ci. "Droughts and Floods in China, 1470—1979." In T. M. L. Wigley et al., eds., *Climate and History: Studies in Past Climates and Their Impact on Man*. Cambridge University Press, 1981.

Wang Yumin. "'Ming chu quan guo renkou kao zhi yi" (A study on the population of China at the beginning of the Ming). *Lishi yanjiu* 3 (1990): 55—64.

Watson, James Lee. *A Chinese Emigrant Community: The Man Lineage in Hong Kong and London*. University of California at Berkeley, Ph.D. dissertation, 1972.

Wernsdorfer, Walther H., and Sir Ian McGregor. *Malaria: Principles and Practice of Malariology*. Edinburgh: Churchill Livingstone, 1988.

Wiens, Harold J. *Han Chinese Expansion in South China*. Hamden, Conn.: Shoe String Press, 1967.

Wigley, T. M. L., et al., eds. *Climate and History: Studies in Past Climates and Their Impact on Man*. Cambridge University Press, 1981

Wilkinson, Endymion. *Studies in Chinese Price History*. Princeton University, Ph.D. dissertation, 1970.

Will, Pierre-Etienne. *Bureaucracy and Famine in Eighteenth-Century China*. Elborg Forster trans. Stanford: Stanford University Press, 1990.

"State Intervention in the Administration of a Hydraulic Infrastructure: The Example of Hubei Province in Late Imperial Times." In Stuart Schram, ed., *The Scope of State Power in China*. New York: St. Martin's, 1985.

Will, Pierre-Etienne, and R. Bin Wong. *Nourish the People : The State Civilian Granary System in China, 1650—1850*. Ann Arbor: University of Michigan Press, 1992.

Wills, John E., Jr. "Maritime Asia, 1500—1800: The Interactive Emergence of European Domination." *American Historical Review* 98, no. 1 (Feb. 1993): 83—105.

Wilson, Edward O. *The Diversity of Life*. Cambridge, MA: Harvard University Press, 1992.

Wong, K. Chimin, and Wu Lien-teh. *History of Chinese Medicine, Being a Chronicle of Medical Happenings in China from Ancient Times to the Present Period*. Tientsin (Tianjin): Tientsin Press, 1932.

Wong, R. Bin. "State Granaries and Food Supplies in China, 1650—1850: An Assessment." Paper presented at the 1987 Qing Social and Economic History Conference, Shenzhen.

Worster, Donald. *Dust Bowl : The Southern Plains in the 1930s*. New York: Oxford University Press, 1979.

"Transformations of the Earth: Toward an Agroecological Perspective in History." *Journal of American History* 76, no. 4 (Mar. 1990): 1087—106.

The Wealth of Nature : Environmental History and the Ecological Imagination. New York: Oxford University Press, 1993.

Wrigley, E. A. "Some Reflections on Corn Yields and Prices in Pre-industrial Economies." In E. A. Wrigley, *People, Cities, and Wealth*. New York: Basil Blackwell, 1987.

Wu Jianxin. "Ming Qing Guangdong liangshi shengchan shuiping shitan" (A preliminary investigation of harvest yields in Guangdong during the Ming and Qing). *Zhongguo nongshi* 4 (1990): 28—37.

"Qingdai Guangdong liangshi zhengce shulue" (An overview of food policies in Guangdong during the Qing period). *Zhongguo nongshi* 3 (1990): 59—67.

Wu Youwen et al., eds. *Guangdong sheng jingji dili* (An economic geography of Guangdong province). Beijing: Xinhua chuban she, 1985.

Xiang Peilon, Tan Bangjie, and Jia Xianggang. "South China Tiger Recovery Program." In Ronald T. Tilson and Ulysses S. Seal, eds., *Tigers of the World: The Biology, Biopolitics, Management, and Conservation of an Endangered Species*. Park Ridge, NJ: Noyes, 1987.

Xiao Yishan. *Qing dai tong shi* (A general history of the Qing). Beijing: Xinhua shudian, 1986.

Xie Guozhen. *Ming Qing zhi ji dang she yundong* (The party movement in the late Ming and early Qing). Taibei: Shangwu yinshu guan, 1967.

Xie Tianzuo. "Qihou, shoucheng, liangjia, minqing-du 'Li Xu zouzhe'" (Climate, harvests, grain prices, and the people's morale-reading 'The palace memorials of Li Xu'). *Zhongguo shehui jingji shi yanjiu*, no. 4 (1984): 17—20.

Xu Dixin and Wu Chengming, eds. *Zhongguo zibenzhuyi de mengya* (The sprouts of capitalism in China). Beijing: Renmin chuban she, 1985.

Xu Gengqie. *Buziqie zhai man cun* (Desultory musings from a studio of discontent). Taibei: Wenhai chuban she reprint of 1889 text.

Xu Hengbin. "Han dai Guangdong nongye shengchan chutan" (A preliminary investigation of agricultural production in Guangdong during the Han). Nongye kaogu 2 (1981): 56—60.

Xu Junming. *Lingnan lishi dili lun ji* (Essays on the historical geography of Lingnan). Guangzhou: Zhongshan daxue xuebao bianji, 1990.

Yan Zhongping et al. *Zhongguo jindai jingji tongji ziliao xuanji* (Selected economic statistical materials for modern China). Beijing: Kexue chuban she, 1953.

Yang, C. K. *Chinese Communist Society: The Family and the Village (A Chinese Village in Early Communist Transition)*. Cambridge, MA: MIT Press, 1959.

Yang Guozhen. *Ming Qing tudi qinyue wenshu yanjiu* (Studies of land contracts from the Ming and Qing). Beijing: Renmin chuban she, 1988.

Yang Qiqiao. *Yongzheng di ji qi mi zou zhidu yanjiu* (A study of the Yongzheng emperor and his secret palace memorial system). Hong Kong: Sanlian shu dian, 1985.

Ye Duzheng et al., eds. *The Climate of China and Global Climate: Proceedings of the Beijing International Symposium on Climate*. Berlin: Springer, 1987.

Ye Xian'en. "Lue lun Zhujiang sanjiaozhou de nongye shangyehua" (An overview of the commercialization of the Pearl River delta). *Zhongguo shehui jingji shi yanjiu*, no. 2 (1986): 16—29.

Ye Xian'en, ed. *Qing dai chuyu shehui jingji yanjiu* (Studies in the regional social and economic history of the Qing period). Beijing: Zhonghua shu ju, 1992.

Ye Xian'en and Tan Dihua. "Lun Zhujiang sanjiaozou de zu tian" (On lineage lands in the Pearl River delta). In *Ming Qing Guangdong shehui jingji xingtai yanjiu*. Guangzhou: Guangdong renmin chuban she, 1985.

———. "Ming Qing Zhu Jiang sanjiaozhou nongye shangyehua yu xushi de fazhan" (The commercialization of agriculture in the Pearl River delta during the Ming and the Qing and market development). *Guangdong shehui kexue* 2 (1984): 73—90.

Ye Xian'en, Tan Dihua, and Luo Yixing. *Guangdong hang yun shi gudai bufen* (The history of shipping in Guangdong in ancient times). Beijing: Renmin jiaotong chuban she, 1989.

Ye Yineng, ed. *Zhongguo lidai panshi nong zheng shi* (A general history of China's agricultural policies). Nanjing: Dongnan daxue chuban she, 1991.

Yoshida, S., and F. T. Parao. "Climatic Influence on Yield Components of Lowland Rice in the Tropics." In International Rice Research Institute, *Proceedings of the Symposium on Climate and Rice*. Los Banos, Philippines: International Rice Research Institute, 1974.

Yoshino, Masatoshi M., ed. *Climate and Agricultural Land Use in Monsoon China*. Tokyo: University of Tokyo Press, 1984.

Zeng Huaman (Tsang Wah-moon). *Tangdai lingnan fazhan de gaixinxing* (The centricity of development of Lingnan in T'ang dynasty). Hong Kong: Hong Kong University Press, 1973.

Zeng Zhaoxian. "Cong lishi dimaoxue kan Guangzhou cheng fazhan wenti" (Looking at the question of the development of Guangzhou city from the perspective of historical physiography). *Lishi dili* 4 (1986): 28—41.

Zhang De'er. "Zhongguo nanbu jin 500 nian dongji wendu bianhua de rogan tezheng" (A few points about the temperature change over the past 500 years in the southern part of China). *Kexue tongbao* 6 (1980): 270—72.

Zhang Jiacheng and Thomas B. Crowley. "Historical Climate Records in China and the Reconstruction of Past Climate." *Journal of Climate* 2 (Aug. 1989): 833—49.

Zhang Jiacheng and Lin Zhiguang. *Climate of China*. Ding Tan, trans. New York: Wiley, 1992.

Zhang Peiyuan and Gong Gaofa. "Three Cold Episodes in the Climatic History of China." In Ye Duzheng et al., eds., *The Climate of China and Global Climate: Proceedings of the Beijing International Symposium on Climate*. Berlin: Springer,

1987.

Zhang Peiyuan, et. al. "Climate Change and Its Impact on Capital Shift during the Last 2,000 Years in China." Paper presented at the Conference on the History of the Environment in China, Hong Kong, December 13—18, 1993.

Zhang Yongda, et al. *Leizhou bandao de zhipei* (The flora of the Leizhou peninsula). Shanghai: Xinhua shu ju, 1957.

Zhao Songqiao. *Geography of China : Environment, Resources, Population, and Development*. New York: Wiley, 1994.

Zheng Sizhong. "1400—1949 nian Guangdong sheng de qihou zhendong ji qi dui liangshi feng kuan de yingxiang" (Climatic fluctuation and its effect on food production during the period 1400—1949 in Guangdong province). *Dili xuebao* 38, no.1 (Mar. 1983): 25—32.

Zhong Gongfu. "Zhujiang sanjiaozhou de 'sang ji yu tang'-yige shui lu xianghu zuoyong de rengong shengtai zitong" (The 'mulberry embankment fish pond' in the Pearl River delta-a useful man-made land and water ecological system). *Dili xuebao* 35, no. 3 (Sept. 1980): 200—209.

Zhou Kangxie. *Guangzhou shi yange shilue* (An outline history of the administrative changes of Guangzhou). Hong Kong: Zongwen shudian, 1972.

Zhou Yuanhe. "Zhujiang sanjiaozhou de chenglu guocheng" (The process by which the Pearl River delta became land). *Lishi dili* 5 (1987): 58—69.

Zhou Yuanlian. *Shunzhi di* (The Shunzhi emperor). Changchun: Jilin wenshi chuban she, 1993.

Zhu, X., ed. *Chinese Sedimentary Basins*. New York: Elsevier, 1989.

Zhu Kezhen. "Zhongguo jin wuqian nian lai qihou bianqian de chubu yanjiu" (A preliminary study of climatic change in China over the past 5,000 years). *Kaogu xuebao*, no. 1 (1972). Reprinted in Zhu Kezhen, *Zhu Kezhen wen ji*. Beijing: Kexue chuban she, 1979.

Zhu Kezhen and Zhang Baogun. *Zhongguo zhi yuliang* (The rainfall of China). Beijing: Ziyuan weiyuan hui, 1936.

Zhu Yuncheng, comp. *Zhongguo renkou-Guangdong fence* (China's population-the Guangdong part) Beijing: Xinhua shudian, 1988.

Zhuang Jifa. *Gugong dang'an shu yao* (An introduction to the palace archives). Taibei: Gugong congkan, 1983.

索 引[1]

Abel, Wilhelm, 274 威廉·埃贝尔;

aboriginal peoples 土著居民; as defined by Chinese, 54 汉人眼中的土著居民; Chinese state and, 93—94 中国政府与土著居民; in population registers, 94—95 土著居民的人口记录; population size of, 55 土著居民的人口规模; resistance to Chinese encroachment of, 95—96 土著民族对汉族进入的抵抗; uprisings of, 95 土著民族的起义;

agricultural involution, 175—176, 农业内卷化 see also Geertz, Clifford;

agricultural systems 农业系统: Boserup on, 100 博斯拉普的农业系统; classification of, 100 农业系统的种类; Ming-era, 103—114 明朝的农业系统;

agricultural ecology, 7 农业生态;

agricultural economy: delinking from climate of, 337 农业经济与气候变化的脱钩;

agriculture 农业:and shatan, 81 沙坦与农业; "Chinese style," 53 中国的农耕文化; commercialization of, 173—176、181—184、193、194, see also commercialization, cotton, marketing systems, markets, rice, silk, sugarcane 农业的商业化; dry-land, 104—105 旱地农业; experimentation, 283 农业试验; growing season, 28 作物生长季节; impact of climate on, 202—206 气候对农业的影响; see also climate, climatic change; intensification of, 100、282—285、307 农业生产的密集化; irrigated, see waterworks, irrigation 灌溉农业; population density and, 100—101,

---

[1] 索引中所注页码为英文版原著中页码。

see also Boserup, Esther 人口密度与农业；slash-and-burn, 55、69、70、78—79、103—104、319 刀耕火种农业；specialization of, 249—250、264、275 农业生产的专业化；sustainability of, 119—120、341—342 农业生产的可持续性；technology, 284—285, see also harvest yields, rice, waterworks, irrigation 农业技术；wet-rice, 水稻; as practice by Tai, 55 傣族的水稻农业；see also commercialization, cotton, cropping cycle, cropping patterns, fruit tree and fish pond systems, mulberry embankment and fish pond systems, New World crops, rice, sugarcane, sweet potatoes, tobacco, wheat；

agroecosystem 农业生态系统：energy losses from, 341—342 农业生态系统的能量流失；Lingnan as, 128—129 岭南的农业生态系统；

A-ke-dun, 291、295 阿克敦；

Atwell, William, 128—129 艾维四；

Bandits, 143—144 土匪；Associated (she zei), 146 社贼；and land reclamation 297—300 土匪与土地开垦；as reason for burning hillsides, 322—323 土匪作为烧山的原因；

Batavia, 168 巴达维亚；

Beihai: malaria in, 73n32 北海的疟疾；

Boluo: cold and frost in, 213 博罗的严寒与霜冻；

Bonnery, Samuel, 327 塞缪尔·博内里；

Brandt, Loren, 261 布兰德；

Braudel, Fernand 布罗代尔；and environmental history, 4—5 布罗代尔与环境史；on capitalism, 11—12 布罗代尔关于资本主义的观点；

brokers (ya hang), 256、268 牙行；rice, 245 米铺；

Cangwu: rice exports from, 192 从苍梧输出的稻米；

cannibalism, 147 割尸充腹；

capitalism 资本主义：as cause of environmental change, 338—339 作为环境变化原因的资本主义；defined, 11—12 资本主义的定义；distinguished from commercialization, 338—340 资本主义与商业化的区别；and environmental change, 12—13 资本主义与环境变迁；petty mode of, 12 小资本主义生产模式；

cash crops, 183—184 经济作物 see also agriculture, commercial crops, commercialization, cotton, rice, sugarcane, tobacco；

Celeng, 236、246、247、256 策楞；

central wharf office, 256 总埠；

Cenxi: double cropping of rice in, 111 岑溪的双季稻；rice exports from, 130、192 岑溪的稻米输出；

Chang Lai, 294 常赉；

379

Chaoyang: shu huang in, 154 潮阳的熟荒;

Chaozhou 潮州:as core region, 89—90 作为中心地区的潮州; as distinct from Lingnan macroregion, 24、89—90、262 潮州在地形上与岭南其他地区相分离; double cropping of rice in, 110—111 潮州的双季稻种植;elephants in, 45 潮州的大象; famine in, 212 潮州的饥荒; flood control in, 78 潮州的防洪设施; as grain-deficit area, 252 潮州作为粮食不足的地区; harvest yields in, 210 潮州的粮食产量; population of, 62、63、64、65 潮州的人口; shu huang in, 154 潮州的熟荒; sugarcane in, 173 潮州的甘蔗种植;tiger attacks in, 325 潮州的虎患; wheat in, 112 潮州的小麦种植;

Chen Dashou, 241 陈大受;

Chen Hongmou, 301—305 陈宏谋;

Chen Yuanlong, 241、255 陈元龙;

Chenghai: famine in, 212 澄海的饥荒;

China: environmental crisis in, 342—343 中国的环境危机;

Chinese: see Han Chinese 中国人 汉族人;

Climate 气候:and climatic change, 2 气候变化; and double cropping of rice, 127 气候与双季稻; and history, 9—10 气候史; impact on agriculture of, 9—10、126—127 气候对农业的影响; impact on rice prices of, 269 气候对米价的影响; of Lingnan, 28—29 岭南的气候; Ming-era, 125—127 明代的气候; Qing-era, 201、217—219 清代的气候; see also climatic change

climatic change, 224 气候变化; as cause of ecological change, 47、336—337 气候变化作为生态变迁的原因; as a cause of extinction, 45—46 气候变化作为物种灭绝的原因; causes of,48—52 气候变化的原因; and demographic crisis,336—337 气候变化与人口危机; and double cropping of rice, 114 气候变化与双季稻种植; and food supply, 218—219 气候变化与粮食供应; and intensification of agriculture, 284 气候变化与农业生产的密集化; impact of, 51—52 气候变化的影响; impact on agriculture of, 336—337 气候变化对农业的影响; impact on harvest yields of, 140、155、206—207、214、220—221、273 气候变化对农业产量的影响; impact on rice prices, 266—271 气候变化对米价的影响; in Lingnan, 45—46、48—52、201 岭南的气候变化; Qing-era, 201 清代的气候变化; responses to, 248、249、337 应对气候变化; seventeenth-century crisis and, 137—140 17 世纪危机与气候变化; studies of, 48n62、48n64 对气候变化的研究; temperature and, 48—49、197—199 气温与气候变化;

coastal population, relocation of:151—153、166、290 沿海人口的内迁; and tigers, 325 迁界禁海与老虎 see also Kangxi emperor, Manchu conquest, Zheng Chengdong;

commerce 贸易:over Meiling Pass, 79 see also commericalization, trade 通过梅岭关的贸易;

commercial crops 经济作物: Ming-era, 115—120, 明代的经济作物 see also agriculture, cash crops, commercialization, cotton, rice, sugarcane, tobacco;

commercialization (see also agriculture, commericalization of),334—335 商业化; distinguished from capitalism, 338—340 商业化与资本主义的区别; and environmental change, 120、121、225、265—266、338—340 商业化与环境的变迁; food supply and, 130—131 粮食供应与商业化; and intensification of agriculture, 284 商业化与农业生产的密集化; and land use change, 171—176、194 商业化与土地利用模式的变迁; and market increase, 125 商业化与墟市数量的增加; impact on environment, 11—12 商业化对环境的影响; interpreted in ecological terms, 131 从生态学的角度解读商业化; of agriculture, 120—132 农业的商业化; sugarcane and, 173—174 商业化与甘蔗种植; peasant family farm and, 175、194 商业化与农家田场; peculiarities of,183, see also capitalism, markets, marketing systems 商业化的特征;

Conghua: bandits in, 143 从化的盗匪; snow in, 138 从化的降雪; tigers in, 135 从化的老虎;

core-periphery,64、74、99、132、185 中心-边缘模式;

cotton: amounts imported,178—179 棉花的进口量; Chinese demand for, 180 中国对棉花的需求; imported from Siam, 171 从暹罗进口棉花; in Guangxi, 118 广西的棉花; raw, 177—178 原棉; role in European trade, 177—179 棉花在欧洲人贸易中的地位; sugarcane and, 168—172 甘蔗与棉花; and textile industry, 172 棉纺织业;

Cronon, William: on environmental change,338—339 威廉·克罗农;

crop yields: increase during Ming of, 85 明代作物产量的增加;

cropping cycle, 203—204 轮作周期; see also agriculture cropping patterns, 282—285; see also agriculture;

Crosby, Alfred: on environmental change, 339、340 阿尔弗雷德·克劳斯比;

cultivated land: see land, cultivated 耕地;

Dampier, Captain William, 166n5、167—168 丹皮尔船长;

dearth (ji),140, see also famine, famine relief, granaries 饥荒;

Debao, 237 德保;

deer, 42—43、325、332 鹿;

deforestation, 37、319—327 毁林; and droughts, 328—330 森林减少与旱灾; and floods, 328—330 森林减少与水灾; environmental change and, 327—330 毁林与环境变迁; and erosion, 321 森林减少与水土流失; evidence of, 322—327 森林减

381

少的史料; method for estimating, 323—327 估算森林消失情况的方法; Ming-era, 132—133 明代的森林减少; tigers and, 326 森林消失与老虎; in Yangzi River valley, 342 长江流域的森林减退; see also forests, land;

demographic crisis, 336—337 人口危机; of 1648—1653, 147—151、1648—1653 年的人口危机;

Deng Bi'nan: on extinctions, 331—332、343、345 邓启南关于物种灭绝的叙述;

depopulation: following Mongol invasion, 96 蒙古入侵带来的人口减少; seventeenth-century crisis and, 157—158 17 世纪危机与人口减少;

desertification: of Leizhou peninsula, 97 雷州半岛的荒漠化;

dikes: see waterworks 堤防;

Dingchang, 232 定长;

Dinghu Mountain, 37、38、96 鼎湖山;

disasters, natural 自然灾害: harvest yields and, 209 自然灾害与作物产量; relief from, 330 赈灾; see also granaries;

disease, epidemic, 147—149 疾疫流行; Qing troops and, 148—149 清军与疾疫流行; seventeenth-century crisis and, 161 17 世纪危机与疾疫流行;

Dongguan 东莞: cultivated land in, 91 东莞的耕地; seawall constructed in, 78 东莞的咸潮堤; shatan in, 81、82 东莞的沙坦; sugarcane in, 174 东莞的甘蔗种植;

double cropping: see rice 双季稻;

drought 旱灾: cold temperatures and, 139—140、215 严寒天气与旱灾; impact on agriculture of, 202、215—217 旱灾对农业的影响; impact on nomads of, 56n10 旱灾对游牧民族的影响; of 1786—1787, 215—217 1786—1787 年的旱灾; incidence of, 224 旱灾发生的频率; West River navigation and, 215 旱灾与西江航运; see also climate, climatic change;

Dunstan, Helen, 234、236 邓海伦;

Dupaquier, Jacques, 336—337 杜帕契尔;

dysentery, 148—149 痢疾; see also disease, epidemic;

E-er-tai, 255 鄂尔泰; on land reclamation in Guangxi, 300—301 鄂尔泰关于广西的土地开垦的奏折; on navigating the West River, 33 鄂尔泰关于西江航运的奏折; on Yunnan model of land reclamation 鄂尔泰关于云南的土地开垦模范的奏折;

E-mi-da, 323 鄂弥达; and Guangxi land scheme, 302—303 鄂弥达关于广西土地开垦情况的奏折; and land reclamation, 297—300 鄂弥达与土地开垦;

East India Company, British, 169、175、176、177—178、180 英国东印度公司;

East River: drainage area, 30 东江灌溉地区;

ecological change, 327—332 生态变迁; and agricultural commercialization,

121 农业商业化与生态变迁; chaos theory and, 47 混沌理论与生态变迁; causes of, 46—47、265—266 生态变迁的原因; commercialization and, 131 商业化与生态变迁; and fish ponds, 119—120 生态变迁与鱼塘; in Lingnan, 46—47 岭南的生态变迁; and markets, 121 市场与生态变迁; by period, 2—1400CE, 53—58, 公元2—1400 年各时期的生态变迁; Odum, Eugene on, 47 尤金·奥德姆的生态变迁理论; population and, 47 人口与生态变迁; see also climate, climatic change, commercialization, deforestation, forests, population;

ecosystem 生态系统: changes in, 265—266 生态系统的变化; see also climate, climatic change, commercialization, deforestation, forests, population; commercialization and, 225 商业化与生态系统; Lingnan as, 47 岭南生态系统; simplification of, 131、225、266 生态系统的简单化;

economic change: causes of, 13—14 经济变化的原因;

economy: and environment, 7 经济与环境;

elephants: disappearance from Lingnan of, 44—46 大象在岭南的消失; in Lingnan, 42、43—44 岭南的大象; killing of, 42 猎杀大象;

"encouraging agriculture": see quan nong 劝农;

energy crisis, 320 能源危机;

England: harvest failures in, 272—273 英国的粮食歉收;

Enping, 298 恩平; land reclamation in, 299 恩平的粮食开垦;

environment: and economy, 7 环境与经济; anthropengenic changes to, 225 人类对环境的改变; conceptions of, 6 环境的定义; crisis in, 333、342—343 环境危机; land use changes and, 264—265 环境与土地利用模式的变化; of Lingnan, summarized, 52 岭南的环境; war and, 160—161 战争与环境; see also ecological change, ecosystem, environmental change, forests, land;

environmental change, 225、327—332 环境变迁; agricultural specialization and, 275—276 农业专业化与环境变迁; causes of, 13—14 环境变迁的原因; in Ming dynasty, 100 明代的环境变迁;

environmental history, 3—7, 16 环境史;

epidemic disease: see disease, epidemic 流行病;

erosion: and Mongol invasion, 81 蒙古入侵与水土流失; and malaria, 82 水土流失与疟疾; flooding and, 98 水土流失与洪水; in Leizhou, 97 雷州的水土流失; New World crops and, 311—312 美洲作物与水土流失; see also ecological change, ecosystem, environmental change, land;

extinction: see species, extinction of 物种的灭绝;

famine (da ji), 140 大饥; in Guangzhou prefecture, 216 广州府的大饥荒; harvest yields and, 210 作物产量与饥荒; in war and, 150 战争与饥荒; see also dearth, famine relief, granaries;

famine relief, 211—212、215—216 饥荒的赈济; granaries and, 227、229、238—239、246—248 粮仓与赈济; market and,255 市场与赈济; see also granaries;

Fan Chengda: on malaria, 73 范成大关于瘴气的记录;

Fan I-chun, 102、169 范毅军;

farming: riskiness of, 202—206 经营农业的风险; see also agriculture

Fengchuan: rice exported from, 封川县输出稻米;

fertilizer, 285 肥料;

fire: and land clearance, 69—70、319—320 烧荒与土地开垦; reasons for use of, 322—323 烧荒的原因; used to burn off hills, 321 经常性地烧山; see also agriculture, environmental change, land;

firewood, 320 柴火;

fish fry: markets for, 191 鱼苗市场;

fish ponds: see mulberry embankment and fish pond system; fruit tree and fish pond system

fish-scale registers, 89 鱼鳞图册;

flood control: see waterworks;

floods: and shatan,311—312 沙坦与洪灾; control of, 76—79 洪水的控制; environmental change and, 327—330 环境变迁与洪灾; harvest yields and, 210—212 洪灾与农业产量; impact on agriculture of, 202、210—212 洪灾对农业的影响; incidence of, 224、328—329 洪灾发生的频率; see also climate, climatic change, drought, environmental change, shatan

Flynn, Dennis O.,127—128 丹尼斯·弗莱恩;

food: demand for, annual,250—252 每年的粮食需求量;

food supply, 1—2、250—258 粮食供应; climatic change and, 218—219、224 气候变化与粮食供应; delinkage from harvest yields, 273—275 粮食供应与气候变化的脱钩; drought and, 215—216 旱灾与粮食供应; granaries and, 246—247、248 粮仓与粮食供应;harvest yields and, 208—209 产量与粮食供应; locusts and,219—220 蝗灾与粮食供应; market and, 246—247、248 市场与粮食供应;Ming-era, 130—132 明代的粮食供应; problems of, 335—336 粮食供应中的问题; Qianlong emperor on, 235—236、278 乾隆皇帝对粮食供应的看法;Yongzheng emperor on, 278 雍正皇帝关于粮食供应的看法;see also agriculture, markets, marketing systems, rice ;

forests: as habitat, 42—46 作为栖息地的森林; descriptions of, 39—41 森林的情况;destruction of,35 森林的破坏; historical reconstructions of, 35—42 重建历史上的森林覆盖情况; in Lingnan, 37—38 岭南的森林; as percentage of land area,

330—331 森林覆盖率; regrowth after Mongol invasion, 85—86 蒙古入侵后森林的恢复; regrowth after eventeenth-century crisis, 161 17 世纪危机以后森林的恢复; tigers as proxy for, 44 以老虎作为森林状况的代理参数; used for fuel, 320 森林被用作燃料; see also deforestation, land, savanna;

Foshan, 184 佛山; charitable granary of, 217, 238—239 佛山义仓; cotton textile industry in, 172、178、178n34 佛山的棉纺织业; famine in, 238—239 佛山的饥荒; population of, 252 佛山的人口; as a regional market, 192 作为地区性市场中心的佛山; as rice warehousing center, 244 作为稻米仓储中心的佛山; rice consumption in, 244—245 佛山的稻米消费; rice imports to, 218 佛山输入的稻米;

Franck, Harry, 327 哈里·弗兰克;

frosts: on Hainan Is., 217 海南岛的霜冻; impact on agriculture of, 212—215 霜冻对农业的影响; see also climate, climatic change

    fruit tree and fish pond system, 119 果基鱼塘; see also agriculture;

    fruit trees, 116—117 果树; see also commercial crops;

    fuel, shortage of, 320 燃料短缺;

    Fujian: rice exports to, 130 稻米输往福建;

    Gan River, 20、22 赣江;

    Gan'en: markets in, 185 感恩县的墟市;

    Gao Qizhuo, 230 高其倬;

    Gaoyao: fishing in, 104 高要的捕鱼业; harvest yields in, 214 高要的作物产量; as a market, 192 高要的墟市; peasant uprisings in, 145 高要的农民起义;

    Gaozhou: epidemics in, 150 高州的疫病; famine in, 147 高州的饥荒; fuel shortage in, 320 高州的燃料短缺; locusts in, 219 高州的蝗灾; population of, 63、64 高州的人口; sugarcane in, 174 高州的甘蔗种植; tigers in, 324 高州的老虎;

    general crisis: see seventeenth-century crisis 17 世纪普遍危机;

    gentry: bandits and, 144 盗匪与乡绅; killed in peasant uprisings, 146 奴仆起义中被杀害的乡绅; land reclamation and, 301—302 乡绅与土地开垦; see also militia;

    Geertz, Clifford, 175—176 吉尔茨;

    Goldstone, Jack, 129 杰克·戈德斯通;

    grain: debate over storage of, 246—247 关于粮食仓储的争论; landlord storage of, 242—244 地主的存粮; lineage storage of, 242—244 宗族的存粮; measures of, 250n2 粮食的度量; merchant storage of, 244—245 商人的存粮; peasant storage of, 240—242 农户的存粮; private storage of, 239—245、248 私人存粮; storage of, 214、226 粮食的仓储; see also granaries;

    granaries: charity, 227、238n45 义仓; community, 227、228—229 社仓; deficits in, 229—231、234—238 粮仓的缺额; disaster relief and, 211—212 粮仓与赈济饥荒; ever-normal, 226、227、228 常平仓; harvest yield reports and, 208 产量报告与粮仓; history and theory of, 226—227 粮仓的历史与理论; homicide in, 243 粮仓中的杀人案件; Qianlong-era debate on, 235—236 乾隆时期关于粮仓问题的争论; restocking of, 232—234 粮仓的买补; silver in lieu of grain, 234—237 白银代替粮食贮库; see also Celeng, food supply, grain, rice, markets, marketing systems;

Grand Canal, 171 大运河;

Grove, Richard, 175 理查德·格罗夫;

Gu Yanwu: on Yao inhabitants of Guangdong, 54 顾炎武关于广东瑶民的记载;

Guangdong 广东: as part of Lingnan macroregion, 8 作为岭南大区一部分的广东; bandits in, 297—300 广东的盗匪; climate, 222—224 广东的气候; coastal population relocation, 151—153 广东沿海人民的迁界禁海; coastal ports in, 164 广东沿海的口岸; cotton textiles in, 172 广东的棉纺织业; cropping patterns in, 282—283 广东的作物种植模式; cultivated land, 91、159—160、280—282 广东的耕地; cultivable land limits reached, 328 广东达到耕地的上限; deforestation in, 319—327 广东森林的减退; depopulation of, 150—151 广东人口的减少; disappearance of tie-li from, 168 广东铁力木的消失; double cropping of rice in, 111—112 广东双季稻的种植; drought in, 215—217 广东的旱灾; epidemics in, 147—149 广东的疫病流行; famine in, 150 广东的饥荒; fire used in, 321 广东的烧荒; floods in, 328—330 广东的洪灾; forest products from, 41 广东的林业产品; forests in, 37、330—331、326—327 广东的森林; grain deficit of, 131、252—253 广东的粮食短缺; harvest yields, 114—115、208n29、209、221—224、267—269 广东的作物产量; land cover of, 38—41 广东的土地覆被; markets in, 124—125、184—189 广东的墟市; migration from, 291 广东人口的迁出; peasant storage of grain in, 241 广东农民的粮食储存; population changes in, 54—66、96—100 广东人口的变动; population density of, 286—288 广东的人口密度; population of, 55、96—100、279—281、286—288 广东的人口; reclamation of land in, 295—300、305 广东的土地开垦; rice imports into, 252—258 广东的稻米输入; rice prices in, 267—269 广东的米价; "scattered plots" in, 306—307 广东的"零星地土"; silver circulating in, 142 广东的白银流动; temperature trends in, 126—127 广东的气温变动趋势; waterworks in, 105—110、315—318 广东的水利设施; see also Guangxi, Lingnan;

Guangning: markets in, 185 广宁的墟市;

Guangxi 广西: agricultural specialization in, 275 广西的农业专业化; commercialization of, 266 广西的商业化; cotton in, 118 广西的棉花; cropping patterns in, 282—283 广西的作物种植模式; cultivated land area, 91、158—160、280—282

广西的耕地面积; deforestation in, 319—327 广西森林的减少; depopulation of, 157—158,广西人口的下降; dry-land farming in, 105 广西的旱地农业; elephants in, 44—45 广西的大象; epidemics in, 150 广西的疫病流行; erosion in, 321—322 广西的水土流失; fire used in, 321 广西的烧荒; forests in, 37、326—327、330—331 广西的森林; as grain—surplus region, 130、131、252 作为粮食盈余地区的广西; granary deficits in, 230、234—235 广西粮仓的缺额; hemp in 117—118 广西所产的麻; indigenous peoples, 93—94 广西的土著居民; land clearance in, 91—94 广西的土地清理; land reclamation in, 292—295、300—305 广西的土地开垦; locusts in, 219—220 广西的蝗灾; markets in, 117—118、121、184—189 广西的墟市; mining in, 102—103 广西的采矿业; as part of Lingnan macroregion, 8 作为岭南大区一部分的广西; peasant storage of grain in, 240 广西农民的粮食储存; peripheralization of, 132 广西的边缘化; population of, 54—66、279—281 广西的人口; population changes in, 87—96 广西的人口变化; population density of, 286—288 广西的人口密度; poverty of, 131—132 广西的贫困; rice exported from, 192、252—258、264—265 广西稻米的输出; "scattered plots" in, 306—307 广西的"零星地土"; sugarcane in, 116 广西的甘蔗种植; tea in, 117 广西的茶叶种植; tiger attacks in, 323、324、325 广西的虎患; waterworks in, 110、315—318 广西的水利设施; see also Guangdong, Lingnan;

Guangxi basin, 24、25 广西盆地;

Guangzhou (city) 广州(城): European trade through, 177 经由广州的欧洲贸易; food supply of, 215—216 广州的粮食供应; junks from, 167 广州的平底帆船; population of, 252 广州的人口; rainfall in, 200 广州的降雨; as regional market, 184、191 作为地区性市场中心的广州; rice consumption in, 244—245 广州的稻米消费; rice market in, 256、262 广州的稻米市场; sacked by Qing armines, 149—150 清军洗劫广州;

Guangzhou (prefecture) 广州(府): bandits in, 298 广州府的盗匪; double cropping of rice in, 111 广州府的双季稻; drought in, 140 广州府的旱灾; epidemic in, 147 广州府的疫病流行; famine in, 212、216 广州府的饥荒; as grain-deficit area, 252 作为粮食短缺地区的广州府; markets in, 124—125 广州府的墟市; population of, 62、63、64、65 广州府的人口; snow in, 217 广州府的降雪; tiger attacks in, 325 广州府的虎患;

Gui: rice exports from, 130 贵县的稻米输出;

Guide for Famine Preparedness, The, 239《救荒备览》;

Guilin 桂林: Chinese settlement of, 53、62、69 汉人在桂林的定居; food supply of, 205 桂林的粮食供应; rice trade through, 262 通过桂林的稻米贸易; Yao in, 93 桂林的瑶民;

Guiping: malaria in, 73 桂平的瘴气；

Guishan (Huizhou) 归善:demographic crisis in, 150 归善的人口危机；markets in, 189 归善的墟市；

Guo Songyi, 310 郭松义；

Haifeng 海丰:coastal population relocated, 152 海丰沿海地区的迁界禁海；shu huang in, 154 海丰的熟荒；sugarcane in, 173 海丰的甘蔗种植；tigers in, 161 海丰的老虎；

Haikou: as a port, 193 海口港；

Hainan Is. (see also Qiongzhou), 25 海南岛；famines, 150 海南岛的饥荒；forest products from, 193 海南岛的林业产品；frosts, 217 海南岛的霜冻；as grain-deficit area, 252 作为粮食短缺地区的海南岛；irrigation, 106 海南岛的灌溉；Li, 54、93 海南岛的黎民；logging, 102 海南岛的伐木业；markets on, 124、185、189—190 海南岛的墟市；and overseas trade, 97 海南岛和国际贸易；peripheralization of, 132、286 海南岛的边缘化；population, 63、64、65 海南岛的人口；

Haiyang: flood control in, 78 海阳的防洪设施；

Hakka, 308 客家；

Han Chinese 汉人:and malaria, 71、74、75 汉人与瘴气；attitudes toward land, 96 汉人对土地的态度；beliefs about tigers of, 326 汉人关于老虎的迷信；encounters with indigenous peoples, 93—94、340—341 汉人与土著民族的遭遇；perspective of, 343 汉人的视角；settlement patterns of, 53、56、92—94 汉人的定居模式；

Han Liangfu, 291、292—293 韩良辅；

Han River, 24、78 韩江；intensive agriculture in delta, 韩江三角洲的密集化农业；

harvest failures 歉收:in England, 272—273 英国的歉收；in France, 273 法国的歉收；in Guangdong, 139—140、149、210—212、212—215、215—217、217—219、219—220、222、271—272 广东的歉收；in Japan, 198 日本的歉收；see also agriculture, demographic crisis, famine relief, famines, granaries, harvest yields, harvests, rice;

harvest yields, 206—210 农业收成；impact of climatic change on, 224 气候对收成的影响；Ming-era, 114—115 明代的收成；pestilence and, 219—220 蝗灾与收成；ratings of, 206—210、221—224 收成的等级排序；and rice prices, 154—155、214、266—271 收成与米价；see also rice prices；

harvests 收获:and storage of grain, 239—244 收获与粮食储存；deficient, 222 歉收；rated, 206—210、220—224 收成的等级；

hemp, 117—118 麻；

Henian, 233 鹤年；

Heshan, 298 鹤山; land reclamation in, 299 鹤山县的土地开垦;

Heyuan 河源: rice exported from, 192 河源县的稻米输出; slash-and-burn agriculture in, 103 河源县的刀耕火种农业;

Ho, Ping-ti, 279n1 何炳棣;

Hoskins, G. W., 221n71、272 霍斯金斯;

Hua: cold in, 205 花县的严寒;

Huaiji: tiger attacks in, 323 怀集的虎患;

hui guan, 192 会馆;

Huilai: drought in, 140 惠来县的旱灾; snow reported in, 139 惠来县的降雪记录; sugarcane in, 173 惠来县的甘蔗种植;

Huizhou: bandits in, 143 惠州府的盗匪; elephants in, 45 惠州的大象; epidemic in, 147 惠州的疫病流行; food supply of, 140 惠州的粮食供应; harvest yields in, 惠州的粮产量; population, 62、63、64、65 惠州的人口; slash-and-burn agriculture in, 103 惠州的刀耕火种农业; tiger attacks in, 325 惠州的虎患;

Hunan: rice imports from, 255 从湖南输入的稻米;

hunting: as a cause of extinction, 44—45 作为大象灭绝原因之一的狩猎;

hunting and gathering, 101 狩猎和采集;

indigenous peoples, 54—56 土著民族;

indigo, 116—117 靛蓝;

inflation: debate about causes of, 235 关于粮价上涨原因的争论;

irrigation: see waterworks 灌溉;

Japan 日本; Chinese trade with, 169 中日贸易; closed to foreign trade, 141 日本的锁国政策; harvest failures in, 198 日本的歉收;

Java: sugarcane in, 175—176 爪哇的甘蔗种植;

Jiangmen, 184 江门; as a port, 192 江门港;

jiaodai, 230、231 交代;

Jiaying 嘉应: as distinct from Lingnan macroregion, 24 嘉应在地形上与岭南其他地区相分离;

Jieyang 揭阳: flood control in, 78 揭阳的防洪设施; rice supplies in, 155 揭阳的稻米供应; shu huang in, 153、154 揭阳的熟荒; smallpox in, 147 揭阳的天花;

Jin Hong 金䥽: Guangxi land development scheme, 300—305 金䥽与广西土地开垦活动;

Jiujiang: fish fry market in, 191 九江县的鱼苗市场;

junks, 166 平底帆船; described, 167—168 关于平底帆船贸易的描述; destroyed, 167 海船的销毁; numbers, 167、169 平底帆船的数量;

Kaifeng, 56 开封;

389

Kaijian: harvest yields in, 214 开建的粮食产量;

Kaiping: land reclamation in, 298、299 开平的土地开垦;

Kangxi depression, 153 康熙萧条;

Kangxi emperor, 156 康熙皇帝; on climatic changes, 195 康熙帝关于气候变迁的叙述; harvest yield reports to, 206—207 呈递给康熙皇帝的收成报告; reopens coastal trade, 163、164 康熙帝重开海禁; Zheng Chengdong and, 151—152 康熙帝与郑成功;

King, Gregory, 270 乔治·金;

King's Law, 270—275 乔治·金定律;

Koxinga: see Zheng Chengdong 国姓爷;

Krakatoa: 1680 eruption of, 198 喀拉喀托火山 1680 年的喷发;

Labrousse thesis, 274 拉布鲁斯的论文;

Land 土地: shortages of, 307—308 耕地的短缺; taxes on, 300—305 田赋;

land clearance, 307、319—327 土地清理; consequences of, 98—99 土地清理的后果; and droughts, 328—330 土地清理与旱灾; and flooding, 328—330 土地清理与洪水; in Guangxi, 91—94、95—96 广西的土地清理; in Leizhou, 98 雷州的土地清理; see also deforestation; land, cultivated

land cover 土地覆被: change, 287 土地覆被的变化; see also deforestation; of Lingnan, 38—41 岭南的土地覆被;

land, cultivable limits: reached, 290—291、308、330—331 耕地达到上限;

land, cultivated area of, 85、91—92、158—160、280t、281—282 耕地面积; and deforestation, 132—133 耕地与森林的减少;

land reclamation, 85、277—278、287、288—290、306—308 土地开垦; A-ke-dun on, 295 阿克敦关于土地开垦的奏折; bandits and, 297—300 盗匪与土地开垦; Chinese attitudes toward, 86 汉族人对于土地开垦的态度; deforestation and, 307—308 土地开垦与森林的减少; and ecological change, 86 土地开垦与生态变迁; and environment, 13 土地开垦与环境; and food supply, 2 土地开垦与粮食供应; merchants and, 297—298 商人与土地开垦; and population pressure, 277、278、290—292、305 土地开垦与人口压力; over reporting of, 303—305 土地开垦的虚报; policies, 303—306、335—336 土地开垦政策; "scattered plots" and, 305—307 "零星地土"与土地开垦; state-sponsored, 288—290、292—295、295—300、300—305 政府推动的土地开垦活动; tax remissions to encourage, 292 管理土地开垦的税收减免; under reporting of, 306—307 土地开垦的瞒报; Yunnan model of, 295—297、300—301 云南的土地开垦模式; Zhili model of, 295—297 直隶的土地开垦模式;

land use 土地利用: change, 172—174、181—183、194、287、338 土地利用模式的转变; commercialization and, 171—176 商业化与土地利用; Ming-era, 100—105、

110—114 明代的土地利用；patterns, 264—265 土地利用的模式；see also commercialization

Lao Tong, 238—239 劳潼；

laterite, 35 红土；

Lee, James, 275 李中清；

Leizhou peninsula, 25 雷州半岛；deer in, 325、332 雷州半岛的鹿；environmental damage, 97—99 雷州半岛的环境破坏；extinctions in, 331—332 雷州半岛的物种灭绝；land reclamation in, 98—99、299—300 雷州半岛的土地开垦；Li settlement of, 54 雷州半岛上定居黎人；peripheralization of, 286 雷州半岛的边缘化；population, 63、65、91、98—99 雷州半岛的人口；seawalls constructed, 78 雷州半岛的咸潮堤；sugarcane in, 174 雷州半岛的甘蔗种植；tigers in, 324—325 雷州半岛的老虎；

Li, 53、93 黎族；in population registers, 94—95 黎族人口的记录；settlement in Lingnan, 54 黎族在岭南的定居；

Li Chengdong, 145、147、148、149 李成栋；

Li De, 104 李德裕；

Li Fu, 231、293 李绂；

li-jia, 88—89 里甲；

Li Shizheng, 167 李时珍；

Li Xu, 269n43 李煦；

Li Zicheng, 145、146 李自成；

Lianping: tiger attacks in, 323 连平虎患；

Lianzhou 连州：iron mining and smelting in, 102 连州的铁矿和冶铁业；population, 62、63、64、65 连州的人口；slash-and-burn agriculture in, 69—70、103 连州的刀耕火种农业；

Lianzhoufu 廉州府：population, 63 廉州府的人口；tigers in, 324 廉州府的老虎；

Lin Shuangwen Rebellion, 216 林爽文起义；

Ling Daxie, 326 凌大燮；

Ling Qu canal, 9 灵渠；and Chinese settlement of Lingnan, 74 灵渠与汉人在岭南的定居；constructed, 33—34 灵渠的修建；repair of, 315 灵渠的整修；

Lingnan 岭南：and Yangzi River valley, 33—34 岭南与长江流域；as agroecosystem, 341—342 岭南的农业生态系统；as macroregion, 8、24、25、259、262、264 作为大区的岭南；commercialization of, 11、131、334—335、338—339 岭南的商业化；climate, 28—29、138—140、196—202 岭南的气候；core-periphery structure of, 89—90、132 岭南的中心—边缘结构；cultivated land, 159—160、280—282 岭南的耕

391

地；deforestation in, 35—36、319—327 岭南的森林退化；economic recovery of, 132 岭南经济的恢复；environment, 16—44、333 岭南的环境；environmental change in, 264 岭南的环境变迁；environmental crisis in, 342 岭南的环境危机；environmental history of, as corrective, 341—342 作为对认识误区的矫正的岭南环境史；forests of, 35—44 岭南的森林；granaries in, 227、228 岭南的粮仓；grain trade flows in, 253—255 岭南的粮食贸易；indigenous peoples of, 54—56 岭南的土著居民；integrated market for rice in, 131、257、258—263、274 岭南统一的稻米市场；locusts in, 219—220 岭南的蝗灾；malaria in, 71—76 岭南的瘴气；Manchu conquest of, 145—151 满族对岭南的征服；market structure, 263—264 岭南的市场结构；markets in, 121—125、184—189 岭南的墟市；New World crops in, 309—311 美洲作物在岭南的种植；population, 84—91、99—100、132、150—151、157—158、279—281、286—288 岭南的人口；Qing armies in, 145—151 清军在岭南；rice surpluses and deficits, 130—131 岭南的粮食盈余与短缺；sevententh-century crisis in, 135—136 17世纪危机在岭南的影响；soils, 34—35 岭南的土壤；trade circuits in, 193—194 岭南的贸易线路；waterworks in, 105—110、315—318 岭南的水利设施；see also Guangdong, Guangxi；

Little Ice Age, 125—127、138 小冰期；

Liu Xun 刘恂：on malaria, 71 刘恂关于瘴气的记载；on tigers, 42 刘恂关于老虎的记载；

Liu Zhiwei, 82 刘志伟；

Liuzhou：rice exported from, 192 柳州输出稻米；

locusts, 219—220 蝗灾；

logging, 101—102、327 伐木业；

long-yan, 116 龙眼；

Longmen：bandits in, 143 龙门的盗匪；

Luo Yixing, 191—192 罗一星；

Macao, 157、192 澳门；

macroregions, 8 大区；see also Lingnan；

maize, 309—310 玉米；

Malacca, 168 马六甲；

malaria, 3、71—76、343 瘴气（疟疾）；areas of none, 73、74 没有瘴气的地区；and Chinese settlement patterns, 53、74—75、340—341 瘴气与汉人的定居模式；ecology of, 71、73n34 疟疾的生态学分析；epidemiology of, 71—72 疟疾的流行病学分析；immunity to, 75、334 疟疾的免疫能力；in Lingnan, 71—73 岭南的疟疾；and shatan, 82 瘴气与沙坦；

Manchu conquest, 145—151 满族的征服；

Maoming: cold in, 205 茂名的严寒; tiger attacks in, 323 茂名的虎患;

maritime customs, 170—171 海关;

market integration: and ecosystem change, 265—266 市场整合与生态系统的演变;

marketing system, 189—193 市场体系; and the agroecosystem, 市场系统与农业生态系统;

markets 市场; and commercialization, 335 市场与商业化; commodities sold in, 191—192 市场中销售的商品; density of, 185—188 市场密度; distribution of, 189—191 市场的分布; efficiency of, 257—258 市场的效率; as energy flows in ecosystems, 265—266 市场引起的生态系统中的能量流动; and food supply, 248 市场与粮食供应; freedom of, 246 自由市场; hierarchy of, 190—193 市场的等级; integration of, 274 市场的一体化(整合); Ming-era, 121—125 明代的市场; monopsony in, 263—264 市场的垄断力量; Qing-era, 184—189 清代的市场; see also commercialization, marketing systems

Mazumdar, Sucheta, 174、183 穆素洁;

McDougal, Charles, 324 查尔斯·麦克道格尔;

McNeill, J. R., 81、178 麦克尼尔;

Meiling Pass, 9 梅岭关; and Chinese settlement of Lingnan, 74 梅岭关与汉人在岭南的定居; creation of, 21—22 梅岭关的创建; trade over, 22、128 通过梅岭关的贸易; views into Lingnan from, 20—21 从梅岭关眺望岭南; and Zhujigang, 79 梅岭关与珠玑巷

merchants: and land reclamation, 297—298 商人与土地开垦;

Miao, 53、93 苗族;

mid-seventeenth century crisis, 162、335 17 世纪中期危机; climatic change and, 161 气候变化与 17 世纪中期危机; cultivated land and, 159—160 耕地与 17 世纪中期危机; debate over, 136—137 关于 17 世纪中期危机的争论; defined and discussed, 136n9 17 世纪中期危机的定义与探讨; depopulation and, 157—158 17 世纪中期危机与人口减少; environment and, 161—162 17 世纪中期危机与环境; epidemic disease and, 161 疫病流行与 17 世纪中期危机; in Lingnan, 135—136 岭南的 17 世纪中期危机; and return of forest, 161 17 世纪中期危机与森林的恢复; silver bullion imports and, 141—143 17 世纪中期危机与白银流入; see also Lingnan, Manchu conquest, Qing armies

migration, 291 人口的迁移;

Ming dynasty, 83、84 明朝; fall of, 145—147 明朝的灭亡; Lingnan population during, 84—91 明代的岭南人口; loyalists, 146—147、149、151 明朝的效忠者;

mining, 102—103 采矿;

Mongol invasion, 56—57、79—83、334 蒙古的入侵; and erosion, 81—82 蒙古入侵与水土流失; as historical accident, 83 作为历史偶然事件的蒙古入侵; and population distribution, 65 蒙古入侵与人口分布;

monopsony: see markets 垄断;

monsoons 季风: and erosion, 31 季风与水土流失; described, 29 季风的描述; and rainfall patterns, 33 季风与降雨模式; and riverine commerce, 33 季风与水路贸易; and South China Sea trade, 165—166 季风与南海贸易; see also climate, climatic change

mountains, 17—18、22 山;

mulberry embankment and fish pond system, 119 桑基鱼塘系统; expansion of, 129—130、181—182 桑基鱼塘的扩张; as model of sustainable agriculture, 119—120、341 作为可持续农业典范的桑基鱼塘系统; see also commercialization, Nanhai, Panyu, sericulture, shatan, Shunde, silk

mulberry leaves: as market commodity, 作为市场交易商品的桑叶;

multiport trading, 176 多港通商;

Nagasaki, 127 长崎; number of Chinese junks at, 169 长崎港的中国船只数;

Nan Hai (South Sea), 164—166 南海;

Nanhai, 62 南海县; cold and frost in, 213 南海县的严寒与霜冻; cultivated land in, 91 南海县的耕地; forest products from, 38 南海县的林业产品; markets in, 185、188 南海县的墟市; sericulture in, 182—183 南海县的蚕桑业; silk market in, 191 南海县的蚕丝市场; waterworks in, 318 南海县的水利设施;

Nanling mountains, 20、22—25、52 南岭山脉; snow in, 138 南岭山脉的降雪;

Nanning 南宁: elephants in, 42、44 南宁的大象; malaria in, 73 南宁的瘴气; mining in, 102 南宁的采矿业; snow in, 138 南宁的降雪; waterworks in, 110 南宁的水利设施;

Nanxiong 南雄: and Chinese settlement of Lingnan, 53、69、74 南雄与汉人在岭南的定居; commerce in, 79 南雄的商业; customs house, 128 南雄的海关; erosion in, 311 南雄的水土流失; Meiling Pass, 21—22 梅岭关; population, 62、64、97 南雄的人口; tiger attacks in, 325 南雄的虎患; tobacco in, 311 南雄的烟草; see also Zhujigang, Meiling Pass

Nanyang, 163—166 南洋; trade flows in, 171—176 南洋贸易; navigation, 33 南洋的航海;

New World crops, 309—311 美洲作物; see also maize, peanuts, sweet potatoes, tobacco;

North River, 22、30 北江;

Odum, Eugene, 47 尤金·奥德姆;

Opium War, 176、180、181、333 鸦片战争;

"original (tax) targets" 税收原额: see yuan-e

Osborne, Anne, 342 奥斯本;

P. tigris amoyensis (South China tiger): see tigers 华南虎;

Panyu 番禺: cold and frost in, 213 番禺的严寒与霜冻; cotton in, 番禺的棉花种植; cultivated land, 91 番禺的耕地; shatan in, 81 番禺的沙坦; sugarcane in, 173、174 番禺的甘蔗种植; see also Pearl River delta

peanuts, 309—310、311 花生;

Pearl River delta, 24、32 珠江三角洲; agriculture in, 53 珠江三角洲的农业; cold and frosts in, 212—215 珠江三角洲的严寒与霜冻; commercialization of, 266、334、335、338 珠江三角洲的商业化; cotton planted in, 172 珠江三角洲的棉花种植; cultivated land, 91 珠江三角洲的耕地; double cropping of rice in, 140 珠江三角洲的双季稻; and flight from Mongol invaders, 80 珠江三角洲与蒙古入侵的难民; flood control levees in, 78 珠江三角洲的防洪堤; flooding of, 330 珠江三角洲的洪灾; food needs of, 341—342 珠江三角洲的食品需求; intensive agriculture in, 100 珠江三角洲的密集型农业; land use change in, 181—184 珠江三角洲土地利用模式的转变; as Lingnan core, 89 珠江三角洲成为岭南的中心区; locusts in, 219 珠江三角洲的蝗灾; making of, 66—82、82—83、334 珠江三角洲的塑造; malaria and, 76 珠江三角洲与疟疾; markets in, 124、125、185—188、189—190、191 珠江三角洲的墟市; rice imports to, 11、130 输入珠江三角洲的稻米; sericulture in, 118—120、181—183 珠江三角洲的蚕桑业; and silt, 69—70、80—82 珠江三角洲与泥沙; and shatan 80、82 珠江三角洲与沙坦; snow reported in, 138 珠江三角洲的降雪记录; sugarcane in, 116 珠江三角洲的甘蔗种植; waterworks in, 318 珠江三角洲的水利设施; see also commerialization, Guangzhou (prefecture)

peasant uprisings, 145—146 农民起义;

peasants: and storage of grain, 240—242 农民的粮食储存;

Peng Yuxin, 290 彭雨新;

Perdue, Peter, 342 濮德培;

Perkins, Dwight, 279n1 珀金斯;

permanent tenure, 288 永准为业;

pestilence, 219—220 虫害;

Philippine Is. 菲律宾群岛: Chinese massacred in, 141 在菲律宾对华人的大屠杀; Chinese trade with, 168—169 中国与菲律宾的贸易; and silver bullion, 127 菲律宾群岛与白银;

Pingle 平乐: waterworks in, 110 平乐的水利设施; wheat planted in, 283 平乐的小麦种植;

395

Pinus massoniana (Mason's pine), 36、70 马尾松;

pirates, 143—144 海盗; Japanese, 127 倭寇;

Poivre, Pierre, 284—285 皮埃尔·普瓦沃;

Pomeranz, Kenneth, 13 彭慕兰;

population, 54—66,158 人口; and environmental change, 10—11、225 人口与环境变迁;and food supply, 267 人口与粮食供应; land reclamation, 277、278、290—292 人口与土地开垦; and land ratio, 84—99 人地比率; and land use patterns, 277 人口与土地利用模式; and tigers, 344—345 人口与老虎; as cause of environmental change, 338 人口作为环境变迁的原因; causes of growth of, 337—338 人口增长的原因; changes during Ming, 87—100 明代的人口变迁; cycles, 335 人口周期; density, 57—58、62—65、280—282、286—288 人口密度; distribution, 57—66、87—91 人口分布; growth, 84—91、277、279—281 人口的增长; method of estimating, 279n1 人口估算的方法; Ming-era, 86 明代的人口; recorded figures, discussed, 55n6 人口记录数据的探讨;

porcelains, 129 瓷器;

ports, 164—165 港口;

Portugal, 127、128、141 葡萄牙;

Post, John, 150—151 约翰·帕斯特;

post-transfer audit: see jiaodai 交代;

Qianlong emperor 乾隆皇帝:on granaries, 229、235—236、247 乾隆帝关于粮仓的谕旨; land reclamation policies of, 13、304—306、335 乾隆帝的土地开垦政策; on the relationship between population and land, 278 乾隆帝关于人口与土地关系的观点;

Qin dynasty, 20 秦朝;

Qing armies 清军: epidemic disease and, 148—149 清军与疫病; sack Guangzhou, 149—150 清军洗劫广州;

Qing dynasty 清朝: establishment of, 145—147 清朝的建立;

Qingyuan 清远: malaria in, 73 清远的瘴气; peasant uprisings in, 145 清远的农民起义;slash-and-burn agriculture in, 103 清远的刀耕火种农业; Yao in, 54 清远的瑶民;

Qinzhou 钦州:dry-land farming in, 104 钦州的旱地农业; slash-and-burn agriculture in, 104 钦州的刀耕火种农业;

Qiongzhou (Hainan Is.) 琼州(海南岛): population, 91、94—95 琼州的人口;

Qu Dajun 屈大均: on cotton, 172 屈大均关于棉花的记载; on cropping rotations, 112 屈大均关于轮作的记载; on deer, 325 屈大均关于鹿的记载; on double cropping of rice,111—112 屈大均关于双季稻的记载; on grain deficits, 131 屈大均

关于粮食短缺的记载;on harvest yields, 114 屈大均关于作物产量的记载;on ports, 164 屈大均关于港口的记载;on shatan, 81 屈大均关于沙坦的记载;on sugarcane, 116 屈大均关于甘蔗的记载;on sweet potatoes, 310 屈大均关于甘薯的记载;on tigers, 324—325 屈大均关于老虎的记载;on Zhujigang, 79 屈大均关于珠玑巷的记载;

quan nong (encouraging agriculture), 92—93、283、292 劝农;

rainfall 降雨:historic variations of, 199—202 历史上降雨的变化;in Lingnan, 29 岭南的降雨;patterns described, 50—51 降雨模式的描述;see also climate, climatic change, floods

rice 稻米:brokers, 245 米商;climatic change and the double cropping of, 140 气候变化与双季稻的种植;commercialization of, 113—114、120、191、245、248、250—251、252、254—255、256—257、262、264—265、265—266、335、338 稻米的商业化;crop rotation of, 203—204 稻米的轮作;demand for, annual, 250—252 年度稻米需求;double cropping of, 110—112、113—114、205、273、282—285、337 双季稻;and the environment, 265—266、275—276 稻米与环境;as an ecosystem, 341 稻作生态系统;early ripening varieties, 110—111 早熟稻种;embargos on the export of, 130 稻米输出的禁令;exports of, 192 稻米的输出;harvest yields of, 114—115 稻米产量;imported from Siam, 171 从暹罗输入稻米;imports into Guangdong of 252—258 广东输入的稻米;irrigation and, 110—111 灌溉与水稻种植;integrated market for, 193、261—262 一体化的稻米市场;market, 249、257、258—261、274 稻米市场;market for and environmental change, 264—265 稻米市场与环境变迁;Ming-era trade in, 130—132 明代的稻米贸易;monopsony in markets for, 263—264 稻米市场的垄断力量;peasant sales of, 192 农民销售稻米;and shatan; trade flows of, 254—255 稻米贸易路线;transportation costs of, 264 稻米的运输成本;triple cropping of, 284 三季稻;wholesalers, 245 米行;see also agriculture, commercialization, food supply;

rice price lists,米价清单 1—2;

rice prices,249 米价;analysis of, 257—258、259—261、266—271 米价的分析;cold and frost and, 213—214 严寒、霜冻与米价;correlated with harvest ratings, 267—269 米价与收成的相关性;delinked from harvest yields, 268、271—275 米价与收成的脱钩;and demography,274—275 米价与人口;and economic cycles, 274—275 米价与经济周期;and harvest yields, 2、214 米价与收成;harvest yields and, 266—271 收成与米价;impact of cold snaps on, 205 骤然变冷对米价的影响;increases in, 23—236 米价的上涨;protests over, 130 关于米价的抗议;shu huang and, 154 熟荒与米价;variability of, 275—276 米价的波动;see also climatic change, granaries, harvest yields, King's Law river systems, 30—32、32—33、34 水系; differences among West, Yellow, and Yangzi, 30—32 西江水系与黄河、长江的不同;

Rong: quan nong in, 93 容县的劝农;

Ruyuan: markets in, 185 乳源的墟市;

Sang Yuan Wei (Mulberry Garden Enclosure), 77—78 桑园围; flooding and, 330 洪水与桑园围;

Sanshui, 190 三水; cultivated land in, 91 三水的耕地; and dikes, 77—78 三水的堤坝; and flooding, 76—77 三水与洪灾; as a market, 192 三水县的市场; waterworks in, 318 三水的水利设施;

savanna: historic creation of, 35、38 稀树草原的形成历史;

scattered plots: 306—307 "零星地土";

Scott, James C., 184 斯科特;

sericulture, 118—120、181—183 蚕桑业; and fish ponds, 118—119 桑基鱼塘; see also mulberry tree and fish pond system, silk

seventeenth-century crisis: see mid-seventeenth-century crisis 17 世纪危机;

Shang'an, 237 尚安;

Shaozhou, 190 韶州; Chinese settlement of, 53 汉人在韶州的定居; population, 62 韶州的人口; tiger attacks in, 325 韶州的虎患; waterworks in, 106—107 韶州的水利设施;

shatan (sand flats), 9、311 沙坦; and agriculture, 81 沙坦与农业; creation of, 80—82 沙坦的塑造; and flooding, 311—312 沙坦与洪灾; irrigation of, 105—106 沙坦的灌溉; and lineages, 82 沙坦与宗族; and malaria, 82 沙坦与瘴气;

shatian (sand fields), 80n55 沙田;

shipbuilding, 167—168 造船; and environmental change, 168 造船与环境的变迁;

shu huang, 153—156 熟荒;

shui song (water pine), 38—39 水松;

Shunde 顺德; and shatan, 81 顺德的沙坦; bondservant uprisings in, 146 顺德的奴仆起义; cold and frost in, 213 顺德的严寒与霜冻; cultivated land, 91 顺德的耕地; markets in, 185、191 顺德的墟市; sericulture in, 182—183 顺德的蚕桑业; silk market in 191 顺德的丝市场; tiger attack in, 134 顺德的虎患; waterworks in, 318 顺德的水利设施; see also Pearl River delta

Siam, 168 暹罗; rice imports from, 218、255 从暹罗进口稻米;

Siedensticker, John, 3、344n19 约翰·塞登施迪克;

Silk 丝: as an export commodity, 129、191 作为出口商品的生丝/丝织品; European demand for, 129、181 欧洲人对丝的需求;

silt 泥沙：capturing of，81、83 泥沙的沉积；dikes and，76 堤坝与泥沙；and flooding，70 泥沙与洪水；increased amounts of，70 泥沙数量的增加；and Pearl River delta formation，66、78—79 泥沙与珠江三角洲的形成；and shatan，80—82 泥沙与沙坦；and slash-and-burn agriculture，78—79 泥沙与刀耕火种农业；and tobacco farming，311 泥沙与烟草种植；in the West River，31 西江的含沙量；see also erosion，shatan

silver 白银：and unemployment，142—143 白银与失业；cotton trade and，179—180 棉花贸易与白银；debate over，128—129 关于白银的争论；flows into Lingnan of，127—130 流入岭南的白银；hoarding of，141 白银的贮藏；seventeenth-century crisis and，141—143 17 世纪危机与白银；shu huang and，153n65 熟荒与白银；used in granaries，234—238 粮仓系统的白银贮库；

Skinner，G. William，62、189—191、264、281n1、336 施坚雅；

smallpox，147 天花；

snow 降雪：in Guangzhou，217 广州的降雪；reported in Lingnan，138—139 岭南的降雪记录；in Zhaoqing，217 肇庆的降雪；see also climate，climatic change

So，Alvin，181、183 苏耀昌；

soils，34—35 土壤；

South China Sea，66—67、97—98 南海；see also Nan Hai，Nanyang

Species 物种：extinction of，330—332 物种的灭绝；star，43—44 明星物种；

State 政府：and the environment，13 政府与环境；role in food supply，246—247、248 政府在粮食供应中的角色；see also famine relief，granaries，Kangxi emperor，land reclamation，Qianlong emperor，rice prices，Yongzheng emperor

Staunton，Sir George，20—21、322 乔治·斯当东爵士；

Su Dongbo，20 苏东坡；

subsistence crisis，150—151、336—337 生存危机；see also demographic crisis，famine，famine relief

Suchang，236、309、312 苏昌；granary restocking efforts of，232—233 苏昌买补粮仓的努力；

Sun Shiyi，210、216 孙士毅；

Sugar 蔗糖：and cotton trade，172—176 蔗糖与棉花贸易；

sugarcane，116 甘蔗；areas grown，173 种植甘蔗的地区；impact on environment of，175—176 甘蔗种植对环境的影响；and land use changes 173—174 甘蔗种植与土地利用模式的变化；processing，173—174 甘蔗加工；see also agriculture，commericalization，land use change

sweet potatoes，232、320 甘薯；as food for the poor，329 甘薯作为贫民的食物；earliest records of，310 关于甘薯的最早记录；in food supply，251、267 甘薯与粮食

399

供应；prices of, 267n37 甘薯的价格；as rice substitute, 102 甘薯作为稻米的替代品；virtues of, 310 甘薯的优点；

Tai, 54、340、334、343—344 傣族；and malaria, 71、75 傣族与疟疾；

Taiping 太平府：waterworks in, 318 太平府的水利设施；

Taiping Rebellion, 308、333 太平天国运动；

Taiwan, 153 台湾；

Tan Dihua, 78、82 谭棣华；

taxes：see land, taxes 田赋；

tea, 116—117 茶叶；European demand for, 177 欧洲人对茶叶的需求；

technology 技术：and environment, 6 技术与环境；

temperatures 气温：changes in Lingnan, 48—49 岭南的气温变化；cold and cool, 48—49、50、138—140、202、204—206、204n18、212—214、215、224、217—219 寒冷；correlated around northern hemisphere, 198n6 北半球气温的相关性；historical reconstructions of, 196—198 重建历史上的气温；warm, 48—49 温暖；see also climate, climatic change

terraces, 285 梯田；

Three Feudatories, Revolt of, 156 三藩之乱；

tie-li (strong-as-iron tree), 166—167 铁力木；

tigers, 2、323—327 老虎；attacks by, 323—325 虎患；capture of, 134 捉到老虎；Chinese attitudes toward, 134—135、326 中国人对老虎的态度；destruction of habitat of, 99—100、324、326、344—345 老虎栖息地的消失；extent of in Lingnan, 42、43 老虎在岭南的分布；extinction of, 331 老虎的灭绝；and forest, 2—3、44 老虎与森林；habitat of, 44、323—324 老虎的栖息地；in Guangzhou, 134 广州的老虎；man [sic]-eating, 324 "人吃虎"；market demand for, 134—135 市场对老虎的需求；numbers, 344 老虎的数量；as part of history, 336 老虎作为历史的一部分；as predators, 43 作为食肉动物的老虎；perspective of, 344—345 老虎的视角；prey of, 324—325 老虎的猎物；range of, 44、323 老虎的活动范围；release of, 135 释放老虎；seventeenth-century crisis and, 161—162 17世纪危机与老虎；as a species, 43n51 老虎物种；as a "star species," 43—44 作为"明星物种"的老虎；

Tiger's Mouth (Bocca Tigris), 164 虎门；

tin：mining in Guangxi, 103 广西的锡矿；

tobacco, 311 烟草；

trade, maritime 海上贸易：between Europe and China, 178—180 欧洲与中国的海上贸易；Chinese, 163—171 华商的海上贸易；coastal, 166—167、176 沿海贸易；decline of, 142 海上贸易的下降；European, 176—181、181—183 欧洲人的海上贸易；Ming ban on, 127 明朝的海禁；overseas, 163、165—170、176 越洋贸易；see also commercialization, markets, marketing systems, land use changes

trees: uses of in Lingnan, 41—42 岭南各种树木的用途；

tuan lian, 144 团练；see also gentry

typhoons, 298—299 台风；harvest yields and, 211—212 台风与作物产量；

von Glahn, Richard, 128、129、142 万志英；

Wang Chi-wu: on China's forests, 37 王志武（音）关于中国森林的著作；

Wang Lairen, 152 王来任；

Wang Shijun, 295--297 王士俊；

Wang(Yang) Yongbin, 299 杨永斌；

waterworks, 107 水利设施；climate change and, 337 气候变迁与水利设施；dams, 106、314 水坝；dikes, 76—79、106、313 堤；ditches, 106 沟渠；enclosed fields, 105 圩田；flood control, 77—78、313 防洪设施；irrigation, 105—110、312—318 灌溉工程；and malaria, 334 水利设施与瘴气；numbers of, 315 水利设施的数量；ownership of, 318n27 水利设施的所有者；pools, 106、313 池；reservoirs 313—314 蓄水设施, seawalls, 78 防波堤；and shatan, 334 水利设施与沙坦；waterwheels, 314 水车；weirs, 314 堰；wells, 106 井；see also shatan, floods

war 战争：and demographic crisis, 161 战争与人口危机；and environment, 160—161 战争与环境；see also mid-seventeenth-century crisis

West River, 11 西江: as sole connector of Guangxi to Guangdong, 25、263 作为广东和广西联系纽带的西江；drainage area, 30 西江流域；flooding of, 30—31、210—211、330 西江的洪水；impact of drought on, 215 旱灾对西江的影响；navigation on, 33 西江的航运；rice trade on, 255 西江的稻米贸易；

West River valley 西江流域：commercialization of, 266 西江流域的商业化；forest in, 38 西江流域的森林；population of, 63 西江流域的人口；

wheat, 112—113、282 小麦；crop rotation of, 203—204、283—284 作物的轮作；

wholesalers, 245 批发商；

Will, Pierre-Etienne, 209 魏丕信；

Wilson, Edward O., 323n49、331 爱德华·威尔逊；

Worster, Donald, 5—6、338—339 唐纳德·沃斯特；

Wrigley, E. A., 271 里格利；

Wuchuan: markets in, 189 吴川的墟市；

Wuzhou 梧州：double cropping of rice in, 111 梧州的双季稻种植；epidemics in, 150 梧州的疫病流行；floods at, 30 梧州的洪水；rice market of, 130、184、255、262、263—264 梧州的米市；sugarcane in, 116 梧州的甘蔗种植；tiger attacks in, 325 梧州的虎患；

Xiangshan 香山：famine in, 150 香山的饥荒；occupied by bandits, 143 香山被

盗匪所攻占; peasant uprisings in, 145 香山的农民起义; sericulture in, 182—183 香山的蚕桑业; and shatan, 81 香山的沙坦; see also Pearl River delta

Xin'an 新安: bandits in, 143 新安的盗匪; cold and frost in, 213 新安的严寒与霜冻; demographic crisis in, 150 新安的人口危机; epidemic in, 147 新安的疫病流行; famine in, 147 新安的饥荒; junks destroyed in, 167 新安的帆船被销毁; tiger attacks in, 323 新安的虎患;

Xingning 新宁: cold in, 204 新宁的严寒; frost in, 217—218 新宁的霜冻;

Xinhui 新会: bandits in, 143、146 新会的盗匪; coastal population relocated in, 152 新会沿海人口的迁界禁海; cultivated land, 91 新会的耕地; land reclamation in, 82 新会的土地开垦; lineages of, 80 新会的宗族; markets in, 189 新会的墟市; peasant uprisings in, 145 新会的农民起义; and shatan, 81 新会的沙坦; silk market in, 191 新会的丝市;

Xining 西宁: bandits in, 143 西宁的盗匪; slash-and-burn agriculture in, 103 西宁的刀耕火种农业;

Xinxing: peasant uprisings in, 145 新兴的盗匪;

Xinyi: Yao in, 54 信宜的瑶民;

Xunzhou 浔州: population, 63、64 浔州的人口; rice exported from, 192 浔州的稻米输出; tiger attack in, 325 浔州的虎患;

Yan Zhongping, 180 严中平;

Yang Chaozeng, 303 杨超曾;

Yang Wenqian, 294 杨文乾;

Yang Yingju, 256 杨应琚;

Yangchun 阳春: quan nong in, 93 阳春的劝农政策; sugarcane in, 173 阳春的甘蔗种植;

Yangzi River 长江: drainage area of, 30—31 长江流域; linkages to Lingnan of, 20、21、22、33—34 长江水系与岭南的联系; trade on, 171 长江流域的贸易;

Yangzi River delta, 66 长江三角洲; grain deficit of, 252—254 长江三角洲的粮食短缺; raw cotton exported from, 172—173 从长江三角洲输出的原棉; sericulture in, 184 长江三角洲的蚕桑业;

Yangzi River valley 长江流域: environmental crisis in, 342 长江流域的环境危机; floods in, 50 长江流域的洪水; freezing in, 49、126 长江流域的结冰; monsoon rainfall in, 29 长江流域的季风降雨; rice prices in, 258 长江流域的米价;

Yao, 53、54—55、93、319 瑶族;

Ye Xian'en, 78、82、119 叶显恩;

Yin-ji-shan, 301、302 尹继善;

Yingde: forests in, 326 英德的森林;

Yinxiang, Prince, 296 怡亲王胤祥;

Yongzheng emperor, 183, 292 雍正皇帝; death of, 302 雍正帝驾崩; land reclamation policies of, 13, 292, 293, 295, 296—297, 335—336 雍正帝的土地开垦政策; on land degradation in Leizhou, 299 雍正帝关于雷州的谕旨; on population increases, 278, 291—292 雍正关于人口增长的谕旨;

yuan-e (original [tax] targets), 89, 159, 281, 290 原额;

Yulin 玉林; malaria in, 73 玉林的瘴气; population, 63 玉林的人口;

Yunkai mountain range, 22 云开大山;

Yunnan-Guizhou plateau, 25 云贵高原;

Zengcheng 增城; bandits in, 143 增城的盗匪; cultivated land, 91 增城的耕地; sugarcane in, 173, 174 增城的甘蔗种植;

Zhang Peiyuan, 51 张丕远;

Zhang Jiuling, 21 张九龄;

Zhaoping: wheat in, 283 昭平的小麦种植;

Zhaoqing 肇庆; bandits in, 298 肇庆的盗匪; Ming loyalists in, 145 肇庆的明朝效忠者; population, 63 肇庆的人口; snow in, 217 肇庆的降雪;

Zheng Chengdong, 151, 152—153, 156 郑成功;

Zheng Sizhong, 126, 197 郑斯中;

Zhou Qufei 周去非; on elephants, 42, 43 周去非关于大象的记录; on farming, 104 周去非关于耕作方式的记录; on malaria, 72, 73 周去非关于瘴气的记录;

Zhu Kezhen, 46, 126, 197 竺可桢;

Zhu Shi, 304, 305 朱轼;

Zhu Yuanzhang, 86, 88—89 朱元璋; see also Ming dynasty;

Zhuang, 53, 93 壮族;

Zhujigang, 79—80 珠玑巷。

"海外中国研究丛书"书目

1. 中国的现代化　[美]吉尔伯特·罗兹曼 主编　国家社会科学基金"比较现代化"课题组 译　沈宗美 校
2. 寻求富强:严复与西方　[美]本杰明·史华兹 著　叶凤美 译
3. 中国现代思想中的唯科学主义(1900—1950)　[美]郭颖颐 著　雷颐 译
4. 台湾:走向工业化社会　[美]吴元黎 著
5. 中国思想传统的现代诠释　余英时 著
6. 胡适与中国的文艺复兴:中国革命中的自由主义,1917—1937　[美]格里德 著　鲁奇 译
7. 德国思想家论中国　[德]夏瑞春 编　陈爱政 等译
8. 摆脱困境:新儒学与中国政治文化的演进　[美]墨子刻 著　颜世安 高华 黄东兰 译
9. 儒家思想新论:创造性转换的自我　[美]杜维明 著　曹幼华 单丁 译　周文彰 等校
10. 洪业:清朝开国史　[美]魏斐德 著　陈苏镇 薄小莹　包伟民 陈晓燕 牛朴 谭天星 译　阎步克 等校
11. 走向21世纪:中国经济的现状、问题和前景　[美]D.H.帕金斯 著　陈志标 编译
12. 中国:传统与变革　[美]费正清 赖肖尔 主编　陈仲丹 潘兴明 庞朝阳 译　吴世民 张子清　洪邮生 校
13. 中华帝国的法律　[美]D.布朗 C.莫里斯 著　朱勇 译　梁治平 校
14. 梁启超与中国思想的过渡(1890—1907)　[美]张灏 著　崔志海 葛夫平 译
15. 儒教与道教　[德]马克斯·韦伯 著　洪天富 译
16. 中国政治　[美]詹姆斯·R.汤森 布兰特利·沃马克 著　顾速 董方 译
17. 文化、权力与国家:1900—1942年的华北农村　[美]杜赞奇 著　王福明 译
18. 义和团运动的起源　[美]周锡瑞 著　张俊义 王栋 译
19. 在传统与现代性之间:王韬与晚清革命　[美]柯文 著　雷颐 罗检秋 译
20. 最后的儒家:梁漱溟与中国现代化的两难　[美]艾恺 著　王宗昱 冀建中 译
21. 蒙元入侵前夜的中国日常生活　[法]谢和耐 著　刘东 译
22. 东亚之锋　[美]小R.霍夫亨兹 K.E.柯德尔 著　黎鸣 译
23. 中国社会史　[法]谢和耐 著　黄建华 黄迅余 译
24. 从理学到朴学:中华帝国晚期思想与社会变化面面观　[美]艾尔曼 著　赵刚 译
25. 孔子哲学思微　[美]郝大维 安乐哲 著　蒋弋为 李志林 译
26. 北美中国古典文学研究名家十年文选　乐黛云 陈珏 编选
27. 东亚文明:五个阶段的对话　[美]狄百瑞 著　何兆武 何冰 译
28. 五四运动:现代中国的思想革命　[美]周策纵 著　周子平 等译
29. 近代中国与新世界:康有为变法与大同思想研究　[美]萧公权 著　汪荣祖 译
30. 功利主义儒家:陈亮对朱熹的挑战　[美]田浩 著　姜长苏 译
31. 莱布尼兹和儒学　[美]孟德卫 著　张学智 译
32. 佛教征服中国:佛教在中国中古早期的传播与适应　[荷兰]许理和 著　李四龙 裴勇 等译
33. 新政革命与日本:中国,1898—1912　[美]任达 著　李仲贤 译
34. 经学、政治和宗族:中华帝国晚期常州今文学派研究　[美]艾尔曼 著　赵刚 译
35. 中国制度史研究　[美]杨联陞 著　彭刚 程钢 译

36. 汉代农业:早期中国农业经济的形成　[美]许倬云 著　程农 张鸣 译　邓正来 校
37. 转变的中国:历史变迁与欧洲经验的局限　[美]王国斌 著　李伯重 连玲玲 译
38. 欧洲中国古典文学研究名家十年文选　乐黛云 陈珏 龚刚 编选
39. 中国农民经济:河北和山东的农民发展,1890—1949　[美]马若孟 著　史建云 译
40. 汉哲学思维的文化探源　[美]郝大维 安乐哲 著　施忠连 译
41. 近代中国之种族观念　[英]冯客 著　杨立华 译
42. 血路:革命中国中的沈定一(玄庐)传奇　[美]萧邦奇 著　周武彪 译
43. 历史三调:作为事件、经历和神话的义和团　[美]柯文 著　杜继东 译
44. 斯文:唐宋思想的转型　[美]包弼德 著　刘宁 译
45. 宋代江南经济史研究　[日]斯波义信 著　方健 何忠礼 译
46. 一个中国村庄:山东台头　杨懋春 著　张雄 沈炜 秦美珠 译
47. 现实主义的限制:革命时代的中国小说　[美]安敏成 著　姜涛 译
48. 上海罢工:中国工人政治研究　[美]裴宜理 著　刘平 译
49. 中国转向内在:两宋之际的文化转向　[美]刘子健 著　赵冬梅 译
50. 孔子:即凡而圣　[美]赫伯特·芬格莱特 著　彭国翔 张华 译
51. 18世纪中国的官僚制度与荒政　[法]魏丕信 著　徐建青 译
52. 他山的石头记:宇文所安自选集　[美]宇文所安 著　田晓菲 编译
53. 危险的愉悦:20世纪上海的娼妓问题与现代性　[美]贺萧 著　韩敏中 盛宁 译
54. 中国食物　[美]尤金·N.安德森 著　马嬿 刘东 译　刘东 审校
55. 大分流:欧洲、中国及现代世界经济的发展　[美]彭慕兰 著　史建云 译
56. 古代中国的思想世界　[美]本杰明·史华兹 著　程钢 译　刘东 校
57. 内闱:宋代的婚姻和妇女生活　[美]伊沛霞 著　胡志宏 译
58. 中国北方村落的社会性别与权力　[加]朱爱岚 著　胡玉坤 译
59. 先贤的民主:杜威、孔子与中国民主之希望　[美]郝大维 安乐哲 著　何刚强 译
60. 向往心灵转化的庄子:内篇分析　[美]爱莲心 著　周炽成 译
61. 中国人的幸福观　[德]鲍吾刚 著　严蓓雯 韩雪临 吴德祖 译
62. 闺塾师:明末清初江南的才女文化　[美]高彦颐 著　李志生 译
63. 缀珍录:十八世纪及其前后的中国妇女　[美]曼素恩 著　定宜庄 颜宜葳 译
64. 革命与历史:中国马克思主义历史学的起源,1919—1937　[美]德里克 著　翁贺凯 译
65. 竞争的话语:明清小说中的正统性、本真性及所生成之意义　[美]艾梅兰 著　罗琳 译
66. 中国妇女与农村发展:云南禄村六十年的变迁　[加]宝森 著　胡玉坤 译
67. 中国近代思维的挫折　[日]岛田虔次 著　甘万萍 译
68. 中国的亚洲内陆边疆　[美]拉铁摩尔 著　唐晓峰 译
69. 为权力祈祷:佛教与晚明中国士绅社会的形成　[加]卜正民 著　张华 译
70. 天潢贵胄:宋代宗室史　[美]贾志扬 著　赵冬梅 译
71. 儒家之道:中国哲学之探讨　[美]倪德卫 著　[美]万白安 编　周炽成 译
72. 都市里的农家女:性别、流动与社会变迁　[澳]杰华 著　吴小英 译
73. 另类的现代性:改革开放时代中国性别化的渴望　[美]罗丽莎 著　黄新 译
74. 近代中国的知识分子与文明　[日]佐藤慎一 著　刘岳兵 译
75. 繁盛之阴:中国医学史中的性(960—1665)　[美]费侠莉 著　甄橙 主译　吴朝霞 主校
76. 中国大众宗教　[美]韦思谛 编　陈仲丹 译
77. 中国诗画语言研究　[法]程抱一 著　涂卫群 译
78. 中国的思维世界　[日]沟口雄三 小岛毅 著　孙歌 等译

79. 德国与中华民国　[美]柯伟林 著　陈谦平 陈红民 武菁 申晓云 译　钱乘旦 校
80. 中国近代经济史研究:清末海关财政与通商口岸市场圈　[日]滨下武志 著　高淑娟 孙彬 译
81. 回应革命与改革:皖北李村的社会变迁与延续　韩敏 著　陆益龙 徐新玉 译
82. 中国现代文学与电影中的城市:空间、时间与性别构形　[美]张英进 著　秦立彦 译
83. 现代的诱惑:书写半殖民地中国的现代主义(1917—1937)　[美]史书美 著　何恬 译
84. 开放的帝国:1600年前的中国历史　[美]芮乐伟·韩森 著　梁侃 邹劲风 译
85. 改良与革命:辛亥革命在两湖　[美]周锡瑞 著　杨慎之 译
86. 章学诚的生平与思想　[美]倪德卫 著　杨立华 译
87. 卫生的现代性:中国通商口岸健康与疾病的意义　[美]罗芙芸 著　向磊 译
88. 道与庶道:宋代以来的道教、民间信仰和神灵模式　[美]韩明士 著　皮庆生 译
89. 间谍王:戴笠与中国特工　[美]魏斐德 著　梁禾 译
90. 中国的女性与性相:1949年以来的性别话语　[英]艾华 著　施施 译
91. 近代中国的犯罪、惩罚与监狱　[荷]冯客 著　徐有威 等译　潘兴明 校
92. 帝国的隐喻:中国民间宗教　[英]王斯福 著　赵旭东 译
93. 王弼《老子注》研究　[德]瓦格纳 著　杨立华 译
94. 寻求正义:1905—1906年的抵制美货运动　[美]王冠华 著　刘甜甜 译
95. 传统中国日常生活中的协商:中古契约研究　[美]韩森 著　鲁西奇 译
96. 从民族国家拯救历史:民族主义话语与中国现代史研究　[美]杜赞奇 著　王宪明 高继美 李海燕 李点 译
97. 欧几里得在中国:汉译《几何原本》的源流与影响　[荷]安国风 著　纪志刚 郑诚 郑方磊 译
98. 十八世纪中国社会　[美]韩书瑞 罗友枝 著　陈仲丹 译
99. 中国与达尔文　[美]浦嘉珉 著　钟永强 译
100. 私人领域的变形:唐宋诗词中的园林与玩好　[美]杨晓山 著　文韬 译
101. 理解农民中国:社会科学哲学的案例研究　[美]李丹 著　张天虹 张洪云 张胜波 译
102. 山东叛乱:1774年的王伦起义　[美]韩书瑞 著　刘平 唐雁超 译
103. 毁灭的种子:战争与革命中的国民党中国(1937—1949)　[美]易劳逸 著　王建朗 王贤知 贾维 译
104. 缠足:"金莲崇拜"盛极而衰的演变　[美]高彦颐 著　苗延威 译
105. 饕餮之欲:当代中国的食与色　[美]冯珠娣 著　郭乙瑶 马磊 江素侠 译
106. 翻译的传说:中国新女性的形成(1898—1918)　胡缨 著　龙瑜宬 彭珊珊 译
107. 中国的经济革命:20世纪的乡村工业　[日]顾琳 著　王玉茹 张玮 李进霞 译
108. 礼物、关系学与国家:中国人际关系与主体性建构　杨美惠 著　赵旭东 孙珉 译　张跃宏 译校
109. 朱熹的思维世界　[美]田浩 著
110. 皇帝和祖宗:华南的国家与宗族　[英]科大卫 著　卜永坚 译
111. 明清时代东亚海域的文化交流　[日]松浦章 著　郑洁西 等译
112. 中国美学问题　[美]苏源熙 著　卞东波 译　张强强 朱霞欢 校
113. 清代内河水运史研究　[日]松浦章 著　董科 译
114. 大萧条时期的中国:市场、国家与世界经济　[日]城山智子 著　孟凡礼 尚国敏 译　唐磊 校
115. 美国的中国形象(1931—1949)　[美]T.克里斯托弗·杰斯普森 著　姜智芹 译
116. 技术与性别:晚期帝制中国的权力经纬　[英]白馥兰 著　江湄 邓京力 译

117. 中国善书研究　[日]酒井忠夫 著　刘岳兵 何英莺 孙雪梅 译
118. 千年末世之乱:1813年八卦教起义　[美]韩书瑞 著　陈仲丹 译
119. 西学东渐与中国事情　[日]增田涉 著　由其民 周启乾 译
120. 六朝精神史研究　[日]吉川忠夫 著　王启发 译
121. 矢志不渝:明清时期的贞女现象　[美]卢苇菁 著　秦立彦 译
122. 明代乡村纠纷与秩序:以徽州文书为中心　[日]中岛乐章 著　郭万平 高飞 译
123. 中华帝国晚期的欲望与小说叙述　[美]黄卫总 著　张蕴爽 译
124. 虎、米、丝、泥:帝制晚期华南的环境与经济　[美]马立博 著　王玉茹 关永强 译
125. 一江黑水:中国未来的环境挑战　[美]易明 著　姜智芹 译
126. 《诗经》原意研究　[日]家井真 著　陆越 译
127. 施剑翘复仇案:民国时期公众同情的兴起与影响　[美]林郁沁 著　陈湘静 译
128. 华北的暴力和恐慌:义和团运动前夕基督教传播和社会冲突　[德]狄德满 著　崔华杰 译
129. 铁泪图:19世纪中国对于饥馑的文化反应　[美]艾志端 著　曹曦 译
130. 饶家驹安全区:战时上海的难民　[美]阮玛霞 著　白华山 译
131. 危险的边疆:游牧帝国与中国　[美]巴菲尔德 著　袁剑 译
132. 工程国家:民国时期(1927—1937)的淮河治理及国家建设　[美]戴维·艾伦·佩兹 著　姜智芹 译
133. 历史宝筏:过去、西方与中国妇女问题　[美]季家珍 著　杨可 译
134. 姐妹们与陌生人:上海棉纱厂女工,1919—1949　[美]韩起澜 著　韩慈 译
135. 银线:19世纪的世界与中国　林满红 著　詹庆华 林满红 译
136. 寻求中国民主　[澳]冯兆基 著　刘悦斌 徐硙 译
137. 墨梅　[美]毕嘉珍 著　陆敏珍 译
138. 清代上海沙船航运业史研究　[日]松浦章 著　杨蕾 王亦诤 董科 译
139. 男性特质论:中国的社会与性别　[澳]雷金庆 著　[澳]刘婷 译
140. 重读中国女性生命故事　游鉴明 胡缨 季家珍 主编
141. 跨太平洋位移:20世纪美国文学中的民族志、翻译和文本间旅行　黄运特 著　陈倩 译
142. 认知诸形式:反思人类精神的统一性与多样性　[英]G.E.R.劳埃德 著　池志培 译
143. 中国乡村的基督教:1860—1900江西省的冲突与适应　[美]史维东 著　吴薇 译
144. 假想的"满大人":同情、现代性与中国疼痛　[美]韩瑞 著　袁剑 译
145. 中国的捐纳制度与社会　伍跃 著
146. 文书行政的汉帝国　[日]富谷至 著　刘恒武 孔李波 译
147. 城市里的陌生人:中国流动人口的空间、权力与社会网络的重构　[美]张骊 著　袁长庚 译
148. 性别、政治与民主:近代中国的妇女参政　[澳]李木兰 著　方小平 译
149. 近代日本的中国认识　[日]野村浩一 著　张学锋 译
150. 狮龙共舞:一个英国人笔下的威海卫与中国传统文化　[英]庄士敦 著　刘本森 译　威海市博物馆 郭大松 校
151. 人物、角色与心灵:《牡丹亭》与《桃花扇》中的身份认同　[美]吕立亭 著　白华山 译
152. 中国社会中的宗教与仪式　[美]武雅士 著　彭泽安 邵铁峰 译　郭潇威 校
153. 自贡商人:近代早期中国的企业家　[美]曾小萍 著　董建中 译
154. 大象的退却:一部中国环境史　[英]伊懋可 著　梅雪芹 毛利霞 王玉山 译
155. 明代江南土地制度研究　[日]森正夫 著　伍跃 张学锋 等译　范金民 夏维中 审校
156. 儒学与女性　[美]罗莎莉 著　丁佳伟 曹秀娟 译

157. 行善的艺术:晚明中国的慈善事业(新译本) [美]韩德玲 著 曹晔 译
158. 近代中国的渔业战争和环境变化 [美]穆盛博 著 胡文亮 译
159. 权力关系:宋代中国的家族、地位与国家 [美]柏文莉 著 刘云军 译
160. 权力源自地位:北京大学、知识分子与中国政治文化,1898—1929 [美]魏定熙 著 张蒙 译
161. 工开万物:17世纪中国的知识与技术 [德]薛凤 著 吴秀杰 白岚玲 译
162. 忠贞不贰:辽代的越境之举 [英]史怀梅 著 曹流 译
163. 内藤湖南:政治与汉学(1866—1934) [美]傅佛果 著 陶德民 何英莺 译
164. 他者中的华人:中国近现代移民史 [美]孔飞力 著 李明欢 译 黄鸣奋 校
165. 古代中国的动物与灵异 [英]胡司德 著 蓝旭 译
166. 两访中国茶乡 [英]罗伯特·福琼 著 敖雪岗 译
167. 缔造选本:《花间集》的文化语境与诗学实践 [美]田安 著 马强才 译
168. 扬州评话探讨 [丹麦]易德波 著 米锋 易德波 译 李今芸 校译
169. 《左传》的书写与解读 李惠仪 著 文韬 许明德 译
170. 以竹为生:一个四川手工造纸村的20世纪社会史 [德]艾约博 著 韩巍 译 吴秀杰 校
171. 东方之旅:1579—1724耶稣会传教团在中国 [美]柏理安 著 毛瑞方 译
172. "地域社会"视野下的明清史研究:以江南和福建为中心 [日]森正夫 著 于志嘉 马一虹 黄东兰 阿风 等译
173. 技术、性别、历史:重新审视帝制中国的大转型 [英]白馥兰 著 吴秀杰 白岚玲 译
174. 中国小说戏曲史 [日]狩野直喜 张真 译
175. 历史上的黑暗一页:英国外交文件与英美海军档案中的南京大屠杀 [美]陆束屏 编著/翻译
176. 罗马与中国:比较视野下的古代世界帝国 [奥]沃尔特·施德尔 主编 李平 译
177. 矛与盾的共存:明清时期江西社会研究 [韩]吴金成 著 崔荣根 译 薛戈 校译
178. 唯一的希望:在中国独生子女政策下成年 [美]冯文 著 常姝 译
179. 国之枭雄:曹操传 [澳]张磊夫 著 方笑天 译
180. 汉帝国的日常生活 [英]鲁惟一 著 刘洁 余霄 译
181. 大分流之外:中国和欧洲经济变迁的政治 [美]王国斌 罗森塔尔 著 周琳 译 王国斌 张萌 审校
182. 中正之笔:颜真卿书法与宋代文人政治 [美]倪雅梅 著 杨简茹 译 祝帅 校译
183. 江南三角洲市镇研究 [日]森正夫 编 丁韵 胡婧 等译 范金民 审校
184. 忍辱负重的使命:美国外交官记载的南京大屠杀与劫后的社会状况 [美]陆束屏 编著/翻译
185. 修仙:古代中国的修行与社会记忆 [美]康儒博 著 顾漩 译
186. 烧钱:中国人生活世界中的物质精神 [美]柏桦 著 袁剑 刘玺鸿 译
187. 话语的长城:文化中国历险记 [美]苏源熙 著 盛珂 译
188. 诸葛武侯 [日]内藤湖南 著 张真 译
189. 盟友背信:一战中的中国 [英]吴芳思 克里斯托弗·阿南德尔 著 张宇扬 译
190. 亚里士多德在中国:语言、范畴和翻译 [英]罗伯特·沃迪 著 韩小强 译
191. 马背上的朝廷:巡幸与清朝统治的建构,1680—1785 [美]张勉治 著 董建中 译
192. 申不害:公元前四世纪中国的政治哲学家 [美]顾立雅 著 马腾 译
193. 晋武帝司马炎 [日]福原启郎 著 陆帅 译
194. 唐人如何吟诗:带你走进汉语音韵学 [日]大岛正二 著 柳悦 译

195. 古代中国的宇宙论 [日]浅野裕一 著 吴昊阳 译
196. 中国思想的道家之论:一种哲学解释 [美]陈汉生 著 周景松 谢尔逊 等译 张丰乾 校译
197. 诗歌之力:袁枚女弟子屈秉筠(1767—1810) [加]孟留喜 著 吴夏平 译
198. 中国逻辑的发现 [德]顾有信 著 陈志伟 译
199. 高丽时代宋商往来研究 [韩]李镇汉 著 李廷青 戴琳剑 译 楼正豪 校
200. 中国近世财政史研究 [日]岩井茂树 著 付勇 译 范金民 审校
201. 魏晋政治社会史研究 [日]福原启郎 著 陆帅 刘萃峰 张紫毫 译
202. 宋帝国的危机与维系:信息、领土与人际网络 [比利时]魏希德 著 刘云军 译
203. 中国精英与政治变迁:20世纪初的浙江 [美]萧邦奇 著 徐立望 杨涛羽 译 李齐 校
204. 北京的人力车夫:1920年代的市民与政治 [美]史谦德 著 周书垚 袁剑 译 周育民 校
205. 1901—1909年的门户开放政策:西奥多·罗斯福与中国 [美]格雷戈里·摩尔 著 赵嘉玉 译
206. 清帝国之乱:义和团运动与八国联军之役 [美]明恩溥 著 郭大松 刘本森 译